经济管理类课程教材·税收系列

税务会计与税收筹划

第四版

SHUIWU KUAIJI
YU SHUISHOU CHOUHUA

梁俊娇　寇恩惠　主编

TAX

中国人民大学出版社
·北京·

图书在版编目（CIP）数据

税务会计与税收筹划/梁俊娇，寇恩惠主编．--4版．--北京：中国人民大学出版社，2023.4
经济管理类课程教材．税收系列
ISBN 978-7-300-31534-8

Ⅰ.①税… Ⅱ.①梁… ②寇… Ⅲ.①税收会计-高等学校-教材 ②税收筹划-高等学校-教材 Ⅳ.①F810.42

中国国家版本馆 CIP 数据核字（2023）第 046094 号

经济管理类课程教材·税收系列
税务会计与税收筹划（第四版）
梁俊娇　寇恩惠　主编
Shuiwu Kuaiji yu Shuishou Chouhua

出版发行	中国人民大学出版社		
社　　址	北京中关村大街 31 号	**邮政编码**	100080
电　　话	010－62511242（总编室）		010－62511770（质管部）
	010－82501766（邮购部）		010－62514148（门市部）
	010－62511173（发行公司）		010－62515275（盗版举报）
网　　址	http://www.crup.com.cn		
经　　销	新华书店		
印　　刷	北京昌联印刷有限公司	**版　　次**	2015 年 7 月第 1 版
开　　本	787 mm×1092 mm　1/16		2023 年 4 月第 4 版
印　　张	23.25	**印　　次**	2025 年 7 月第 4 次印刷
字　　数	550 000	**定　　价**	54.00 元

出版说明

中国人民大学出版社组织编写的“经济管理类课程教材·税收系列”（以下简称“税收系列教材”）自2001年出版至今，已经超过20年。在这20多年中，我们通过对优秀教材的不断修订再版与教材种类结构的优化，现已形成了层次分明、内容完善、教学配套资源齐全以及课程体系全面的系列教材，并以高品质荣获众多奖项，一些教材多次入选国家级规划教材，其中马海涛教授主编的《中国税制》（第十版）荣获首届全国教材建设奖全国优秀教材二等奖。

党的十八届三中全会提出“财政是国家治理的基础和重要支柱，科学的财税体制是优化资源配置、维护市场统一、促进社会公平、实现国家长治久安的制度保障”。习近平总书记多次强调要发挥税收在国家治理中的基础性、支柱性、保障性作用。

党的十八大以来，按照“税种科学、结构优化、法律健全、规范公平”的要求，我国不断深入推进税制改革，加快推进减税降费。例如，我国正在持续深化增值税改革，优化消费税与企业所得税制度，初步建立了综合与分类相结合的个人所得税制度，同时推进资源、环境税制改革，健全地方税体系，不断完善现代税收体系。迄今为止，我国的财税改革与发展均取得了巨大成就。

回顾这些年的发展历程，税收系列教材中的每一本每一版都在努力适应税制改革和教育环境的变化，尽可能地满足高校教师教学与学生学习的需要，在不断寻求突破的道路上前行，出版社和作者都努力将税收系列教材打造成适应时代要求的精品教材。

习近平总书记指出，坚持和发展中国特色社会主义，必须高度重视哲学社会科学，结合中国特色社会主义伟大实践，加快构建中国特色哲学社会科学。2021年10月12日，全国教材工作会议暨首届全国教材建设奖表彰会提出，要加快形成中国特色高质量教材体系。教材建设要充分体现党和国家意志，坚定文化自信，深入推进习近平新时代中国特色社会主义思想进教材，用中国理论解读中国实践，形成中国特色的话语体系。

基于此，中国人民大学出版社积极开展调查研究，广泛搜集读者的意见和建议，撰写了税收系列教材并进行全面修订再版，使这套教材能够立足中国实际，解决中国问题，不断融入马克思主义理论研究新成果与我国税收治理现代化的新理论、新实践、新道路、新经验。与此同时，各教材在编写和修订中深挖思政元素，不仅全面推进社会主义核心价值观进教材，而且在教学大纲、教学指南、教学内容的编写中也融入思政内容，培养学生正确的价值观、职业观，为课程思政提供行动指南，切实发挥教材的育人功能。

这套教材倾注了专家和教授的心血与汗水，是集体智慧的结晶。与同类教材相比，这套教材具有很高的准确性、实用性、针对性和前沿性。我们希望全国各高等院校经济管理专业的广大教师继续关心和支持这套教材的出版及修订工作，同时将在使用教材过程中遇到的问题和改进建议向各位主编或者出版社编辑及时反馈，以便我们在今后的修订中不断完善。

中国人民大学出版社

第四版前言

伴随着《中华人民共和国增值税法（草案）》的公布、消费税和个人所得税等税收制度以及《企业会计准则》的重大调整、国际税收发展的最新趋势，为了满足学生对税收筹划知识的最新需求，我们在上一版教材的基础上对本教材进行了及时更新和完善。本次修订的主要内容包括税务会计和税收筹划两方面。税务会计方面的修订内容有增值税制度改革及涉税会计核算、个人所得税制度改革及涉税会计核算、资源税制度改革及涉税会计核算等，同时根据《企业会计准则》的变化相应修订了企业所得税会计核算中金融资产、资产租赁、非货币性交易以及债务重组等事项的涉税会计核算内容；税收筹划方面的修订内容有增值税筹划、消费税筹划、个人所得税筹划、国际税收筹划等。该版教材的修订有利于学生更好地学习和掌握税务会计和税收筹划的最新知识。本次修订工作由梁俊娇、寇恩惠完成。感谢各位老师和学生对本书的关心及支持，真诚希望各位老师和学生提出宝贵意见，以便我们进一步修订和完善。

编者

目　　录

第1章 税务会计概述

[学习提示] 税务会计是融税收法令和会计核算为一体的一门专业会计，是一门边缘学科。税务会计与财务会计既有联系，又有区别。学习本章应掌握税务会计的概念，税务会计的前提和原则，税务会计的科目与凭证，纳税人的权利、义务与法律责任。

1.1 税务会计的概念

1.1.1 税务会计的定义

税务会计（taxation accounting）是社会经济发展到一定阶段的产物，是关于税收及其会计处理的方法体系。税务会计是适应纳税人经营管理的需要，从财务会计、管理会计中分离出来，并将会计的基本理论、基本方法与涉税活动相结合而形成的一门交叉学科，是融税收法令和会计核算为一体的一门专业会计。

税务会计的概念有狭义和广义之分。

从狭义的角度来看，税务会计是指根据国家税收法律制度，以企业的会计资料为基础，核算、处理企业涉税事项的一门专业会计。

从广义的角度来看，税务会计是以税收法律法规为依据，以货币为主要计量单位，运用会计学的理论及其专门方法，核算和监督纳税人的涉税事务，参与纳税人的预测、决策，控制纳税风险，达到既依法纳税，又合理减轻税负的一个会计学分支。在税务会计产生之初，税务会计的功能比较单一。随着税务会计制度体系的不断发展和完善，税务会计承担的功能越来越复杂，除了早期单一的核算功能外，它还承担着企业税收筹划以及纳税风险控制等多种功能，致使税务会计的内涵得到了拓展和延伸。因此，它既包括纳税人的会计核算，又包括在会计核算的基础上进行合理的税收筹划和纳税风险控制。

【知识要点提醒】
税务会计是处理会计与税收之间关系的一种方法体系。

1.1.2 税务会计与财务会计的联系及区别

税务会计与财务会计不仅在会计主体、计量尺度等方面相同，而且税务会计的计税依据就是财务会计提供的资料。也就是说，税务会计作为一项实质性工作并不是独立存在的，而是企业会计的一个特殊领域，是以财务会计为基础的。税务会计的资料大多来源于财务会计，它对财务会计处理中与现行税法规定不相符的会计事项，或出于税收筹划目的需要调整的事项，按税务会计的方法进行计算、调整，并做调整分录，再融于财务会计账簿或财务会计报告之中。

税务会计与财务会计的区别在于：

1. 会计目标不同

在市场经济条件下，财务会计主要是向管理者（政府有关综合部门）、投资者和债权人提供有关企业财务状况和经营成果以及现金流动状况等方面的信息，以供其衡量、预测、评价企业的偿债能力、营运能力和获利能力，并制定相应的政策，做出投资和信贷决策。

税务会计主要是向税务部门及企业决策者提供有关企业应纳税款等税务方面的信息，既可供税务部门审核、检查企业的纳税情况，又可供决策者掌握企业的税负情况。

2. 核算依据不同

财务会计的核算依据是各种会计法规与制度，包括会计法、企业会计准则、企业会计制度等。税务会计的核算依据除了各种会计法规与制度外，更重要的是税收法律法规。当会计制度与税收法规不一致时，税务会计应以税收法规为依据来调整财务会计的核算结果。

3. 提供的信息不同

税务会计通过计量、计算、检查等专门方法，保证纳税人按税法的规定纳税，使纳税人既不违反税法规定，又使其税负最低。税务会计主要编制纳税申报表及应交税款明细表，列明应交税款、未交税款、减免税款和应退税款等内容，提供有关纳税的资料。财务会计通过记录经济业务，编制资产负债表、利润表和现金流量表，反映企业的财务状况、经营成果和现金流量情况，为会计信息使用者提供对决策有用的信息。

4. 运用的会计原则不同

【小思考】 税务会计是不是财务会计的一个分支体系？

财务会计一般采用权责发生制处理会计事项，而税务会计由于其会计目标的制约，必须采用联合制处理会计事项。联合制是指同时运用权责发生制和收付实现制进行会计处理。此外，税务会计在进行纳税业务核算时，较少运用稳健性原则，而财务会计在其整个核算过程中都要贯彻稳健性原则。

税务会计与财务会计提供的是关于纳税人不同方面的信息，为使信息更为明确和实用，将税务会计从财务会计中分离出来，使其自成学科体系。

1.1.3 税务会计的特点

税务会计具有法律性、专业性、融合性和两重性的特点。

1. 法律性

这是税务会计区别于其他专业会计的主要标志。纳税主体不论采用何种记账基础进行核算，都必须遵守税收法律法规。《中华人民共和国宪法》（以下简称《宪法》）规定：依法纳税是每个公民的义务。因此，遵守税收法律法规，依法及时、足额纳税，保证国家的财政收入，是税务会计的一个目标。税法与其他法律一样，具有严肃性，如果纳税人不遵守税法，就会受到处罚，情节严重者将承担刑事责任。

2. 专业性

税务会计运用会计的专门方法仅对与纳税有关的经济业务进行核算和监督，包括计算税款、填制纳税申报表、办理纳税申报、记录税款缴纳及退（补）税款情况等，都需要有会计专业知识和税收专业知识，因此它是专业性很强的会计学科。

3. 融合性

税务会计是融税收法规和会计制度于一体的特种专业会计，税务会计在依税法核算的同时，还必须结合各专业会计的特点进行会计核算。税务会计研究的对象是税务管理活动中的会计问题，以及会计核算中的税务问题。从这个意义上讲，税务会计是研究税务与会计交叉问题的一门应用经济学科。

4. 两重性

税务会计的两重性是指其会计目标的两重性。第一，税务会计最重要的目标是保证国家及时、足额地取得税收收入，离开了这一特定目标，税务会计便失去了存在的意义。税务会计报送纳税申报表与税收缴款书等会计资料，旨在接受税务机关的监督与审核，完成其纳税义务。第二，税务会计的另一个重要目标是维护纳税人的合法权益。税务机关要依法征税，纳税人要依法纳税。纳税人要充分行使其权利，以维护其权益。

1.1.4 税务会计的目标

税务会计的目标是向税务会计信息使用者提供关于纳税人税款形成、计算、申报、缴纳等税务活动方面的会计信息，以利于信息使用者的决策。税务会计信息使用者主要有各级税务机关和企业的利益相关者。各级税务机关可以凭借税务会计的信息，进行税款征收、检查和监督。企业的利益相关者包括经营者、投资人、债权人等，他们可凭借税务会计的信息，了解纳税人纳税义务的履行情况和税收负担，并为其进行税收筹划、经营决策和投资决策提供依据。具体来说，税务会计的目标包括以下几个方面：

1. 依法履行纳税义务，保证国家财政收入

税务会计要以国家现行的税收法律法规为依据，在财务会计有关资料的基础上，正确进行有关税款形成、计算、申报、缴纳的会计处理和调整计算，填报有关纳税报表，及时、足额地缴纳各种税款，保证国家财政收入。

2. 正确进行税务处理，维护纳税人的合法权益

税务会计要求纳税人依法按时进行纳税申报和缴纳税款，如遇特殊情况，不能按时申报或不能按时缴纳税款，有权申请延期申报或申请延期缴纳税款。纳税人对税务机关做出的具体行政行为不服的，有权申请行政复议或向法院起诉。纳税人在处理各种税务问题时，要充分行使自己的权利，以维护自身的合法权益。

3. 合理选择纳税方案，科学进行税收筹划

税务会计涉及与纳税人纳税有关的特定领域。在这个领域，要服从和服务于纳税人经营管理的总目标，即合法地减轻纳税人税负、提高企业经济效益。因此，进行税收筹划，选择税负较轻的方案，既是税务会计的目标之一，又是纳税人享受权利的具体体现。

4. 遵循法律规定，严格控制涉税风险

税务会计要求纳税人在生产经营活动中遵循相关的税收法律法规，依法进行税款的计算、申报和缴纳，将涉税风险严格控制在最小范围内，避免企业由于适用法律规定错误而导致违反税收法规所面临的补税、罚款、滞纳金、刑罚以及声誉损害等情况的发生。

1.2 税务会计的前提和原则

1.2.1 税务会计的基本前提

税务会计的目标是向税务信息使用者提供有关纳税人税务活动的信息，以利于他们的管理或决策。而纳税人错综复杂的税务业务，使会计实务存在种种不确定因素。要进行正确的判断和估计，必须首先明确税务会计的基本前提。由于税务会计是以财务会计为基础的，因此财务会计中的基本前提有些也适用于税务会计，如会计分期、货币计量等，但因为税务会计的法律性等特点，税务会计的基本前提也有其特殊性。

1. 纳税主体

> 【小思考】 纳税主体与会计主体有哪些区别？

纳税主体是指税法规定的直接负有纳税义务的单位和个人。正确界定纳税主体，就是要求每个纳税主体应与其他纳税主体分开，保持单独的会计记录并报告其经营状况。

纳税主体与财务会计中的会计主体有一定区别。会计主体是财务会计为之服务的特定单位或组织，会计处理的数据和提供的财务信息被严格限制在一个特定的、独立的或相对独立的经营单位之内，典型的会计主体是企业。纳税主体必须是能够独立承担纳税义务的纳税人。在一般情况下，会计主体应是纳税主体；但在特殊或特定情况下，会计主体不一定就是纳税主体，纳税主体也不一定就是会计主体。

2. 持续经营

持续经营是指企业个体将继续存在足够长的时间，以实现其现在的承诺。预期所得税在将来被继续课征是所得税款递延及暂时性差异能够存在，进行所得税跨期摊配的理由所在。

3. 货币的时间价值

货币的时间价值是指货币（资金）在其运行过程中具有增值能力。即使不考虑通货膨胀的因素，今天的 1 元钱比若干年后收到的 1 元钱的价值也要大得多。这说明同样一笔资金在不同时期具有不同的价值。随着时间的推移，投入周转使用的资金将会发生增值，这种增值的能力或数额就是货币的时间价值。这一基本前提已成为税收立法、税收征管的基点，因此各个税种都会明确规定纳税义务发生时间的确认原则、纳税期限、缴库期限等。

【知识要点提醒】

由于货币的时间价值，意味着递延确认收入或加速确认费用可以产生巨大的资金优势，因此递延纳税是税收筹划的主要目标之一。

4. 纳税年度

【小思考】 如何理解纳税年度与纳税期限？

纳税年度是指纳税人按照税法规定应向国家缴纳各种税款的起止时间。我国税法规定，纳税年度自公历 1 月 1 日起至 12 月 31 日止。但是，如果纳税人在一个纳税年度的中间开业，或者由于改组、合并、破产、关闭等原因，使该纳税年度的实际经营期限不足 12 个月的，应当以其实际经营期限为一个纳税年度。在纳税人清算时，应当以清算期间作为一个纳税年度。纳税年度不等同于纳税期限，如增值税、消费税的纳税期限一般是 1 个月，而所得税强调的是年度应税收益，实行的是按月或按季预缴，年度汇算清缴。纳税人可在税法规定的范围内选择、确定纳税年度，但必须符合税法规定的采用和改变应纳税年度的办法，并且遵循税法做出的对于不同企业组织形式、企业类型的各种限制性规定。

1.2.2 税务会计的原则

由于税务会计与财务会计密切相关，因此《企业会计准则》中规定的会计信息质量特征原则以及会计要素的确认与计量原则，基本上也适用于税务会计。但是，因为税务会计与税法的特定联系，所以税法中的实际支付能力原则、公平税负原则、程序优先于实体原则等会非常明显地影响税务会计。结合财务会计原则、税收原则和税务会计本身的特点，税务会计有以下几项原则。

1. 权责发生制与收付实现制相结合的原则

权责发生制又称应计制，是指在确定某一会计期间的收入和费用时，以权利和义务是否发生为标准，即只要权利已经发生，不论款项是否已收到，都确认为当期收入；只要义务已经发生，不论款项是否已付出，都确认为当期费用。收付实现制与权责发生制刚好相反，收付实现制在确定某一会计期间的收入和费用时，以款项是否实际收到和付出为标准，即只要款项在当期收到，无论是不是当期实现的收入，都确认为当期收入；只要款项在当期支付，无论是不是当期应该承担的费用，都确认为当期费用。

权责发生制以权利和义务的发生来确定收入和费用的实际归属，能够合理、有效地确定不同会计期间的收益和企业的经营成果，即体现了公允性和合理性。因此，企业会计核算坚持以权责发生制为原则。相比之下，按收付实现制来确定收入和费用的实际归属，则欠公允、合理。因此，收付实现制只适用于政府和事业单位等非营利组织的会计核算。

由于收付实现制具有运用简单、易于审核、使收入与费用的实现具有确定性、在纳税人最有支付能力时上缴税款、税收征管操作性强等特点，因此在税收历史上，最初采用的是收付实现制。此后，由于财务会计广泛采用权责发生制，加之账簿记录转换的不方便，税务会计也采用了权责发生制。

税务会计在采用权责发生制的同时还兼顾了收付实现制原则，使得纳税人在最有能力支付时支付税款。例如，《中华人民共和国企业所得税法实施条例》规定："以分期收款方式销售货物的，按照合同约定的收款日期确认收入的实现。"该条款兼顾了收付实现制原则，使纳税义务发生时间与货款的收取时间基本保持一致。

2. 确定性原则

确定性原则是指企业在进行会计核算时，收入的实现、成本和费用的发生具有确定性。特别是应用于所得税会计，在确定企业所得税税前扣除项目和金额时，应遵循确定性原则，即纳税人发生的费用和损失应当在其确定发生时申报扣除。纳税人在某一纳税年度应申报的可扣除费用，不包括对可能发生的费用和损失进行申报扣除。财务会计遵循的谨慎性原则（即稳健性原则），是指在某些经济业务有几种不同会计处理方法和程序可供选择时，在不影响合理选择的前提下，应当尽可能选用对所有者权益产生影响最小的方法和程序进行会计处理，合理核算可能发生的损失和费用，即所谓"宁可预计可能的损失，不可预计可能的收益"。

需要注意的是，财务会计采用稳健性原则列入的某些估计、预计费用，在税务会计中是不被接受的。这是因为税务会计强调"该经济行为已经发生"的限制条件，从而起到确保政府税收收入的目的。

3. 配比原则

配比原则是指企业在进行会计核算时，某特定时期的收入应当与取得该收入相关的成本、费用配比。

从总体上说，税务会计遵循纳税人取得的收入与其相关的成本、费用和损失配比的原则。特别是应用于所得税会计，在确定企业所得税税前扣除项目和金额时，应遵循配比原则——纳税人发生的费用应当在其应配比的当期申报扣除；纳税人在某一纳税年度应申报的可扣除费用，不得提前或滞后申报扣除。税务会计与财务会计运用配比原则在内涵和实际运用结果方面有较大的差别，主要体现为：

第一，会计核算坚持稳健性原则和不完全的历史成本原则，因而将提取的诸如坏账准备、存货跌价准备等计入管理费用，进行期间配比。而税务会计坚持应纳税所得额是纳税人的应税收入与取得这些收入所实际发生的成本、费用相抵减后的结果，恪守历史成本原则，因而上述会计期间的配比项目需要做纳税调整。

第二，在会计核算中，为了分别核算不同产品或项目、不同业务分部、不同地区的经营成果，需要将直接费用、间接费用、期间费用在不同产品或项目、不同业务分部、不同地区间进行合理分类、分配和归集。税务会计中的配比原则不仅表现在这些方面，它还要遵循“纳税人可扣除的费用从性质和根源上必须与取得的应税收入相关”这一原则，即首先区别不同项目的税收待遇，进行分项或分类配比，随后将赞助支出、担保支出等视为与应税收入不相关的支出进行纳税调整，不得在税前扣除。

第三，《企业会计准则》规定，在变更会计政策时，如果累积影响数能够合理确定，应采用追溯调整法进行处理，并根据会计政策变更的累积影响数调整期初留存收益，会计报表中其他相关项目的期初数也应一并调整。但在税务处理上，纳税人不得因会计政策变更而调整以前年度的应纳税所得额和应纳税额，也不得因此调整以前年度尚未弥补的亏损。

4. 划分营业收益和资本收益原则

营业收益和资本收益具有不同的来源，并担负着不同的纳税责任，在税务会计中应严格划分。营业收益是指企业通过经常性的主要经营活动获得的收入，通常表现为现金的流入或其他资产的增加或负债的减少，主要包括主营业务收入和其他业务收入两个部分。资本收益是指在出售税法规定的资本资产时所得的收益，如投资收益、出售或交换有价证券的收益等。资本收益的征税标准具有许多不同于营业收益的特殊规定。因此，为了正确计算税款，就需要区分这两种不同的收益。

【即学即用】 某企业是一生产商，下列哪些经营项目属于营业收益？（　　）

A. 销售商品时收取的货款

B. 对其他企业进行股权投资所分得的股利

C. 代销商品时收取的手续费

D. 违约金罚息收入

【答案】 ACD

5. 统一性原则

为了体现和保持税法的统一性特征，税务会计必须遵循统一性原则。一方面，我国在税收程序法中明确规定了纳税人的权利与义务，在税收实体法中对各税法构成要素进行了统一规定，严格要求纳税人依法进行纳税申报和缴纳税款；另一方面，对某些特殊情形下的税款征收，税法或是规定税务机关有权核定征收，或是规定税务机关有权依法确定计税依据，这样就最大限度地控制了纳税人对应纳税额、纳税时间的自由调整权。在进行税务处理时，税务会计要严格遵守税法，因此具有统一性就成为税务会计必须遵循的一项原则。

6. 税款支付能力原则

税款支付能力与纳税能力有所不同。纳税能力是指纳税人应以合理的标准确定税基，有同等税基的纳税人应负担同一税种的同等税款。因此，纳税能力体现的是合理负税原则。与企业的其他费用支出有所不同，税款支付全部是现金流出，因此在考虑纳税能力的同时，更应考虑税款支付能力。比如企业所得税中有关企业重组的特殊性税务处理规定，就是充分考虑了纳税人的税款支付能力。

7. 税收筹划原则

税务会计在进行税收实务处理时，要时刻注重税收筹划。税收筹划又称纳税筹划，它是纳税人在其经营决策、筹资决策和投资决策的过程中，在税法允许的范围内，以降低税负为目标，运用现代管理理论与方法，对纳税活动进行方案的规划、预测、比较、决策等一系列管理活动的总称。税收筹划是社会主义市场经济条件下经营行为自主化、利益格局独立化的必然产物。

8. 控制纳税风险的原则

企业的纳税风险是指企业的涉税行为未能正确有效地遵守税收法规而导致企业未来利益的可能损失。税务会计在进行涉税会计处理时，应严格遵循税法规定，建立相应的税收风险管理机制，避免涉税风险的产生。

【知识要点提醒】

税收筹划是纳税人的基本权利，但有特定的界限，超越了界限就不再是其权利，而是违背了其应该履行的义务。

1.3 税务会计的科目与凭证

1.3.1 税务会计的科目设置

目前，税务会计尚未建立完整、独立的会计核算制度，其会计核算方面的有关规定分散在各种具体的税收法规之中，如增值税会计核算在增值税法中有详细规定，所得税会计核算在所得税法规中有详细规定。在税务会计制度尚未出台之前，根据《企业会计准则》，涉及税务资金运动的科目主要有“应交税费”“递延所得税资产”“递延所得税负债”“税金及附加”“所得税费用”。

(1)“应交税费”科目。“应交税费”科目属于负债类会计科目。除印花税、耕地占用税、车辆购置税等不需预提的税种外，纳税人应交给税务机关的各种税款均在该科目中核算，其中包括企业代扣代缴的个人所得税。在核算税款时，由于税种较多，所以“应交税费”科目应按税种设置二级科目“应交增值税”“应交消费税”等，进行分税种的明细核算。有时，根据税收管理上的需要，还应设置三级明细科目进行明细核算，比如在“应交税费——应交增值税”二级科目下设“进项税额”“已交税金”“减免税款”“转出未交增值税”“销项税额”“出口退税”“进项税额转出”“转出多交增值税”等三级明细科目。

“应交税费”科目的一般核算程序是：期末，当纳税人计算应缴纳的税款时，借记“税金及附加”等有关科目，贷记“应交税费”科目及有关明细科目；当纳税人实际缴纳各种税款时，借记“应交税费”科目及有关明细科目，贷记“银行存款”科目。有关各税种“应交税费”科目的具体核算办法详见以后各章。

（2）“递延所得税资产”科目。“递延所得税资产”科目属于资产类科目。该科目产生于可抵扣暂时性差异，反映的是资产和负债的账面价值与计税基础的差异所引起的企业本期的纳税义务。

（3）“递延所得税负债”科目。“递延所得税负债”科目属于负债类科目。该科目产生于应纳税暂时性差异，反映的是资产和负债的账面价值与计税基础的差异所引起的企业未来期间的纳税义务。

【即学即用】 12月，某企业购入一台设备，成本为1 000万元，会计上采用年限平均法计提折旧，使用年限为5年，净残值为零。因该设备常年处于强振动状态，所以在计税时按照双倍余额递减法计列折旧，它的使用年限及净残值与会计是相同的。该企业适用的企业所得税税率是25%。请问在第二年年末资产负债日，该企业是否应该确认相关的递延所得税负债？

【答案】 应该确认。

【解析】 该设备按照会计规定计提折旧200万元，但在计税时允许扣除的折旧是400万元，所以该设备的账面价值800万元与其计税基础600万元的差额构成应纳税暂时性差异。因此，应该确认递延所得税负债。

（4）“税金及附加”科目。“税金及附加”科目属于损益类科目，在期末需要结转到“本年利润”中，结转后该科目无余额。企业经营活动发生的消费税、城市维护建设税、资源税和教育费附加等相关税费，以及房产税、城镇土地使用税、车船税和印花税，均通过该科目核算。

（5）“所得税费用”科目。“所得税费用”科目属于损益类科目，在利润表中单独列示。该科目核算企业应负担的企业所得税，由当期应交税额和递延所得税两部分内容构成。

1.3.2 税务会计凭证

税务会计凭证是记载纳税人有关税务活动、具有法律效力并据以登记账簿的书面文件。税务会计凭证的种类繁多，是一种具有法律效力的特殊凭证，这是税务会计凭证区别于其他专业会计凭证的一个显著特点。税务会计凭证大致可分为以下几大类。

1. 应征凭证

应征凭证是税务机关用以确定纳税人、扣缴义务人及代征单位应交税费发生情况的证明，也是核算应征税款的原始凭证。应征凭证包括：纳税申报表（当纳税申报表中有减免税款时，该纳税申报表同时也是一种减免凭证），代扣代缴、代收代缴税款报告表以及预缴税款申报表等。

2. 减免凭证

减免凭证是指按税法规定享受减税、免税的纳税人，在减税、免税期间发生纳税义务后，按税务机关确定的纳税申报期限向税务机关填报的，用以确定其实际享受的减征、免征税额的一种凭证。它是记录减免税款实际发生情况的证明，也是减免税款核算的依据。

3. 征缴凭证

征缴凭证是纳税人、扣缴义务人和代征代售单位（人）在缴纳税款或办理税款结报及上解时使用的一种凭证，也是核算上解税款、在途税款和待解税款的依据。

4. 入库凭证

入库凭证是证明税款已缴入国库的一种凭证，也是核算入库税款的原始凭证。

5. 提退凭证

【小思考】 税务会计凭证主要分为几大类？

提退凭证是税务机关从已征收或已入库的税款中，办理退税和提成或证明退税和提成时使用的一种凭证。它是记录提退税款发生情况的证明，也是核算提退税款的原始凭证。

1.4 纳税人的权利、义务与法律责任

1.4.1 纳税人的权利

（1）知情权。纳税人有权向税务机关了解国家税收法律、行政法规的规定以及与纳税程序有关的情况。

（2）保密权。纳税人有权要求税务机关对自己的商业秘密及个人隐私保密。

（3）税收监督权。纳税人有权控告和检举税务机关、税务人员的违法违纪行为。与此同时，纳税人也有权检举其他纳税人的税收违法行为。

（4）纳税申报方式选择权。纳税人可以直接到办税服务厅办理纳税申报或者报送代扣代缴、代收代缴税款报告表，也可以按照规定采取邮寄、数据电文或者其他方式办理上述申报、报送事项。

（5）申请延期申报权。纳税人不能按期办理纳税申报或者报送代扣代缴、代收代缴税款报告表的，应当在规定的期限内向税务机关提出书面延期申请，经核准，可在核准的期限内办理。

（6）申请延期缴纳税款权。纳税人因有特殊困难，不能按期缴纳税款的，经过批准，可以延期缴纳税款，但最长不得超过三个月。

（7）申请退还多缴税款权。纳税人超过应纳税额缴纳的税款，税务机关发现后应当立即退还；纳税人自结算缴纳税款之日起三年内发现的，可以向税务机关要求退还多缴的税款并加算银行同期存款利息，税务机关及时查实后应当立即退还。

（8）依法享受税收优惠权。纳税人依法享有申请减税、免税、退税的权利，即纳税人有权根据法律、行政法规的规定向税务机关申请享受税收优惠的权利，但必须按照法定程序进行申请、审批。

（9）委托税务代理权。纳税人可以根据国家税务总局规定的有关业务委托税务代理人代为办理，如办理、变更或者注销税务登记，除增值税专用发票外的发票领购手续，纳税

申报或扣缴税款报告等。

（10）陈述与申辩权。纳税人对税务机关做出的行政处罚决定享有陈述权、申辩权。

（11）对未出示税务检查证和税务检查通知书的拒绝检查权。纳税人在接受税务检查时，有权要求检查人员出示税务检查证和税务检查通知书，未出示税务检查证和税务检查通知书的，纳税人有权拒绝检查。

（12）税收法律救济权。纳税人对税务机关做出的决定，依法享有申请行政复议、提起行政诉讼、请求国家赔偿等权利。

（13）依法要求听证的权利。在对纳税人做出规定金额以上罚款的行政处罚之前，税务机关会向纳税人送达《税务行政处罚事项告知书》，告知纳税人已经查明的违法事实、证据、行政处罚的法律依据和拟给予的行政处罚。对此，纳税人有权要求举行听证。

（14）索取税收凭证权。税务机关在征收税款时，必须给纳税人开具完税凭证。扣缴义务人在代扣代收税款时，如果纳税人要求扣缴义务人开具代扣代收税款凭证，则扣缴义务人应当开具。

1.4.2 纳税人的义务

（1）依法进行税务登记的义务。纳税人必须依照税法规定申请办理设立登记，变更登记，停业、复业登记或注销税务登记，并按规定使用税务登记证件，不得转借、涂改、损毁、买卖或者伪造税务登记证件。

（2）依法设置账簿、保管账簿和有关资料以及依法开具、使用、取得和保管发票的义务。纳税人必须按规定设置账簿，进行核算；从事生产经营的，必须按照国务院财政、税务主管部门规定的保管期限保管账簿、记账凭证、完税凭证及其他有关资料；账簿、记账凭证、完税凭证及其他有关资料不得伪造、变造或者擅自损毁。纳税人在从事经营活动的过程中，应当依法开具、使用、取得和保管发票。

（3）财务会计制度和会计核算软件备案的义务。纳税人应将其财务会计制度或者财务会计处理办法和会计核算软件报送税务机关备案。

（4）按照规定安装、使用税控装置的义务。如果纳税人未按规定安装、使用税控装置，或者损毁或擅自改动税控装置的，税务机关将责令其限期改正，并可根据情节轻重处以规定数额内的罚款。

（5）按时、如实申报的义务。纳税人必须依照法律、行政法规规定的申报期限、申报内容如实办理纳税申报，报送纳税申报表、财务会计报表以及税务机关根据实际需要要求报送的其他纳税资料。

（6）按时缴纳税款的义务。纳税人必须按税法规定的纳税期限缴纳税款。未按照规定期限缴纳税款的，税务机关除责令限期缴纳外，从滞纳税款之日起，按日加收滞纳税款万分之五的滞纳金。

（7）代扣代缴税款的义务。代扣代缴税款义务人必须依照法律、行政法规的规定履行代扣代收税款义务且纳税人不得拒绝。如果纳税人拒绝，代扣代缴税款义务人应当及时报告税务机关处理。

（8）依法接受检查的义务。纳税人有接受税务机关依法进行税务检查的义务，应主动配合税务机关按法定程序进行的税务检查，如实地反映自己的生产经营情况和执行财务制度的情况，并按有关规定提供报表和资料，不得隐瞒和弄虚作假，不能阻挠、刁难税务机关的检查和监督。

(9) 及时提供信息的义务。纳税人除通过税务登记和纳税申报向税务机关提供与纳税有关的信息外，还应及时提供其他信息。如果有歇业、经营情况变化、遭受各种灾害等特殊情况的，应及时说明，以便税务机关依法妥善处理。

(10) 报告其他涉税信息的义务。为了保障国家税收能够及时、足额征收入库，税法还规定了纳税人有义务报告其他相关的涉税信息，如与关联企业之间的业务往来，企业合并、分立情况，全部账号，处分大额财产等。

【知识要点提醒】

了解并遵守现行税法是纳税人的权利与义务。

1.4.3 纳税人的法律责任①

1. 对违反税务管理基本规定行为的处罚

(1) 纳税人有下列行为之一的，由税务机关责令限期改正，可以处 2 000 元以下的罚款；情节严重的，处 2 000 元以上 1 万元以下的罚款：

第一，未按照规定办理税务登记的。

第二，未按照规定向税务机关提供资料和信息的。

第三，未按照规定设置、保管账簿或者保管记账凭证和有关资料的。

第四，未按照规定将财务、会计制度或者财务、会计处理办法和会计核算软件报送税务机关备查的。

第五，未按照规定将其全部账号向税务机关报告的。

第六，未按照规定向税务机关报告合并、分立情形、不动产或者大额资产处分的。

第七，违反实名办税规定的。

(2) 扣缴义务人未按照规定设置、保管代扣代缴、代收代缴税款账簿或者保管代扣代缴、代收代缴税款记账凭证及有关资料，或者拒绝为纳税人办理专项附加扣除的，由税务机关责令限期改正，可以处 2 000 元以下的罚款；情节严重的，处 2 000 元以上 5 000 元以下的罚款。

(3) 纳税人未按照规定的期限办理纳税申报和报送纳税资料，或者扣缴义务人未按照规定的期限向税务机关报送代扣代缴、代收代缴税款报告表和有关资料的，由税务机关责令限期改正，可以处 2 000 元以下的罚款；情节严重的，处 2 000 元以上 1 万元以下的罚款。

(4) 未依照法律规定报送身份信息和与纳税有关的信息的，由税务机关责令限期改正，逾期仍不改正的，由税务机关处 2 万元以上 10 万元以下的罚款；情节严重的，处 10

① 根据《中华人民共和国税收征收管理法（修订征求意见稿）》修订。

万元以上50万元以下的罚款；情节特别严重的，处50万元以上200万元以下的罚款，可以由有关主管部门责令其停业整顿。

未依照法律规定办理平台内经营者、从业人员纳税申报的，由税务机关责令限期改正，逾期仍不改正的，对电子商务平台经营者和其他网络交易平台经营者处平台内经营者、从业人员不缴或者少缴的税款50%以上3倍以下的罚款。

（5）纳税人、扣缴义务人未按规定申报造成未缴或者少缴税款情形的，由税务机关追缴其未缴或者少缴的税款、税款迟纳金；情节较重的，可以处未缴或者少缴的税款50%以下的罚款；情节严重的，处未缴或者少缴的税款50%以上1倍以下的罚款。

（6）纳税人、扣缴义务人编造虚假计税依据但未造成不缴或者少缴税款的，由税务机关责令限期改正，并处5万元以下的罚款。

2. 逃税、逃避缴纳税款罪及法律责任

（1）逃税及其法律责任。纳税人采取下列手段进行虚假纳税申报或者不申报，不缴或者少缴税款的，是逃税。纳税人逃税的，由税务机关追缴其不缴或者少缴的税款、税款迟纳金，并处不缴或者少缴的税款50%以上5倍以下的罚款；构成犯罪的，依法追究刑事责任：

第一，伪造、变造、转移、隐匿、擅自销毁账簿、记账凭证或者其他涉税资料的；篡改、伪造、非法删除电子凭证、电子发票等涉税电子数据或者涉税核算软件参数规则的。

第二，编造虚假计税依据，虚列支出，转移、隐匿收入、财产或者借用、冒用他人名义分解收入的。

第三，通过提供虚假材料等手段，违规享受税收优惠的。

第四，已办理设立登记的纳税人发生应税行为且应纳税额较大而不申报的。

第五，未依法办理设立登记的纳税人发生应税行为，或者依法不需要办理设立登记的纳税人发生应税行为且应纳税额较大，经税务机关通知申报而不申报的。

第六，法律、行政法规规定的其他逃税行为。

扣缴义务人采取前款所列手段，不缴或者少缴已扣、已收税款，由税务机关追缴其不缴或者少缴的税款、税款迟纳金，并处不缴或者少缴的税款50%以上5倍以下的罚款；构成犯罪的，依法追究刑事责任。

纳税人缴纳税款后，采取上述手段骗取除出口退税以外其他退税款的，按照上述规定处理、处罚。

（2）逃避缴纳税款罪及法律责任。《中华人民共和国刑法》（以下简称《刑法》）第二百零一条规定：纳税人采取欺骗、隐瞒手段进行虚假纳税申报或者不申报，逃避缴纳税款数额较大并且占应纳税额10%以上的，处3年以下有期徒刑或者拘役，并处罚金；数额巨大并且占应纳税额30%以上的，处3年以上7年以下有期徒刑，并处罚金。

扣缴义务人采取前款所列手段，不缴或者少缴已扣、已收税款，数额较大的，依照前款的规定处罚。

对多次实施前两款行为，未经处理的，按照累计数额计算。

有第一款行为，经税务机关依法下达追缴通知后，补缴应纳税款，缴纳滞纳金，已受行政处罚的，不予追究刑事责任；但是，5年内因逃避缴纳税款受过刑事处罚或者被税务机关给予两次以上行政处罚的除外。

3. 妨碍追缴欠税、逃避追缴欠税罪及法律责任

（1）妨碍追缴欠税及法律责任。欠税是指纳税人、扣缴义务人超过税收法律、法规规定或税务机关依照税收法律、法规规定的纳税期限，未缴或少缴税款的行为。

纳税人欠缴应纳税款，采取转移或者隐匿财产的手段，妨碍税务机关追缴欠缴的税款的，由税务机关追缴欠缴的税款、税款迟纳金，并处欠缴税款50%以上5倍以下的罚款；构成犯罪的，依法追究刑事责任。

（2）逃避追缴欠税罪及法律责任。《刑法》第二百零三条规定：纳税人欠缴应纳税款，采取转移或者隐匿财产的手段，致使税务机关无法追缴欠缴的税款，数额在1万元以上不满10万元的，处3年以下有期徒刑或者拘役，并处或者单处欠缴税款1倍以上5倍以下罚金；数额在10万元以上的，处3年以上7年以下有期徒刑，并处欠缴税款1倍以上5倍以下罚金。

4. 骗取出口退税的法律责任

（1）骗税。骗税是指纳税人以假报出口或者其他欺骗手段，骗取国家出口退税款的行为。

以假报出口或者其他欺骗手段，骗取国家出口退税款，由税务机关追缴其骗取的退税款，并处骗取税款1倍以上5倍以下的罚款；构成犯罪的，依法追究刑事责任。

对骗取国家出口退税款的，税务机关可以在规定期间内停止为其办理出口退税。

（2）骗取出口退税罪。《刑法》第二百零四条规定：以假报出口或者其他欺骗手段，骗取国家出口退税款，数额较大的，处5年以下有期徒刑或者拘役，并处骗取税款1倍以上5倍以下罚金；数额巨大或者有其他严重情节的，处5年以上10年以下有期徒刑，并处骗取税款1倍以上5倍以下罚金；数额特别巨大或者有其他特别严重情节的，处10年以上有期徒刑或者无期徒刑，并处骗取税款1倍以上5倍以下罚金或者没收财产。

5. 抗税的法律责任

（1）抗税。抗税是指以暴力、威胁方法拒不缴纳税款。除由税务机关追缴其拒缴的税款、税款迟纳金外，依法追究刑事责任。情节轻微，未构成犯罪的，由税务机关追缴其拒缴的税款、税款迟纳金，并处拒缴税款1倍以上5倍以下的罚款。

（2）抗税罪。《刑法》第二百零二条规定：以暴力、威胁方法拒不缴纳税款的，处3年以下有期徒刑或者拘役，并处拒缴税款1倍以上5倍以下罚金；情节严重的，处3年以上7年以下有期徒刑，并处拒缴税款1倍以上5倍以下罚金。

6. 在规定期限内不缴或者少缴税款的法律责任

纳税人、扣缴义务人在规定期限内不缴或者少缴应纳或者应解缴的税款，经税务机关责令限期缴纳，逾期仍未缴纳的，税务机关除依法追缴其不缴或者少缴的税款、税款迟纳金外，可以处不缴或者少缴的税款50%以上5倍以下的罚款。

7. 扣缴义务人不履行扣缴义务的法律责任

扣缴义务人应扣未扣、应收而不收税款的，由税务机关向纳税人追缴税款，对扣缴义务人处应扣未扣、应收未收税款50%以上3倍以下的罚款。

8. 不配合税务机关依法检查的法律责任

纳税人、扣缴义务人和其他当事人逃避、拒绝或者以其他方式阻挠税务机关检查的，由税务机关责令改正，可以处1万元以下的罚款；情节严重的，处1万元以上5万元以下的罚款。

【小思考】 纳税人违反税法规定的几种主要手段之间的区别是什么？

本章小结

税务会计是以税收法律法规为依据，以货币为主要计量单位，运用会计学的理论及其专门方法，核算和监督纳税人的纳税事务，参与纳税人的预测、决策，达到既依法纳税，又合理减轻税负的一个会计学分支。税务会计与财务会计既有区别，又有联系。

关键术语

税务会计	权责发生制	收付实现制	配比原则	营业收益
资本收益	税款支付能力	逃税	欠税	骗税

思考题

1. 什么是税务会计？税务会计有哪些特点？
2. 税务会计与财务会计有哪些区别和联系？
3. 纳税人有哪些权利和义务？纳税人的各种违法行为应负什么样的法律责任？

第2章 增值税的会计核算

［学习提示］　增值税是现行税制结构体系中的主体税种，其会计核算较为复杂。由于增值税是价外税，其会计核算具有独特性。本章详细讲解了增值税各明细科目的使用方法，并通过案例帮助学生理解和掌握。通过本章的学习，学生应掌握增值税的有关会计核算及纳税申报表的填制。

2.1　增值税概述

增值税是对在我国境内销售货物、服务、无形资产、不动产（以下统称“应税交易”）以及进口货物的单位及个人，就其取得的货物、服务、无形资产、不动产的销售额以及进口货物的金额计算税款，并实行税款抵扣制的一种货物劳务税。

2.1.1　增值税的征税范围、纳税人及扣缴义务人

1. 征税范围

（1）销售货物、服务、无形资产、不动产。货物是指有形动产，包括电力、热力、气体在内。

（2）进口货物。

（3）视同应税交易。

单位或个体工商户的下列情形，视同应税交易：

1）单位和个体工商户将自产或者委托加工的货物用于集体福利或者个人消费。

2）单位和个体工商户无偿转让货物。

3）单位和个人无偿转让无形资产、不动产或者金融商品。

【知识链接】

下列情形不属于应税交易，不征收增值税：

(1) 员工为受雇单位或者雇主提供取得工资、薪金的服务。

(2) 收取行政事业性收费、政府性基金。

(3) 依照法律规定被征收、征用而取得补偿。

(4) 取得存款利息收入。

【知识要点提醒】

为鼓励创新药的研发和使用，结合其大量存在“后续免费用药临床研究”的特点，财政部和国家税务总局于2015年1月26日对外发布《关于创新药后续免费使用有关增值税政策的通知》(财税〔2015〕4号)，规定药品生产企业销售自产创新药的销售额为向购买方收取的全部价款和价外费用，其提供给患者后续免费使用的相同创新药，不属于增值税视同销售范围，无须视同销售缴纳增值税。

2. 纳税人

【小思考】 纳税人将接受投资获得的机器设备再用于向其他公司投资，是否需要缴纳增值税？

在中华人民共和国境内（以下简称“境内”）销售货物、服务、无形资产、不动产（以下统称“应税交易”）以及进口货物的单位和个人，为增值税的纳税人。销售货物、服务、无形资产、不动产，是指有偿转让货物、不动产的所有权，有偿提供服务，有偿转让无形资产的所有权或者使用权。

单位是指企业、行政单位、事业单位、军事单位、社会组织和其他单位。

个人是指个体工商户和自然人。

境内的具体含义是指：

(1) 销售货物的，货物的起运地或者所在地在境内。

(2) 销售或者租赁不动产、转让自然资源使用权的，不动产、自然资源所在地在境内。

(3) 销售金融商品的，金融商品在境内发行，或者销售方为境内单位和个人。

(4) 除(2)、(3)的规定外，销售服务、无形资产的，服务、无形资产在境内消费，或者销售方为境内单位和个人。

(5) 进口货物，是指货物的起运地在境外，目的地在境内。

3. 扣缴义务人

除国务院财政、税务主管部门另有规定外，境外单位和个人在境内发生应税交易，以购买方为扣缴义务人。

2.1.2 增值税的税率及征收率

1. 增值税税率

(1) 13%税率。

纳税人销售货物、加工修理修配服务、有形动产租赁服务，进口货物，除适用9%、6%和0的规定外，税率为13%。

(2) 9%税率。

纳税人销售交通运输、邮政、基础电信、建筑、不动产租赁服务，销售不动产，转让土地使用权，销售或者进口下列货物，税率为9%：

1) 农产品、食用植物油、食用盐。

2) 自来水、暖气、冷气、热水、煤气、石油液化气、天然气、二甲醚、沼气、居民用煤炭制品。

3) 图书、报纸、杂志、音像制品、电子出版物。

4) 饲料、化肥、农药、农机、农膜。

(3) 6%税率。

纳税人销售服务、无形资产、金融商品，除适用13%、9%和0的规定外，税率为6%。

(4) 0税率。

纳税人出口货物，税率为0；国务院另有规定的除外。

境内单位和个人跨境销售国务院规定范围内的服务、无形资产，税率为0。

2. 征收率

【小思考】 增值税零税率与免税有什么不同？

适用简易计税方法的增值税征收率为3%。

纳税人发生两项以上应税交易涉及不同税率、征收率的，应当分别核算适用不同税率、征收率的销售额；未分别核算的，从高适用税率。

纳税人发生一项应税交易涉及两个以上税率、征收率的，按照应税交易的主要业务适用税率、征收率。

【即学即用】 在下列项目中，适用9%税率的是（　　）。

A. 化妆品厂生产销售化妆品

B. 某工业企业对外出租一台生产设备

C. 印刷厂印刷图书、报刊（委托方提供纸张）

D. 某机械厂生产销售农机

【答案】 D

【小思考】 一般纳税人销售适用征收率的货物，能否开具增值税专用发票？

【解析】 化妆品厂生产销售化妆品，适用税率为13%；工业企业对外出租生产设备，属于有形动产租赁服务，适用税率为13%；印刷厂印刷图书、报刊（委托方提供纸张），属于受托加工业务，适用税率为13%；机械厂生产销售农机属于适用低税率9%的范围，因此选择D。

2.1.3 一般纳税人应纳税额的计算

纳税人发生应税交易，应当按照一般计税方法计算缴纳增值税，小规模纳税人以及其他适用简易计税方法计算缴纳增值税的除外。小规模纳税人的标准以及适用简易计税方法的情形由国务院规定。

纳税人选择适用简易计税方法的，计税方法一经确定，在规定期限内不得变更。

2.1.3.1 一般计税方法应纳税额的计算

一般计税方法按照当期销项税额抵扣当期进项税额后的余额计算应纳税额。

1. 销项税额的计算

销项税额是指纳税人发生应税交易，按照销售额和增值税税率计算的增值税税额。相应的计算公式为：

$$销项税额=销售额\times 税率$$

销售额是指纳税人发生应税交易取得的与之相关的价款，包括全部货币形式或者非货币形式的经济利益，不包括按照一般计税方法计算的销项税额。

其中，价款为纳税人发生应税交易收取的全部价款和价外费用，但不包括收取的销项税额。价外费用是指价外向购买方收取的手续费、补贴、基金、集资费、返还利润、奖励费、违约金、滞纳金、延期付款利息、赔偿金、代收款项、代垫款项、包装费、包装物租金、储备费、优质费、运输装卸费以及其他各种性质的价外收费。但是，下列项目不包括在内：

（1）受托加工应征消费税的消费品所代收代缴的消费税。

（2）同时符合以下条件的代垫运输费用：

1）承运部门的运输费用发票开具给购买方的。

2）纳税人将该项发票转交给购买方的。

（3）同时符合以下条件代为收取的政府性基金或者行政事业性收费：

1）由国务院或者财政部批准设立的政府性基金，由国务院或者省级人民政府及其财政、价格主管部门批准设立的行政事业性收费。

2）收取时开具省级以上（含省级）财政部门监（印）制的财政票据。

3）所收款项全额上缴财政。

（4）销售货物的同时因代办保险等而向购买方收取的保险费，以及向购买方收取的代购买方缴纳的车辆购置税、车辆牌照费。

（5）以委托方名义开具发票代委托方收取的款项。

如果纳税人在销售货物、劳务以及销售服务、无形资产或者不动产时采用销售额和销项税额合并定价方法，则应将含税销售额换算为不含税销售额，具体计算公式如下：

$$应税销售额=\frac{含税销售额}{1+税率}$$

另外，对纳税人向购买方收取的价外费用和逾期包装物押金，应视为含税收入，在征税时也应该按照上述公式换算成不含税收入并入销售额计算增值税销项税额。

发生视同应税交易以及销售额为非货币形式的，按照市场价格确定销售额。

销售额以人民币计算。纳税人以人民币以外的货币结算销售额的，应当折合成人民币计算。

纳税人的销售额明显偏低或者偏高且无正当理由的，由税务机关按照《中华人民共和国税收征收管理法》和有关行政法规的规定，核定其销售额。

2. 进项税额的计算

进项税额是指纳税人购进与应税交易相关的货物、服务、无形资产、不动产所支付或者负担的增值税税额。纳税人应当凭法律、行政法规或者国务院税务主管部门规定的增值税扣税凭证从销项税额中抵扣进项税额。

（1）准予从销项税额中抵扣的进项税额。

1）从销售方取得的增值税专用发票（含税控机动车销售统一发票，下同）上注明的增值税税额。

2）从海关取得的海关进口增值税专用缴款书上注明的增值税税额。

3）购进农产品，除取得增值税专用发票或者海关进口增值税专用缴款书外，按照农产品收购发票或者销售发票上注明的农产品买价（包括纳税人购进农产品在农产品收购发票或者销售发票上注明的价款和按照规定缴纳的烟叶税）和相应的扣除率计算的进项税额。其计算公式为：

$$进项税额=买价\times扣除率$$

2017年4月28日，《财政部、国家税务总局关于简并增值税税率有关政策的通知》（财税〔2017〕37号）规定：自2017年7月1日起，纳税人购进农产品，取得一般纳税人开具的增值税专用发票或海关进口增值税专用缴款书的，以增值税专用发票或海关进口增值税专用缴款书上注明的增值税税额为进项税额；从按照简易计税方法依照3%征收率计算缴纳增值税的小规模纳税人取得增值税专用发票的，以增值税专用发票上注明的金额和11%的扣除率计算进项税额；取得（开具）农产品销售发票或收购发票的，以农产品销售发票或收购发票上注明的农产品买价和11%的扣除率计算进项税额；营业税改征增值税试点期间，纳税人购进用于生产销售或委托（受托）加工17%税率货物的农产品维持原扣除力度不变。2019年3月20日，《财政部、税务总局、海关总署关于深化增值税改革有关政策的公告》（财政部、税务总局、海关总署公告2019年第39号）规定：自2019年4月1日起，纳税人购进农产品，原适用10%扣除率的，扣除率调整为9%。纳税人购进用于生产或者委托加工13%税率货物的农产品，按照10%的扣除率计算进项税额。

购进农产品，按照《农产品增值税进项税额核定扣除试点实施办法》（财税〔2012〕38号）抵扣进项税额的除外。

纳入农产品增值税进项税额核定扣除试点范围[①]的纳税人购进农产品，按照《农产品

---

① 《财政部、国家税务总局关于在部分行业试行农产品增值税进项税额核定扣除办法的通知》（财税〔2012〕38号）规定，自2012年7月1日起，以购进农产品为原料生产销售液体乳及乳制品、酒及酒精、植物油的一般纳税人，纳入农产品增值税进项税额核定扣除试点范围，其购进农产品无论是否用于生产上述产品，增值税进项税额均按照《农产品增值税进项税额核定扣除试点实施办法》的规定抵扣。2013年8月28日，《财政部、国家税务总局关于扩大农产品增值税进项税额核定扣除试点行业范围的通知》（财税〔2013〕57号）规定，自2013年9月1日起，扩大实行核定扣除试点的行业范围，由各省、自治区、直辖市、计划单列市税务部门商同级财政部门选择部分行业开展核定扣除试点工作。

增值税进项税额核定扣除试点实施办法》规定的方法核定增值税进项税额。

4）从境外单位或者个人购进服务、无形资产或者不动产，自税务机关或者扣缴义务人处取得的解缴税款的完税凭证（以下简称“税收缴款凭证”）上注明的增值税税额。

【小思考】 为什么要推行农产品增值税进项税额核定扣除办法？这种核定扣除办法与原来的扣除方法相比有什么优势？

（2）不得从销项税额中抵扣的进项税额。

1）适用简易计税方法计税项目对应的进项税额。

2）免征增值税项目对应的进项税额。

3）非正常损失项目对应的进项税额。

非正常损失是指因管理不善造成被盗、丢失、霉烂变质，以及因违反法律法规造成货物或者不动产被依法没收、销毁、拆除的情形。

4）购进并用于集体福利或者个人消费的货物、服务、无形资产、不动产对应的进项税额。

纳税人的交际应酬消费属于个人消费。

不动产是指不能移动或者移动后会引起性质、形状改变的财产，包括建筑物、构筑物等。固定资产是指使用期限超过12个月的机器、机械、运输工具以及其他与生产经营有关的设备、工具、器具等有形动产。

5）购进并直接用于消费的餐饮服务、居民日常服务和娱乐服务对应的进项税额。

6）国务院财政、税务主管部门规定的其他进项税额。

纳税人购进货物、服务、无形资产、不动产，取得的增值税扣税凭证（即增值税专用发票、海关进口增值税专用缴款书、农产品收购发票、农产品销售发票和完税凭证等）不符合法律、行政法规或者国家税务总局的有关规定的，其进项税额不得从销项税额中抵扣。

3. 应纳税额的计算

一般计税方法的应纳税额是指当期销项税额抵扣当期进项税额后的余额。应纳税额的计算公式为：

应纳税额＝当期销项税额－当期进项税额

当期进项税额大于当期销项税额的部分，可以结转下期继续抵扣或者予以退还，具体办法由国务院财政、税务主管部门制定。

2.1.3.2 简易计税方法应纳税额的计算

简易计税方法按照当期销售额乘以征收率计算应纳税额，不得抵扣进项税额。

应纳税额＝销售额×征收率

简易计税方法的销售额是指纳税人发生应税交易取得的与之相关的价款，包括全部货币或者非货币形式的经济利益，不包括按照简易计税方法计算的应纳税额。在特殊情况下，可以按照差额计算销售额。

纳税人采用销售额和应纳税额合并定价方法的，按照下列公式计算销售额：

销售额=含税销售额÷(1+征收率)

纳税人适用简易计税方法计税的，因销售折让、中止或者退回而退还给购买方的销售额，应当从当期销售额中扣减。扣减当期销售额后仍有余额造成多缴的税款，可以从以后的应纳税额中扣减。

【知识链接】

一般纳税人销售服务、无形资产或者不动产，可以选择简易计税方法计税。销售不动产、不动产经营性租赁服务适用5%的征收率，其他服务适用3%的征收率。

可选择简易计税方法的情形主要包括：

(1) 公共交通运输服务。

(2) 经认定的动漫企业为开发动漫产品提供的动漫脚本编撰、形象设计、背景设计、动画设计、分镜、动画制作、摄制、描线、上色、画面合成、配音、配乐、音效合成、剪辑、字幕制作、压缩转码（面向网络动漫、手机动漫格式适配）服务，以及在境内转让动漫版权（包括动漫品牌、形象或者内容的授权及再授权）。

(3) 电影放映服务、仓储服务、装卸搬运服务、收派服务和文化体育服务。

(4) 以纳入“营改增”试点之日前取得的有形动产为标的物提供的经营租赁服务。

(5) 在纳入“营改增”试点之日前签订的尚未执行完毕的有形动产租赁合同。

(6) 以清包工方式提供的建筑服务。

(7) 为甲供工程提供的建筑服务。

(8) 销售2016年4月30日前取得的不动产。

(9) 房地产开发企业销售自行开发的房地产老项目。

(10) 出租2016年4月30日前取得的不动产。

(11) 其他情形。

自2017年7月1日起，建筑工程总承包单位为房屋建筑的地基与基础、主体结构提供工程服务，建设单位自行采购全部或部分钢材、混凝土、砌体材料、预制构件的，适用简易计税方法计税。

纳税人按照国务院规定可以选择简易计税方法的，在计税方法选择后36个月内不得变更。

2.1.3.3 进口货物应纳税额的计算

进口货物按照税法规定的组成计税价格乘以适用税率计算缴纳增值税。

组成计税价格为关税计税价格加上关税和消费税；国务院另有规定的，从其规定。

2.1.3.4 扣缴税额的计算

扣缴义务人依照税法规定代扣代缴税款的，按照销售额乘以税率计算应扣缴税额。

2.1.4 税收优惠

2.1.4.1 起征点

纳税人发生应税交易，销售额未达到国务院规定的增值税起征点的，免征增值税；达到起征点的，依照规定全额计算缴纳增值税。

2.1.4.2 免征增值税

下列项目免征增值税：

（1）农业生产者销售的自产农产品，农业机耕、排灌、病虫害防治、植物保护、农牧保险以及相关技术培训业务，家禽、牲畜、水生动物的配种和疾病防治。

（2）避孕药品和用具，医疗机构提供的医疗服务。

（3）古旧图书，自然人销售的自己使用过的物品。

（4）直接用于科学研究、科学试验和教学的进口仪器、设备。

（5）外国政府、国际组织无偿援助的进口物资和设备。

（6）由残疾人的组织直接进口供残疾人专用的物品，残疾人个人提供的服务。

（7）托儿所、幼儿园、养老机构、残疾人福利机构提供的育养服务，婚姻介绍，殡葬服务。

（8）学校提供的学历教育服务，学生勤工俭学提供的服务。

（9）纪念馆、博物馆、文化馆、文物保护单位管理机构、美术馆、展览馆、书画院、图书馆举办文化活动的门票收入，宗教场所举办文化、宗教活动的门票收入。前款规定的免税项目具体标准由国务院规定。

根据国民经济和社会发展的需要，国务院可以制定增值税专项优惠政策，报全国人民代表大会常务委员会备案。

纳税人兼营增值税优惠项目的，应当单独核算增值税优惠项目的销售额；未单独核算的项目，不得享受税收优惠。

纳税人可以放弃增值税优惠。纳税人放弃增值税优惠的，在规定期限内不得享受该项税收优惠。

2.1.5 征收管理

1. 纳税义务发生时间

（1）发生应税交易，纳税义务发生时间为收讫销售款项或者取得销售款项索取凭据的当日；先开具发票的，为开具发票的当日。

其中，收讫销售款项或者取得销售款项索取凭据的当日按销售结算方式的不同，具体分为：

1）采取直接收款方式销售货物，不论货物是否发出，均为收到销售款项或者取得销售款项索取凭据的当日。

纳税人在生产经营活动中采取直接收款方式销售货物，已将货物移送对方并暂估销售收入入账，但既未取得销售款项或取得销售款项索取凭据，又未开具销售发票的，其增值税纳税义务发生时间为取得销售款项或取得销售款项索取凭据的当日；先开具发票的，为开具发票的当日。

2）采取托收承付和委托银行收款方式销售货物，为发出货物并办妥托收手续的当天。

3）采取赊销和分期收款方式销售货物，为书面合同约定的收款日期的当日，无书面合同的或者书面合同没有约定收款日期的，为货物发出的当日。

4）采取预收货款方式销售货物，为货物发出的当日，但生产销售生产工期超过 12 个月的大型机械设备、船舶、飞机等货物，为收到预收款或者书面合同约定的收款日期的当日。

5）委托其他纳税人代销货物，为收到代销单位的代销清单或者收到全部或者部分货款的当日。未收到代销清单及货款的，为发出代销货物满 180 天的当日。

【小思考】 现行税法规定，纳税人委托其他纳税人代销货物，其增值税纳税义务发生时间为收到代销单位的代销清单或者收到全部或者部分货款的当日；未收到代销清单及货款的，为发出代销货物满 180 天的当日。如果受托方确实未在 180 天内将货物销售出去，应该如何处理才能规避增值税的纳税义务？

6）销售服务、无形资产或者不动产的纳税义务发生时间为发生应税销售行为并收讫销售款项或者取得销售款项索取凭据的当日；先开具发票的，为开具发票的当日。其中，收讫销售款项是指纳税人销售服务、无形资产或者不动产的过程中或者完成后收到款项；取得销售款项索取凭据的当日，是指书面合同确定的付款日期；未签订书面合同或者书面合同未确定付款日期的，为服务、无形资产转让完成的当日或者不动产权属变更的当日。

7）纳税人提供租赁服务采取预收款方式的，其纳税义务发生时间为收到预收款的当日。

8）纳税人从事金融商品转让，为金融商品所有权转移的当日。

（2）视同发生应税交易，纳税义务发生时间为视同发生应税交易完成的当日。

（3）进口货物，纳税义务发生时间为进入关境的当日。

（4）增值税扣缴义务发生时间为纳税人增值税纳税义务发生的当日。

2. 计税期间

增值税的计税期间分别为 10 日、15 日、1 个月或者 1 个季度。纳税人的具体计税期间，由主管税务机关根据纳税人应纳税额的大小分别核定。不经常发生应税交易的纳税人，可以按次纳税。纳税人以 1 个月、1 个季度为一个计税期间的，自期满之日起 15 日内申报纳税；以 10 日或者 15 日为一个计税期间的，自次月 1 日起 15 日内申报纳税。

扣缴义务人解缴税款的计税期间和申报纳税期限，依照上述规定执行。

纳税人进口货物，应当按照海关规定的期限申报纳税，并自完成申报之日起 15 日内缴纳税款。

纳税人应当按照规定预缴增值税，具体办法由国务院财政、税务主管部门制定。

【知识要点提醒】

以1个季度为纳税期限的纳税人有哪些?

根据现行增值税的相关规定，以1个季度为纳税期限的纳税人包括以下几种情形：

（1）银行、财务公司、信托投资公司、信用社。

（2）经财政部和国家税务总局批准，按照《财政部、国家税务总局关于重新印发〈总分机构试点纳税人增值税计算缴纳暂行办法〉的通知》（财税〔2013〕74号）计算缴纳增值税的航空运输企业总机构的纳税期限为1个季度，航空运输企业汇总缴纳的增值税实行年度清算。

（3）经财政部、国家税务总局批准，中国铁路总公司及其所属运输企业（含下属站段）汇总申报缴纳增值税，中国铁路总公司的增值税纳税期限为1个季度。

（4）经省、自治区、直辖市或者计划单列市财政厅（局）和国家税务总局批准，可以汇总申报缴纳增值税的邮政企业总机构的纳税期限为1个季度。邮政企业是指中国邮政集团公司所属提供邮政服务的企业。

（5）经省、自治区、直辖市或者计划单列市财政厅（局）和国家税务总局批准，可以汇总申报缴纳增值税的电信企业总机构的纳税期限为1个季度。电信企业是指中国电信集团公司、中国移动通信集团公司、中国联合网络通信集团有限公司所属提供电信服务的企业。

3. 纳税地点

（1）有固定生产经营场所的纳税人，应当向其机构所在地或者居住地主管税务机关申报纳税。

总机构和分支机构不在同一县（市）的，应当分别向各自所在地的主管税务机关申报纳税；经国务院财政、税务主管部门或者其授权的财政、税务机关批准，可以由总机构汇总后向总机构所在地的主管税务机关申报纳税。

（2）无固定生产经营场所的纳税人，应当向其应税交易发生地主管税务机关申报纳税；未申报纳税的，由其机构所在地或者居住地主管税务机关补征税款。

（3）自然人销售或者租赁不动产，转让自然资源使用权，提供建筑服务，应当向不动产所在地、自然资源所在地、建筑服务发生地主管税务机关申报纳税。

（4）进口货物的纳税人，应当按照海关规定的地点申报纳税。

（5）扣缴义务人，应当向其机构所在地或者居住地主管税务机关申报缴纳扣缴的税款；机构所在地或者居住地在境外的，应当向应税交易发生地主管税务机关申报缴纳扣缴的税款。

增值税由税务机关征收，进口货物的增值税由海关代征。海关应当将代征增值税和货物出口报关的信息提供给税务机关。个人携带或者寄递进境物品增值税的计征办法由国务院制定。

纳税人出口货物或者跨境销售服务、无形资产，适用零税率的，应当向主管税务机关申报办理退（免）税。出口退（免）税的具体办法，由国务院税务主管部门制定。

2.2 增值税的会计科目设置

2.2.1 一般纳税人增值税的会计科目设置

根据现行规定，一般纳税人应在“应交税费”科目下设置“应交增值税”、“未交增值税”、“预交增值税”、“待抵扣进项税额”、“待认证进项税额”、“待转销项税额”、“增值税留抵税额”、“简易计税”、“转让金融商品应交增值税”和“代扣代交增值税”等二级科目。

1.“应交税费——应交增值税”二级科目

“应交税费——应交增值税”二级科目的设置采用多栏的方式，在借方和贷方各设若干三级科目加以反映。一般纳税人应在“应交增值税”二级科目内设置“进项税额”“销项税额抵减”“已交税金”“转出未交增值税”“减免税款”“出口抵减内销产品应纳税额”“销项税额”“出口退税”“进项税额转出”“转出多交增值税”等三级科目。

(1)“进项税额”三级科目，记录企业购进的与应税交易相关的货物、服务、无形资产、不动产和金融商品支付或者负担的、准予从销项税额中抵扣的增值税税额。企业购进的与应税交易相关的货物、服务、无形资产、不动产和金融商品支付或者负担的进项税额，用蓝字登记；发生购进退回应冲销的进项税额，用红字登记。

(2)“销项税额抵减”三级科目，记录一般纳税人按照现行增值税制度规定因扣减销售额而减少的销项税额。

(3)“已交税金”三级科目，记录纳税人已缴纳的当月应缴增值税税额。企业缴纳当月应缴的增值税，借记“应交税费——应交增值税（已交税金）”三级科目（小规模纳税人应借记“应交税费——应交增值税”二级科目），贷记“银行存款”二级科目。

(4)“转出未交增值税”三级科目，记录纳税人月度终了转出当月应缴未缴的增值税税额。月末，当企业的“应交税费——应交增值税”二级科目出现贷方余额时，根据余额借记该科目，贷记“应交税费——未交增值税”二级科目。

(5)“减免税款”三级科目，记录纳税人按现行增值税制度规定准予减免的增值税税额。企业按规定直接减免的增值税税额借记该科目，贷记“营业外收入”科目。除此之外，按税法的有关规定，纳税人初次购买增值税税控系统专用设备支付的费用以及缴纳的技术维护费可在增值税应纳税额中全额抵减，按规定抵减的增值税应纳税额也通过该科目核算。

(6)“出口抵减内销产品应纳税额”三级科目，反映出口企业在销售货物后，向税务机关办理免、抵、退税申报，按规定计算的应免、抵税额，借记该科目，贷记“应交税费——应交增值税（出口退税）”三级科目。应免、抵税额的计算有两种方法：

1）在取得国家税务机关《生产企业出口货物免、抵、退税审批通知单》后进行免、抵、退税的会计处理，即按批准数进行会计处理。按《生产企业出口货物免、抵、退税审批通知单》批准的抵免税额，借记该科目，贷记“应交税费——应交增值税（出口退税）”三级科目。

2）出口企业在进行退税申报时，按退税申报数进行会计处理。根据当期《生产企业出口货物免、抵、退税汇总申报表》的抵免税额借记该科目，贷记“应交税费——应交增值税（出口退税）”三级科目。

（7）“销项税额”三级科目，记录纳税人发生应税交易应收取的增值税税额。纳税人发生应税交易而收取的销项税额，用蓝字登记；发生销售退回应冲销的销项税额，用红字登记。

（8）“出口退税”三级科目，记录一般纳税人出口产品按规定退回的增值税税额。出口货物退回的增值税税额，用蓝字登记；出口货物办理退税后发生退货或者退关而补缴已退的税款，用红字登记。出口企业当期按规定应退税额，借记“其他应收款——应收出口退税款”二级科目，贷记该科目。

（9）“进项税额转出”三级项目，记录纳税人购进的与应税交易相关的货物、服务、无形资产、不动产和金融商品等发生非正常损失以及由于其他原因而不应从销项税额中抵扣，按规定应转出的进项税额。此外，企业在出口货物时按税法规定计算的不得免征和抵扣税额的部分，应在借记“主营业务成本”科目的同时，贷记该科目。

（10）“转出多交增值税”三级科目，记录纳税人月度终了转出当月多缴的增值税税额。月末，对于当月多缴的增值税税额，借记“应交税费—未交增值税”二级科目，贷记“应交税费——应交增值税（转出多交增值税）”三级科目。

上述三级科目的设置可表示如下（见表2-1）。

表2-1 应交税费——应交增值税

借方	贷方
（1）进项税额	（7）销项税额
（2）销项税额抵减	（8）出口退税
（3）已交税金	（9）进项税额转出
（4）转出未交增值税	（10）转出多交增值税
（5）减免税款	
（6）出口抵减内销产品应纳税额	

2.“应交税费——未交增值税”二级科目

“未交增值税”二级科目核算纳税人月度终了从“应交增值税”或“预交增值税”二级科目转入当月应交未交、多交或预交的增值税税额，以及当月交纳以前期间未交的增值税税额。

月末，企业应将当月发生的应交增值税税额自“应交税费——应交增值税”二级科目和“应交税费——预交增值税”二级科目转入“应交税费——未交增值税”二级科目。其会计分录为：

借：应交税费——应交增值税（转出未交增值税）

贷：应交税费——未交增值税
　　应交税费——预交增值税

月末，企业将本月多交的增值税税额自“应交税费——应交增值税”二级科目转入“应交税费——未交增值税”二级科目。其会计分录为：

借：应交税费——未交增值税
　贷：应交税费——应交增值税（转出多交增值税）

企业当月上交上月应交未交的增值税时，借记“应交税费——未交增值税”二级科目，贷记“银行存款”科目。

月末，该科目的借方余额反映企业当月预交等多交的增值税，贷方余额反映期末结转下期应交的增值税。

3. “应交税费——预交增值税”二级科目

“预交增值税”二级科目核算纳税人转让不动产、提供不动产经营租赁服务、提供建筑服务、采用预收款方式销售自行开发的房地产项目等，按现行增值税制度规定应预交的增值税税额。

纳税人在预交增值税时，借记“应交税费——预交增值税”二级科目，贷记“银行存款”科目。月末，企业应将“预交增值税”二级科目余额转入“未交增值税”二级科目，借记“应交税费——未交增值税”二级科目，贷记“应交税费——预交增值税”二级科目。

4. “应交税费——待抵扣进项税额”二级科目

“待抵扣进项税额”二级科目核算纳税人已取得增值税扣税凭证并经税务机关认证，按照现行增值税制度规定准予在以后期间从销项税额中抵扣的进项税额。该二级科目主要涉及实行纳税辅导期管理的一般纳税人取得的尚未交叉稽核比对的增值税扣税凭证上注明或计算的进项税额。

5. “应交税费——待认证进项税额”二级科目

“待认证进项税额”二级科目核算纳税人由于未经认证而不得从当期销项税额中抵扣的进项税额。该二级科目主要涉及纳税人已取得增值税扣税凭证、按照现行增值税制度规定准予从销项税额中抵扣，但尚未经认证的进项税额，以及纳税人已申请稽核但尚未取得稽核相符结果的海关缴款书进项税额。

6. “应交税费——待转销项税额”二级科目

“待转销项税额”二级科目核算纳税人发生应税交易，已确认相关收入（或利得）但尚未发生增值税纳税义务而需要在以后期间确认为销项税额的增值税税额。

7. “应交税费——增值税留抵税额”二级科目

一般纳税人应当根据《增值税会计处理规定》的相关规定对增值税期末留抵退税业务进行会计处理，经税务机关核准的允许退还的增值税期末留抵税额以及缴回的已退还的留抵退税款项，应通过“应交税费——增值税留抵税额”二级科目进行核算。纳税人在税务机关准予留抵退税时，按税务机关核准允许退还的留抵税额，借记“应交税费——增值税留抵税额”二级科目，贷记“应交税费——应交增值税（进项税额转出）”三级科目。在实际收到留抵退税款时，按收到留抵退税款项的金额，借记“银行存款”科目，贷记“应交税费——增值税留抵税额”二级科目。纳税人将已退还的留抵退税款项缴回并继续按规定抵扣进项税额时，按缴回留抵退税款项的金额，借记“应交税费——应交增值税（进项税额转出）”三级科目，贷记“应交税费——增值税留抵税额”二级科目，同时借记“应交税费——增值税留抵税额”二级科目，贷记“银行存款”科目。

8. “应交税费——简易计税”二级科目

“简易计税”二级科目核算一般纳税人的部分交易事项采用简易计税方法发生的增值税计提、扣减、预交、缴纳等业务。

9. “应交税费——转让金融商品应交增值税”二级科目

“转让金融商品应交增值税”二级科目核算纳税人转让金融商品发生的增值税税额。①

10. “应交税费——代扣代交增值税”二级科目

“代扣代交增值税”二级科目核算纳税人与境外单位或个人在境内发生应税交易应代扣代交的增值税税额。②

2.2.2 小规模纳税人增值税的会计科目设置

对于小规模纳税人，其销售收入的核算与一般纳税人相同，也是不含增值税的应税销售额，其应纳增值税税额通过“应交税费——应交增值税”二级科目核算。由于小规模纳税人不得抵扣进项税额，无须在“应交税费——应交增值税”二级科目的借、贷方设置若干三级科目。

小规模纳税人“应交税费——应交增值税”二级科目的借方发生额，反映已纳增值税[illegible]

[illegible]

采用一般计税方法的纳税人发生应税交易，应当按应收或已收的金额，借记“应收账款”“应收票据”“银行存款”等科目；按取得的收入金额，贷记“主营业务收入”“其他业务收入”“固定资产清理”等科目；按现行增值税制度规定计算的销项税额（或采用简易计税方法计算的应纳增值税税额），贷记“应交税费——应交增值税（销项税额）”三级科目。发生销售退回的，应根据税务机关开具的红字增值税专用发票做相反的会计分录。会计上收入或利得确认时点先于增值税纳税义务发生时点的，应将相关销项税额计入“应交税费——待转销项税额”二级科目，待实际发生纳税义务时再转入“应交税费——应交增值税（销项税额）”三级科目。

①② 小规模纳税人也设置此科目。

2.3.1 销售货物销项税额的会计核算

1. 一般销售方式下销项税额的会计核算

（1）直接收款方式下销项税额的会计核算。采取直接收款方式销售货物，不论货物是否发出，其纳税义务发生时间均为收到销售款项或者取得销售款项索取凭据的当日；先开具发票的，为开具发票的当日。企业应根据销售结算凭证和银行存款进账单，借记“银行存款”“应收账款”“应收票据”等科目；按增值税专用发票上所列税额或按普通发票上所列货款除以（1+增值税税率）后再乘以增值税税率所计算的增值税税额，贷记“应交税费——应交增值税（销项税额）”三级科目，按实际销售额贷记“主营业务收入”等科目。其会计分录为：

借：银行存款（应收账款、应收票据）等

　贷：主营业务收入

　　　应交税费——应交增值税（销项税额）

［案例2-1］ 利宁服装厂（一般纳税人）向市百货公司销售一批服装，开具的增值税专用发票上注明的价款为100 000元、税款为13 000元，货款以银行存款支付。

［解析］ 其会计分录为：

借：银行存款	113 000	
贷：主营业务收入		100 000
应交税费——应交增值税（销项税额）		13 000

［案例2-2］ 利宁服装厂（一般纳税人）零售一批服装，价税混合收取22 600元，收到的货款已存入银行。

［解析］ 由于零售服装所收款项是价税合并收取的，因而在计算增值税销项税额时，应换算成不含税销售额再进行计算。

$$不含税销售额=含税销售额\div(1+增值税税率)=22\,600\div(1+13\%)=20\,000(元)$$

$$销项税额=不含税销售额\times增值税税率=20\,000\times13\%=2\,600(元)$$

其会计分录为：

借：银行存款	22 600	
贷：其他业务收入		20 000
应交税费——应交增值税（销项税额）		2 600

［案例2-3］ 利宁服装厂（一般纳税人）向市百货公司销售一批服装，开具的增值税专用发票上注明的价款为200 000元、税款为26 000元，取得该百货公司开具的商业承兑汇票。

［解析］ 其会计分录为：

借：应收票据	226 000	
贷：主营业务收入		200 000
应交税费——应交增值税（销项税额）		26 000

（2）托收承付、委托银行收款方式下销项税额的会计核算。采取托收承付和委托银行收款方式销售货物，其纳税义务发生时间为发出货物并办妥托收手续的当日；若先开具发票，则为开具发票的当日。企业应根据托收承付或委托收款结算凭证和发票，借记“应收账款”科目，贷记“主营业务收入”等科目及“应交税费——应交增值税（销项税额）”三级科目。

［案例 2-4］ 利宁服装厂（一般纳税人）采用委托收款方式向外地某服装公司销售一批服装，开具的增值税专用发票上注明的价款为 30 000 元、税款为 3 900 元。利宁服装厂根据发票和铁路运费单据已向银行办妥托收手续。

［解析］ 其会计分录为：

借：应收账款——××服装公司　　　　33 900
　贷：主营业务收入　　　　30 000
　　　应交税费——应交增值税（销项税额）　　　　3 900

（3）赊销和分期收款方式下销项税额的会计处理。采取赊销和分期收款方式销售货物，其纳税义务发生时间为书面合同约定的收款日期的当日，无书面合同的或者书面合同没有约定收款日期的，为货物发出的当日；若先开具发票，则为开具发票的当日。一般来说，纳税人在合同约定的收款日期开具增值税专用发票（或普通发票），并计算增值税销项税额，借记“银行存款”或“应收账款”科目，贷记“应交税费——应交增值税（销项税额）”三级科目。

在这种销售方式下，企业将商品交付给购货方，通常表明商品控制权已经转移给购货方，在满足收入确认的其他条件时，应当根据应收款项的公允价值或现行售价确认收[illegible]

［案例 2-5］[illegible]

不含税价款为 100 000 元，成本为 80 000 元，合同约定货款分别于当年 6 月 1 日、7 月 1 日两次等额支付。该批服装已于 5 月 1 日发出，服装厂在合同规定日期收到相应价款和销项税额。

［解析］ 由于利宁服装厂的这项业务不具有融资性质，按现行《企业会计准则》的相关规定，签订销售合同并发出商品的时刻就符合收入的确认条件，应按合同的不含增值税价款总额确认销售收入。根据增值税法的规定，应分别于 6 月 1 日、7 月 1 日确认增值税销项税额 6 500 元（=100 000×13%÷2）。

其会计分录为：

5 月 1 日发出该批服装时：

借：应收账款　　　　113 000
　贷：主营业务收入　　　　100 000
　　　应交税费——待转销项税额　　　　13 000

借：主营业务成本　　80 000
　贷：库存商品　　80 000

6月1日、7月1日收到应收货款时，分别进行以下账务处理：

借：银行存款　　56 500
　　应交税费——待转销项税额　　6 500
　贷：应收账款　　56 500
　　　应交税费——应交增值税（销项税额）　　6 500

需要注意的是，在某些情况下，企业销售商品会采取分期收款的方式，如果延期收取的货款具有融资性质，其实质是企业向购货方提供信贷，企业应当按照应收的合同或协议价款的公允价值确定收入金额。应收的合同或协议价款的公允价值，通常应当按照其未来现金流的现值或商品现销价格计算确定。将应收的合同或协议价款与其公允价值之间的差额计入“未实现融资收益”科目，并在合同或协议期间按照应收款项的摊余成本和实际利率计算确定的摊销金额，冲减财务费用。其中，实际利率是指具有类似信用等级的企业发行类似工具的现时利率，或者将应收的合同或协议价款折现为商品现销价格时的折现率等。

［案例2-6］　2024年1月1日，利宁服装厂（一般纳税人）采取分期收款方式销售一批服装，不含税价款为1 000 000元，成本为800 000元，合同约定货款分别于2024年12月31日、2025年12月31日两次等额支付。该批服装已于2024年1月1日发出，服装厂在合同约定的日期收到相应价款和销项税额。假定适用的实际折现率为5%。

［解析］　本题属于具有融资性质的分期收款销售商品业务，利宁服装厂应在2024年1月1日按照合同价款的公允价值（现值）确认收入金额。

$$\text{合同价款的公允价值(现值)}=\frac{500\ 000}{1+5\%}+\frac{500\ 000}{(1+5\%)^2}=929\ 705.22(\text{元})$$

其会计分录为：

2024年1月1日发出商品，销售实现：

借：长期应收款　　1 130 000
　贷：主营业务收入　　929 705.22
　　　未实现融资收益　　70 294.78（1 000 000－929 705.22）
　　　应交税费——待转销项税额　　130 000
借：主营业务成本　　800 000
　贷：库存商品　　800 000

2024年12月31日收取货款：

借：银行存款　　565 000
　　应交税费——待转销项税额　　65 000
　贷：长期应收款　　565 000
　　　应交税费——应交增值税（销项税额）　　65 000（500 000×13%）
借：未实现融资收益　　46 485.26（929 705.22×5%）
　贷：财务费用　　46 485.26

2025 年 12 月 31 日收取货款：

借：银行存款	565 000	
应交税费——待转销项税额	65 000	
贷：长期应收款		565 000
应交税费——应交增值税（销项税额）		65 000
借：未实现融资收益	23 809.52（70 294.78－46 485.26）	
贷：财务费用		23 809.52

说明：企业采取分期收款方式销售商品的，其纳税义务发生时间是合同约定的收款日期。因此，1 000 000 元的销售收入在税法上要分两期确认，其纳税义务（增值税、企业所得税等）发生时间分别为 2024 年 12 月 31 日和 2025 年 12 月 31 日。

［案例 2－7］ 利华公司（一般纳税人）于 2024 年 1 月 1 日采用分期收款方式向东方公司销售一套大型设备，合同约定的不含税销售价格为 200 000 000 元，分 5 次于每年 12 月 31 日等额收取。该大型设备的成本为 150 000 000 元。在现销方式下，该大型设备的不含税销售价格为 160 000 000 元。利华公司在合同约定的日期收到相应价款和销项税额。

［解析］ 根据上述资料，利华公司应当确认的销售商品收入金额为 160 000 000 元。根据未来五年收款额的现值＝现销方式下应收款项金额，可以得出：

$$200\ 000\ 000 \div 5 \times (P/A,\ r,\ 5) = 160\ 000\ 000$$

所以

$$(P/A,\ r,\ 5) = 4$$

我们可以在多次测试的基础上，用插值法计算折现率。

[illegible]

故

$$40\ 000\ 000 \times 3.992\ 7 = 159\ 708\ 000 < 160\ 000\ 000$$

因此，$7\% < r < 8\%$，用插值法计算如下：

年金现值系数	利率
4.100 2	7%
4	r
3.992 7	8%

$$\frac{4.100\ 2-4}{4.100\ 2-3.992\ 7} = \frac{7\%-r}{7\%-8\%}$$

所以

$$r = 7.93\%$$

每期利息收入的金额见表 2-2。

表 2-2　利息收入和已收本金计算表

单位：元

日期	未收本金 ①=上期①-上期④	利息收入 ②=①×7.93%	收现总额 ③	已收本金 ④=③-②
2024 年 1 月 1 日	160 000 000.00	—	—	—
2024 年 12 月 31 日	160 000 000.00	12 688 000.00	40 000 000.00	27 312 000.00
2025 年 12 月 31 日	132 688 000.00	10 522 158.40	40 000 000.00	29 477 841.60
2026 年 12 月 31 日	103 210 158.40	8 184 565.56	40 000 000.00	31 815 434.44
2027 年 12 月 31 日	71 394 723.96	5 661 601.61	40 000 000.00	34 338 398.39
2028 年 12 月 31 日	37 056 325.57	2 943 674.43*	40 000 000.00	37 056 325.57
总额	—	40 000 000.00	200 000 000.00	160 000 000.00

*尾数调整，即

2 943 674.43=40 000 000.00-12 688 000.00-10 522 158.40-8 184 565.56-5 661 601.61

根据上表的计算结果，利华公司各期的账务处理如下：

2024 年 1 月 1 日销售实现时：

借：长期应收款　226 000 000
　贷：主营业务收入　160 000 000
　　未实现融资收益　40 000 000
　　应交税费——待转销项税额　26 000 000
借：主营业务成本　150 000 000
　贷：库存商品　150 000 000

2024 年 12 月 31 日收取货款时：

借：银行存款　45 200 000
　应交税费——待转销项税额　5 200 000
　贷：长期应收款　45 200 000
　　应交税费——应交增值税（销项税额）　5 200 000
借：未实现融资收益　12 688 000
　贷：财务费用　12 688 000

2025 年 12 月 31 日收取货款时：

借：银行存款　45 200 000
　应交税费——待转销项税额　5 200 000
　贷：长期应收款　45 200 000
　　应交税费——应交增值税（销项税额）　5 200 000
借：未实现融资收益　10 522 158.40
　贷：财务费用　10 522 158.40

2026 年 12 月 31 日收取货款时：

借：银行存款　　45 200 000

　　应交税费——待转销项税额　　5 200 000

　贷：长期应收款　　45 200 000

　　　应交税费——应交增值税（销项税额）　　5 200 000

借：未实现融资收益　　8 184 565.56

　贷：财务费用　　8 184 565.56

2027 年 12 月 31 日收取货款时：

借：银行存款　　45 200 000

　　应交税费——待转销项税额　　5 200 000

　贷：长期应收款　　45 200 000

　　　应交税费——应交增值税（销项税额）　　5 200 000

借：未实现融资收益　　5 661 601.61

　贷：财务费用　　5 661 601.61

2028 年 12 月 31 日收取货款时：

借：银行存款　　45 200 000

　　应交税费——待转销项税额　　5 200 000

　贷：长期应收款　　45 200 000

　　　应交税费——应交增值税（销项税额）　　5 200 000

借：未实现融资收益　　2 943 674.43

　贷：财务费用　　2 943 674.43

[illegible]

[illegible]

[illegible]

对于一般情况下的分期收款销售商品，即不具有融资性质的分期收款销售商品，企业将商品交付给购货方，通常表明与商品所有权有关的风险和报酬已转移给购货方。在满足收入确认的条件时，企业应当在客户取得相关商品控制权时确认收入：合同各方已批准该合同并承诺将履行各自义务；该合同明确了合同各方与所转让商品或提供劳务（以下简称“转让商品”）相关的权利和义务；该合同有明确的与所转让商品相关的支付条款；该合同具有商业实质，即履行该合同将改变企业未来现金流量的风险、时间分布或金额；企业因向客户转让商品而有权取得的对价很可能收回。企业应当根据应收款项的公允价值（或现行售价）一次性确认收入。需要注意的是，按照合同约定的收款日期分期收回货款，强调的是一个结算时点，与风险和报酬的转移没有关系，因此企业不应当按照合同约定的收款日期确认收入。

对于具有融资性质的分期收款销售商品，延期收取的货款具有融资性质，其实质是企业向购货方提供信贷，企业应当按照应收的合同或协议价款的公允价值确定收入金额。应收的合同或协议价款的公允价值，通常应当按照其未来现金流量现值或商品现销价格计算确定。将应收的合同或协议价款与其公允价值之间的差额计入“未实现融资收益”科目，并在合同或协议期间按照应收款项的摊余成本和实际利率计算确定的摊销金额，冲减财务费用。其中，实际利率是指具有类似信用等级的企业发行类似工具的现时利率，或者将应收的合同或协议价款折现为商品现销价格时的折现率等。

关于分期收款销售商品的收入确认时点和计量方法，2017 年发布的《企业会计准则第 14 号——收入》（财会〔2017〕22 号）规定，合同中存在重大融资成分的，企业应当按照假定客户在取得商品控制权时即以现金支付的应付金额确定交易价格。该交易价格与合同对价之间的差额，应当在合同期间采用实际利率法摊销。在合同开始日，企业预计客户取得商品控制权与客户支付价款间隔不超过一年的，可以不考虑合同中存在的重大融资成分。

(4) 预收货款方式下销项税额的会计核算。采取预收货款方式销售货物，其纳税义务发生时间为货物发出的当日，但生产销售生产工期超过 12 个月的大型机械设备、船舶、飞机等货物，为收到预收款或者书面合同约定的收款日期的当日；若先开具发票，则为开具发票的当日。企业在收到预收货款时借记“银行存款”科目，贷记“合同负债”等科目；待货物发出时，借记“合同负债”等科目，贷记“主营业务收入”科目及“应交税费——应交增值税（销项税额）”三级科目。

[案例 2-8] 利宁服装厂（一般纳税人）5 月 10 日收到市服装批发公司预付的部分服装款 30 000 元。5 月 25 日，利宁服装厂发出服装，开具的增值税专用发票上注明的价款为 40 000 元、税款为 5 200 元。5 月 29 日，利宁服装厂收到市服装批发公司补付的货款 15 200 元。

[解析] 其会计分录为：

5 月 10 日收到预付款时：

借：银行存款	30 000	
贷：合同负债		30 000

5 月 25 日发出货物时：

借：合同负债	30 000	
应收账款	15 200	
贷：主营业务收入		40 000
应交税费——应交增值税（销项税额）		5 200

5 月 29 日收到补付款时：

借：银行存款	15 200	
贷：应收账款		15 200

2. 视同发生应税交易方式下销项税额的会计核算

企业发生视同应税交易的行为，应当按照国家统一的会计制度进行相应的会计处理，并按照现行增值税制度规定计算的销项税额（或采用简易计税方法计算的应纳增值税税额），借记“应付职工薪酬”“营业外支出”等科目，贷记“应交税费——应交增值税（销项税额）”三级科目或“应交税费——简易计税”二级科目。

（1）将自产或者委托加工的货物用于集体福利或个人消费的销项税额的会计核算。

纳税人将自产或者委托加工的货物用于集体福利或个人消费的，其纳税义务发生时间为货物移送的当日。其销项税额的计算公式为：

销项税额＝计税价格×增值税税率

在移送货物时，如果货物的控制权未发生改变，按自产或委托加工货物的成本及其增值税销项税额之和，借记“应付职工薪酬”等科目，按自产或委托加工货物的成本贷记“库存商品”“原材料”科目，同时贷记“应交税费——应交增值税（销项税额）”三级科目；如果货物的控制权发生改变，按自产或委托加工货物的市场公允价格及其增值税销项税额之和，借记“应付职工薪酬”等科目，按自产或委托加工货物的市场公允价格贷记“主营业务收入”科目，同时贷记“应交税费——应交增值税（销项税额）”三级科目，并借记“主营业务成本”科目，贷记“库存商品”科目。

［案例 2－9］ 利宁服装厂（一般纳税人）将自产服装 100 件用于集体职工福利，已知衣服的成本为 400 元/件，对外不含税售价为 500 元/件。

［解析］

销项税额＝500×100×13%＝6 500（元）

应付职工薪酬＝400×100＋6 500＝46 500（元）

其会计分录为：

[illegible] 46 500

[illegible]

物计算增值税销项税额（但用于公益事业的除外），其纳税义务发生时间及开具增值税专用发票的时间为货物移送的当日。按所转让货物的成本与所转让货物不含税售价或组成计税价格乘以税率计算的应纳增值税之和借记“营业外支出”①科目，按所转让货物的成本贷记“库存商品”“原材料”科目，按应纳增值税销项税额贷记“应交税费——应交增值税（销项税额）”三级科目。

［案例 2－10］ 利宁服装厂（一般纳税人）将自产服装 100 件无偿转让给其关联销售子公司。已知每件衣服的成本为 500 元，每件衣服不含税售价为 800 元。

［解析］ 其会计分录为：

借：营业外支出 60 400（500×100＋800×100×13%）

① 利润表中的“营业外支出”科目反映企业发生的除营业利润以外的支出，主要包括公益性捐赠支出、非常损失、盘亏损失、非流动资产毁损报废损失等。

贷：库存商品 50 000

应交税费——应交增值税（销项税额） 10 400（800×100×13%）

在计算企业所得税时，应调增收入 80 000 元，调增成本 50 000 元。此外，由于纳税人的捐赠不能在税前扣除，因而调增应纳税所得额 60 400 元。

3. 特殊销售方式下销项税额的会计核算

（1）委托代销方式销项税额的会计核算。现行增值税法规定，委托其他纳税人代销货物，其纳税义务发生时间为收到代销单位的代销清单或者收到全部或部分货款的当日；未收到代销清单及货款的，为发出代销货物满 180 天的当日；若先开具发票，则为开具发票的当日。委托代销有两种方式，即视同买断方式和收取手续费方式。

1）采取视同买断方式代销商品，代销方可以自己制定销售价格，销售价格与买断价格之间的差额为代销方的利润。如果双方约定，受托方在取得代销商品后，无论能否卖出、是否获利，均与委托方无关，那么委托方和受托方之间的代销商品交易，与委托方直接销售商品给受托方没有实质区别。在符合商品收入确认条件时，委托方应确认相关销售商品收入，受托方作为购进商品处理。如果委托方和受托方之间的协议明确表明，将来受托方没有将商品售出时可以将商品退回给委托方，或受托方因代销商品出现亏损时可以要求委托方补偿，那么委托方在交付商品时通常不确认收入，受托方也不作为购进商品处理，受托方将商品销售后，按实际售价确认销售收入，并向委托方开具代销清单；委托方收到代销清单时，再确认本企业的销售收入。委托方收到代销清单后，按应收的款项借记“应收账款”等科目，贷记“主营业务收入”科目和“应交税费——应交增值税（销项税额）”三级科目。

［案例 2-11］ 某百货批发公司（一般纳税人）受托代销 A 厂洗衣机 20 台，双方合同约定采取视同买断方式代销，每台洗衣机不含税价格为 1 000 元，成本为 800 元。该百货批发公司的对外销售价格为每台洗衣机不含税售价 1 100 元。如果批发公司没有将洗衣机售出，可以将洗衣机退回 A 厂。月末，该百货批发公司交付 A 厂代销清单 1 张，共销售洗衣机 10 台，并收到 A 厂开具的增值税专用发票。

［解析］ 采取视同买断方式委托代销和销售代销商品，如果委托方和受托方之间的协议明确表明，将来受托方没有将商品售出时可以将商品退回给委托方，或受托方因代销商品出现亏损时可以要求委托方补偿，那么委托方在交付商品时，相关商品所有权上的主要风险和报酬并未转移，所以委托方在发出商品时通常不应确认销售商品收入，受托方也不作为购进商品处理。在受托方将商品销售后，按实际售价确认销售收入，并向委托方开具代销清单；委托方在收到代销清单时，再确认本企业的销售收入。

A 厂的会计分录为：

发出代销商品时：

借：发出商品 16 000

贷：库存商品 16 000

收到代销清单时：

借：应收账款——百货批发公司代销商品款 11 300

贷：主营业务收入　　10 000

　　应交税费——应交增值税（销项税额）　　1 300

同时结转产品成本：

借：主营业务成本　　8 000

　贷：发出商品　　8 000

收到代销商品款时：

借：银行存款　　11 300

　贷：应收账款——百货批发公司代销商品款　　11 300

百货批发公司的会计分录为：

收到受托代销商品时：

借：受托代销商品　　20 000

　贷：受托代销商品款　　20 000

售出代销商品时：

借：银行存款　　12 430

　贷：主营业务收入　　11 000

　　应交税费——应交增值税（销项税额）　　1 430

结转成本时：

借：主营业务成本　　10 000

　贷：受托代销商品　　10 000

[illegible]

　贷：银行存款　　[illegible]

［**案例 2－12**］　某百货批发公司（一般纳税人）受托代销 B 厂电视机 20 台，双方合同约定采取视同买断方式代销，每台电视机的不含税价格为 4 000 元，成本为 3 000 元。该百货批发公司的对外销售价格为每台电视机不含税售价 4 100 元。与此同时，双方还约定：无论批发公司在取得代销电视机后能否卖出、是否获利，均与 B 厂无关。这批电视机已经发出，尚未收到批发公司的货款，B 厂开具的增值税专用发票上注明的增值税税额为 10 400 元。当月批发公司对外销售电视机 10 台。

［**解析**］　采取视同买断方式委托代销和销售代销商品，如果委托方和受托方之间的协议明确表明，受托方在取得代销商品后，无论能否卖出、是否获利，均与委托方无关，那么委托方和受托方之间的代销商品交易与委托方直接销售商品给受托方没有实质区别，委托方在交付商品时，相关商品所有权上的主要风险和报酬已经转移，在符合其他商品收入确认条件时，委托方应确认相关销售商品收入，受托方作为购进商品处理。

B厂的会计分录为：

发出代销商品并符合收入确认条件时，应确认销售收入并结转成本：

借：应收账款——百货批发公司　　90 400

　贷：主营业务收入　　80 000

　　　应交税费——应交增值税（销项税额）　　10 400

借：主营业务成本　　60 000

　贷：库存商品　　60 000

收到百货批发公司支付的货款时：

借：银行存款　　90 400

　贷：应收账款——百货批发公司　　90 400

百货批发公司的会计分录为：

收到代销B厂电视机时：

借：库存商品　　80 000

　　应交税费——应交增值税（进项税额）　　10 400

　贷：应付账款——B厂　　90 400

售出代销商品时：

借：银行存款　　46 330

　贷：主营业务收入　　41 000

　　　应交税费——应交增值税（销项税额）　　5 330

结转成本时：

借：主营业务成本　　40 000

　贷：库存商品　　40 000

支付B厂货款时：

借：应付账款——B厂　　90 400

　贷：银行存款　　90 400

2）采取收取手续费方式代销商品，代销方只能按代销协议确定的代销价格销售代销商品。企业发出代销商品时借记“发出商品”科目，贷记“库存商品”科目；采用收取手续费方式委托其他单位代销的商品，也可以单独设置“委托代销商品”科目。企业收到代销单位的代销清单，应根据代销清单开具增值税专用发票，借记“银行存款”“应收账款”科目，贷记“主营业务收入”科目及“应交税费——应交增值税（销项税额）”三级科目。委托单位支付的代销手续费，应在接到受托单位转来的发票后，借记“销售费用”科目，贷记“银行存款”“应收账款”科目。

［案例2-13］ 利宁服装厂委托市第一百货代销服装100件，不含税代销价格为500元/件，成本为200元/件。月末收到市第一百货转来的代销清单，代销清单上注明本月已销售衣服80件。利宁服装厂根据代销清单开具增值税专用发票。代销手续费为每件价税合计50元，并取得了增值税专用发票，5日后利宁服装厂收到扣除代销手续费后的全部款项。

［解析］ 利宁服装厂的会计分录为：

发出代销商品时：

借：发出商品　　20 000
　贷：库存商品　　20 000

收到代销清单时：

借：应收账款——市第一百货代销商品款　　45 200
　贷：主营业务收入　　40 000
　　　应交税费——应交增值税（销项税额）　　5 200

同时结转产品成本：

借：主营业务成本　　16 000
　贷：发出商品　　16 000

收到代销方开具的手续费发票时：

借：销售费用　　3 773.58
　　应交税费——应交增值税（进项税额）　　226.42
　贷：应收账款——市第一百货代销商品款　　4 000

收到代销商品款时：

借：银行存款　　41 200
　贷：应收账款——市第一百货代销商品款　　41 200

市第一百货的会计分录为：

收到代销商品时：

借：受托代销商品　　50 000
　贷：受托代销商品款　　50 000

[illegible]

借：应付账款　　40 000
　　应交税费——应交增值税（进项税额）　　5 200
　贷：主营业务收入（或其他业务收入）　　3 773.58
　　　应交税费——应交增值税（销项税额）　　226.42
　　　银行存款　　41 200

[案例 2-14]　某百货批发公司（一般纳税人）受托代销 C 厂洗衣机 20 台。双方合同约定，每台洗衣机的不含税价为 1 000 元，每销售 1 台，C 厂付给批发公司手续费 50 元（含增值税）。已知洗衣机的每台成本为 800 元。月末，批发公司交付代销清单 1 张，共销售洗衣机 10 台，并交付手续费的增值税专用发票 1 张，注明手续费金额 471.7 元。

[解析]　其会计分录为：

收到受托代销商品时：

借：受托代销商品　　20 000

贷：受托代销商品款 20 000

售出代销商品时：

借：银行存款 11 300

贷：应交税费——应交增值税（销项税额） 1 300

应付账款——C厂 10 000

根据C厂开具的增值税专用发票结转代销商品款时：

借：应交税费——应交增值税（进项税额） 1 300

贷：应付账款——C厂 1 300

借：受托代销商品款 10 000

贷：受托代销商品 10 000

根据手续费结算发票结转手续费时：

借：应付账款——C厂 500

贷：其他业务收入 471.7

应交税费——应交增值税（销项税额） 28.3

向委托单位支付代销款项时：

借：应付账款——C厂 10 800

贷：银行存款 10 800

（2）将自产、委托加工或购进的货物作为投资的销项税额的会计核算。按现行增值税法的规定，将应税货物作为投资提供给其他单位或者个体工商户，应按销售货物计算销项税额，其纳税义务发生时间为货物移送的当日。

企业以产成品、库存商品作为投资，其账务处理为：

借：长期股权投资（投出资产的公允价值加上应支付的相关税费）

贷：主营业务收入/其他业务收入（投出资产的公允价值）

应交税费——应交增值税（销项税额）（公允价值×税率）

银行存款（支付的相关税费）

借：主营业务成本/其他业务成本

存货跌价准备

贷：库存商品

［案例2-15］ 利宁服装厂（一般纳税人）将服装1 000件用于对外投资，已知每件衣服的对外不含税售价为1 000元，成本为800元。该企业未提取存货跌价准备。

［解析］ 企业将自产产品用于对外投资，应在移送环节开具增值税专用发票，并计算增值税销项税额。

$$销项税额=1\ 000\times1\ 000\times13\%=130\ 000(元)$$

其会计分录为：

借：长期股权投资 1 130 000

贷：主营业务收入 1 000 000

应交税费——应交增值税（销项税额） 130 000

借：主营业务成本　　　　　　　　　　　　　　　　　　　　800 000
　贷：库存商品　　　　　　　　　　　　　　　　　　　　　　800 000

[案例 2-16]　利宁服装厂（一般纳税人）将外购布料用于对外投资。已知该布料的购进成本为 1 000 000 元，其公允价值为 1 100 000 元。

[解析]　企业将外购货物用于对外投资，应计算销项税额。

销项税额 = 1 100 000 × 13% = 143 000（元）

其会计分录为：

借：长期股权投资　　　　　　　　　　　　　　　　　　　1 243 000
　贷：其他业务收入　　　　　　　　　　　　　　　　　　　1 100 000
　　　应交税费——应交增值税（销项税额）　　　　　　　　　143 000
借：其他业务成本　　　　　　　　　　　　　　　　　　　1 000 000
　贷：原材料　　　　　　　　　　　　　　　　　　　　　　1 000 000

（3）将自产、委托加工或购进的货物分配给股东或投资者的销项税额的会计核算。将自产、委托加工或购进的货物分配给股东或投资者，要按销售货物计算增值税销项税额，其纳税义务发生时间及开具增值税专用发票的时间为货物移送的当日。按所分配货物的售价或组成计税价格、增值税销项税额之和借记“应付股利”科目，按分配货物的售价或组成计税价格贷记“主营业务收入”“其他业务收入”科目，按应纳增值税销项税额贷记“应交税费——应交增值税（销项税额）”三级科目。

[案例 2-17]　利宁服装厂（一般纳税人）将自产服装 1 000 件用于支付股利。已知每件服装的成本为 1 500 元，每件服装的不含税售价为 2 000 元。

[illegible]

[案例 2-18]　利宁服装厂（一般纳税人）将外购布料用于分配股利。已知该布料的购进成本为 1 000 000 元，其公允价值为 1 100 000 元。

[解析]　企业将外购货物用于分配股利，应计算销项税额。

销项税额 = 1 100 000 × 13% = 143 000（元）

其会计分录为：

借：应付股利　　　　　　　　　　　　　　　　　　　　　1 243 000
　贷：其他业务收入　　　　　　　　　　　　　　　　　　　1 100 000
　　　应交税费——应交增值税（销项税额）　　　　　　　　　143 000
借：其他业务成本　　　　　　　　　　　　　　　　　　　1 000 000
　贷：原材料　　　　　　　　　　　　　　　　　　　　　　1 000 000

【知识链接】

《企业会计准则》与《企业所得税法》中关于销售商品收入确认条件的规定

1.《企业会计准则》中关于销售商品收入确认条件的规定

《企业会计准则第14号——收入》(财会〔2017〕22号)规定，企业与客户之间的合同同时满足下列条件时，企业应当在客户取得相关商品控制权时确认收入：

(1) 合同各方已批准该合同并承诺将履行各自义务。

(2) 该合同明确了合同各方与所转让商品或提供劳务(以下简称“转让商品”)相关的权利和义务。

(3) 该合同有明确的与所转让商品相关的支付条款。

(4) 该合同具有商业实质，即履行该合同将改变企业未来现金流量的风险、时间分布或金额。

(5) 企业因向客户转让商品而有权取得的对价很可能收回。

取得相关商品控制权，是指能够主导该商品的使用并从中获得几乎全部的经济利益。

2.《企业所得税法》中关于销售商品收入确认条件的规定

《国家税务总局关于确认企业所得税收入若干问题的通知》(国税函〔2008〕875号)规定，除《企业所得税法》及实施条例另有规定外，企业销售收入的确认，必须遵循权责发生制原则和实质重于形式原则。企业销售商品同时满足下列条件的，应确认收入的实现：

(1) 商品销售合同已经签订，企业已将与商品所有权相关的主要风险和报酬转移给购货方。

(2) 企业对已售出的商品既没有保留与所有权相联系的继续管理权，又没有实施有效控制。

(3) 收入的金额能够可靠地计量。

(4) 已发生或将发生的销售方的成本能够可靠地核算。

比较《企业会计准则》与《企业所得税法》关于收入确认的条件可以发现，会计和税法关于收入的确认条件是不同的，对于两者的差异部分在计征企业所得税时应进行纳税调整。

(4) 价外费用的会计核算。凡是随同销售货物收取的价外费用，不论其在会计制度中如何核算，均应并入销售额计算增值税销项税额。价外费用应视为含税收入，需要将其换算为不含税收入后再进行计算。

[案例2-19] 利宁服装厂(一般纳税人)销售服装100件，每件不含税售价为100元，同时收取包装费1 000元。款项已收到。

[解析] 在销售服装时收取的包装费为价外费用，需要并入销售额计算增值税销项税额。包装费应纳税额的计算为：

不含税销售额 $= 1\ 000 \div (1+13\%) = 885$(元)

应纳增值税 $= 885 \times 13\% = 115$(元)

其会计分录为：

借：银行存款	12 300	
贷：主营业务收入		10 000
其他业务收入		885
应交税费——应交增值税（销项税额）		1 415

（5）涉及不同税率应税交易的会计核算。

1）纳税人发生一项应税交易涉及两个以上税率、征收率的，按照应税交易的主要业务适用税率、征收率。例如，某家具厂销售家具并负责安装，家具属于货物销售，适用的增值税税率为13%，安装属于建筑服务，适用的增值税税率为9%，因而该家具厂在这项行为中涉及不同税率的销售行为。假设该项业务共计收费100万元，其中设备销售金额为90万元，安装收费为10万元，则该项业务适用13%的税率。

［案例2-20］ 甲公司（一般纳税人）主要从事家用电器的生产、销售业务，同时还为购买电器的客户提供保养服务。甲公司向乙公司销售一批家用电器产品并提供保养服务，其销售电器产品取得的不含税收入为50 000元，同时提供保养服务取得的含税收入为1 000元，货款已收到。

［解析］ 该销售行为属于涉及不同税率的销售行为。甲公司该项交易的主要业务为销售电器，其发生的涉及不同税率的销售行为应一并按照销售货物缴纳增值税。此外，在计算保养收入的增值税时，应将含税销售额换算成不含税销售额进行计算。

$$保养收入的销项税额 = 1\ 000 \div (1+13\%) \times 13\% = 115.04(元)$$

其会计分录为：

[illegible]

在销售电梯的同时提供安装服务，其安装服务可以按照甲供工程选择适用简易计税方法计税。

一般纳税人销售自产机器设备的同时提供安装服务，应分别核算机器设备和安装服务的销售额，安装服务可以按照甲供工程选择适用简易计税方法计税。

一般纳税人销售外购机器设备的同时提供安装服务，如果已经按照兼营的有关规定，分别核算机器设备和安装服务的销售额，安装服务可以按照甲供工程选择适用简易计税方法计税。(甲供工程是指全部或部分设备、材料、动力由工程发包方自行采购的建筑工程。)

2）纳税人发生两项以上应税交易涉及不同税率、征收率的，应当分别核算适用不同税率、征收率的销售额；未分别核算的，从高适用税率。

纳税人发生两项以上应税交易是指增值税纳税人同时从事多种应税销售行为，且从事的各项应税销售行为之间并无直接的联系和从属关系。例如，某试点一般纳税人既销售货物，又销售不动产，如果该纳税人能够分别核算上述两项应税行为的销售额，那么这两项应税销售行为应当分别适用不同的税率；如果未分别核算，则从高适用税率。

［案例2-21］ 利宁服装厂（一般纳税人）的主营业务为生产并销售服装，同时兼营设备出租业务。利宁服装厂取得服装销售不含税收入100 000元，当月还将一台设备对外出租并取得不含税租金10 000元。以上款项已收到。

［解析］ 根据现行税法的规定，纳税人销售服装的适用税率为13%，出租设备的适用税率为13%。

销售服装的销项税额＝100 000×13%＝13 000(元)

出租设备的销项税额＝10 000×13%＝1 300(元)

其会计分录为：

借：银行存款	124 300	
贷：主营业务收入		100 000
其他业务收入		10 000
应交税费——应交增值税（销项税额）		14 300

［案例2-22］ 某农机厂（一般纳税人）对外销售农机取得的不含税收入为10 000元，销售农机零配件取得的不含税收入为1 000元，当月还将一台设备对外出租并取得不含税租金1 000元。上述销售额分别核算且款项均已收到。根据现行税法的规定，纳税人销售农机的适用税率为9%，销售农机零配件以及提供有形动产租赁服务的适用税率为13%。

［解析］ 该农机厂增值税销项税额的计算如下：

销售农机的销项税额＝10 000×9%＝900(元)

销售农机零配件的销项税额＝1 000×13%＝130(元)

出租设备的销项税额＝1 000×13%＝130(元)

其会计分录为：

借：银行存款	13 160	
贷：主营业务收入		10 000
其他业务收入		2 000
应交税费——应交增值税（销项税额）		1 160

如果该农机厂未分别核算农机销售收入、农机零配件销售收入和租金收入，那么根据税法的规定，对于上述销售额应该从高适用税率计算增值税，即按照13%的税率计算销项税额：

该农机厂的增值税销项税额＝(10 000＋1 000＋1 000)×13%＝1 560(元)

其会计分录为：

借：银行存款	13 560	
贷：主营业务收入		10 000
其他业务收入		2 000
应交税费——应交增值税（销项税额）		1 560

［案例2-23］ 某市一家汽车租赁公司（一般纳税人）提供汽车租赁服务并取得不含

税收入 500 万元，同时提供交通运输服务取得不含税收入 200 万元，按照适用税率分别开具了增值税专用发票，款项均已存入银行。

[解析] 根据现行税法的规定，纳税人提供有形动产租赁服务的适用税率为 13%，提供交通运输服务的适用税率为 9%：

$$该公司应计提的销项税额=5\ 000\ 000\times 13\%+2\ 000\ 000\times 9\%=830\ 000（元）$$

其会计分录为：

借：银行存款	7 830 000	
贷：主营业务收入		5 000 000
其他业务收入		2 000 000
应交税费——应交增值税（销项税额）		830 000

（6）包装物销售、包装物押金的会计核算。

1）包装物销售的销项税额的会计核算。包装物无论是随同产品销售还是单独销售，均应计算缴纳增值税，借记“银行存款”“应收账款”科目，贷记“主营业务收入”“其他业务收入”科目及“应交税费——应交增值税（销项税额）”三级科目。

[案例 2-24] 利宁服装厂（一般纳税人）销售带包装的服装 100 件，包装物单独计价。已知每件服装的不含税售价为 1 000 元，成本为 800 元，包装物不含税售价共计 1 000 元，成本共计 700 元。上述款项均已收到。

[解析] 其会计分录为：

借：银行存款	114 130	
贷：主营业务收入		100 000
[illegible]		[illegible]
[illegible]		[illegible]
[illegible]	[illegible]	
[illegible]		[illegible]
[illegible]	[illegible]	
[illegible]		[illegible]

2）包装物押金的会计核算。纳税人为销售货物而出租、出借包装物收取的押金，单独记账核算、时间在 1 年内、又未过期的，不并入销售额征税；但对因逾期未收回包装物不再退还的押金，应按所包装货物的适用税率计算增值税销项税额。“逾期”是指按合同约定实际逾期或以 1 年为期限，对收取 1 年以上的押金，无论是否退还均应并入销售额征税。在将包装物押金并入销售额征税时，需要先将该押金换算为不含税价，再并入销售额计税。纳税人为销售货物出租、出借包装物而收取的押金，无论包装物周转使用期限长短，超过 1 年（含 1 年）以上仍不退还的均应并入销售额征税。需要注意的是，包装物押金不同于包装物租金，包装物租金在销货时作为价外费用并入销售额计算销项税额。

从 1995 年 6 月 1 日起，对销售除啤酒、黄酒外的其他酒类产品而收取的包装物押金，无论是否返还以及会计上如何核算，均应并入当期销售额征税。对销售啤酒、黄酒所收取的包装物押金，按上述一般押金的规定处理。

在收取包装物押金时，借记“银行存款”科目，贷记“其他应付款”科目。逾期不再退还的包装物押金应借记“其他应付款”科目，贷记“其他业务收入”科目和“应交税费——应交增值税（销项税额）”三级科目。

[案例 2-25] 利宁服装厂（一般纳税人）某日向 A 公司销售服装 100 件，每件不含税售价为 1 000 元，成本为 800 元，同时收取包装物押金 1 000 元。款项已收到。另外，该日逾期的 B 公司包装物押金 2 000 元，对应包装物的成本为 1 600 元。

[解析] 未逾期的包装物押金不计算缴纳增值税，但对逾期的包装物押金应计算其销项税额。在计算销项税额时，应换算为不含税销售额。

$$
\begin{aligned}
\text{逾期包装物押金的销项税额} &= 2\,000 \div (1+13\%) \times 13\% \\
&= 1\,769.9 \times 13\% \\
&= 230.1(\text{元})
\end{aligned}
$$

其会计分录为：

借：银行存款	114 000	
贷：主营业务收入		100 000
应交税费——应交增值税（销项税额）		13 000
其他应付款——存入保证金——A 公司		1 000
借：主营业务成本	80 000	
贷：库存商品		80 000
借：其他应付款——存入保证金——B 公司	2 000	
贷：其他业务收入		1 769.9
应交税费——应交增值税（销项税额）		230.1
借：其他业务成本	1 600	
贷：周转材料——包装物		1 600

【小思考】 对于销售白酒收取的包装物押金，应该如何进行会计处理？

（7）折扣销售方式销项税额的会计核算。折扣销售是指销货方在销售货物或应税劳务时，因购货方购货数量较大等原因而给予购货方的价格优惠。例如，购买 50 件产品，给予销售价格折扣 10%；购买 100 件产品，给予销售价格折扣 20%等。由于折扣是在实现销售的同时发生的，因此税法规定：如果销售额和折扣额在同一张发票上的“金额”栏分别注明，可按折扣后的余额作为销售额计算增值税；如果未在同一张发票的“金额”栏注明折扣额，而仅在发票的“备注”栏注明折扣额或者将折扣额另开发票，不论其在财务上如何处理，均不得从销售额中减除折扣额。此外，关于折扣销售的这项规定仅限于现金折扣。如果销货方将自产、委托加工和购进的货物用于实物折扣，则该实物款项不能从货物销售额中减除，而应按《增值税暂行条例》“视同销售货物”中的“赠送他人”计算征收增值税。

需要注意的是，折扣销售不同于销售折扣。销售折扣是指销货方在销售货物或应税劳务后，为了鼓励购货方及早偿还货款而协议许诺给予购货方的一种折扣优待。例如，10 天内付款，货款折扣 2%；20 天内付款，货款折扣 1%；30 天内全价付款。销售折扣发生在销货之后，是一种兼销售性质与融资性质为一体的行为，销售折扣实际上是一种融资性质的财务费用，因此销售折扣不得从销售额中扣除。

［案例 2-26］ 利宁服装厂（一般纳税人）向某批发公司销售服装 100 件，每件不含税售价为 1 000 元。该厂的价格折扣规定为：一次购买 10 件，折扣 10%；一次购买 50 件，折扣 20%；一次购买 100 件，折扣 30%。利宁服装厂开具的增值税专用发票上注明了 30%的折扣额。款项已收到。

［解析］

折扣以后的销售额 = 1 000 × (1 − 30%) × 100 = 70 000(元)

销项税额 = 70 000 × 13% = 9 100(元)

其会计分录为：

借：银行存款 79 100

贷：主营业务收入 70 000

应交税费——应交增值税（销项税额） 9 100

（8）以旧换新方式销项税额的会计核算。以旧换新是指纳税人在销售自己的货物时，有偿收回旧货物的行为。采取以旧换新方式销售货物的，应按新货物的同期销售价格确定销售额，不得扣减旧货物的收购价格。

［案例 2-27］ 某百货公司（一般纳税人）采取以旧换新方式销售 A 牌彩电 100 台，每台含税售价为 3 000 元，收取旧彩电 50 台，折价 10 000 元。

［解析］

企业实际收取现金款 = 3 000 × 100 − 10 000 = 290 000(元)

不含税销售额 = 3 000 × 100 ÷ (1 + 13%) = 265 486.73(元)

销项税额 = 265 486.73 × 13% = 34 513.27(元)

[illegible]

[illegible]

[illegible]

贷：[illegible]业务收入 [illegible]

应交税费——应交增值税（销项税额） [illegible]

[illegible]还本销售[illegible]

期限由销售方一次或分次退还给购货方全部或部分价款。采用这种销售方式的目的主要在于促销或者筹资。通过利用还本销售对消费者的巨大吸引力，可以将大量的积压产品销售出去，以便回收资金转投优势产品，也可以扩大销售额、提高产品知名度和市场占有率；还本销售的筹资目的主要体现在这种销售方式实际上是以货物换取资金的使用价值，到期还本不付息的融资方法。采取还本销售方式销售货物，其销售额就是货物的销售价格，不得从销售额中减除还本支出。对于实际发生的还本支出，根据还本销售方式的不同目的将其计入相应的期间费用科目，即以促销为目的的，相应的还本支出应计入“销售费用”科目；以筹资为目的的，相应的还本支出应计入“财务费用”科目。

［案例 2-28］ 某机床厂（一般纳税人）采取还本销售方式销售一批产品，不含税售价为 100 000 元，合同规定一年后归还价款的 50%。

［解析］ 其会计分录为：

销售产品时：

借：银行存款（应收账款） 113 000
　贷：主营业务收入 100 000
　　　应交税费——应交增值税（销项税额） 13 000

若还本销售的目的是促销，还本时：

借：销售费用 50 000
　贷：银行存款 50 000

若还本销售的目的是筹资，还本时：

借：财务费用 50 000
　贷：银行存款 50 000

（10）以物易物方式销项税额的会计核算。以物易物是指购销双方不是以货币结算，而是以同等价款的货物相互结算，实现货物购销的一种方式。以物易物双方都应做购销处理，以各自发出的货物核算销售额并计算销项税额，以各自收到的货物按规定核算购货额并计算进项税额。需要注意的是，在以物易物购销活动中，应分别开具合法的票据。如果收到的货物不能取得相应的增值税专用发票或其他合法扣税凭证，则不能抵扣进项税额。

根据《企业会计准则》的规定，除存货以外的以物易物行为属于非货币性资产交换，应按非货币性资产交换准则进行会计处理。非货币性资产交换是指交易双方主要以固定资产、无形资产和长期股权投资等非货币性资产进行的交换。这种交换一般不涉及货币性资产，或只涉及少量的货币性资产。

在非货币性资产交换的情况下，换入资产的成本有两种计量基础：一是按公允价值计量；二是按账面价值计量。无论是按公允价值计量，还是按账面价值计量，换出方所换出的资产属于增值税征税范围的，均应按照公允价值或者依照增值税相关规定确定的销售额作为计税依据计算销项税额；换入方所取得的资产，能够取得相应的增值税专用发票或其他合法扣税凭证的，应当按照规定计提进项税额。

［案例 2－29］　利宁服装厂（一般纳税人）以服装 100 件，每件不含税售价 1 000 元换入 A 纺织厂布料，布料的不含税售价为 100 000 元。双方均开具增值税专用发票。已知该服装的成本为每件 500 元，未计提减值准备（假设该项交易具有商业实质）。

［解析］　根据《企业会计准则》的规定，客户支付非现金对价的，企业应当按照非现金对价的公允价值确定交易价格。

其会计分录为：

借：原材料 100 000
　　应交税费——应交增值税（进项税额） 13 000
　贷：主营业务收入 100 000
　　　应交税费——应交增值税（销项税额） 13 000（100×1 000×13%）

借：主营业务成本 50 000
　贷：库存商品 50 000

［案例 2－30］　利宁服装厂（一般纳税人）以一项不含税售价为 100 000 元、成本价为 80 000 元的固定资产——A 设备与某纺织厂交换 B 设备。双方均开具增值税专用发票。假设该固定资产未计提减值准备、未计提折旧，同时该项交易不具有商业实质。

［解析］ 根据《企业会计准则》的规定，由于该项交易不具有商业实质，应当以账面价值为计量基础，但仍需按照税法的规定依据公允价值计算增值税。其会计分录为：

借：固定资产——B设备　　80 000
　　应交税费——应交增值税（进项税额）　　13 000(100 000×13%)
　贷：固定资产——A设备　　80 000
　　　应交税费——应交增值税（销项税额）　　13 000(100 000×13%)

（11）以物抵债方式销项税额的会计核算。以物抵债是指企业以自己的货物抵偿债务的行为。企业以自己的产品或库存商品抵偿债务，应按其计税价格计算缴纳增值税，并根据货物的账面价值与债务价值的不同差额情况，借记“其他收益——债务重组损失”二级科目，或者贷记“其他收益——债务重组收益”二级科目①。其会计分录为：

借：应付账款等（账面余额）
　　其他收益——债务重组损失
　贷：库存商品
　　　应交税费——应交增值税（销项税额）
　　　银行存款（支付的相关费用）
　　　应交税费（应交的其他相关税金）
　　　其他收益——债务重组收益

［案例2-31］ 利宁服装厂（一般纳税人）以服装100件（每件对外不含税售价1 000元，成本500元）偿付A公司货款80 000元。（注：该服装的存货跌价准备为零。）

［解析］ 以服装抵偿债务应按其对外售价计算销项税额。

销项税额=1 000×100×13%=13 000(元)

其会计分录为：

借：应付账款　　80 000
　贷：库存商品　　80 000
　　　应交税费——应交增值税（销项税额）　　13 000
　　　其他收益——债务重组收益　　11 000

（12）销售自己使用过的固定资产（不动产除外）的销项税额的会计核算。一般纳税人销售自己使用过的属于税法规定不得抵扣且未抵扣进项税额的固定资产，在2014年7月1日以前按简易计税方法依4%的征收率减半征收增值税，自2014年7月1日起调整为按简易计税方法依照3%的征收率减按2%征收增值税；销售自己使用过的属于税法规定可以抵扣且已抵扣进项税额的固定资产，以及虽然税法规定准予抵扣进项税额，但由于自身原因（如未取得增值税专用发票、增值税专用发票逾期未认证或逾期未申报抵扣等）未实际抵扣的固定资产，按照适用税率（13%或9%）征收增值税。其中，已使用过的固定资产是指纳税人根据财务会计制度已经计提折旧的固定资产。

① 根据最新的债务重组准则，以资产清偿债务方式进行债务重组的，债务人应当将所清偿债务账面价值与转让资产账面价值之间的差额计入当期损益。在通常情况下，债务重组不属于企业的日常活动，因此债务重组不适用收入准则，不应作为存货的销售处理。所清偿债务账面价值与存货账面价值之间的差额，记入“其他收益”科目。

按《企业会计准则》的规定，出售固定资产应通过“固定资产清理”科目核算，发生的净损益记入“资产处置损益”科目。

[案例 2-32] 位于市区的利宁服装厂（一般纳税人）转让一台自己使用过的机床。该机床于 2008 年 7 月购入，其原值为 50 000 元，已提折旧 2 000 元。利宁服装厂在转让过程中支付清理费用 1 000 元，取得含税转让收入 6 000 元。（注：该服装厂在 2008 年 12 月 31 日以前未纳入扩大增值税抵扣范围试点，暂不考虑地方教育附加。该服装厂不放弃税收优惠。）

[解析] 由于利宁服装厂转让的这台机床是 2008 年 7 月购进的，且该服装厂在 2008 年 12 月 31 日以前未纳入扩大增值税抵扣范围试点，按照当时的增值税规定不能抵扣相应的进项税额，因此在转让的时候需要依照 3%的征收率减按 2%计算缴纳增值税。

$$应纳增值税=6\ 000\div(1+3\%)\times2\%=116.5(元)$$

其会计分录为：

注销固定资产时：

借：累计折旧　　50 000

　贷：固定资产　　50 000

支付清理费用时：

借：固定资产清理　　1 000

　贷：银行存款　　1 000

收到转让款时：

借：银行存款　　6 000

　贷：固定资产清理　　5 825.25

　　应交税费——简易计税　　116.50

　　其他收益　　58.25

计算缴纳城市维护建设税、教育费附加时：

借：固定资产清理　　11.65

　贷：应交税费——应交城市维护建设税　　8.16

　　应交税费——应交教育费附加　　3.49

结转净收益时：

$$净收益=5\ 825.25-1\ 000-11.65=4\ 813.60(元)$$

借：固定资产清理　　4 813.60

　贷：资产处置损益　　4 813.60

[案例 2-33] 在案例 2-32 中，假设利宁服装厂（一般纳税人）转让的机床是 2010 年 10 月购入的，取得增值税专用发票并已抵扣进项税额，转让收入为 60 000 元（含税），其原值为 50 000 元。已提折旧 2 000 元（暂不考虑地方教育附加）。

[解析] 由于利宁服装厂转让的这台机床已经抵扣进项税额，因此在转让的时候需要依照适用税率计算缴纳增值税。

$$增值税销项税额=60\ 000\div(1+13\%)\times13\%=6\ 902.65(元)$$

其会计分录为：

注销固定资产时：

借：固定资产清理　　48 000

　　累计折旧　　2 000

　贷：固定资产　　50 000

支付清理费用时：

借：固定资产清理　　1 000

　贷：银行存款　　1 000

收到转让款时：

借：银行存款　　60 000

　贷：固定资产清理　　53 097.35

　　　应交税费——应交增值税（销项税额）　　6 902.65

计算缴纳城市维护建设税、教育费附加时：

借：固定资产清理　　690.27

　贷：应交税费——应交城市维护建设税　　483.19

　　　应交税费——应交教育费附加　　207.08

结转净收益时：

$$净收益=53\ 097.35-48\ 000-1\ 000-690.27=3\ 407.08(元)$$

借：固定资产清理　　3 407.08

　贷：资产处置损益　　3 407.08

（13）销售适用简易计税方法计税的特定货物的会计核算。根据现行税法的规定，一般纳税人销售适用简易计税方法计税的货物，按照不含税销售额和征收率计算其应纳税额，不得抵扣进项税额。按照简易计税方法计算出来的税额不属于增值税销项税额，不通过“应交税费——应交增值税（销项税额）”三级科目核算，应贷记“应交税费——简易计税”二级科目。

［案例 2－34］　某药品经营企业（一般纳税人）8 月对外销售生物制品并取得不含税收入 100 万元，款项已收存银行。该企业选择适用简易计税方法计算缴纳生物制品增值税。

［解析］

$$该企业8月销售生物制品的增值税应纳税额=100\times3\%=3（万元）$$

其会计分录为：

借：银行存款　　1 030 000

　贷：主营业务收入　　1 000 000

　　　应交税费——简易计税　　30 000

［案例 2－35］　甲企业（一般纳税人）出租异地办公楼，该办公楼是 2010 年购入的。合同约定每月收取租金 3.15 万元。甲企业采用简易计税方法核算该项目。

［解析］　甲企业是一般纳税人，出租 2016 年 4 月 30 日之前购入的不动产，可以采用简易计税办法，征收率为 5%。由于该办公楼在异地，需要先在不动产所在地进行预交，因而有

应预交增值税 = 31 500 ÷ (1 + 5%) × 5% = 1 500（元）

其会计分录为：

每月收取租金时：

借：银行存款　31 500

　贷：主营业务收入　30 000

　　　应交税费——简易计税　1 500

在不动产所在地预交增值税时：

借：应交税费——简易计税　1 500

　贷：银行存款　1 500

（14）“买一赠一”销售方式的会计核算。[①] 单位或者个体工商户将自产、委托加工或者购进的货物无偿赠送其他单位或者个人，要视同销售计算缴纳增值税。此处的无偿赠送往往是指在没有经济利益或其他利益可能流入的情况下，纳税人自愿、无偿地将其有权处分的合法财产赠送给合法受赠人的行为。显然，“买一赠一”的促销行为并不属于无偿赠送，应属于附有条件、义务的有偿赠送，是以购买方购买商品为前提的，类似于成套、捆绑或降价销售。因此，纳税人采用“买一赠一”方式销售货物，对于随同销售所赠送的货物不需要视同销售计算缴纳增值税，只需要按其实际收到的不含税销售金额缴纳增值税。在进行账务处理时，将实际收到的销售金额按销售货物和随同销售赠送货物的公允价值的比例来分摊确认其销售收入，同时应将销售货物和随同销售赠送的货物的品名、数量以及按各项商品公允价值的比例分摊确认的价格和金额在同一张发票上注明。

［案例 2-36］ 某服装经销公司在国庆期间开展一次促销活动，采用“买一赠一”方式销售西装，即顾客每购买一套西装可获赠一条领带。每套西装的不含税价格为 2 000 元，每条领带的不含税价格为 500 元。当月，该公司采用“买一赠一”方式销售西装 100 套。已知每套西装和每条领带的成本分别为 1 000 元和 200 元。

［解析］

该公司当月增值税销项税额 = 2 000 × 100 × 13% = 26 000（元）

$$销售西装应分摊的收入 = 2\,000 \times 100 \times \frac{2\,000}{2\,000 + 500} = 160\,000（元）$$

$$所赠送的领带应分摊的收入 = 2\,000 \times 100 \times \frac{500}{2\,000 + 500} = 40\,000（元）$$

其会计分录为：

借：银行存款　226 000

　贷：主营业务收入——西装　160 000

　　　主营业务收入——领带　40 000

　　　应交税费——应交增值税（销项税额）　26 000

借：主营业务成本　120 000

　贷：库存商品——西装　100 000

　　　库存商品——领带　20 000

---

① 需要注意的是，在目前的实际征管中，各地税务机关对“买一赠一”的具体规定都不一样，有些地区将“买一赠一”视为视同销售。

4. 销货退回及折让的销项税额的会计核算

纳税人在货物购销活动中，因货物质量、规格等原因常会发生销货退回或销售折让的情况。一般纳税人因销货退回或折让而退还给购买方的增值税税额，应从发生销货退回或折让当期的销项税额中扣减，借记“主营业务收入”科目和“应交税费——应交增值税（销项税额）”三级科目，贷记“银行存款”或“应付账款”科目，同时借记“库存商品”科目，贷记“主营业务成本”科目。

需要注意的是，一般纳税人在开具增值税专用发票后，若发生销售货物退回或者折让、开票有误等情形，应按国家税务总局的规定开具红字增值税专用发票；未按规定开具红字增值税专用发票的，增值税税额不得从销项税额中扣减。

［案例 2－37］ 利宁服装厂（一般纳税人）发生销售退回和折让，已按照现行增值税法的规定开具红字增值税专用发票，发票上注明的退货数量为 10 件，每件不含税价款为 1 000 元，成本为 800 元，折让 5 件，折让比例为 40%，每件折让金额为 400 元。款项已支付。

［解析］ 其会计分录为：

借：主营业务收入　　12 000
　　应交税费——应交增值税（销项税额）　　1 560
　贷：银行存款　　13 560

同时：

借：库存商品　　8 000
　贷：主营业务成本　　8 000

2. 3. 2 销售服务销项税额的会计核算

1. 一般销售方式下的会计核算

增值税的纳税义务发生时间为纳税人销售服务并收讫销售款项或者取得销售款项索取凭据的当日；若先开具发票，则为开具发票的当日；纳税人提供建筑服务、租赁服务并采取预收款方式的，其纳税义务发生时间为收到预收款的当日。

在一般情况下，企业应根据销售结算凭证，按照确认的收入和按规定收取的增值税税额借记“银行存款”“应收账款”“应收票据”等科目，按照按规定收取的增值税税额贷记“应交税费——应交增值税（销项税额）”三级科目，按确认的收入贷记“主营业务收入”“其他业务收入”等科目。

［案例 2－38］ 利宁服装厂（一般纳税人）的机修车间为某企业修理一批机器设备，收取修理费共计 22 600 元并开具增值税专用发票，款项已收存银行。

［解析］ 其会计分录为：

借：银行存款　　22 600
　贷：其他业务收入　　20 000
　　　应交税费——应交增值税（销项税额）　　2 600

［案例 2－39］ 某邮政公司（一般纳税人）提供邮政代理服务，取得不含税收入 100 万元，按照适用税率开具了发票，款项已存入银行。

［解析］　邮政服务的适用税率为9%，因而有

$$该公司应计提的销项税额=1\,000\,000\times 9\%=90\,000(元)$$

其会计分录为：

借：银行存款　　1 090 000

　贷：主营业务收入　　1 000 000

　　　应交税费——应交增值税（销项税额）　　90 000

［案例2-40］　某市一家物流公司已登记为一般纳税人，提供交通运输服务取得不含税收入800万元，提供物流辅助服务取得不含税收入100万元（非主营业务），按照适用税率分别开具了增值税专用发票，款项均已存入银行。

［解析］　交通运输服务的适用税率为9%，物流辅助服务的适用税率为6%，因而有

$$该公司应计提的销项税额=8\,000\,000\times 9\%+1\,000\,000\times 6\%=780\,000(元)$$

其会计分录为：

借：银行存款　　9 780 000

　贷：主营业务收入　　8 000 000

　　　其他业务收入　　1 000 000

　　　应交税费——应交增值税（销项税额）　　780 000

［案例2-41］　某市的一家电信公司（一般纳税人）提供基础电信服务取得不含税收入400万元，提供增值电信服务取得不含税收入300万元（非主营业务），款项已结清并存入银行。

［解析］　基础电信服务的适用税率为9%，增值电信服务的适用税率为6%，因而有

$$\begin{aligned}该公司应计提的销项税额&=4\,000\,000\times 9\%+3\,000\,000\times 6\%\\&=540\,000(元)\end{aligned}$$

借：银行存款　　7 540 000

　贷：主营业务收入　　4 000 000

　　　其他业务收入　　3 000 000

　　　应交税费——应交增值税（销项税额）　　540 000

［案例2-42］　某建筑工程公司（一般纳税人）5月1日承揽一项该公司所在地的写字楼的建筑工程，5月30日依据工程进度收到含税工程价款109万元，款项已存入银行。

［解析］　建筑服务的适用税率为9%，因而有

$$5月该建筑服务的销项税额=1\,090\,000\div(1+9\%)\times 9\%=90\,000(元)$$

其会计分录为：

借：银行存款　　1 090 000

　贷：主营业务收入　　1 000 000

　　　应交税费——应交增值税（销项税额）　　90 000

［案例2-43］　某宾馆（一般纳税人）5月提供住宿服务取得含税收入212万元，按

照适用税率开具了增值税专用发票，款项已结清并存入银行。

［解析］ 住宿服务的适用税率为6%，因而有

$$5\text{月该宾馆的销项税额}=2\ 120\ 000\div(1+6\%)\times6\%=120\ 000(\text{元})$$

其会计分录为：

借：银行存款　　2 120 000

　贷：主营业务收入　　2 000 000

　　应交税费——应交增值税（销项税额）　　120 000

对于采取预收款方式销售服务（租赁服务除外）的企业，应在收到预收款项时，借记“银行存款”科目，贷记“合同负债”等科目；在发生服务时，确认收入及补收款项，借记“合同负债”“银行存款”等科目，贷记“应交税费——应交增值税（销项税额）”三级科目和“主营业务收入”“其他业务收入”等科目。需要注意的是，采取预收款方式提供租赁服务的企业，其纳税义务发生时间为收到预收款的当日，应在收到预收款时就计提增值税销项税额。

［案例2-44］ 某科技公司（一般纳税人）以预收款方式提供一项软件开发服务，2022年11月收到预收款5万元，合同约定的不含税价格总计10万元，剩余款项待项目结项时收取。该公司于2022年12月1日开始软件开发，2023年2月底项目结项并收到其余款项。假设截至2022年12月31日，软件开发的完工进度为40%。

［解析］ 现行《企业会计准则》和《企业所得税法》对软件开发费的收入确认标准是一致的，都根据开发的完工进度来确认收入。

其会计分录为：

2022年11月收到预收款时：

借：银行存款　　50 000

　贷：合同负债　　50 000

2022年12月31日，根据软件开发完工进度确认收入：

借：合同负债　　42 400

　贷：主营业务收入　　40 000（100 000×40%）

　　应交税费——应交增值税（销项税额）　　2 400（100 000×40%×6%）

2023年2月底项目结项并收到剩余款项时：

借：银行存款　　50 000

　　合同负债　　13 600

　贷：主营业务收入　　60 000（100 000－40 000）

　　应交税费——应交增值税（销项税额）　　3 600

［案例2-45］ 某租赁公司（一般纳税人）5月出租某设备并签订了合同，直接收取客户的含税预付款1 130万元，款项已存入银行。

［解析］ 该公司采用预收款方式提供租赁服务，其纳税义务发生时间为收到预收款的当日，所以该公司应对收到的预付款计提销项税额，即

$$5\text{月该公司的销项税额}=11\ 300\ 000\div(1+13\%)\times13\%=1\ 300\ 000(\text{元})$$

其会计分录为：

借：银行存款　　11 300 000

　贷：预收账款——租赁款　　10 000 000

　　　应交税费——应交增值税（销项税额）　　1 300 000

［案例 2－46］　甲公司（一般纳税人）5 月 15 日与乙公司签订经营租赁合同，合同约定甲公司向乙公司出租一台机器设备，租期为 10 个月，租赁开始日为 6 月 1 日，同时还约定乙公司要在 5 月 20 日向甲公司一次性支付全部租金。5 月 20 日，甲公司收到乙公司支付的不含税租金 10 万元和相应税款。

［解析］　甲公司采用预收款方式向乙公司出租机器设备，其纳税义务发生时间为收到预收款的当日，所以甲公司应于 5 月 20 日一次性对租金总额 10 万元计提销项税额，即

$$销项税额=100\ 000\times 13\%=13\ 000(元)$$

其会计分录为：

5 月 20 日收到预收款时：

借：银行存款　　113 000

　贷：预收账款　　100 000

　　　应交税费——应交增值税（销项税额）　　13 000

从 6 月 1 日起，在租赁期限内的每月月末，甲公司分别确认收入 10 000 元（＝100 000÷10）：

借：预收账款　　10 000

　贷：其他业务收入　　10 000

【知识链接】

《企业会计准则》与《企业所得税法》关于租金收入确认的规定

（1）《企业会计准则》关于租金收入确认的规定。对于经营租赁的租金，在一般情况下，出租人应采用直线法将收到的租金在租赁期内的各个期间确认为收益，但在某些特殊情况下，可以采用比直线法更合理的方法。

（2）《企业所得税法》关于租金收入确认的规定。《国家税务总局关于贯彻落实企业所得税法若干税收问题的通知》（国税函〔2010〕79 号）规定，企业提供固定资产、包装物或者其他有形资产的使用权取得的租金收入，应按交易合同或协议规定的承租人应付租金的日期确认收入的实现。其中，如果交易合同或协议中规定的租赁期限跨年度，且租金提前一次性支付的，根据收入与费用配比原则，出租人可对前述已确认的收入，在租赁期内，分期均匀计入相关年度收入。

2. 特殊销售方式的会计核算

（1）折扣销售的销项税额会计核算。若服务提供方将价款和折扣额在同一张发票上的“金额”栏分别注明，则以折扣后的金额为销售额计算销项税额，会计处理同正常销售；若未在同一张发票上的“金额”栏分别注明，则不可扣减折扣额，以未折扣金额计算缴纳增值税。

（2）销售折扣的销项税额会计核算。销售折扣（又称现金折扣）作为企业融资性质的

理财费用，不得从销售额中扣除，现金折扣数额应计入“财务费用”科目。

(3) 因服务中止或者折让而退回的销项税额的会计核算。纳税人提供的适用一般计税方法的服务，因服务中止或者折让而退还购买方的增值税税额，应当从当期的销项税额中扣减。纳税人在提供服务、开具增值税专用发票后，出现服务中止、折让、开票有误等情形，应当按照国家税务总局的规定开具红字增值税专用发票，未按规定开具红字增值税专用发票的，不得扣减销项税额。

[案例 2-47] 甲公司向乙公司提供货物运输服务，应税收入为 10 000 元，增值税税额为 900 元。由于货物未及时送达，双方协商折让 20%，甲公司按照现行税法的规定开具了红字增值税专用发票。

[解析] 其会计分录为：

借：应收账款——乙公司　　10 900
　贷：主营业务收入　　10 000
　　　应交税费——应交增值税（销项税额）　　900

甲公司按照税法规定开具红字增值税专用发票，冲销主营业务收入 2 000 元和增值税税额 180 元。

借：主营业务收入　　2 000
　　应交税费——应交增值税（销项税额）　　180
　贷：应收账款——乙公司　　2 180

3. 差额征税的会计核算

企业发生相关成本、费用允许扣减销售额的账务处理。按照现行增值税制度的规定，企业发生相关成本、费用允许扣减销售额的账务处理，应当按减少的销项税额，借记“应交税费——应交增值税（销项税额抵减）”三级科目（小规模纳税人应借记“应交税费——简易计税”或“应交税费——应交增值税”二级科目），按应付或实际支付的金额与上述增值税税额的差额，借记“主营业务成本”等科目，按应付或实际支付的金额，贷记“应付账款”“应付票据”“银行存款”等科目。

在差额征税项目中，由于一些项目不能开具增值税专用发票，企业可以按普通发票上开具的销售额换算成不含税销售额后计算销项税额，待收到扣除项目发票后按应付或实际支付的金额换算成不含税金额计算销项税额抵减额。对于可以开具增值税专用发票的差额征税项目，按销售收入扣减扣除项目后的差额计算增值税税额，企业可以按照增值税专用发票上注明的税额贷记“应交税费——应交增值税（销项税额）”三级科目。

[案例 2-48] A 公司（一般纳税人）将一项工程发包给 B 公司，该工程的造价为 1 030 万元。B 公司（一般纳税人）把其中的 206 万元分包给 C 公司，B 公司采取简易计税方法，B 公司收到工程款 1 030 万元（含税），开具的增值税专用发票上注明的税额为 30 万元 [$=1\,030\div(1+3\%)\times 3\%$]。

[解析]

$$B公司的应纳税额=(1\,030-206)\div(1+3\%)\times 3\%=24（万元）$$

A 公司的进项税额为 30 万元。

其会计分录为：

B公司收到款项，全额开票：

借：银行存款　　10 300 000

　贷：工程结算　　10 000 000

　　　应交税费——简易计税　　300 000

取得分包发票，抵减应纳税款：

借：工程施工——合同成本　　2 000 000

　　应交税费——简易计税　　60 000 [2 060 000÷(1+3%)×3%]

　贷：银行存款　　2 060 000

按差额缴纳增值税：

借：应交税费——简易计税　　240 000

　贷：银行存款　　240 000

[案例2-49]　某知识产权代理企业（一般纳税人）提供知识产权代理服务，收取含增值税的代理费共计2 120 000元，其中代委托方支付的行政事业性收费为848 000元，款项已结清并存入银行。

[解析]　知识产权代理是经纪代理服务，适用税率为6%，同时相关政策规定，该服务的销售额为取得的全部价款和价外费用减去向委托方收取的政府性基金或者行政事业性收费。

其会计分录为：

收取代理费时：

借：银行存款　　2 120 000

　贷：主营业务收入　　2 000 000

　　　应交税费——应交增值税（销项税额）　　120 000

收到差额纳税发票时：

借：应交税费——应交增值税（销项税额抵减）　　48 000

　　主营业务成本　　800 000

　贷：银行存款　　848 000

2.3.3 销售无形资产销项税额的会计核算

纳税人销售无形资产，其纳税义务发生时间为纳税人销售无形资产并收讫销售款项或者取得销售款项索取凭据的当日；若先开具发票，则为开具发票的当日。在进行账务处理时，纳税人按照确认的收入和按规定收取的增值税税额借记"银行存款""应收账款""应收票据"等科目，按照规定收取的增值税税额贷记"应交税费——应交增值税（销项税额）"三级科目，按确认的收入（或支出）贷记"主营业务收入""资产处置损益"等科目。

[案例2-50]　甲公司（一般纳税人）出售一项商标权，取得不含税收入60万元。该商标权的成本为150万元，出售时已摊销金额为105万元，款项已存入银行。

[解析]　销售商标权的适用税率为6%，因而有

销项税额=600 000×6%=36 000(元)

其会计分录为：

借：银行存款　　636 000
　　累计摊销　　1 050 000
　贷：无形资产——商标权　　1 500 000
　　　应交税费——应交增值税（销项税额）　　36 000
　　　资产处置损益　　150 000

[案例2-51] 某企业（一般纳税人）将一项专有技术赠予其关联企业。已知该项专有技术的成本为100万元，已摊销10万元，赠予时的不含税公允价值为120万元。

[解析] 纳税人发生视同应税交易的情形，其纳税义务发生时间为视同发生应税交易完成的当日，应按规定计提销项税额，借记“营业外支出”等科目，贷记“应交税费——应交增值税（销项税额）”三级科目。

该企业赠予无形资产的行为应视同应税交易计算增值税。

$$销项税额=120\times6\%=7.2(万元)$$

其会计分录为：

借：营业外支出　　972 000
　　累计摊销　　100 000
　贷：应交税费——应交增值税（销项税额）　　72 000
　　　无形资产　　1 000 000

2.3.4 销售不动产销项税额的会计核算

1. 房地产企业销售自行开发房地产项目的销项税额的会计核算

纳税人销售不动产应缴纳增值税，其账务处理为：按照确认的收入和按规定收取的增值税税额借记“银行存款”“应收账款”等科目，按规定收取的增值税税额贷记“应交税费——应交增值税（销项税额）”三级科目或“应交税费——简易计税”二级科目，按确认的收入贷记“主营业务收入”科目。如果是以预收款方式销售自行开发的房地产，还需要按3%的征收率预缴增值税，借记“应交税费——预交增值税”二级科目，贷记“银行存款”科目；期末将预缴的增值税转入“应交税费——未交增值税”或“应交税费——简易计税”等二级科目。

[案例2-52] 甲市某房地产公司（一般纳税人）自行开发了某房地产项目，施工许可证注明的开工日期是2015年5月1日。2024年5月，该公司销售了该项目的一批房产，共取得含税收入3 150万元，同时办妥了房产产权转移手续。根据有关凭证可知，这批房产对应的土地价款为930万元。在计算增值税时，该公司选择了简易计税方法。

[解析] 纳税人销售房地产老项目，选择适用简易计税方法计税的，要以取得的全部价款和价外费用为销售额（不得扣除对应的土地价款），按照5%的征收率计税，因而有

$$应纳增值税=3\ 150\div(1+5\%)\times5\%=150(万元)$$

其会计分录为：

借：银行存款　　31 500 000

贷：主营业务收入 30 000 000

应交税费——简易计税 1 500 000

［案例 2－53］ 在案例 2－52 中，假设在计算增值税时，该公司选择了一般计税方法，其他资料不变。

［解析］ 纳税人选择适用一般计税方法计税的，要以取得的全部价款和价外费用扣除当期销售房地产项目对应的土地价款后的余额为销售额，按照 9%的税率计税，因而有

$$销项税额=(31\ 500\ 000-9\ 300\ 000)\div(1+9\%)\times 9\%=1\ 833\ 027.52(万元)$$

其会计分录为：

借：银行存款 31 500 000

贷：主营业务收入 28 899 082.57［31 500 000÷(1+9%)］

应交税费——应交增值税（销项税额） 2 600 917.43

借：应交税费——应交增值税（销项税额抵减）

767 889.91［9 300 000÷(1+9%)×9%］

贷：开发成本 767 889.91

［案例 2－54］ 在案例 2－52 中，假设施工许可证注明的开工日期是 2016 年 5 月 1 日，其他资料不变。

［解析］ 纳税人销售自行开发的房地产项目，适用一般计税方法的，其会计处理可参照案例 2－53。

2. 非房地产企业销售不动产的销项税额的会计核算

纳税人销售不动产应通过“固定资产清理”科目核算，按规定收取的增值税税额贷记“应交税费——应交增值税（销项税额）”三级科目或“应交税费——简易计税”二级科目，按发生的净损益记入“资产处置损益”科目。需要预缴增值税的，借记“应交税费——预交增值税”二级科目，贷记“银行存款”科目；期末将预缴的增值税转入“应交税费——未交增值税”或“应交税费——简易计税”等二级科目。

（1）销售非自建不动产的销项税额的会计核算。

［案例 2－55］ 2022 年 5 月，甲市某公司（一般纳税人）销售位于乙市的写字楼，并于当月办妥了相关产权转移手续。该写字楼于 2015 年 4 月购置并投入使用，根据有关原始凭证确认投入使用前发生的购置成本为 5 250 万元，销售写字楼取得含税收入 11 550 万元。在销售过程中共发生其他税费 1 000 万元，已用银行存款缴纳。在投入使用时，该公司预计该写字楼可使用 50 年，按平均年限法计提折旧，无残值。在计算增值税时，该公司选择了简易计税方法。请做出相应的会计处理。

［解析］ 纳税人选择适用简易计税方法计税，要以取得的全部价款扣除该写字楼的购置成本后的余额为销售额，按照 5%的征收率申报纳税，同时按上述方法预交税款，因而有

$$应纳增值税=(11\ 550-5\ 250)\div(1+5\%)\times 5\%=300(万元)$$

$$预交税款=300（万元）$$

其会计分录为：

预交税款时：

借：应交税费——简易计税 3 000 000
　贷：银行存款 3 000 000

销售写字楼时：

借：固定资产清理 49 350 000
　　累计折旧 3 150 000
　贷：固定资产 52 500 000

借：固定资产清理 10 000 000
　贷：银行存款 10 000 000

借：银行存款 115 500 000
　贷：固定资产清理 110 000 000
　　应交税费——简易计税 5 500 000 [115 500 000÷(1+5%)×5%]

借：应交税费——简易计税 2 500 000 [52 500 000÷(1+5%)×5%]
　贷：固定资产清理 2 500 000

借：固定资产清理 53 150 000
　贷：资产处置损益 53 150 000

[案例 2-56]　在案例 2-55 中，假设在计算增值税时，该公司选择了一般计税方法，其他资料不变。

[解析]　纳税人选择适用一般计税方法计税，要以取得的全部价款为销售额，按照 9%的税率申报纳税，同时要以取得的全部价款扣除该写字楼购置成本的余额，按照 5%的预征率预缴税款，因而有

$$销项税额=11\ 550\div(1+9\%)\times9\%=953.67(万元)$$
$$预交税款=(11\ 550-5\ 250)\div(1+5\%)\times5\%=300(万元)$$

其会计分录为：

预交税款时：

借：应交税费——预交增值税 3 000 000
　贷：银行存款 3 000 000

月末，将"预交增值税"科目余额转入"未交增值税"科目：

借：应交税费——未交增值税 3 000 000
　贷：应交税费——预交增值税 3 000 000

销售写字楼时：

借：固定资产清理 49 350 000
　　累计折旧 3 150 000
　贷：固定资产 52 500 000

借：固定资产清理 10 000 000
　贷：银行存款 10 000 000

借：银行存款 115 500 000
　贷：固定资产清理 105 963 300
　　应交税费——应交增值税（销项税额） 9 536 700

借：固定资产清理　　46 613 300
　贷：资产处置损益　　46 613 300

［案例 2－57］ 在案例 2－55 中，假设该写字楼的销售时间为 2024 年 5 月，购置并投入使用的时间为 2017 年 4 月，其他资料不变。

［解析］ 纳税人销售其 2022 年 5 月 1 日后购置的不动产，适用一般计税方法，其会计处理可参照案例 2－56。

(2) 销售自建不动产的会计核算。

［案例 2－58］ 2019 年 5 月，甲市某公司（一般纳税人）销售位于乙市的自建写字楼，并于当月办妥了相关产权转移手续。该写字楼于 2015 年 4 月建成并投入使用，根据有关原始凭证确认投入使用前发生的建设成本为 5 250 万元，销售写字楼取得的含税收入为 11 550 万元。在销售过程中共发生其他税费 1 000 万元，已用银行存款缴纳。在投入使用时，该公司预计该写字楼可使用 50 年，按直线法计提折旧，无残值。在计算增值税时，该公司选择了简易计税方法。

［解析］ 纳税人选择适用简易计税方法计税，要以取得的全部价款为销售额，按照 5%的征收率申报纳税，同时按上述方法预交税款，因而有

$$应纳增值税=11\ 550\div(1+5\%)\times5\%=550(万元)$$
$$预交税款=550(万元)$$

其会计分录为：

预缴税款时：

借：应交税费——简易计税　　5 500 000
　贷：银行存款　　5 500 000

销售写字楼时：

借：固定资产清理　　49 350 000
　　累计折旧　　3 150 000
　贷：固定资产　　52 500 000
借：固定资产清理　　10 000 000
　贷：银行存款　　10 000 000
借：银行存款　　115 500 000
　贷：固定资产清理　　110 000 000
　　　应交税费——简易计税　　5 500 000
借：固定资产清理　　50 650 000
　贷：资产处置损益　　50 650 000

［案例 2－59］ 在案例 2－58 中，假设在计算增值税时该公司选择了一般计税方法，其他资料不变。

［解析］ 纳税人选择适用一般计税方法计税，要以取得的全部价款为销售额，按照 9%的税率申报纳税，同时要按照 5%的预征率预交税款，因而有

$$销项税额=11\ 550\div(1+9\%)\times9\%=953.67(万元)$$
$$预交税款=11\ 550\div(1+5\%)\times5\%=550(万元)$$

其会计分录为：

预缴税款时：

借：应交税费——预交增值税 5 500 000

　贷：银行存款 5 500 000

月末，将“预交增值税”科目余额转入“未交增值税”科目：

借：应交税费——未交增值税 5 500 000

　贷：应交税费——预交增值税 5 500 000

销售写字楼时：

借：固定资产清理 59 350 000

　　累计折旧 3 150 000

　贷：固定资产 52 500 000

　　　银行存款 10 000 000

借：银行存款 115 500 000

　贷：固定资产清理 105 963 300

　　　应交税费——应交增值税（销项税额） 9 536 700

借：固定资产清理 46 613 300

　贷：资产处置损益 46 613 300

［案例 2-60］ 在案例 2-58 中，假设该写字楼的销售时间为 2024 年 5 月，建成并投入使用的时间为 2017 年 4 月，其他资料不变。

［解析］ 纳税人销售其 2016 年 5 月 1 日后自建的不动产，适用一般计税方法，其会计处理可参照案例 2-59。

【知识链接】

关于纳税人销售不动产的增值税征收规定

1. 房地产开发企业销售自行开发的房地产项目

（1）属于房地产开发企业的一般纳税人销售自行开发的房地产项目，适用一般计税方法计税，按照取得的全部价款和价外费用，扣除当期销售房地产项目对应的土地价款后的余额计算销售额。销售额的计算公式如下：

销售额＝(全部价款和价外费用－当期允许扣除的土地价款)÷(1＋9%)

（2）一般纳税人销售自行开发的房地产老项目，可以选择适用简易计税方法，按照5%的征收率计税，以取得的全部价款和价外费用为销售额，不得扣除对应的土地价款。

房地产老项目是指：

1)《建筑工程施工许可证》注明的合同开工日期在 2016 年 4 月 30 日前的房地产项目。

2)《建筑工程施工许可证》未注明合同开工日期或者未取得《建筑工程施工许可证》，但建筑工程承包合同注明的开工日期在 2016 年 4 月 30 日前的建筑工程项目。

2. 非房地产企业销售不动产

（1）一般纳税人转让其 2016 年 4 月 30 日前取得（不含自建）的不动产，可以选择适用简易计税方法计税，以取得的全部价款和价外费用扣除不动产购置原价或者取得不动产时的作价后的余额为销售额，按照5%的征收率计算应纳税额。纳税人应按照上述计税方法向不动产所在地主管税务机关预缴税款，向机构所在地主管税务机关申报纳税。

(2) 一般纳税人转让其2016年4月30日前自建的不动产，可以选择适用简易计税方法计税，以取得的全部价款和价外费用为销售额，按照5%的征收率计算应纳税额。纳税人应按照上述计税方法向不动产所在地主管税务机关预缴税款，向机构所在地主管税务机关申报纳税。

(3) 一般纳税人转让其2016年4月30日前取得（不含自建）的不动产，选择适用一般计税方法计税的，以取得的全部价款和价外费用为销售额计算应纳税额。纳税人应以取得的全部价款和价外费用扣除不动产购置原价或者取得不动产时的作价后的余额，按照5%的预征率向不动产所在地主管税务机关预缴税款，向机构所在地主管税务机关申报纳税。

(4) 一般纳税人转让其2016年4月30日前自建的不动产，选择适用一般计税方法计税的，以取得的全部价款和价外费用为销售额计算应纳税额。纳税人应以取得的全部价款和价外费用，按照5%的预征率向不动产所在地主管税务机关预缴税款，向机构所在地主管税务机关申报纳税。

(5) 一般纳税人转让其2016年5月1日后取得（不含自建）的不动产，适用一般计税方法，以取得的全部价款和价外费用为销售额计算应纳税额。纳税人应以取得的全部价款和价外费用扣除不动产购置原价或者取得不动产时的作价后的余额，按照5%的预征率向不动产所在地主管税务机关预缴税款，向机构所在地主管税务机关申报纳税。

(6) 一般纳税人转让其2016年5月1日后自建的不动产，适用一般计税方法，以取得的全部价款和价外费用为销售额计算应纳税额。纳税人应以取得的全部价款和价外费用，按照5%的预征率向不动产所在地主管税务机关预缴税款，向机构所在地主管税务机关申报纳税。

2.4 进项税额的会计核算

一般纳税人购进的与应税交易相关的货物、服务、无形资产、不动产，按应计入相关成本、费用或资产的金额，借记“在途物资”或“原材料”、“库存商品”、“生产成本”、“无形资产”、“固定资产”等科目；按当月可抵扣增值税税额，借记“应交税费——应交增值税（进项税额）”三级科目；按应付或实际支付的金额，贷记“应付账款”“应付票据”“银行存款”等科目。

2.4.1 国内采购货物的进项税额的会计核算

国内采购货物的进项税额的会计核算主要涉及“在途物资”“材料采购”“原材料”“库存商品”“银行存款”等科目和“应交税费——应交增值税（进项税额）”三级科目。其中，“在途物资”科目用于核算采用实际成本法（或者进价法）进行日常核算，货款已付但尚未验收入库的材料或商品的采购成本；“材料采购”科目用于核算采用计划成本法进行日常核算的购入材料的采购成本。采用计划成本法进行核算的企业还需要设置“材料成本差异”科目，用于核算货物的实际成本与计划成本之间的差异。

1. 实际成本法的会计核算

在实际成本法下，当企业采购的货物尚未入库时，按照增值税专用发票上注明的增值税税额借记“应交税费——应交增值税（进项税额）”三级科目，按照增值税专用发票上注明的价款借记“在途物资”科目，按价税合计金额贷记“银行存款”“应付账款”“应付票据”等科目；当所购货物到达并验收入库时，借记“原材料”等科目，贷记“在途物资”科目。一般纳税人在取得增值税发票（包括增值税专用发票、机动车销售统一发票、收费公路通行费增值税电子普通发票，下同）后，可以自愿使用增值税发票选择确认平台查询、选择用于申报抵扣、出口退税或者代办退税的增值税发票信息。因此，企业在取得增值税专用发票后，可直接通过“应交税费——应交增值税（进项税额）”三级科目进行核算。

［案例2-61］ 某机械厂（一般纳税人）的原材料核算采用实际成本法。某日购进生产用钢材，取得的增值税专用发票上注明的价款为100 000元、税款为13 000元。货款已支付，材料已验收入库，发票已验证通过。

［解析］ 其会计分录为：

借：在途物资	100 000	
应交税费——应交增值税（进项税额）	13 000	
贷：银行存款		113 000
借：原材料	100 000	
贷：在途物资		100 000

【知识要点提醒】

如果一般纳税人购买的货物已到达并验收入库，但尚未收到增值税扣税凭证且未付款的，应在月末按货物清单或相关合同协议上的价格暂估入账，不需要将增值税的进项税额暂估入账。在下月初，用红字冲销原暂估入账金额，待取得相关增值税扣税凭证后，按应计入相关成本、费用或资产的金额，借记“原材料”“库存商品”“固定资产”“无形资产”等科目；按可抵扣的增值税税额，借记“应交税费——应交增值税（进项税额）”三级科目；按应付金额，贷记“应付账款”等科目。

2. 计划成本法的会计核算

对于材料品种繁多的企业，一般采用计划成本法核算。企业可按照增值税专用发票上注明的增值税税额借记“应交税费——应交增值税（进项税额）”三级科目，按照增值税专用发票上注明的价款借记“材料采购”科目，按价税合计金额贷记“银行存款”“应付账款”“应付票据”等科目。待货物验收入库时，按计划成本借记“原材料”科目，贷记“材料采购”科目；与此同时，企业应结转材料成本差异，实际成本大于计划成本的差异，借记“材料成本差异”科目，贷记“材料采购”科目；实际成本小于计划成本的差异，做相反的会计分录。

[案例 2-62] 某机床厂（一般纳税人）的原材料核算采用计划成本法。某日购进生产用钢材，取得的增值税专用发票上注明的价款为 100 000 元、税款为 13 000 元。货款已支付，材料已验收入库。已知该批材料的计划成本为 101 000 元。发票已验证通过。

[解析] 其会计分录为：

收到发票时：

借：材料采购	100 000	
应交税费——应交增值税（进项税额）	13 000	
贷：银行存款		113 000

验收入库时：

借：原材料	101 000	
贷：材料采购		101 000

结转材料成本差异：

借：材料采购	1 000	
贷：材料成本差异		1 000

3. 购进农产品的会计核算

由于农业生产者销售的自产农产品免缴增值税，纳税人在不能取得增值税专用发票的情况下，可以按收购发票或销售发票上注明的农产品买价依照 9%（或 10%）的扣除率计算进项税额。

这里的“农产品”是指从农业生产者手中购入的免税初级农产品，但一般纳税人向小规模纳税人购买的农产品，可视为免税农产品，按 9%（或 10%）的扣除率计算进项税额。另外，工商企业购入的免税农产品必须用于生产、销售应缴增值税项目。

企业在购入农产品时，以农产品收购发票或者销售发票上注明的农产品买价减去应计提的进项税额后的余额借记“在途物资”“材料采购”等科目，依照 9%（或 10%）的扣除率计提的进项税额记入“应交税费——应交增值税（进项税额）”三级科目，贷记“库存现金”等科目；待货物验收入库后，再由“在途物资”“材料采购”科目转入“原材料”“库存商品”等科目。

购进农产品的进项税额＝普通发票上注明的金额×扣除率

【知识要点提醒】

2017 年 4 月 28 日，《财政部、国家税务总局关于简并增值税税率有关政策的通知》（财税〔2017〕37 号）规定：自 2017 年 7 月 1 日起，纳税人购进农产品，取得一般纳税人开具的增值税专用发票或海关进口增值税专用缴款书的，以增值税专用发票或海关进口增值税专用缴款书上注明的增值税税额为进项税额；从按照简易计税方法依照3%征收率计算缴纳增值税的小规模纳税人取得增值税专用发票的，以增值税专用发票上注明的金额和11%的扣除率计算进项税额；取得（开具）农产品销售发票或收购发票的，以农产品销售发票或收购发票上注明的农产品买价和11%的扣除率计算进项税额；营业税改征增值税试点期间，纳税人购进用于生产销售或委托（受托）加工17%税率货物的农产品维持原扣除力度不变。2018年4月4日，《财政部、税务总局关于调整增值税税率的通知》（财税〔2018〕32号）规定：自2018年5月1日起，纳税人购进农产品，原适用11%扣除率的，扣除率调整为10%；纳税人购进用于生产销售或委托加工16%税率货物的农产品，按照12%的扣除率计算进项税额。2019年3月20日，《财政部、税务总局、海关总署关于深化增值税改革有关政策的公告》（财税〔2019〕39号）规定：自2019年4月1日起，纳税人购进农产品，原适用10%扣除率的，扣除率调整为9%。纳税人购进用于生产或者委托加工13%税率货物的农产品，按照10%的扣除率计算进项税额。

［案例2-63］　某食品厂（一般纳税人）从农民手中收购一批免税农产品作为原材料，收购凭证上注明的收购价格为10 000元。货物已验收入库，款项已支付。该企业对原材料成本的核算采用实际成本法。

［解析］

应计提的进项税额＝10 000×9%＝900(元)

计入原材料的金额＝10 000－900＝9 100(元)

[illegible]

【知识要点提醒】

纳税人在购进农产品时，应按照农产品抵扣的一般规定，按照9%计算抵扣进项税额。在领用农产品环节，如果农产品用于生产或者委托加工13%税率的货物，则再加计1%的进项税额。

4. 在购货过程中发生短缺或毁损的进项税额的会计核算

企业购入的货物在验收入库时，可能会发现货物短缺或毁损，无论其损失额是何种原因所致，都会涉及短缺或毁损货物的价款及其进项税额，但由于货物短缺或毁损的原因不同，其损失的承担者也不同，因此短缺或毁损货物中所含的进项税额的会计处理不同。

若货物短缺属于运输途中的合理损耗，其进项税额予以扣除。对于运输途中合理损耗部分的金额，工业企业计入采购货物的成本，商业企业通过“销售费用”科目核算。

若货物短缺属于管理不善造成的，其进项税额不得抵扣。该部分损耗在未查明原因之前通过“待处理财产损溢”科目处理，待查明原因后再转入相应科目。

［案例 2-64］ 某食品厂（一般纳税人）从外地收购一批免税农产品作为原材料，收购凭证上注明的收购数量为 1 000 吨，收购价格为每吨 2 000 元。款项以银行存款支付。在货物验收入库时发现短缺 1 吨，属定额内的合理损耗。该食品厂对原材料的核算采用实际成本法。

［解析］ 定额内合理损耗货物的进项税额可以进行抵扣，其损失金额由入库货物承担，即直接增加入库货物的单位成本。

应计提的进项税额＝2 000×1 000×9%＝180 000(元)

货物的采购成本＝2 000×1 000－180 000＝1 820 000(元)

其会计分录为：

根据收购凭证：

借：在途物资　　1 820 000

　　应交税费——应交增值税（进项税额）　　180 000

　贷：银行存款　　2 000 000

验收入库时：

借：原材料　　1 820 000

　贷：在途物资　　1 820 000

［案例 2-65］ 某公司（一般纳税人）从外地购进一批材料，取得的增值税专用发票上注明的价款为 100 000 元、税款为 13 000 元，款项以银行存款支付。在货物验收入库时发现丢失了 10%，原因尚未查明。该公司对原材料的核算采用实际成本法。

［解析］ 在验收入库时发现购进的材料丢失了 10%，属于非正常损耗，其损耗部分的进项税额不得进行抵扣。

不得抵扣的进项税额＝13 000×10%＝1 300(元)

企业发生非正常损失，在未查明原因之前，记入“待处理财产损溢”科目。

记入金额＝损失货物的价格＋不得抵扣的进项税额

＝100 000×10%＋1 300＝11 300(元)

其会计分录为：

根据增值税专用发票：

借：在途物资　　100 000

　　应交税费——应交增值税（进项税额）　　13 000

　贷：银行存款　　113 000

验收入库时：

借：库存商品　　90 000

　　待处理财产损溢　　11 300

贷：在途物资　　100 000

　　应交税费——应交增值税（进项税额转出）　　1 300

5. 购进货物用于简易计税方法计税项目、免征增值税项目、集体福利或者个人消费的会计核算

一般纳税人购进货物、服务、无形资产或不动产，用于简易计税方法计税项目、免征增值税项目、集体福利或个人消费等，其进项税额按照现行增值税制度的规定不得从销项税额中抵扣的，在取得增值税专用发票时，应借记相关的成本、费用或资产科目，借记“应交税费——应交增值税（进项税额）”三级科目，贷记“银行存款”“应付账款”等科目；在按现行增值税制度的规定转出时，记入“进项税额转出”科目，借记相关成本、费用或资产科目，贷记“应交税费——应交增值税（进项税额转出）”三级科目。

【知识要点提醒】

自 2019 年 3 月 1 日起，全部一般纳税人取消对增值税发票的认证。

［案例 2-66］　利宁服装厂（一般纳税人）支付电费 11 300 元，收到电力公司开具的增值税专用发票上注明的价款为 10 000 元、税款为 1 300 元。其中，生产用电占总用电量的 80%，其余为职工食堂等福利生活设施用电。

［解析］　生产用电的进项税额可以进行抵扣，职工生活、福利用电的进项税额不得抵扣。

不得抵扣的进项税额＝1 300×20%＝[illegible]

[illegible]

借：应付职工薪酬　　260

　贷：应交税费——应交增值税（进项税额转出）　　260

6. 外购货物发生退货、折让的进项税额的会计核算

一般纳税人开具增值税专用发票，发生销货退回、开票有误、应税销售行为中止以及发票抵扣联、发票联均无法认证等情形但不符合作废条件，或者因销货部分退回及发生销售折让，需要开具红字增值税专用发票的，暂按以下方法处理：

增值税专用发票已交付购买方，购买方可在增值税专用发票新系统中填开并上传《开具红字增值税专用发票信息表》（以下统称《信息表》）。《信息表》所对应的蓝字增值税专用发票应经税务机关认证（所购货物或服务等不属于增值税扣税项目范围的除外）。经认证，结果为“认证相符”并且已经抵扣增值税进项税额的，购买方在填开《信息表》时不填写相对应的蓝字增值税专用发票信息，应暂依《信息表》所列的增值税税额从当期进项税额中转出，未抵扣增值税进项税额的可列入当期进项税额，待取得销售方开具的红字增值税专用发票后，与《信息表》一并作为记账凭证；经认证，结果为“无法认证”“纳税人识别号认证不符”“专用发票代码、号码认证不符”，以及所购货物或服务不属于增值税扣税项目范围的，购买方不列入进项税额，不做进项税额转出，在填开《信息表》时应填写相对应的蓝字增值税专用发票信息。

增值税专用发票尚未交付购买方或者购买方拒收的，销售方应于增值税专用发票认证期限内在增值税发票新系统中填开并上传《信息表》。主管税务机关通过网络接收纳税人上传的《信息表》，系统在自动校验通过后，生成带有“红字发票信息表编号”的《信息表》，并将信息同步至纳税人端系统中。销售方凭税务机关校验通过的《信息表》开具红字增值税专用发票，在增值税发票系统升级版中以销项负数开具。红字增值税专用发票应与《信息表》一一对应。纳税人也可凭《信息表》中的电子信息或纸质资料到税务机关对《信息表》的内容进行系统校验。

纳税人需要开具红字增值税普通发票的，可以在相对应的蓝字增值税普通发票的金额范围内开具多份红字增值税普通发票。

［案例 2-67］ 利宁服装厂（一般纳税人）5 月 8 日收到大华纺织厂转来的增值税专用发票，发票上注明的布料价款为 10 000 元、税款为 1 300 元。利宁服装厂凭票据支付货款。该厂对原材料成本的核算采用实际成本法。5 月 15 日，利宁服装厂收到布料并验收入库，发现有一批布料（价值 2 000 元）的质量存在问题而要求退货。5 月 20 日，利宁服装厂收到大华纺织厂开具的红字增值税专用发票及款项。

［解析］ 其会计分录为：

收到增值税专用发票并付款：

借：在途物资　10 000
　　应交税费——应交增值税（进项税额）　1 300
　贷：银行存款　11 300

入库时：

借：原材料　10 000
　贷：在途物资　10 000

退回不合格布料：

借：应收账款——大华纺织厂　2 000
　贷：原材料　2 000

收到销售方开来的红字增值税专用发票及款项：

借：银行存款　2 260
　贷：应收账款——大华纺织厂　2 000
　　　应交税费——应交增值税（进项税额转出）　260

2.4.2 进口货物的进项税额的会计核算

企业进口货物，按照取得的海关进口增值税专用缴款书上注明的增值税税额，借记“应交税费——应交增值税（进项税额）”三级科目，按照进口货物应计入采购成本的金额，借记“在途物资”“材料采购”等科目，按照应付或实际支付的金额，贷记“应付账款”“银行存款”等科目。进口关税的核算分为单独核算关税和不单独核算关税两种情况，详见第 6 章关税部分的讲解。

进口货物应纳增值税的计税依据为进口货物的组成计税价格。组成计税价格的计算公式为：

$$组成计税价格=关税完税价格+关税+消费税$$

或

$$组成计税价格=(关税完税价格+关税)\div(1-消费税税率)$$

或

$$组成计税价格=\frac{关税完税价格+关税+进口数量\times消费税定额税率}{1-消费税比例税率}$$

［案例 2-68］ 利宁服装厂（一般纳税人，该企业不单独核算关税）从国外进口一批布料并已验收入库，海关进口增值税专用缴款书上注明的价款为 100 000 元，假定关税税率为 10%。该厂对原材料成本的核算采用实际成本法。

［解析］

$$该批商品进口时应缴纳的关税=100\ 000\times10\%=10\ 000(元)$$

$$该批商品进口时应缴纳的增值税=(100\ 000+10\ 000)\times13\%=14\ 300(元)$$

其会计分录为：

借：原材料　　110 000

　　应交税费——应交增值税（进项税额）　　14 300

　贷：银行存款　　124 300

2.4.3 投资转入货物的进项税额的会计核算

企业接受投资转入的货物，按照增值税专用发票上注明的增值税税额借记“应交税费——应交增值税（进项税额）”三级科目，按照投资确认的价值借记“原材料”“库存商品”等科目，按照投资确认的货物价值与增值税税额的合计数贷记“股本”“实收资本”等科目。

［案例 2-69］ 利宁服装厂（一般纳税人）接受长红纺织厂以布料进行的投资，收到的增值税专用发票上注明的价款为 10 000 元、增值税税额为 1 300 元。货物已验收入库。该厂对原材料成本的核算采用实际成本法。

［解析］ 其会计分录为：

借：原材料——布匹　　10 000

　　应交税费——应交增值税（进项税额）　　1 300

　贷：实收资本　　11 300

2.4.4 接受捐赠货物的进项税额的会计核算

根据《企业所得税法》的相关规定，企业接受的捐赠收入是指企业接受的来自其他企业、组织或者个人无偿给予的货币性资产、非货币性资产。接受捐赠收入按照实际收到捐赠资产的日期确认收入的实现。企业接受捐赠转入的货物，按照确定的价值借记“原材料”“库存商品”等科目，按增值税专用发票上注明的增值税税额借记“应交税费——应交增值税（进项税额）”三级科目，贷记“营业外收入”科目。

[案例 2-70] 利宁服装厂接受大华纺织厂捐赠的一批布料，取得的增值税专用发票上注明的布料价款为 50 000 元、税款为 6 500 元。货物已验收入库。利宁服装厂对原材料成本的核算采用实际成本法。

[解析] 其会计分录为：

借：原材料——布匹	50 000	
应交税费——应交增值税（进项税额）	6 500	
贷：营业外收入——接受捐赠非货币性资产价值		56 500

2.4.5 委托加工货物的进项税额的会计核算

企业委托加工货物，将发出货物的实际成本、加工过程中发生的加工费、运杂费等记入“委托加工物资”科目的借方，按取得的增值税专用发票上注明的增值税税额借记“应交税费——应交增值税（进项税额）”三级科目，加工完毕收回后再由“委托加工物资”科目转入“原材料”“库存商品”等科目。

[案例 2-71] 利宁服装厂（一般纳税人）委托大华纺织厂将一批白布加工成花布。已知白布的实际成本为 10 000 元，支付加工费 5 000 元，增值税税额为 650 元。加工过程中发生运费支出 1 000 元（不含税），取得运输部门开具的增值税专用发票。货物加工完毕且已验收入库。

[解析] 其会计分录为：

发出材料时：

借：委托加工物资	10 000	
贷：原材料——白布		10 000

支付加工费时：

借：委托加工物资	5 000	
应交税费——应交增值税（进项税额）	650	
贷：银行存款		5 650

支付运费时：

借：委托加工物资	1 000	
应交税费——应交增值税（进项税额）	90	
贷：银行存款		1 090

加工完毕验收入库时：

借：原材料——花布　　16 000

　贷：委托加工物资　　16 000

2.4.6 购进服务的进项税额的会计核算

企业购进服务，按照增值税专用发票上注明的增值税税额借记“应交税费——应交增值税（进项税额）”三级科目，按照增值税专用发票上注明的价款借记“原材料”“主营业务成本”“其他业务成本”“制造费用”“管理费用”等科目，贷记“银行存款”“应付账款”“应付票据”等科目。

[案例 2－72]　利宁服装厂（一般纳税人）修理管理部门的机器设备，取得的增值税专用发票上注明的修理费为 2 000 元、税款为 260 元。款项以银行存款支付。

[解析]　其会计分录为：

借：管理费用　　2 000

　　应交税费——应交增值税（进项税额）　　260

　贷：银行存款　　2 260

[案例 2－73]　某机械厂（一般纳税人）采购原材料——A 型钢材，向运输公司支付运费，收到的增值税专用发票上注明的价款为 10 000 元、增值税税额为 900 元。款项已支付，货物已验收入库。

[解析]　其会计分录为：

借：原材料　　10 000

　　应交税费——应交增值税（进项税额）　　900

　贷：银行存款　　10 900

[illegible]

　贷：银行存款　　10 600①

[案例 2－75]　B 企业（一般纳税人）的主营业务为邮政服务，为维护财务系统的正常运转，购买某科技公司的软件维护服务，收到的增值税专用发票上注明的价款为 10 000 元、增值税税额为 600 元，款项已支付。

[解析]　其会计分录为：

借：管理费用　　10 000

　　应交税费——应交增值税（进项税额）　　600

　贷：银行存款　　10 600

---

① 《财政部、税务总局关于明确增值税小规模纳税人减免增值税等政策的公告》（财政部、税务总局公告 2023 年第 1 号）规定，自 2023 年 1 月 1 日至 2023 年 12 月 31 日，允许生产性服务业纳税人按照当期可抵扣进项税额加计 5% 抵减应纳税额。在本案例中，该企业还可以加计抵减 30 元的进项税额。

2.4.7 购进无形资产的进项税额的会计核算

企业购进无形资产，按照增值税专用发票上注明的增值税税额借记“应交税费——应交增值税（进项税额）”三级科目，按增值税专用发票上注明的价款借记“无形资产”等科目，贷记“银行存款”“应付账款”“应付票据”等科目。

［案例 2-76］ 利宁服装厂（一般纳税人）从某公司购入一个服装类商标，取得的增值税专用发票上注明的价款为 100 000 元、增值税税额为 6 000 元，共计 106 000 元，款项已用银行存款支付。

［解析］ 其会计分录为：

借：无形资产——商标权　　100 000
　　应交税费——应交增值税（进项税额）　　6 000
　贷：银行存款　　106 000

2.4.8 购进不动产的进项税额的会计核算

企业购进不动产，按照增值税专用发票上注明的增值税税额借记“应交税费——应交增值税（进项税额）”三级科目，按增值税专用发票上注明的价款借记“固定资产”等科目，贷记“银行存款”“应付账款”“应付票据”等科目。

［案例 2-77］ 利宁服装厂（一般纳税人）6 月购入一栋办公楼，价税合计金额为 1 090 万元，当月用银行存款支付了款项，办妥了相关产权转移手续，取得了增值税专用发票。

［解析］ 该业务的适用税率为 9%，因而有

$$不含税价款=1\ 090\div(1+9\%)=1\ 000(万元)$$
$$可抵扣的进项税额=1\ 000\times 9\%=90(万元)$$

其会计分录为：

6 月购入办公楼时：

借：固定资产——办公楼　　10 000 000
　　应交税费——应交增值税（进项税额）　　900 000
　贷：银行存款　　10 900 000

原不得抵扣且未抵扣进项税额的固定资产、无形资产等，因改变用途等用于允许抵扣进项税额的应税项目的，应当在用途改变的次月调整相关资产的账面价值，按照允许抵扣的进项税额，借记“应交税费——应交增值税（进项税额）”三级科目，贷记“固定资产”“无形资产”等科目；固定资产、无形资产经上述调整后，应按调整后的账面价值在剩余尚可使用寿命内计提折旧或摊销。

2.5 进项税额转出的会计核算

一般纳税人购进货物、服务、无形资产或不动产，用于简易计税方法计税项目、免征增值税项目、集体福利或者个人消费、发生非正常损失等，其进项税额按照现行增值税制度的规定不得从销项税额中抵扣的，其不得抵扣的进项税额应记入相关成本、费用或资产科目。

因发生非正常损失或改变用途等，原已计入进项税额但按现行增值税制度的规定不得从销项税额中抵扣的，借记“待处理财产损溢”“应付职工薪酬”等科目，贷记“应交税费——应交增值税（进项税额转出）”三级科目。

2.5.1 购进的货物、服务、无形资产和不动产改变用途时进项税额转出的会计核算

购进的货物、服务、无形资产和不动产改变用途是指将购进的原用于应税项目的货物、服务、无形资产和不动产转用于简易计税方法计税项目、免征增值税项目、集体福利或者个人消费，其购进时已得到抵扣的进项税额要做转出处理。原不得抵扣且未抵扣进项[illegible]

[illegible]

[illegible]其进项税额可以进行抵扣。

第二，如果购进的货物、无形资产和不动产用于简易计税方法计税项目、免征增值税项目、集体福利或者个人消费，所支付的增值税税款不得进行抵扣，应计入所购货物、无形资产和不动产的成本或相应科目之中。

第三，在进行进项税额转出时，购进货物所负担的相关劳务费、服务费等计提的进项税额也应一并转出。

［案例2-78］ 利宁服装厂（一般纳税人）将上月购进的布料用于职工福利。已知布料的实际成本为11 000元，其中含运费1 000元。其进项税额已进行抵扣。

［解析］ 计算进项税额转出数额：

布料部分应转出的进项税额＝(11 000－1 000)×13%＝1 300(元)

运费部分应转出的进项税额＝1 000×9%＝90(元)

其会计分录为：

借：应付职工薪酬　　12 390

　贷：原材料　　11 000

　　　应交税费——应交增值税（进项税额转出）　　1 390

【知识要点提醒】

在一般情况下，对纳税人用于简易计税方法计税项目、免征增值税项目、集体福利或者个人消费的购进货物、服务、无形资产和不动产的进项税额不得从销项税额中抵扣。但是，涉及的固定资产、无形资产、不动产仅指专用于简易计税方法计税项目、免征增值税项目、集体福利或者个人消费的情况，对属于兼用允许抵扣项目和上述不允许抵扣项目情况的，其进项税额准予全部抵扣。纳税人购进其他权益性无形资产，无论是专用于简易计税方法计税项目、免征增值税项目、集体福利或者个人消费，还是兼用于上述不允许抵扣项目，均可抵扣进项税额。

2.5.2 购进的货物、服务和不动产发生非正常损失时进项税额转出的会计核算

非正常损失是指因管理不善造成货物被盗、丢失、霉烂变质，以及因违反法律法规造成货物或者不动产被依法没收、销毁、拆除的情形。因发生非正常损失或改变用途等，原已计入进项税额，但按现行增值税制度的规定不得从销项税额中抵扣的，借记“待处理财产损溢”“应付职工薪酬”“固定资产”“无形资产”等科目，贷记“应交税费——应交增值税（进项税额转出）”三级科目。

由于非正常损失的购进货物和非正常损失的在产品、产成品所耗用的购进货物（不含固定资产）、应税劳务或交通运输服务的进项税额，一般都已在以前的纳税期做了抵扣，而在发生损失后，一般很难核实所损失的货物是在何时购进的，其原始进价和进项税额也无法准确核定，因此应按货物的实际成本计算不得抵扣的进项税额。损失的在产品、产成品的实际成本中只有所耗用的原材料、应税劳务和交通运输服务部分才产生进项税额，其人工部分不产生进项税额，因此在计算在产品、产成品的进项税额转出金额时，要按其成本资料计算所含的原材料和外购劳务、交通运输服务成本。另外，由于原材料、应税劳务、交通运输服务在计提进项税额时，抵扣率可能不同，如交通运输服务的增值税税率只有9%，此时需要根据企业的有关资料计算一个平均抵扣率，以便计算转出的进项税额。

已抵扣进项税额的固定资产、无形资产或者不动产发生不得抵扣情形的，应按照下列公式计算不得抵扣的进项税额：

不得抵扣的进项税额＝固定资产、无形资产或者不动产净值×适用税率

式中，固定资产、无形资产或者不动产净值为纳税人根据财务会计制度计提折旧或摊销后的余额。

对于非正常损失的已经抵扣进项税额的不动产，以及该不动产所耗用的购进货物、设计服务和建筑服务，按照下列公式计算不得抵扣的进项税额：

$$\text{不得抵扣的进项税额}=\text{已抵扣进项税额}\times\text{不动产净值率}$$

$$\text{不动产净值率}=\frac{\text{不动产净值}}{\text{不动产原值}}\times 100\%$$

对于不得抵扣的进项税额，应于该不动产发生非正常损失的当期，将不得抵扣的进项税额从进项税额中扣减。

对于非正常损失的不动产在建工程所耗用的购进货物、设计服务和建筑服务，已经抵扣的进项税额应于当期全部转出。

企业的货物发生非正常损失，在未查明原因之前，按照该货物的实际成本与转出的进项税额之和借记“待处理财产损溢”科目，贷记“原材料”“库存商品”等科目和“应交税费——应交增值税（进项税额转出）”三级科目。

不动产、不动产在建工程发生非正常损失，按照转出的进项税额借记“固定资产”“在建工程”等科目，贷记“应交税费——应交增值税（进项税额转出）”三级科目。

【知识链接】

按照规定，不得抵扣进项税额的不动产发生用途改变，用于允许抵扣进项税额的项目，[illegible]

[illegible]

[illegible]

[解析]

$$\text{应转出进项税额}=11\ 000\div(1-9\%)\times 9\%=1\ 087.91(\text{元})$$

其会计分录为：

借：待处理财产损溢　　12 087.91

　贷：原材料　　11 000

　　　应交税费——应交增值税（进项税额转出）　　1 087.91

[案例2-80]　利宁服装厂（一般纳税人）丢失服装10件，每件服装的成本为1 000元。其中，每件服装中外购货物和应税劳务的成本比例为60%，综合抵扣率为11.5%。原因尚未查明。

[解析]

应转出进项税额 $=1\ 000\times10\times60\%\times11.5\%=690$(元)

其会计分录为：

借：待处理财产损溢　　10 690

　贷：库存商品　　10 000

　　　应交税费——应交增值税（进项税额转出）　　690

[案例 2-81]　利宁服装厂（一般纳税人）6 月购入一栋楼房用于生产经营，价税合计金额为 1 090 万元，购入时取得了增值税专用发票，并进行了抵扣。当年 12 月，该楼房用于职工宿舍。假设该楼房预计使用寿命为 50 年，无净残值，企业使用平均年限法计算折旧。

[解析]　计算不得抵扣的进项税额：

$$\text{不动产净值}=1\ 000-\frac{1\ 000}{50}\times\frac{6}{12}=990(\text{万元})$$

$$\text{不得抵扣的进项税额}=1\ 090\times\frac{9\%}{1+9\%}\times\frac{990}{1\ 000}=89.1(\text{万元})$$

其会计分录为：

6 月，购入楼房时：

借：固定资产——楼房　　10 000 000

　　应交税费——应交增值税（进项税额）　　900 000

　贷：银行存款　　10 900 000

12 月，楼房改变用途时：

借：固定资产——楼房　　891 000

　贷：应交税费——应交增值税（进项税额转出）　　891 000

[案例 2-82]　利宁服装厂（一般纳税人）6 月开始新建厂房，其间购进水泥 200 万元（不含税价格，下同），接受某设计公司的设计服务并支付了 100 万元，接受某建筑公司的建筑服务并支付了 200 万元。上述项目均取得了增值税专用发票，这些发票上注明的进项税额分别为 26 万元、6 万元和 18 万元。次年 2 月，该在建厂房被认定为违章建筑并被依法拆除。

[解析]　其会计分录为：

当年 6 月，抵扣进项税额时：

借：在建工程　　5 000 000

　　应交税费——应交增值税（进项税额）　　500 000

　贷：银行存款　　5 500 000

次年 2 月，在建厂房被拆除时：

借：营业外支出　　500 000

　贷：应交税费——应交增值税（进项税额转出）　　500 000

2.6 减免税款的会计核算

2.6.1 直接减免增值税的会计核算

【小思考】 纳税人销售免税货物但可以开具增值税专用发票的情形有哪些？

对于直接免征增值税的行为，除税法规定的特殊情况可以开具增值税专用发票外，其余均不得开具增值税专用发票，减免的增值税计入“其他收益”科目。其会计分录为：

借：银行存款（应收账款、应收票据）

　贷：主营业务收入（其他业务收入）

　　　应交税费——应交增值税（销项税额）

借：应交税费——应交增值税（减免税款）

　贷：其他收益

［案例 2－83］ 某企业（一般纳税人）销售一批免税产品，价款为 100 000 元，货款以银行存款收讫。

［解析］ 其会计分录为：

借：银行存款　　113 000

　贷：主营业务收入　　100 000

　　　应交税费——应交增值税（销项税额）　　13 000

借：应交税费——应交增值税（减免税款）　　13 000

　贷：其他收益　　13 000

2.6.2 先征后返（退）、即征即退增值税的会计核算

对于先征后返（退）、即征即退的纳税人，在计缴税款时按正常销售处理，销项税额贷记“应交税费——应交增值税（销项税额）”三级科目；在返还税款时，借记“银行存款”科目，贷记“其他收益”等科目。

［案例 2－84］ 某企业（一般纳税人）的增值税实行先征后返政策，返还率为 70%。该企业某月已缴纳的增值税税额为 10 000 元。

［解析］ 收到返还增值税税款时，其会计分录为：

借：银行存款　　7 000

　贷：其他收益——政府补助　　7 000

［案例 2－85］ A 企业（一般纳税人）是软件开发企业，5 月销售自行开发的软件产品，取得销售额 50 000 元（不含税），开具增值税专用发票。本月开发软件产品的增值税

进项税额为900元，本月无其他增值税事项。

［解析］ 根据《财政部、国家税务总局关于软件产品增值税政策的通知》（财税〔2011〕100号）的规定，一般纳税人销售自行开发的软件产品，在按照13%的税率征收增值税后，对其增值税实际税负超过3%的部分实行即征即退。因此，有

应纳税额＝50 000×13%－900＝5 600(元)

实际税负＝5 600÷50 000＝11.2%＞3%

应退税额＝5 600－50 000×3%＝4 100(元)

其会计分录为：

销售软件时：

借：银行存款	56 500	
贷：主营业务收入		50 000
应交税费——应交增值税（销项税额）		6 500

即征即退应退税款时：

借：银行存款	4 100	
贷：其他收益——政府补助		4 100

【知识链接】

有关增值税先征后返（退）、即征即退的税收政策

1. 先征后返（退）

先征后返（退）是指对按税法规定缴纳的税款，由税务机关征收入库后，再由税务机关或财政部门按规定的程序给予部分或全部退税或返还已纳税款的一种税收优惠，属于退税范畴，其实质是一种特定方式的免税或减免规定。涉及先征后返（退）的政策包括：

(1)《财政部、国家税务总局关于加快煤层气抽采有关税收政策问题的通知》（财税〔2007〕16号）规定，对煤层气抽采企业的一般纳税人抽采销售煤层气实行增值税先征后退政策。

(2)《财政部、国家税务总局关于核电行业税收政策有关问题的通知》（财税〔2008〕38号）规定，核力发电企业生产销售电力产品，自核电机组正式商业投产次月起15个年度内，统一实行增值税先征后退政策，返还比例分三个阶段逐级递减。

2. 即征即退

即征即退是指对按税法规定缴纳的税款，由税务机关在征税时部分或全部退还纳税人的一种税收优惠。涉及即征即退的政策包括：

(1) 一般纳税人销售其自行开发生产的软件产品，对其增值税实际税负超过3%的部分实行即征即退政策。

(2)《财政部、国家税务总局关于印发〈资源综合利用产品和劳务增值税优惠目录〉的通知》（财税〔2015〕78号）规定，纳税人销售自产的资源综合利用产品和提供资源综合利用劳务，可享受增值税即征即退政策。

(3)《财政部、国家税务总局关于促进残疾人就业增值税优惠政策的通知》（财税〔2016〕52号）规定，对安置残疾人的单位和个体工商户，实行由税务机关按纳税人安置

残疾人的人数，限额即征即退增值税的办法。

（4）一般纳税人提供管道运输服务，对其增值税实际税负超过3%的部分实行增值税即征即退政策。

（5）经中国人民银行、银保监会或者商务部批准从事融资租赁业务的试点纳税人中的一般纳税人，提供有形动产融资租赁服务和有形动产融资性售后回租服务，对其增值税实际税负超过3%的部分实行增值税即征即退政策。

2.6.3 部分减免增值税的会计核算

对于部分减免增值税的纳税人，其在销售时可按正常方式处理，销项税额贷记“应交税费——应交增值税（销项税额）”三级科目；按规定可以减免的增值税税款通过“应交税费——应交增值税（减免税款）”三级科目核算，借记该科目，贷记“其他收益”科目。

[案例 2－86] 某企业（一般纳税人）可享受按增值税应纳税额减半征收的税收优惠政策。11 月，该企业销售一批产品，取得不含税收入 10 000 元，已开具增值税专用发票，当月可以抵扣的增值税进项税额为 600 元。本月无其他增值税事项（该企业适用的增值税税率为 13%）。

[解析]

该企业当月的增值税销项税额＝10 000×13%＝1 300(元)

当月的增值税应纳税额＝1 300－600＝700(元)

当月可以减征的增值税税额＝700×50%＝350(元)

当月实际应纳税额＝700－350＝350(元)

借：银行存款　　11 300

　贷：主营业务收入　　10 000

　　应交税费——应交增值税（销项税额）　　1 300

借：应交税费——应交增值税（减免税款）　　350

　贷：其他收益　　350

2.6.4 增值税税控系统专用设备和技术维护费用抵减增值税税额的会计核算

1. 税法相关规定

2012 年 2 月 7 日，财政部、国家税务总局联合发布《关于增值税税控系统专用设备和技术维护费用抵减增值税税额有关政策的通知》（财税〔2012〕15 号），该通知规定：自 2011 年 12 月 1 日起，增值税纳税人购买增值税税控系统专用设备支付的费用以及缴纳的技术维护费（以下简称“二项费用”）可在增值税应纳税额中全额抵减。该通知的主要内容如下：

（1）增值税纳税人 2011 年 12 月 1 日（含，下同）以后初次购买增值税税控系统专用设备（包括分开票机）支付的费用，可凭购买增值税税控系统专用设备取得的增值税专用发票，在增值税应纳税额中全额抵减（抵减额为价税合计额），不足抵减的可结转下期继续抵减。增值税纳税人非初次购买增值税税控系统专用设备支付的费用，由其自行负担，不得在增值税应纳税额中抵减。

（2）增值税纳税人2011年12月1日以后缴纳的技术维护费（不含补缴的2011年11月30日以前的技术维护费），可凭技术维护服务单位开具的技术维护费发票，在增值税应纳税额中全额抵减，不足抵减的可结转下期继续抵减。技术维护费按照价格主管部门核定的标准执行。

（3）一般纳税人支付的二项费用在增值税应纳税额中全额抵减的，其增值税专用发票不作为增值税抵扣凭证，其进项税额不得从销项税额中抵扣。

其中，增值税税控系统包括增值税防伪税控系统、机动车销售统一发票税控系统和公路、内河货物运输业发票税控系统；增值税防伪税控系统的专用设备包括金税卡、IC卡、读卡器或金税盘和报税盘；机动车销售统一发票税控系统和公路、内河货物运输业发票税控系统专用设备包括税控盘和传输盘。

2. 会计核算

（1）一般纳税人初次购入增值税税控系统专用设备，按实际支付或应付的金额，借记“管理费用”科目，贷记“银行存款”“应付账款”等科目。按规定抵减的增值税应纳税额，借记“应交税费——应交增值税（减免税款）”三级科目，贷记“管理费用”科目。

（2）一般纳税人发生技术维护费，按实际支付或应付的金额，借记“管理费用”等科目，贷记“银行存款”等科目。按规定抵减的增值税应纳税额，借记“应交税费——应交增值税（减免税款）”三级科目，贷记“管理费用”等科目。

［案例2-87］ 某咨询公司（一般纳税人）5月初次购买增值税税控系统专用设备，支付费用11 300元，取得销售方开具的增值税专用发票。6月，该咨询公司向技术维护服务单位缴纳技术维护费500元并取得对方开具的技术维护费发票。

［解析］ 其会计分录为：

5月购买增值税税控系统专用设备时：

借：管理费用　11 300

　贷：银行存款　11 300

借：应交税费——应交增值税（减免税款）　11 300

　贷：管理费用　11 300

6月向技术维护服务单位缴纳技术维护费时：

借：管理费用　500

　贷：银行存款　500

借：应交税费——应交增值税（减免税款）　500

　贷：管理费用　500

2.7 代扣代交增值税的会计核算

按照现行增值税制度的规定，境外单位或个人在境内发生应税交易行为，在境内未设有经营机构的，以购买方为增值税扣缴义务人。境内一般纳税人购进服务、无形资产或不动产，按应计入相关成本、费用的金额，借记“生产成本”“无形资产”“固定资产”“管理费用”等科目；按可抵扣的增值税税额，借记“应交税费——应交增值税（进项税额）”三级科目；按应付或实际支付的金额，贷记“应付账款”等科目；对应代扣代交的增值税，贷记“应交税费——应代扣代交增值税”二级科目。在实际缴纳代扣代交增值税时，按应代扣代交的增值税税额，借记“应交税费——代扣代交增值税”二级科目，贷记“银行存款”科目。

[案例 2-88] 境内甲企业（一般纳税人）接受境外乙企业的一项技术转让，销售额为 100 万元。请做出代扣代交税款的会计分录。

[解析] 境内甲企业为增值税的扣缴义务人，所适用的增值税税率为 6%，因而有

$$应扣缴增值税 = 100 \times 6\% = 6(万元)$$

其会计分录为：

甲企业购进技术时：

借：无形资产　　1 000 000

　　应交税费——应交增值税（进项税额）　　60 000

　贷：应付账款——乙企业　　1 000 000

　　　应交税费——代扣代交增值税　　60 000

缴纳代扣代交增值税时：

借：应交税费——代扣代交增值税　　60 000

　贷：银行存款　　60 000

接受境外单位或者个人提供的应税服务，从税务机关或者境内代理人取得的解缴税款的中华人民共和国税收缴款凭证可作为增值税进项税额抵扣凭证。纳税人凭税收缴款凭证抵扣进项税额的，应当具备书面合同、付款证明和境外单位对账单或者发票。

2.8 转让金融商品应交增值税的会计核算

按规定，金融商品转让以盈亏相抵后的余额为销售额。金融商品实际转让月末，若

产生转让收益，则按应纳税额借记“投资收益”等科目，贷记“应交税费——转让金融商品应交增值税”二级科目；若产生损失，则按可结转下月的抵扣税额，借记“应交税费——转让金融商品应交增值税”二级科目，贷记“投资收益”等科目。年末，该科目如有借方余额，则借记“投资收益”等科目，贷记“应交税费——转让金融商品应交增值税”二级科目。

[案例 2-89] 某企业（一般纳税人）5 月转让金融商品，取得转让收入 259 万元，已知该金融商品的成本为 100 万元。请做出转让金融商品应交增值税的会计分录。

[解析] 金融商品转让是以盈亏相抵后的余额为销售额来计算应交增值税的。

5 月产生转让盈利 159 万元（=259-100），则按规定计算的应纳税额为：

$$应纳税额=159\div(1+6\%)\times6\%=9(万元)$$

其会计分录为：

借：投资收益　　90 000

　贷：应交税费——转让金融商品应交增值税　　90 000

实际缴纳增值税时：

借：应交税费——转让金融商品应交增值税　　90 000

　贷：银行存款　　90 000

2.9 一般纳税人应纳税额的会计核算及纳税申报表的填制

2.9.1 一般纳税人应纳税额的会计核算

月末，企业根据“应交税费——应交增值税”二级科目中核算的增值税业务，结出借、贷方合计和余额。若“应交税费——应交增值税”二级科目为贷方余额，即为本月应纳增值税税额，通过借记“应交税费——应交增值税（转出未交增值税）”三级科目，转入“应交税费——未交增值税”二级科目的贷方。会计分录为：

借：应交税费——应交增值税（转出未交增值税）

　贷：应交税费——未交增值税

若“应交税费——应交增值税”二级科目为借方余额，其含义为：

第一，按月缴纳增值税的企业，其借方余额表示当月尚未抵扣完的进项税额（留待下期继续抵扣）。

第二，按日（10 日、15 日）缴纳增值税的企业，平时在按核定的纳税期纳税时，属于预缴性质。月末，在核实本月应交增值税税额后，应于下月 15 日前清缴。

在本月预缴税款时，会计分录为：

借：应交税费——应交增值税（已交税金）

　贷：银行存款

由于月中有预交税款的情况，故“应交税费——应交增值税”二级科目的借方余额不仅可能是尚未抵扣的进项税额，而且可能包含了多交的部分。对于当月多交的部分，转入“应交税费——未交增值税”二级科目的借方。

[案例2-90] 某木制品加工企业（一般纳税人）5月提供的增值税计税资料如下，计算当期应纳增值税税额并做出相应的会计分录。

（1）销售刨光材，给一般纳税人开具的增值税专用发票上注明的销售额为520 000元，给小规模纳税人开具的普通发票上注明的价税合计销售额为127 916元；销售原木，开具的普通发票上注明的价税合计销售额为43 600元。馈赠刨光材给关系单位，其成本为30 000元，同类产品的不含税售价为40 000元；职工食堂耗用外购材料35 000元。

（2）本月购进板材，取得的增值税专用发票上注明的金额为180 000元；从林场购进原木，取得的增值税专用发票上注明的金额为72 000元，取得的木材贸易公司普通发票上注明的原木金额为40 000元；委托运输公司运送所购进的原木，支付运输费用并取得增值税专用发票，发票上注明的运费为5 000元、增值税税额为450元。

（3）上期尚未抵扣完的进项税额为4 800元，本月已缴增值税16 000元。

（4）该企业对原材料成本的核算采用实际成本法。以上款项均以银行存款收付，原材料均已验收入库。

[解析] 其会计分录为：

（1）销售刨光材，开具增值税专用发票：

借：银行存款	587 600	
贷：主营业务收入		520 000
应交税费——应交增值税（销项税额）		67 600

（2）销售刨光材，开具普通发票：

借：银行存款	127 916	
贷：主营业务收入		113 200
应交税费——应交增值税（销项税额）		14 716

（3）销售原木，增值税税率为9%：

借：银行存款	43 600	
贷：主营业务收入		40 000
应交税费——应交增值税（销项税额）		3 600

（4）馈赠刨光材应视同销售，按其对外售价计算销项税额：

借：营业外支出	35 200	
贷：库存商品——刨光材		30 000
应交税费——应交增值税（销项税额）		5 200

(5) 职工食堂耗用外购材料，其进项税额应做转出处理：

借：应付职工薪酬　39 550

　贷：原材料——板材　35 000

　　　应交税费——应交增值税（进项税额转出）　4 550(35 000×13%)

(6) 购进板材：

借：原材料——板材　180 000

　　应交税费——应交增值税（进项税额）　23 400

　贷：银行存款　203 400

(7) 购进原木，取得增值税专用发票：

借：原材料——原木　65 520

　　应交税费——应交增值税（进项税额）　6 480(72 000×9%)

　贷：银行存款　72 000

注：在生产领用时需要再加计扣除1%的进项税额。

(8) 从木材贸易公司购进原木，取得普通发票，不得计提进项税额：

借：原材料——原木　40 000

　贷：银行存款　40 000

(9) 向运输公司支付运费，取得增值税专用发票：

借：原材料——原木　5 000

　　应交税费——应交增值税（进项税额）　450(5 000×9%)

　贷：银行存款　5 450

(10) 本月已缴增值税16 000元：

借：应交税费——应交增值税（已交税金）　16 000

　贷：银行存款　16 000

本月应纳税款的计算如下：

$$本期销售额 = 520\,000 + 127\,916 \div (1+13\%) + 43\,600 \div (1+9\%) + 40\,000 = 713\,200(元)$$

本期销项税额

$$= [520\,000 + 127\,916 \div (1+13\%) + 40\,000] \times 13\% + 43\,600 \div (1+9\%) \times 9\% = 91\,116(元)$$

$$本期进项税额 = (180\,000 - 35\,000) \times 13\% + 72\,000 \times 9\% + 5\,000 \times 9\% = 25\,780(元)$$

$$本期应纳税额 = 91\,116 - 25\,780 - 4\,800 - 16\,000 = 44\,536(元)$$

借：应交税费——应交增值税（转出未交增值税）　44 536

　贷：应交税费——未交增值税　44 536

下月缴纳增值税时：

借：应交税费——未交增值税　44 536

贷：银行存款　　44 536

2.9.2 一般纳税人增值税纳税申报表的填制

1. 纳税申报资料

纳税申报资料包括：

（1）《增值税及附加税费申报表》（一般纳税人适用）。

（2）《增值税及附加税费申报表附列资料（一）》（本期销售情况明细）。

（3）《增值税及附加税费申报表附列资料（二）》（本期进项税额明细）。

（4）《增值税及附加税费申报表附列资料（三）》（服务、不动产和无形资产扣除项目明细）。

一般纳税人销售服务、不动产和无形资产，在确定服务、不动产和无形资产销售额时，按照有关规定可以从取得的全部价款和价外费用中扣除价款的，须填报《增值税及附加税费申报表附列资料（三）》（服务、不动产和无形资产扣除项目明细）。其他情况不填写该附列资料。

（5）《增值税及附加税费申报表附列资料（四）》（税额抵减情况表）。

（6）《增值税减免税申报明细表》。

纳税申报表及其附列资料为必报资料。

2. 增值税纳税申报表的格式

一般纳税人增值税纳税申报表的格式见下表，现以案例2-90为例进行填制，见表2-3、表2-4和表2-5。

表2-3 增值税及附加税费申报表

（一般纳税人适用）

根据国家税收法律法规及增值税相关规定制定本表。纳税人不论有无销售额，均应按税务机关核定的纳税期限填写本表，并向当地税务机关申报。

税款所属时间：自××××年5月1日至××××年5月31日　　填表日期：　年　月　日（略）

金额单位：元（列至角分）

纳税人识别号（统一社会信用代码）：□□□□□□□□□□□□□□□□□□□□（略）　所属行业：（略）

<table>
<tr><td colspan="2">纳税人名称（略）</td><td>法定代表人姓名</td><td>（略）</td><td>注册地址</td><td>（略）</td><td>生产经营地址</td><td>（略）</td></tr>
<tr><td>开户银行及账号</td><td>（略）</td><td>登记注册类型</td><td colspan="3">（略）</td><td>电话号码</td><td>（略）</td></tr>
<tr><td colspan="2" rowspan="2">项目</td><td rowspan="2">栏次</td><td colspan="3">一般项目</td><td colspan="2">即征即退项目</td></tr>
<tr><td>本月数</td><td colspan="2">本年累计</td><td>本月数</td><td>本年累计</td></tr>
<tr><td rowspan="3">销售额</td><td>（一）按适用税率计税销售额</td><td>1</td><td>713 200</td><td colspan="2"></td><td></td><td></td></tr>
<tr><td>其中：应税货物销售额</td><td>2</td><td>713 200</td><td colspan="2"></td><td></td><td></td></tr>
<tr><td>应税劳务销售额</td><td>3</td><td></td><td colspan="2"></td><td></td><td></td></tr>
</table>

销售额	纳税检查调整的销售额	4				
	（二）按简易办法计税销售额	5				
	其中：纳税检查调整的销售额	6				
	（三）免、抵、退税办法出口销售额	7			—	—
	（四）免税销售额	8			—	—
	其中：免税货物销售额	9			—	—
	免税劳务销售额	10			—	—
税款计算	销项税额	11	91 116			
	进项税额	12	30 330			
	上期留抵税额	13	4 800			—
	进项税额转出	14	4 550			
	免、抵、退税应退税额	15			—	—
	按适用税率计算的纳税检查应补缴税额	16			—	—
	应抵扣税额合计	17＝12＋13－14－15＋16	30 580	—		—
	实际抵扣税额	18（如17<11，则为17，否则为11）	30 580			
	应纳税额	19＝11－18	60 536			
	期末留抵税额	20＝17－18				—
	简易计税办法计算的应纳税额	21				
	按简易计税办法计算的纳税检查应补缴税额	22			—	—
	应纳税额减征额	23				
	应纳税额合计	24＝19＋21－23	60 536			
税款缴纳	期初未缴税额（多缴为负数）	25				
	实收出口开具专用缴款书退税额	26			—	—
	本期已缴税额	27＝28＋29＋30＋31	16 000			

税款缴纳	①分次预缴税额	28		—		—
	②出口开具专用缴款书预缴税额	29		—	—	—
	③本期缴纳上期应纳税额	30				
	④本期缴纳欠缴税额	31				
	期末未缴税额（多缴为负数）	32＝24＋25＋26－27	44 536			
	其中：欠缴税额（≥0）	33＝25＋26－27		—		—
	本期应补（退）税额	34＝24－28－29		—		—
	即征即退实际退税额	35	—	—		
	期初未缴查补税额	36			—	—
	本期入库查补税额	37			—	—
	期末未缴查补税额	38＝16＋22＋36－37			—	—
附加税费	城市维护建设税本期应补（退）税额	39	（略）		—	—
	教育费附加本期应补（退）费额	40	（略）		—	—
	地方教育附加本期应补（退）费额	41	（略）		—	—

声明：此表是根据国家税收法律法规及相关规定填写的，本人（单位）对填报内容（及附带资料）的真实性、可靠性、完整性负责。

纳税人（签章）：　　　　　　年　月　日

经办人： 经办人身份证号： 代理机构签章： 代理机构统一社会信用代码：	受理人： 受理税务机关（章）： 受理日期：　年　月　日

表 2－4　增值税及附加税费申报表附列资料（一）

（本期销售情况明细）

税款所属时间：××××年 5 月 1 日至×××年 5 月 31 日

纳税人名称：（公章）　　　　　　　　　　　　　　　　金额单位：元（列至角分）

项目及栏次				开具增值税专用发票		开具其他发票		未开具发票		纳税检查调整		合计			服务、不动产和无形资产扣除项目本期实际扣除金额	扣除后		
				销售额	销项（应纳）税额	销售额	销项（应纳）税额	销售额	销项（应纳）税额	销售额	销项（应纳）税额	销售额	销项（应纳）税额	价税合计		含税（免税）销售额	销项（应纳）税额	
				1	2	3	4	5	6	7	8	9＝1＋3＋5＋7	10＝2＋4＋6＋8	11＝9＋10	12	13＝11－12	14＝13÷（100%＋税率或征收率）×税率或征收率	
一、一般计税方法计税	全部征税项目	13%税率的货物及加工修理修配服务	1	520 000	67 600	113 200	14 716	40 000	5 200			673 200	87 516	760 716	—	—	—	—
		13%税率的服务、不动产和无形资产	2															
		9%税率的货物及加工修理修配服务	3												—	—	—	—
		9%税率的服务、不动产和无形资产	4	40 000	3 600							40 000	3 600	43 600				
		6%税率	5															
		即征即退货物及加工修理修配服务	6	—	—	—	—	—	—	—	—	—			—	—	—	—
	其中：即征即退项目	即征即退服务、不动产和无形资产	7	—	—	—	—	—	—	—	—	—						

二、简易计税方法计税	全部征税项目	6%征收率	8							—	—			—	—	—	—	
		5%征收率的货物及加工修理修配服务	9a							—	—			—	—	—	—	
		5%征收率的服务、不动产和无形资产	9b							—	—							
		4%征收率	10							—	—			—	—	—	—	
		3%征收率的货物及加工修理修配服务	11							—	—			—	—	—	—	
		3%征收率的服务、不动产和无形资产	12							—	—							
		预征率%	13a							—	—							
		预征率%	13b							—	—							
		预征率%	13c							—	—							
	其中：即征即退项目	即征即退货物及加工修理修配服务	14	—	—	—	—	—	—	—	—	—			—	—	—	—
		即征即退服务、不动产和无形资产	15	—	—	—	—	—	—	—	—	—						
三、免、抵、退税	货物及加工修理修配服务		16	—	—		—	—		—	—	—		—	—	—	—	—
	服务、不动产和无形资产		17	—	—		—	—		—	—	—		—				—
四、免税	货物及加工修理修配服务		18				—	—		—	—	—		—	—	—	—	—
	服务、不动产和无形资产		19	—	—		—	—		—	—	—		—				—

表 2-5 增值税及附加税费申报表附列资料（二）

（本期进项税额明细）

税款所属时间：××××年 5 月 1 日至××××年 5 月 31 日

纳税人名称：（公章） 金额单位：元（列至角分）

一、申报抵扣的进项税额				
项目	栏次	份数	金额	税额
（一）认证相符的增值税专用发票	1＝2＋3	2	185 000	23 850
其中：本期认证相符且本期申报抵扣	2	2	185 000	23 850
前期认证相符且本期申报抵扣	3			
（二）其他扣税凭证	4＝5＋6＋7＋8a＋8b	1	72 000	6 480
其中：海关进口增值税专用缴款书	5			
农产品收购发票或者销售发票	6	1	72 000	6 480
代扣代缴税收缴款凭证	7		—	
加计扣除农产品进项税额	8a	—	—	
其他	8b			
（三）本期用于购建不动产的扣税凭证	9			
（四）本期用于抵扣的旅客运输服务扣税凭证	10			
（五）外贸企业进项税额抵扣证明	11	—	—	
当期申报抵扣进项税额合计	12＝1＋4＋11	3	257 000	30 330
二、进项税额转出额				
项目	栏次	税额		
本期进项税额转出额	13＝14 至 23 之和	4 550		
其中：免税项目用	14			
集体福利、个人消费	15	4 550		
非正常损失	16			
简易计税方法征税项目用	17			
免、抵、退税办法不得抵扣的进项税额	18			
纳税检查调减进项税额	19			
红字专用发票信息表注明的进项税额	20			
上期留抵税额抵减欠税	21			
上期留抵税额退税	22			
异常凭证转出进项税额	23a			
其他应做进项税额转出的情形	23b			

三、待抵扣进项税额				
项目	栏次	份数	金额	税额
（一）认证相符的增值税专用发票	24	—	—	—
期初已认证相符但未申报抵扣	25			
本期认证相符且本期未申报抵扣	26			
期末已认证相符但未申报抵扣	27			
其中：按照税法规定不允许抵扣	28			
（二）其他扣税凭证	29＝30至33之和			
其中：海关进口增值税专用缴款书	30			
农产品收购发票或者销售发票	31			
代扣代缴税收缴款凭证	32		—	
其他	33			
	34			
四、其他				
项目	栏次	份数	金额	税额
本期认证相符的增值税专用发票	35			
代扣代缴税额	36	—	—	

2.10 小规模纳税人应纳税额的会计核算及纳税申报表的填制

2.10.1 小规模纳税人应纳税额的会计核算

税法规定，小规模纳税人不得抵扣任何税款，因此小规模纳税人在核算增值税时只需设置“应交税费——应交增值税”二级科目即可。企业在销售货物时，按收取的货款借记“银行存款”“应收账款”等科目，按不含增值税的价款贷记“主营业务收入”“其他业务收入”等科目，按计算的增值税税额贷记“应交税费——应交增值税”二级科目。企业在购货时，不得抵扣任何进项税额，其购进货物所负担的增值税直接计入购进货物的成本之中。

[案例 2－91] 某工业企业为小规模纳税人，本月销售一批产品，开具的普通发票上注明的价款为 10 000 元。款项已收存银行。

[解析] 其会计分录为：

借：银行存款　　　　10 000

贷：主营业务收入　　9 708.74[10 000÷(1+3%)]

应交税费——应交增值税　　291.26

【知识要点提醒】

自 2023 年 1 月 1 日至 2023 年 12 月 31 日，对月销售额 10 万元以下（含本数）的小规模纳税人，免征增值税。

自 2023 年 1 月 1 日至 2023 年 12 月 31 日，小规模纳税人适用 3%征收率的应税销售收入，减按 1%征收率征收增值税。

[**案例 2-92**]　某饭店（小规模纳税人）5 月提供餐饮服务共取得价税合计收入 103 000 元，款项已收存银行。

[**解析**]　餐饮服务小规模纳税人适用的征收率为 3%。

其会计分录为：

借：银行存款　　103 000

贷：主营业务收入　　100 000

应交税费——应交增值税　　3 000

[**案例 2-93**]　利华电脑贸易公司（小规模纳税人）5 月购进计算机，取得普通发票，发票上注明的价款为 100 000 元；销售计算机开具的普通发票上注明的价款为 250 000 元。企业购进的计算机已验收入库，货款均以银行存款收付。

[**解析**]　其会计分录为：

(1) 购进货物时：

借：库存商品　　100 000

贷：银行存款　　100 000

(2) 销售货物时：

借：银行存款　　250 000

贷：主营业务收入　　242 718.45 [250 000÷(1+3%)]

应交税费——应交增值税　　7 281.55

(3) 缴纳增值税时：

借：应交税费——应交增值税　　7 281.55

贷：银行存款　　7 281.55

按照税法的有关规定，自 2011 年 12 月 1 日起，小规模纳税人初次购买增值税税控系统专用设备支付的费用以及缴纳的技术维护费，可凭购买增值税税控系统专用设备取得的增值税专用发票和技术维护服务单位开具的技术维护费发票在增值税应纳税额中全额抵减（抵减额为价税合计额），按规定抵减的增值税应纳税额应直接冲减“应交税费——应交增值税”二级科目。

小规模纳税人购入增值税税控系统专用设备，按实际支付或应付的金额，借记“管理费用”科目，贷记“银行存款”“应付账款”等科目。按规定抵减的增值税应纳税额，借记“应交税费——应交增值税”二级科目，贷记“管理费用”科目。

小规模纳税人发生技术维护费，按实际支付或应付的金额，借记“管理费用”等科目，贷记“银行存款”等科目。按规定抵减的增值税应纳税额，借记“应交税费——应交增值税”二级科目，贷记“管理费用”等科目。

[案例 2-94] 某仓储服务公司（小规模纳税人）1月初次购买增值税税控系统专用设备，支付费用12 000元，取得销售方开具的增值税专用发票。2月向技术维护服务单位缴纳技术维护费300元并取得对方开具的技术维护费发票。

[解析] 其会计分录为：

1月初次购买增值税税控系统专用设备时：

借：管理费用　　12 000

　贷：银行存款　　12 000

借：应交税费——应交增值税　　12 000

　贷：管理费用　　12 000

2月向技术维护服务单位缴纳技术维护费时：

借：管理费用　　300

　贷：银行存款　　300

借：应交税费——应交增值税　　300

　贷：管理费用　　300

2.10.2 小规模纳税人增值税纳税申报表的填制

小规模纳税人的增值税纳税申报表见下表，现以案例2-93为例进行填制，见表2-6。

表2-6 增值税及附加税费申报表

（小规模纳税人适用）

纳税人识别号：□□□□□□□□□□□□□□□□□□□□

纳税人名称：　　　　金额单位：元（列至角分）

税款所属期：　年　月　日至　年　月　日　　　　填表日期：　年　月　日

	项目	栏次	本期数		本年累计	
			货物及劳务	服务、不动产和无形资产	货物及劳务	服务、不动产和无形资产
一、计税依据	（一）应征增值税不含税销售额（3%征收率）	1	242 718.45			
	增值税专用发票不含税销售额	2	242 718.45			
	其他增值税发票不含税销售额	3				
	（二）应征增值税不含税销售额（5%征收率）	4	—		—	

一、计税依据	增值税专用发票不含税销售额	5	—		—	
	其他增值税发票不含税销售额	6		—		—
	（三）销售使用过的固定资产不含税销售额	7(7≥8)		—		—
	其中：其他增值税发票不含税销售额	8		—		—
	（四）免税销售额	9=10+11+12				
	其中：小微企业免税销售额	10				
	未达起征点销售额	11				
	其他免税销售额	12				
	（五）出口免税销售额	13(13≥14)				
	其中：其他增值税发票不含税销售额	14				
二、税款计算	本期应纳税额	15	7 281.55			
	本期应纳税额减征额	16				
	本期免税额	17				
	其中：小微企业免税额	18				
	未达起征点免税额	19				
	应纳税额合计	20=15−16	7 281.55			
	本期预缴税额	21			—	—
	本期应补（退）税额	22=20−21	7 281.55		—	—
三、附加税费	城市维护建设税本期应补（退）税额	23	（略）			
	教育费附加本期应补（退）费额	24	（略）			
	地方教育附加本期应补（退）费额	25	（略）			

声明：此表是根据国家税收法律法规及相关规定填写的，本人（单位）对填报内容（及附带资料）的真实性、可靠性、完整性负责。

纳税人（签章）：　　　　　　年　月　日

经办人： 经办人身份证号： 代理机构签章： 代理机构统一社会信用代码：	受理人： 受理税务机关（章）： 受理日期：　　　年　月　日

本章小结

增值税的会计核算按纳税人的类型分为一般纳税人增值税的会计核算及小规模纳税人增值税的会计核算。一般纳税人增值税的会计核算分为销项税额、进项税额、进项税额转出、出口退税、减免税款及应纳税额的会计核算与增值税纳税申报表的填制及申报。

关键术语

销项税额　　进项税额　　进项税额转出　　视同销售　　减免税款

思考题

1. 如何认定一般纳税人与小规模纳税人?
2. 在一般纳税人的“应交税费——应交增值税”二级科目下如何设置三级科目?
3. 在视同交易方式下如何进行销项税额的会计核算?
4. 在什么情况下要做进项税额转出处理? 如何进行相应的会计核算?

第3章 消费税的会计核算[①]

[学习提示] 本章介绍了应税消费品应纳消费税的会计核算方法，并通过案例来帮助学生理解和掌握。通过本章的学习，学生应掌握消费税在各种情况下的账务处理及纳税申报表的填制。

3.1 消费税概述[②]

我国现行的消费税是在1994年税制改革中新设的一个税种。在对货物普遍征收增值税的基础上，我国对一部分消费品再征收一道消费税，其目的是为了调节产品结构，引导消费方向，保证国家的财政收入。

3.1.1 纳税人

消费税的纳税人是在中华人民共和国境内销售、委托加工和进口应税消费品的单位及个人。

单位是指企业、行政单位、事业单位、军事单位、社会组织及其他单位。

个人是指个体工商户和自然人。

我国境内是指销售、委托加工和进口属于应当征收消费税的消费品的起运地或所在地在我国境内。

此外，根据税法的规定，对进口的应税消费品，以进口人或代理人为纳税人。

---

①② 根据《中华人民共和国消费税法（征求意见稿）》修订。

3.1.2 税目和税率

消费税一共含有15个税目，其税率采用比例税率和定额税率两种形式，消费税的税目、税率（税额）见表3－1。

表3－1 消费税税目税率表

税目	税率		
	生产（进口）环节	批发环节	零售环节
一、烟			
1. 卷烟			
（1）甲类卷烟①	56%加0.003元/支	11%加0.005元/支	
（2）乙类卷烟②	36%加0.003元/支		
2. 雪茄烟③	36%		
3. 烟丝④	30%		
4. 电子烟⑤	36%	11%	
二、酒			
1. 白酒	20%加0.5元/500克（或者500毫升）		
2. 黄酒⑥	240元/吨		
3. 啤酒			
（1）甲类啤酒⑦	250元/吨		
（2）乙类啤酒⑧	220元/吨		
4. 其他酒⑨	10%		
三、高档化妆品⑩	15%		
四、贵重首饰及珠宝玉石			

① 每标准条（200支）调拨价格在70元（含70元）以上的卷烟为甲类卷烟。下列卷烟一律适用56%的比例税率并按照定额每标准箱150元计税：白包卷烟，手工卷烟，自产自用没有同牌号、规格调拨价格的卷烟，委托加工没有同牌号、规格调拨价格的卷烟，未经国务院批准纳入计划的企业和个人生产的卷烟。

② 每标准条（200支）调拨价格在70元以下的卷烟为乙类卷烟。

③ 雪茄烟包括各种规格、型号的雪茄烟。

④ 烟丝包括以烟叶为原料加工生产的不经卷制的散装烟。

⑤ 电子烟是指用于产生气溶胶供人抽吸等的电子传输系统，包括烟弹、烟具以及烟弹与烟具组合销售的电子烟产品。烟弹是指含有雾化物的电子烟组件。烟具是指将雾化物雾化为可吸入气溶胶的电子装置。

⑥ 黄酒包括各种原料酿制的黄酒和酒精度超过12度（含12度）的土甜酒。

⑦ 啤酒每吨出厂价格（含包装物及包装物押金）在3 000元（含3 000元，不含增值税）以上的是甲类啤酒。

⑧ 啤酒每吨出厂价格（含包装物及包装物押金）在3 000元（不含3 000元，不含增值税）以下的是乙类啤酒。

⑨ 其他酒包括糠麸白酒、其他原料白酒、土甜酒、复制酒、果木酒、汽酒、药酒。对以蒸馏酒或使用酒精为酒基，具有国食健字或卫食健字文号且酒精度低于38度（含）的配制酒，或以发酵酒为酒基，酒精度低于20度（含）的配制酒，按"其他酒"征收消费税；其他配制酒，按白酒税率征收。

⑩ 高档化妆品包括高档美容、修饰类化妆品，高档护肤类化妆品和成套化妆品，即生产（进口）环节销售（完税）价格（不含增值税）在10元/毫升（克）或15元/片（张）及以上，税率调整为15%。

续表

税目	税率		
	生产（进口）环节	批发环节	零售环节
1. 金银首饰①、铂金首饰和钻石及钻石饰品			5%
2. 其他贵重首饰和珠宝玉石②	10%		
五、鞭炮、焰火③	15%		
六、成品油			
1. 汽油④	1.52 元/升		
2. 柴油⑤	1.2 元/升		
3. 航空煤油⑥	1.2 元/升		
4. 石脑油⑦	1.52 元/升		
5. 溶剂油⑧	1.52 元/升		
6. 润滑油⑨	1.52 元/升		
7. 燃料油⑩	1.2 元/升		
七、摩托车			
1. 气缸容量 250 毫升	3%		
2. 气缸容量在 250 毫升（不含）以上的	10%		
八、小汽车⑪			
1. 乘用车			
(1) 气缸容量（排气量，下同）在 1.0 升（含 1.0 升）以下的	1%		

---

① 金银首饰仅限于金、银和金基、银基合金首饰，以及金、银和金基、银基合金的镶嵌首饰。

② 珠宝玉石包括各种珠宝首饰和经采掘、打磨、加工的各种珠宝玉石。

③ 鞭炮、焰火包括各种鞭炮、焰火。体育上用的发令纸、鞭炮药引线不按该税目征收。

④ 汽油是指用原油或其他原料加工生产的辛烷值不小于 66 的可用作汽油发动机燃料的各种轻质油。汽油分为车用汽油和航空汽油。以汽油、汽油组分调和生产的甲醇汽油、乙醇汽油也属于该税目的征收范围。

⑤ 柴油是指用原油或其他原料加工生产的倾点或凝点在－50℃～30℃的可用作柴油发动机燃料的各种轻质油和以柴油组分为主、经调和精制可用作柴油发动机燃料的非标油。以柴油、柴油组分调和生产的生物柴油也属于该税目的征收范围。

⑥ 航空煤油暂缓征收消费税。

⑦ 石脑油包括除汽油、柴油、航空煤油、溶剂油以外的各种轻质油。

⑧ 溶剂油是用原油或其他原料加工生产的用于涂料、油漆、食用油、印刷油墨、皮革、农药、橡胶、化妆品生产和机械清洗、胶粘行业的轻质油。橡胶填充油、溶剂油原料属于溶剂油的征收范围。

⑨ 润滑油是用原油或其他原料加工生产的用于内燃机、机械加工过程的润滑产品。润滑油分为矿物性润滑油、植物性润滑油、动物性润滑油和化工原料合成润滑油。润滑油的征收范围包括矿物性润滑油、矿物性润滑油基础油、植物性润滑油、动物性润滑油和化工原料合成润滑油。以植物性、动物性和矿物性基础油（或矿物性润滑油）混合掺配而成的“混合性”润滑油，不论矿物性基础油（或矿物性润滑油）所占比例高低，均属润滑油的征收范围。

⑩ 腊油、船用重油、常压重油、减压重油、180CTS 燃料油、7 号燃料油、糠醛油、工业燃料、4～6 号燃料油等油品的主要用途是作为燃料燃烧，属于燃料油的征收范围。

⑪ 电动汽车不属于该税目的征收范围。沙滩车、雪地车、卡丁车、高尔夫球车不属于消费税的征收范围，不征收消费税。

续表

税目	税率		
	生产（进口）环节	批发环节	零售环节
(2) 气缸容量在 1.0 升以上至 1.5 升（含 1.5 升）的	3%		
(3) 气缸容量在 1.5 升以上至 2.0 升（含 2.0 升）的	5%		
(4) 气缸容量在 2.0 升以上至 2.5 升（含 2.5 升）的	9%		
(5) 气缸容量在 2.5 升以上至 3.0 升（含 3.0 升）的	12%		
(6) 气缸容量在 3.0 升以上至 4.0 升（含 4.0 升）的	25%		
(7) 气缸容量在 4.0 升以上的	40%		
2. 中轻型商用客车	5%		
3. 超豪华小汽车①	按子税目 1 和子税目 2 的规定征收		10%
九、高尔夫球及球具②	10%		
十、高档手表③	20%		
十一、游艇	10%		
十二、木制一次性筷子	5%		
十三、实木地板	5%		
十四、电池④	4%		
十五、涂料⑤	4%		

【即学即用】 下列属于消费税征收范围的产品有（　　）。

A. 烟叶　　B. 烟丝　　C. 洗发水　　D. 护发素

【答案】 B

---

① 自 2016 年 12 月 1 日起，对超豪华小汽车，在生产（进口）环节按现行税率征收消费税的基础上，在零售环节加征消费税，税率为 10%。超豪华小汽车是指每辆零售价格在 130 万元（不含增值税）及以上的乘用车和中轻型商用客车。

② 高尔夫球杆的杆头、杆身和握把属于该税目的征收范围。

③ 高档手表是指销售价格（不含增值税）每只在 10 000 元（含）以上的各类手表。

④ 电池是一种将化学能、光能等直接转换为电能的装置，一般由电极、电解质、容器、极端，通常还有隔离层组成的基本功能单元，以及用一个或多个基本功能单元装配成的电池组。其范围包括原电池、蓄电池、燃料电池、太阳能电池和其他电池。对无汞原电池、金属氢化物镍蓄电池（又称“氢镍蓄电池”或“镍氢蓄电池”）、锂原电池、锂离子蓄电池、太阳能电池、燃料电池和全钒液流电池，免征消费税。

⑤ 涂料是指涂于物体表面，能形成具有保护、装饰或特殊性能的固态涂膜的一类液体或固体材料的总称。对施工状态下挥发性有机物含量低于 420 克/升（含）的涂料，免征消费税。

【解析】 凡是以烟叶为原料加工生产的产品，不论使用何种辅料，均属于烟税目的征收范围，包括卷烟、雪茄烟和烟丝，但不包括烟叶。普通护肤护发品不属于消费税的征收范围。

【即学即用】 在下列关于消费税税率的说法中，正确的有（　　）。

A. 每标准条卷烟对外调拨价在 70 元以下的，从价计税税率为 36%

B. 娱乐业、饮食业自制啤酒消费税单位税额为 250 元/吨

C. 甲类卷烟的税率为 56%

D. 纳税人之间批发销售的卷烟按 11%的税率缴纳消费税

【答案】 ABC

【解析】 纳税人销售给纳税人以外的单位和个人的卷烟于销售时纳税。纳税人之间销售的卷烟不缴纳消费税。

3.1.3 消费税应纳税额的计算

消费税实行从价计税、从量计税，或者从价和从量复合计税（以下简称“复合计税”）的办法计算应纳税额。

1. 从价计税

应纳税额＝销售额×比例税率

（1）销售额的确定。纳税人销售应税消费品取得的与之相关的对价，包括全部货币或者非货币形式的经济利益。

1）对价包括全部价款和价外费用。在一般情况下，纳税人销售应税消费品，其销售额为销售应税消费品向购买方收取的全部价款和价外费用。

价外费用是指价外向购买方收取的手续费、补贴、基金、集资费、返还利润、奖励费、违约金、滞纳金、延期付款利息、赔偿金、代收款项、代垫款项、包装费、包装物租金、储备费、优质费、运输装卸费以及其他各种性质的价外收费。但是，下列款项不属于价外费用。

同时符合以下条件的代垫运输费用：

①承运部门的运费发票开具给购货方的。

②纳税人将该发票转交给购货方的。

同时符合以下条件代为收取的政府性基金或者行政事业性收费：

①由国务院或者财政部批准设立的政府性基金，由国务院或者省级人民政府及其财政、价格主管部门批准设立的行政事业性收费。

②收取时开具省级以上财政部门印制的财政票据。

③所收款项全额上缴财政。

其他价外费用，无论是否属于纳税人的收入，均应并入销售额计算征税。

2）销售额不包括收取的增值税税额。纳税人应税消费品的销售额中未扣除增值税税额或者不得开具增值税专用发票而发生价款和增值税税额合并收取的，在计算消费税时，应当换算为不含增值税税额的销售额。

其换算公式为：

$$应税消费品的销售额=\frac{含增值税的销售额}{1+增值税税率或征收率}$$

【知识要点提醒】

在一般情况下，从价计算消费税的销售额与计算增值税销项税额的销售额是相同的，但消费税和增值税与价格之间的关系是不同的。增值税是价外税，计算增值税的价格中不包括增值税税额；消费税是价内税，计算消费税的价格中包括消费税税额。我们通常所说的“不含税价”只是不含增值税，并不意味着不含消费税。

（2）包装物计入销售额的规定。应税消费品连同包装物销售的，无论包装物是否单独计价，也无论在会计上如何核算，均应并入销售额，征收消费税。

如果包装物不作价随同产品销售，而是收取押金（酒类产品除外），且单独核算又未过期的，则此项押金不应并入应税消费品的销售额征税。但对因逾期未收回包装物不再退还的押金和已收取1年以上的包装物押金，应并入应税消费品的销售额征收消费税。酒类产品（除啤酒、黄酒外）的包装物押金，无论是否返还及会计上如何核算，均应并入酒类产品的销售额中征税。

对既作价随同应税消费品销售，又收取押金的包装物的押金，凡纳税人在规定的期限内不予退还的，均应并入应税消费品的销售额中征收消费税。

（3）自用未对外销售的应税消费品销售额的确定。自用未对外销售的应税消费品按其使用方向可分为两种情况，因而其应税销售额的规定也有两种情况。

第一，纳税人将自己生产的应税消费品用于本企业连续生产应税消费品。这种应税消费品是指作为生产最终应税消费品的直接材料，并构成最终产品实体的应税消费品。在这种情况下，对于此类应税消费品不征税，只就最终应税消费品征税。

第二，纳税人将自己生产的应税消费品用于连续生产应税消费品以外的其他方面，即用于生产非应税消费品和在建工程、管理部门、非生产机构、提供劳务以及馈赠、赞助、广告、样品、职工福利、奖励等方面。对这种用于其他方面的应税消费品，均视同对外销售，按照纳税人生产的同类消费品的销售价格纳税。没有同类消费品销售价格的，以组成计税价格作为计税销售额。

1）实行从价计税办法计算纳税的组成计税价格的公式为：

$$组成计税价格=\frac{成本+利润}{1-比例税率}$$

式中，成本为应税消费品的产品生产成本；利润为根据应税消费品全国平均成本利润率计算的利润。

2）实行复合计税办法计算纳税的组成计税价格的公式为：

$$组成计税价格=(成本+利润+自用数量\times定额税率)\div(1-比例税率)$$

式中，成本为应税消费品的产品生产成本；利润为根据应税消费品全国平均成本利润率计算的利润。

《国家税务总局关于印发〈消费税若干具体问题的规定〉的通知》(国税发〔1993〕156号)和《财政部、国家税务总局关于调整和完善消费税政策的通知》(财税〔2006〕33号)对全国平均成本利润率做了具体规定(见表3-2)。

表3-2　平均成本利润率

序号	种类	成本利润率(%)	序号	种类	成本利润率(%)
1	甲类卷烟	10	11	摩托车	6
2	乙类卷烟	5	12	乘用车	8
3	雪茄烟	5	13	中轻型商用客车	5
4	烟丝	5	14	高尔夫球及球具	10
5	粮食白酒	10	15	高档手表	20
6	薯类白酒	5	16	游艇	10
7	其他酒	5	17	木制一次性筷子	5
8	高档化妆品	5	18	实木地板	5
9	鞭炮、焰火	5	19	电池	4
10	贵重首饰及珠宝玉石	6	20	涂料	7

(4)委托加工应税消费品销售额的确定。委托加工应税消费品是指由委托方提供原料和主要材料,受托方只收取加工费和代垫部分辅助材料加工的应税消费品。对于由受托方提供原料和主要材料生产的应税消费品,或者受托方先将原材料卖给委托方,再接受委托加工的应税消费品,以及由受托方以委托方名义购进原材料生产的应税消费品,不论纳税人在财务上是否做销售处理,都不能作为委托加工应税消费品,而应当按照自制应税消费品缴纳消费税。

委托加工应税消费品以受托方同类消费品的销售价格作为计税销售额;没有同类消费品销售价格的,以组成计税价格作为计税销售额。

实行从价计税办法计算纳税的组成计税价格计算公式为:

$$组成计税价格=\frac{材料成本+加工费}{1-消费税比例税率}$$

实行复合计税办法计算纳税的组成计税价格计算公式为:

$$组成计税价格=\frac{材料成本+加工费+委托加工数量\times消费税定额税率}{1-消费税比例税率}$$

式中,材料成本为委托方所提供加工材料的实际成本;加工费为受托方加工应税消费品向委托方收取的全部费用(包括代垫辅助材料的实际成本,不包括增值税税额)。

【知识要点提醒】

委托加工应税消费品的消费税的纳税人是委托方,不是受托方,受托方承担的只是代收代缴义务。

（5）进口应税消费品销售额的确定。进口应税消费品以组成计税价格为计税销售额。

实行从价计税办法计算纳税的组成计税价格计算公式为：

$$组成计税价格=\frac{关税计税价格+关税}{1-消费税比例税率}$$

实行复合计税办法计算纳税的组成计税价格计算公式为：

$$组成计税价格=\frac{关税计税价格+关税+进口数量\times消费税定额税率}{1-消费税比例税率}$$

式中，关税计税价格为海关核定的完税价格。

（6）委托加工收回的应税消费品，所纳消费税税款准予按规定抵扣。

委托加工收回应税消费品以高于受托方计税价格销售的，在计税时准予扣除消费税已纳税额。

$$\begin{aligned}\begin{matrix}本期准予扣除委托加工\\应税消费品已纳税款\end{matrix}&=\begin{matrix}期初库存委托加工\\应税消费品已纳税款\end{matrix}+\begin{matrix}本期收回委托加工\\应税消费品已纳税款\end{matrix}\\&\quad-\begin{matrix}期末库存委托加工\\应税消费品已纳税款\end{matrix}-\begin{matrix}本期领用不准予扣除委托加工\\应税消费品已纳税款\end{matrix}\end{aligned}$$

（7）外购的应税消费品用于连续生产应税消费品，符合下列情形的，已纳消费税税款准予按规定抵扣：

1）烟丝生产卷烟的。

2）鞭炮、焰火生产鞭炮、焰火的。

3）杆头、杆身和握把生产高尔夫球杆的。

4）木制一次性筷子生产木制一次性筷子的。

5）实木地板生产实木地板的。

6）石脑油、燃料油生产成品油的。

7）汽油、柴油、润滑油分别生产汽油、柴油、润滑油的。

8）集团内部企业间用啤酒液生产啤酒的。

9）葡萄酒生产葡萄酒的。

10）高档化妆品生产高档化妆品的。

除第6）、7）、8）项外，上述准予抵扣的情形仅限于进口或从同税目纳税人处购进的应税消费品。

$$\begin{aligned}&\begin{matrix}本期准予扣除的外购\\应税消费品已纳税款（从价计税）\end{matrix}\\&=\left(\begin{matrix}期初库存外购\\应税消费品买价\end{matrix}+\begin{matrix}本期购进应税\\消费品买价\end{matrix}-\begin{matrix}期末库存外购\\应税消费品买价\end{matrix}-\begin{matrix}本期领用不准予扣除\\外购应税消费品买价\end{matrix}\right)\times\begin{matrix}适用\\税率\end{matrix}\end{aligned}$$

$$\begin{aligned}&\begin{matrix}本期准予扣除的外购\\应税消费品已纳税款（从量计税）\end{matrix}\\&=\left(\begin{matrix}期初库存外购\\应税消费品数量\end{matrix}+\begin{matrix}本期购进应税\\消费品数量\end{matrix}-\begin{matrix}期末库存外购\\应税消费品数量\end{matrix}-\begin{matrix}本期领用不准予扣除\\外购应税消费品数量\end{matrix}\right)\times\begin{matrix}适用\\税率\end{matrix}\end{aligned}$$

【即学即用】 在下列各项中，外购应税消费品已纳消费税不允许扣除的有（ ）。

A. 高档化妆品生产的高档化妆品　　B. 珠宝、玉石为原料生产的金银镶嵌首饰

C. 高档手表生产的高档手表　　D. 烟丝生产的卷烟

【答案】 BC

【解析】 允许抵扣的税目从大类上看，不包括酒类、高档手表、游艇。允许抵扣的只涉及同一大税目中购入应税消费品的连续生产，不能跨税目抵扣。在零售环节纳税的金银首饰、钻石、钻石饰品不得抵扣外购珠宝、玉石的已纳税款。

2. 从量计税

应纳税额 = 销售数量 × 单位税额

（1）销售数量的确定。销售数量是指纳税人销售、加工和进口应税消费品的数量。具体规定为：

1）销售应税消费品的，以销售数量为计税依据。

2）自用未对外销售应税消费品的，以移送使用数量为计税依据。

3）委托加工应税消费品的，以加工收回数量为计税依据。

4）进口应税消费品的，以海关核定的进口数量为计税依据。

（2）计量单位的换算标准。《中华人民共和国消费税暂行条例》（以下简称《消费税暂行条例》）规定，黄酒、啤酒以吨为计税单位；汽油、柴油以升为计税单位。但是，考虑到实际销售过程中纳税人把吨或升这两个计税单位混用，故规范了不同产品的计量单位，以准确计算应纳税额，见表 3-3。

表 3-3　吨、升换算表

序号	税目	换算标准
1	黄酒	1 吨 = 962 升
2	啤酒	1 吨 = 988 升
3	汽油	1 吨 = 1 388 升
4	柴油	1 吨 = 1 176 升
5	航空煤油	1 吨 = 1 246 升
6	石脑油	1 吨 = 1 385 升
7	溶剂油	1 吨 = 1 282 升
8	润滑油	1 吨 = 1 126 升
9	燃料油	1 吨 = 1 015 升

3. 复合计税方法

在现行消费税的征收范围中，只有卷烟和白酒采用从价定率和从量定额复合计税方法。其基本计算公式为：

应纳税额 = 销售数量 × 定额税率 + 销售额 × 比例税率

3.1.4 消费税的征收管理

1. 纳税义务发生时间

(1) 纳税人销售应税消费品，其纳税义务发生时间为收讫销售款项或者取得销售款项索取凭据的当天；先开具发票的，为开具发票的当天。

(2) 委托加工应税消费品，除受托方为个人外，由受托方在向委托方交货时代收代缴税款，其纳税义务发生时间为受托方向委托方交货的当天。

(3) 自用未对外销售应税消费品的纳税义务发生时间为移送货物的当天。

(4) 进口应税消费品的纳税义务发生时间为进入关境的当天。

2. 纳税地点

(1) 纳税人销售或自用应税消费品的，除国务院财政、税务主管部门另有规定外，应当向纳税人机构所在地或者居住地的主管税务机关申报纳税。

(2) 委托加工应税消费品的，除受托方为个人外，由受托方向机构所在地的主管税务机关解缴消费税税款。

(3) 进口应税消费品的，应当向报关地海关申报纳税。

3. 计税期间

消费税的计税期间分别为10日、15日、1个月、1个季度或者半年。纳税人的具体计税期间由主管税务机关根据纳税人应纳税额的大小分别核定；不能按照固定计税期间纳税的，可以按次纳税。

纳税人以1个月、1个季度或者半年为一个计税期间的，自期满之日起15日内申报纳税；以10日或者15日为一个计税期间的，自期满之日起5日内预缴税款，于次月1日起15日内申报纳税并结清上月应纳税款。

扣缴义务人解缴税款的计税期间和申报纳税期限，依照前两款规定执行。

纳税人进口应税消费品，应当自海关填发海关进口消费税专用缴款书之日起15日内缴纳税款。

3.2 消费税的会计核算方法

3.2.1 会计科目的设置

企业在计算和缴纳消费税时，应设置“应交税费——应交消费税”二级科目。该科目的贷方发生额记载企业因生产和进口应税消费品而应缴纳的消费税税额；借方发生额记载企业实际缴纳的消费税税额和待抵扣的消费税税额。期末贷方余额反映企业尚未缴纳的消费税，期末借方余额反映企业多缴纳或待抵扣的消费税，见表3-4。

表 3-4 应交税费——应交消费税

借方 贷方

借方	贷方
• 实际缴纳的消费税 • 待抵扣的消费税	应缴纳的消费税
余额：• 多缴纳的消费税 • 待抵扣的消费税	余额：尚未缴纳的消费税

3.2.2 企业对外销售应税消费品的会计核算

1. 直接对外销售的会计处理

企业生产的应税消费品在对外销售时，应缴纳的消费税通过“税金及附加”科目核算。企业按规定计算出应缴纳的消费税，做如下会计分录：

借：税金及附加

贷：应交税费——应交消费税

[案例 3-1] 远征汽车制造厂（一般纳税人）销售乘用车 300 辆，每辆车的不含税销售价为 9 万元，货款尚未收到；每辆车的成本价为 6 万元。该乘用车的增值税税率为 13%，消费税税率为 9%。

[解析]

应向购买方收取的增值税税额 = 90 000 × 300 × 13% = 3 510 000(元)

应纳消费税税额 = 90 000 × 300 × 9% = 2 430 000(元)

其会计分录为：

借：应收账款	30 510 000	
贷：主营业务收入		27 000 000
应交税费——应交增值税（销项税额）		3 510 000
借：主营业务成本	18 000 000	
贷：库存商品		18 000 000
借：税金及附加	2 430 000	
贷：应交税费——应交消费税		2 430 000

2. 企业以生产的应税消费品对外投资，或用于在建工程、非应税项目等方面的会计核算

企业用应税消费品对外投资，或用于在建工程、非应税项目等其他方面，按规定缴纳的消费税，应计入有关科目。

[案例 3-2] 远征汽车制造厂（一般纳税人）以生产的某型乘用车 20 辆投资于某出租车公司。按双方协议，每辆车不含税售价为 8.5 万元，成本价为 6 万元，该车的消费税税率为 9%。

[解析]

乘用车的增值税税额 = 85 000 × 20 × 13% = 221 000(元)

消费税税额 = 85 000 × 20 × 9% = 153 000(元)

其会计分录为：

借：长期股权投资　　1 921 000
　贷：主营业务收入　　1 700 000
　　　应交税费——应交增值税（销项税额）　　221 000

借：税金及附加　　153 000
　贷：应交税费——应交消费税　　153 000

借：主营业务成本　　1 200 000
　贷：库存商品　　1 200 000

[案例3-3]　远征汽车制造厂（一般纳税人）将5辆乘用车无偿赠送给关系单位。该类乘用车的不含税销售价每辆为12万元，成本价为9万元，消费税税率为9%。

[解析]

$$乘用车的增值税税额=120\ 000\times5\times13\%=78\ 000(元)$$
$$消费税税额=120\ 000\times5\times9\%=54\ 000(元)$$

其会计分录为：

借：营业外支出　　582 000
　贷：库存商品　　450 000
　　　应交税费——应交增值税（销项税额）　　78 000
　　　应交税费——应交消费税　　54 000

3. 外购应税消费品已纳税款扣除的会计核算

对于将外购应税消费品用于企业连续加工生产应税消费品的，外购应税消费品的已纳税款准予按规定抵扣，在会计处理中应借记“应交税费——应交消费税”二级科目。其会计分录为：

借：应交税费——应交消费税
　贷：应付账款（银行存款等科目）

对于将外购应税消费品用于直接销售或外购应税消费品的已纳税款按规定不予抵扣的，外购应税消费品的已纳税款应计入所销售消费品的成本中。其会计分录为：

借：在途物资（材料采购等科目）
　贷：应付账款（银行存款等科目）

[案例3-4]　某公司外购一批成套高档化妆品，不含税售价为50 000元，消费税税率为15%，增值税税率为13%，款项已支付。该公司将这批高档化妆品用于直接出售。

[解析]

$$应纳消费税=50\ 000\times15\%=7\ 500(元)$$
$$应纳增值税=50\ 000\times13\%=6\ 500(元)$$

其会计分录为：

借：在途物资　　50 000
　　应交税费——应交增值税（进项税额）　　6 500
　贷：银行存款　　56 500

[案例3-5]　在案例3-4中，如果该公司将这批高档化妆品用于连续生产高档化妆

品，则外购高档化妆品的已纳税款可按规定抵扣。

[解析] 其会计分录为：

借：在途物资　42 500

　应交税费——应交消费税　7 500

　应交税费——应交增值税（进项税额）　6 500

　贷：银行存款　56 500

4. 应税消费品的包装物应纳消费税的会计核算

(1) 随同产品出售的包装物应纳消费税的会计核算。按税法的规定，随同产品出售的包装物，不论是否单独计价，也不论在会计上如何进行核算，均应并入应税消费品的销售额，按其税率计征消费税。随同产品出售不单独计价的包装物，因其包装物价款已包含在销售额中，会计处理同直接对外销售应税消费品。随同产品出售单独计价的包装物，因其销售收入计入“其他业务收入”科目，所以按规定缴纳消费税的会计分录应为：

借：税金及附加

　贷：应交税费——应交消费税

(2) 不随产品出售、周转使用的包装物所收押金应纳消费税的会计核算。按税法的规定，如果包装物不作价随同产品销售，而是收取押金，除酒类产品以外，此项押金不并入销售额计征消费税。但是，对逾期未退还的包装物押金和已收取 1 年以上的包装物押金，应并入应税消费品的销售额，按其税率计征消费税。

[案例 3-6] 某企业（一般纳税人）将逾期未退还的包装物押金 2 260 元进行转账处理，已知所包装货物的增值税税率为 13%，消费税税率为 10%。

[解析]

没收押金的不含税收入 $=2\ 260\div(1+13\%)=2\ 000$（元）

增值税税额 $=2\ 000\times13\%=260$（元）

消费税税额 $=2\ 000\times10\%=200$（元）

其会计分录为：

借：其他应付款　2 260

　贷：其他业务收入　2 000

　　应交税费——应交增值税（销项税额）　260

借：税金及附加　200

　贷：应交税费——应交消费税　200

3.2.3 委托加工应税消费品的会计核算

企业委托加工应税消费品，由受托方代收代缴消费税。委托方收回应税消费品后，用于企业连续生产应税消费品的，已扣缴消费税准予按规定抵扣；以不高于受托方的计税价格出售，不再缴纳消费税；以高于受托方的计税价格出售，须按规定缴纳消费税，在计税时准予扣除代扣代缴的消费税。在这两种情况下，委托方的会计核算是不同的，受托方的会计核算是相同的。受托方按代收税款做如下会计分录：

借：应收账款（银行存款等科目）

　贷：应交税费——应交消费税

1. 委托加工应税消费品加工收回后以不高于受托方的计税价格出售

委托加工应税消费品加工收回后以不高于受托方的计税价格出售，由受托方代收的消费税随同应支付的加工费，一并计入委托加工应税消费品的成本，其会计分录为：

借：委托加工物资

　贷：应付账款（银行存款等科目）

［案例3-7］ 某公司（一般纳税人）委托外单位加工一批产品，发出的原材料价格为100 000元，支付的加工费用为60 000元、增值税为7 800元，由受托方按照20%的适用税率代收代缴消费税40 000元。产品已加工完毕并验收入库，签发一张银行支票支付加工费和消费税。该公司的产品按实际成本核算，加工收回的产品以不高于受托方的计税价格出售，不含税售价为200 000元。

［解析］ 委托方的会计分录为：

发出原材料时：

借：委托加工物资	100 000	
贷：原材料		100 000

支付加工费、增值税和代收的消费税时：

借：委托加工物资	100 000	
应交税费——应交增值税（进项税额）	7 800	
贷：银行存款		107 800

收回委托加工产品时：

借：库存商品	200 000	
贷：委托加工物资		200 000

销售委托加工产品时：

借：银行存款	226 000	
贷：主营业务收入		200 000
应交税费——应交增值税（销项税额）		26 000

2. 委托加工应税消费品加工收回后以高于受托方的计税价格出售

若委托方将委托加工的应税消费品在加工收回后用于出售，其销售价格高于受托方的计税价格，委托方须按照规定申报缴纳消费税，在计税时准予扣除受托方已代收代缴的消费税。因此，对于受托方代收代缴的消费税，委托方的会计分录为：

借：应交税费——应交消费税

　贷：银行存款

［案例3-8］ 在案例3-7中，如果企业的不含税售价为202 000元，其他资料不变，则销售委托加工产品时：

［解析］ 委托方的会计分录为：

发出原材料时：

借：委托加工物资	100 000	

贷：原材料　100 000

支付加工费、增值税和代收的消费税时：

借：委托加工物资　60 000

应交税费——应交增值税（进项税额）　7 800

应交税费——应交消费税　40 000

贷：银行存款　107 800

收回委托加工产品时：

借：库存商品　160 000

贷：委托加工物资　160 000

销售委托加工产品时：

借：银行存款　228 260

贷：主营业务收入　202 000

应交税费——应交增值税（销项税额）　26 260

计算应缴消费税时：

借：税金及附加　40 400

贷：应交税费——应交消费税　40 400

补缴消费税时：

借：应交税费——应交消费税　400

贷：银行存款　400

3. 委托加工的应税消费品收回后用于连续生产应税消费品的会计核算

委托加工的应税消费品收回后用于连续生产应税消费品的，由受托方代收代缴的消费税准予按规定抵扣，委托方应做如下会计分录：

借：应交税费——应交消费税

贷：应付账款（银行存款等科目）

[**案例 3-9**]　在案例 3-7 中，如果委托方收回加工产品后全部于当月用于连续生产应税消费品，并实现不含税销售收入 300 000 元。

[**解析**]　委托方的会计分录为：

发出原材料时：

借：委托加工物资　100 000

贷：原材料　100 000

支付加工费、增值税和代收的消费税时：

借：委托加工物资　60 000

应交税额——应交增值税（进项税额）　7 800

应交税费——应交消费税　40 000

贷：银行存款　107 800

收回委托加工产品时：

借：原材料　160 000

贷：委托加工物资　160 000

最终应税消费品实现销售时：

借：银行存款　　339 000

　贷：主营业务收入　　300 000

　　　应交税费——应交增值税（销项税额）　　39 000

计算应缴纳消费税时：

借：税金及附加　　60 000

　贷：应交税费——应交消费税　　60 000

实际缴纳消费税时：

借：应交税费——应交消费税　　20 000

　贷：银行存款　　20 000

3.2.4 进口应税消费品的会计核算

对于进口的应税消费品，应在进口报关时计算征收消费税。对于将进口的应税消费品直接销售的，其在进口环节应纳的消费税，应计入进口消费品的成本中。其会计分录为：

借：在途物资（材料采购等科目）

　贷：应付账款（银行存款等科目）

对于将进口的应税消费品用于企业连续加工生产应税消费品的，其在进口环节的已纳税款准予按规定抵扣，在会计处理中应借记“应交税费——应交消费税”二级科目。其会计分录为：

借：应交税费——应交消费税

　贷：应付账款（银行存款等科目）

进口关税的核算分为单独核算关税和不单独核算关税两种情况，详见第 6 章关税部分的讲解。

[案例 3-10]　某公司（该公司不单独核算关税）从国外进口一批成套高档化妆品，经海关审定的关税计税价格为 50 000 元，关税税率为 10%，消费税税率为 15%，增值税税率为 13%。款项已支付，化妆品已验收入库。该公司将这批高档化妆品用于直接出售。

[解析]

应纳关税 = 50 000 × 10% = 5 000（元）

应纳消费税 = (50 000 + 5 000) ÷ (1 − 15%) × 15%

　　　　　= 64 705.88 × 15% = 9 705.88（元）

应纳增值税 = (50 000 + 5 000 + 9 705.88) × 13% = 8 411.76（元）

其会计分录为：

借：库存商品　　64 705.88

　　应交税费——应交增值税（进项税额）　　8 411.76

　贷：银行存款　　73 117.64

3.2.5 出口应税消费品的会计核算

企业出口应税消费品，应区分情况进行如下会计核算：

(1) 有出口经营权的生产性企业自营出口生产的应税消费品，免税不退税，可以不计算应纳消费税。

(2) 有出口经营权的外贸企业购进应税消费品直接出口，其会计分录为：

1) 购进应税消费品时：

借：在途物资（库存商品等科目）

　　应交税费——应交增值税（进项税额）

　贷：银行存款等科目

2) 报关出口后申请退税时：

借：其他应收款——出口退税

　贷：主营业务成本

3) 收到出口应税消费品退回的税金时：

借：银行存款

　贷：其他应收款——出口退税

[案例 3-11] 某外贸公司上月从远征汽车制造厂购入小轿车 20 辆，价款为 240 万元，远征汽车制造厂已缴纳的增值税为 31.2 万元，消费税为 21.6 万元，款项以银行本票支付。本月中旬，外贸公司将这批汽车出口到国外，并收到出口退税。

[解析] 外贸公司购入汽车时的会计分录为：

借：库存商品	2 400 000	
应交税费——应交增值税（进项税额）	312 000	
贷：其他货币资金——银行本票		2 712 000

本月中旬，外贸公司将这批汽车出口到国外，在按规定申请消费税出口退税时的会计分录为：

借：其他应收款——出口退税	216 000	
贷：主营业务成本		216 000

月末，外贸公司收到出口退税款并存入银行的会计分录为：

借：银行存款	216 000	
贷：其他应收款——出口退税		216 000

3.2.6 缴纳消费税的会计核算

纳税人在缴纳消费税时，其会计分录为：

借：应交税费——应交消费税

　贷：银行存款

3.3 消费税纳税申报表的填制

消费税纳税人应按规定及时办理纳税申报，如实填写消费税纳税申报表。现以案例 3-11 为例，消费税纳税申报表的填报见表 3-5。

表 3-5 小汽车消费税纳税申报表

税款所属期：自××年××月 1 日至××年××月 31 日

纳税人识别号（统一社会信用代码）：

纳税人名称：××　　　　金额单位：人民币元（列至角分）

项目 应税 消费品名称	适用税率 定额税率	适用税率 比例税率	计量 单位	本期销售数量	本期销售额	本期应纳税额
	1	2	3	4	5	6=1×4+2×5
乘用车		9%	辆	20	2 400 000	216 000
合计	—	—	—	—	—	216 000
				栏次	本期税费额	
本期减（免）税额				7		
期初留抵税额				8		
本期准予扣除税额				9		
本期应扣除税额				10=8+9		
本期实际扣除税额				11［10<(6-7)，则为 10，否则为 6-7］		
期末留抵税额				12=10-11		
本期预缴税额				13		
本期应补（退）税额				14=6-7-11-13	216 000	
城市维护建设税本期应补（退）税额				15	（略）	
教育费附加本期应补（退）费额				16	（略）	
地方教育附加本期应补（退）费额				17	（略）	

声明：此表是根据国家税收法律法规及相关规定填写的，本人（单位）对填报内容（及附带资料）的真实性、可靠性、完整性负责。

纳税人（签章）：　　　年　　月　　日

经办人： 经办人身份证号： 代理机构签章： 代理机构统一社会信用代码：	受理人： 受理税务机关（章）： 受理日期：　年　　月　　日

本章小结

应税消费品应纳消费税的会计核算分为销售应税消费品的会计核算、委托加工应税消费品的会计核算、进口应税消费品的会计核算、出口应税消费品退税的会计核算及消费税纳税申报表的填制。

关键术语

从价计税　从量计税　价外费用
包装物押金　自用应税消费品　委托加工应税消费品
已纳税额的扣除

思考题

1. 纳税人将生产的应税消费品用于在建工程、管理部门、非生产机构、投资、馈赠、奖励等方面，应如何进行会计核算？
2. 纳税人对不再退还的包装物押金应如何进行会计核算？
3. 纳税人委托外单位加工应税消费品应如何进行会计核算？
4. 纳税人出口应税消费品在办理退税时应如何进行会计核算？

第4章 企业所得税的会计核算

［学习提示］　企业所得税是非常重要的一个税种，因此企业所得税的会计核算也是税务会计中一个非常重要的内容。本章讲述了企业所得税概述、企业所得税的会计基础、企业所得税会计的处理方法、纳税调整项目及其核算、企业所得税纳税申报表的填制等内容。学习本章应重点掌握应纳税所得额的确定、暂时性差异的划分、资产负债表债务法的会计处理、纳税调整项目的调整方法、企业所得税纳税申报表的填制方法。

4.1 企业所得税概述

企业所得税是对我国境内企业和其他取得收入的组织的生产、经营所得及其他所得征收的一种税，它是国家参与企业利润分配的重要手段。为了顺应经济发展和公平税负的需要，我国于2007年3月16日第十届全国人民代表大会第五次全体会议通过了《中华人民共和国企业所得税法》（以下简称《企业所得税法》），并自2008年1月1日起施行。

4.1.1 企业所得税的纳税人

企业所得税的纳税人是指在中华人民共和国境内的企业和其他取得收入的组织。《企业所得税法》第一条规定，除个人独资企业、合伙企业不适用企业所得税法外，凡在我国境内，企业和其他取得收入的组织为企业所得税的纳税人。企业所得税的纳税人分为居民企业和非居民企业，两者的纳税义务不同。

居民企业是指依法在中国境内成立，或者依照外国（地区）法律成立但实际管理机构

【小思考】 在韩国注册成立的一家电子制造公司，在上海设立一条元件生产线为该公司生产某型号的元件。请问该公司属于我国的居民企业还是非居民企业？

在中国境内的企业。这里的企业包括国有企业、集体企业、私营企业、联营企业、股份制企业、外商投资企业、外国企业以及有生产、经营所得和其他所得的其他组织。

非居民企业是指依照外国（地区）法律成立且实际管理机构不在中国境内，但在中国境内设立机构、场所的，或者在中国境内未设立机构、场所，但有来源于中国境内所得的企业。

4.1.2 企业所得税的征税对象

企业所得税的征税对象是指企业的生产、经营所得，其他所得和清算所得。

1. 居民企业的征税对象

居民企业应就来源于中国境内、境外的所得作为征税对象。所得，包括销售货物所得，提供劳务所得，转让财产所得，股息、红利等权益性投资所得，以及利息所得、租金所得、特许权使用费所得、接受捐赠所得和其他所得。

2. 非居民企业的征税对象

非居民企业在中国境内设立机构、场所的，应当就其所设机构、场所取得的来源于中国境内的所得，以及发生在中国境外但与其所设机构、场所有实际联系的所得，缴纳企业所得税。非居民企业在中国境内未设立机构、场所的，或者虽设立机构、场所但取得的所得与其所设机构、场所没有实际联系的，应当就其来源于中国境内的所得缴纳企业所得税。

【即学即用】 下列关于非居民企业征税对象，说法正确的有（ ）。

A. 非居民企业应就来源于中国境内、境外的所得作为征税对象

B. 非居民企业在中国境内设立机构、场所的，应当就其所设机构、场所取得的来源于中国境内的所得作为征税对象

C. 非居民企业在中国境内设立机构、场所的，应当就其发生在中国境外但与其所设机构、场所有实际联系的所得作为征税对象

D. 非居民企业在中国境内未设立机构、场所的，应当就其来源于中国境内的所得作为征税对象

【答案】 BCD

4.1.3 企业所得税的税率

企业所得税的税率是指对纳税人应纳税所得额征税的比率，即企业的应纳税额与应纳税所得额的比率。按照《企业所得税法》的规定，企业所得税实行25%的比例税率。为了鼓励和扶持部分企业、行业及地区的发展，现行税法还针对特定企业、行业及地区设置了相应的低税率。对国家需要重点扶持的高新技术企业，减按15%的税率征收企业所得税；对设在广东横琴新区、福建平潭综合实验区和深圳前海深港现代服务业合作区的鼓励类产业企业，减按15%的税率征收企业所得税；对国家规划布局内的重点软件企业和集成电路

设计企业，如当年未享受免税优惠的，可适用10%的税率计算缴纳企业所得税。此外，税法还对在中国境内未设立机构、场所的，或者虽设立机构、场所但取得的所得与其所设机构、场所没有实际联系的非居民企业，减按10%的税率征收企业所得税。

【知识链接】

自2023年1月1日起，对小型微利企业年应纳税所得额不超过300万元的部分，减按25%计入应纳税所得额，按20%的税率缴纳企业所得税。对个体工商户年应纳税所得额不超过200万元的部分，在现行优惠政策的基础上，减半征收个人所得税。

自2021年1月1日至2030年12月31日，设在西部地区的鼓励类产业企业适用15%的税率计算缴纳企业所得税；自2017年1月1日起，在全国范围内对经认定的技术先进型服务企业，减按15%的税率征收企业所得税。

4.1.4 企业所得税应纳税所得额的确定

应纳税所得额是指纳税人每一个纳税年度的收入总额减去准予扣除项目金额后的余额，其计算公式为：

应纳税所得额＝收入总额－不征税收入－免税收入－各项扣除－以前年度亏损

应纳税所得额与会计利润是两个不同的概念，两者既有联系，又有区别。应纳税所得额是一个税收概念，是根据《企业所得税法》按照一定的标准确定的、纳税人在一定时期内的计税所得，包括企业来源于中国境内外的全部生产、经营所得和其他所得。会计利润是一个会计核算概念，反映了企业在一定时期内生产经营的财务成果。会计利润是确定应纳税所得额的基础，但不能等同于应纳税所得额。企业按照财务会计制度的规定计算出的会计利润，在根据税法的规定做相应的调整后，才能作为企业的应纳税所得额。

1. 收入总额

收入总额是指企业在生产经营活动中以及通过其他行为取得的各项收入的总和。企业的收入总额包括以货币形式和非货币形式从各种来源取得的收入，具体有：销售货物收入，提供劳务收入，转让财产收入，股息、红利等权益性投资收益，以及利息收入、租金收入、特许权使用费收入、接受捐赠收入、其他收入。

企业以货币形式取得的收入包括现金、存款、应收账款、应收票据、准备持有至到期的债券投资以及债务的豁免等；纳税人以非货币形式取得的收入包括固定资产、生物资产、无形资产、股权投资、存货、不准备持有至到期的债券投资、劳务以及有关权益等。

（1）销售货物收入，是指企业销售商品、产品、原材料、包装物、低值易耗品以及其他存货取得的收入。

（2）提供劳务收入，是指企业从事建筑安装、修理修配、交通运输、仓储租赁、金融保险、邮电通信、咨询经纪、文化体育、科学研究、技术服务、教育培训、餐饮住宿、中介代理、卫生保健、社区服务、旅游、娱乐、加工以及其他劳务服务活动取得的收入。

（3）转让财产收入，是指企业转让固定资产、生物资产、无形资产、股权、债权等财产取得的收入。

【即学即用】 《企业所得税法》规定的转让财产收入包括转让（　　）。

A. 无形资产　　B. 存货　　C. 股权　　D. 债权

【答案】 ACD

（4）股息、红利等权益性投资收益，是指企业因权益性投资从被投资方取得的收入。

（5）利息收入，是指企业将资金提供给他人使用但不构成权益性投资，或者因他人占用本企业资金取得的收入，包括存款利息、贷款利息、债券利息、欠款利息等收入。

（6）租金收入，是指企业提供固定资产、包装物或者其他有形资产的使用权取得的收入。

（7）特许权使用费收入，是指企业提供专利权、非专利技术、商标权、著作权以及其他特许权的使用权取得的收入。

（8）接受捐赠收入，是指企业接受的来自其他企业、组织或者个人无偿给予的货币性资产、非货币性资产。

（9）其他收入，是指企业取得的除以上收入外的其他收入，包括企业资产溢余收入、逾期未退还包装物押金收入、确实无法偿付的应付款项、已做坏账损失处理后又收回的应收款项、债务重组收入、补贴收入、违约金收入、汇兑收益等。

【即学即用】 下列属于《企业所得税法》规定的“其他收入”的项目有（　　）。

A. 债务重组收入　　B. 补贴收入　　C. 违约金收入　　D. 视同销售收入

【答案】 ABC

（10）不征税收入包括财政拨款，依法收取并纳入财政管理的行政事业性收费、政府性基金以及国务院规定的其他不征税收入。

（11）国债利息收入。为鼓励企业积极购买国债、支援国家建设，税法规定：企业因购买国债所得的利息收入，免征企业所得税。

（12）符合条件的居民企业之间的股息、红利等权益性收益，是指居民企业直接投资于其他居民企业取得的投资收益，免征企业所得税。该收益不包括连续持有居民企业公开发行并上市流通的股票不足 12 个月取得的投资收益。

（13）在中国境内设立机构、场所的非居民企业从居民企业取得与该机构、场所有实际联系的股息、红利等权益性投资收益，免征企业所得税。该收益不包括连续持有居民企业公开发行并上市流通的股票不足 12 个月取得的投资收益。

（14）符合条件的非营利组织从事非营利活动取得的收入，免征企业所得税。

【即学即用】 企业取得的下列收入，属于企业所得税免税收入的有（　　）。

A. 国债利息收入

B. 金融债券的利息收入

C. 居民企业直接投资于其他居民企业取得的投资收益

D. 在中国境内设立机构、场所的非居民企业连续持有居民企业公开发行并上市流通的股票 1 年以上取得的投资收益

【答案】 ACD

2. 准予扣除项目

在计算应纳税所得额时准予从收入额中扣除的项目，是指纳税人每一个纳税年度实际发生的与取得应税收入直接相关的所有必要和正常的成本、费用、税金、损失和其他支出。

（1）成本，是指企业在生产经营活动中发生的销售成本、销货成本、业务支出以及其他耗费。

（2）费用，是指企业在生产经营活动中发生的销售费用、管理费用和财务费用，已经计入成本的有关费用除外。

（3）税金，是指企业发生的除企业所得税和允许抵扣的增值税以外的各项税金及其附加，包括企业按规定缴纳的消费税、城市维护建设税、关税、资源税、土地增值税、房产税、车船税、土地使用税、印花税、教育费附加和地方教育附加等。

（4）损失，是指企业在生产经营活动中发生的固定资产和存货的盘亏、毁损、报废损失，转让财产损失，呆账损失，坏账损失，自然灾害等不可抗力因素造成的损失，以及其他损失。

（5）其他支出，是指除成本、费用、税金、损失外，企业在生产经营活动中发生的与生产经营活动有关的、合理的支出。

3. 部分扣除项目的具体范围和标准

（1）工资、薪金支出。企业发生的合理的工资、薪金支出准予据实扣除，包括基本工资、奖金、津贴、补贴、年终加薪、加班工资以及与员工任职或者受雇有关的其他支出。

（2）职工福利费、工会经费、职工教育经费。《企业所得税法》规定，上述三项经费分别按照工资、薪金总额的14%、2%、8%计算扣除。职工福利费、工会经费、职工教育经费按标准扣除，未超过标准的按实际数扣除，超过标准的只能按标准扣除；除国务院财政、税务主管部门另有规定外，企业发生的职工教育经费支出，不超过标准的部分准予扣除，超过部分准予结转以后纳税年度扣除。

【知识要点提醒】

列入企业员工工资、薪金制度，与工资、薪金一起发放的福利性补贴，符合相关规定的，可作为企业发生的工资、薪金支出，按规定在税前扣除。

不能同时符合上述条件的福利性补贴，应作为职工福利费，按规定计算限额，限额内的可税前扣除。

【知识要点提醒】

自 2018 年 1 月 1 日起，将一般企业的职工教育经费税前扣除限额与高新技术企业的限额统一，从 2.5%提至 8%。也就是说，企业发生的职工教育经费支出，不超过工资、薪金总额 8%的部分，准予在计算企业所得税应纳税所得额时扣除；超过部分，准予在以后纳税年度结转扣除。

(3) 利息费用。非金融企业向金融企业借款的利息支出、金融企业的各项存款利息支出和同业拆借利息支出、企业经批准发行债券的利息支出可据实扣除；非金融企业向非金融企业借款的利息支出，不超过按照金融企业同期同类贷款利息计算的数额部分可据实扣除，超过部分不允许扣除。

(4) 业务招待费。企业发生的与生产经营活动有关的业务招待费支出，按照发生额的60%扣除，最高不得超过当年销售（营业）收入的5‰。

(5) 广告费和业务宣传费。企业发生的符合条件的广告费和业务宣传费支出，除国务院财政、税务主管部门另有规定外，不超过当年销售（营业）收入15%的部分，准予扣除；超过部分，准予结转以后纳税年度扣除。

对化妆品制造与销售、医药制造及饮料制造（不含酒类制造）企业发生的广告费和业务宣传费支出，不超过当年销售（营业）收入30%的部分，准予扣除；超过部分，准予在以后纳税年度结转扣除。对签订广告费和业务宣传费分摊协议（以下简称“分摊协议”）的关联企业，其中一方发生的不超过当年销售（营业）收入税前扣除限额比例的广告费和业务宣传费支出可以在本企业扣除，也可以将其中的部分或全部按照分摊协议归集至另一方扣除。另一方在计算本企业广告费和业务宣传费支出企业所得税税前扣除限额时，可将按照上述办法归集至本企业的广告费和业务宣传费不计算在内。烟草企业的烟草广告费和业务宣传费支出，一律不得在计算应纳税所得额时扣除。

(6) 公益性捐赠支出。公益性捐赠支出是指企业通过公益性社会组织或者县级以上人民政府及其部门，用于《中华人民共和国公益事业捐赠法》规定的公益事业的捐赠。企业发生的公益性捐赠支出，不超过年度利润总额12%的部分，准予扣除；超过年度利润总额12%的部分，准予结转以后三年内在计算应纳税所得额时扣除。年度利润总额是指企业依照国家统一会计制度的规定计算的年度会计利润。

(7) 保险费。

1) 企业依照国务院有关主管部门或者省级人民政府规定的范围和标准为职工缴纳的基本养老保险费、基本医疗保险费、失业保险费、工伤保险费、生育保险费等基本社会保险费和住房公积金，准予扣除。

2) 企业根据国家有关政策规定为在本企业任职或者受雇的全体员工支付的补充养老保险费、补充医疗保险费，不超过职工工资总额5%标准内的部分，在计算应纳税所得额时准予扣除；超过的部分，不予扣除。

3) 除企业依照国家有关规定为特殊工种职工支付的人身安全保险费和国务院财政、税务主管部门规定可以扣除的其他商业保险费外，企业为投资者或者职工支付的商业保险费，不得扣除。

4) 企业参加财产保险，按照规定缴纳的保险费，准予扣除。

(8) 租赁费。

1) 以经营租赁方式租入固定资产发生的租赁费支出，按照租赁期限均匀扣除。

2) 以融资租赁方式租入固定资产发生的租赁费支出，按照规定，构成融资租入固定资产价值的部分应当提取折旧费用，分期扣除。

(9) 有关资产的费用。企业转让资产，准予在计算应纳税所得额时扣除该项资产的净值，即资产的计税基础减去折旧、折耗、摊销、准备金等后的余额。企业使用或者销售存货，按照规定计算的存货成本，准予在计算应纳税所得额时扣除。企业按规定计算的固定资产折旧、无形资产摊销费用和按规定摊销的长期待摊费用以及按照直线法计算的生产性生物资产折旧，准予在计算应纳税所得额时扣除。

为了引导企业加大设备、器具的投资力度，《财政部、税务总局关于设备、器具扣除有关企业所得税政策的通知》（财税〔2018〕54号）以及《财政部、税务总局关于延长部分税收优惠政策执行期限的公告》（财政部、税务总局公告2021年第6号）规定：企业在2018年1月1日至2023年12月31日期间新购进的设备、器具，单位价值不超过500万元的，允许一次性计入当期成本费用在计算应纳税所得额时扣除，不再分年度计算折旧；单位价值超过500万元的，仍按《中华人民共和国企业所得税法实施条例》、《财政部、国家税务总局关于完善固定资产加速折旧企业所得税政策的通知》（财税〔2014〕75号）、《财政部、国家税务总局关于进一步完善固定资产加速折旧企业所得税政策的通知》（财税〔2015〕106号）等相关规定执行。这里的设备、器具是指除房屋、建筑物以外的固定资产。

（10）资产损失。企业发生的资产损失（包括实际资产损失和法定资产损失），应按规定的程序和要求向主管税务机关申报后方能在税前扣除，未经申报的损失，不得在税前扣除；企业因存货盘亏、毁损、报废、被盗等原因不得从增值税销项税额中抵扣的进项税额，可以与存货损失一起在计算应纳税所得额时扣除。

（11）依照有关法律、行政法规和国家有关税法规定准予扣除的其他项目，如会员费、合理的会议费、差旅费、违约金、诉讼费等。

4. 不得扣除的项目

在计算应纳税所得额时，下列支出不得扣除：

（1）向投资者支付的股息、红利等权益性投资收益款项。

（2）企业所得税税款。

（3）税收滞纳金。

（4）罚金、罚款和被没收财物的损失。

（5）超过规定标准的捐赠支出。

（6）赞助支出。赞助支出是指企业发生的与生产经营活动无关的各种非广告性质支出。

（7）未经核定的准备金支出。未经核定的准备金支出是指不符合国务院财政、税务主管部门规定的各项资产减值准备、风险准备等准备金支出。

（8）企业之间支付的管理费、企业内营业机构之间支付的租金和特许权使用费以及非银行企业内营业机构之间支付的利息，不得扣除。

（9）与取得收入无关的其他支出。

【即学即用】 在计算应纳税所得额时不得扣除的项目是（　　）。

A. 为企业子女入托支付给幼儿园的赞助支出

B. 利润分红支出

C. 企业违反销售协议被采购方索取的罚款

D. 违反食品卫生法被政府处以的罚款

【答案】 ABD

5. 弥补亏损

【小思考】《企业所得税法》中所指的亏损与利润表的亏损有什么不同?

可以弥补的亏损是企业财务报表中的亏损额经主管税务机关按税法规定核实调整后的金额，不是企业财务报表中反映的亏损额。亏损是指企业依照《企业所得税法》和《中华人民共和国企业所得税法实施条例》（以下简称《企业所得税法实施条例》）的规定，将每一纳税年度的收入总额减除不征税收入、免税收入和各项扣除后小于零的数额。税法规定，企业某一纳税年度发生的亏损可以用下一年度的所得弥补，下一年度的所得不足以弥补的，可以逐年延续弥补，但最长不得超过5年。自2018年1月1日起，高新技术企业和科技型中小企业的亏损结转年限由5年延长至10年。此外，企业在汇总计算缴纳企业所得税时，其境外营业机构的亏损不得抵减境内营业机构的盈利。

4.1.5 征收管理

居民企业以企业登记注册地为纳税地点，但登记注册地在境外的，以实际管理机构所在地为纳税地点。

居民企业在中国境内设立不具有法人资格的营业机构，应当汇总计算并缴纳企业所得税。

企业所得税按纳税年度计算。纳税年度自公历1月1日起至12月31日止。

企业在一个纳税年度中间开业或者终止经营活动，使该纳税年度的实际经营期不足12个月的，应当以其实际经营期为一个纳税年度。

企业在依法清算时，应当以清算期间作为一个纳税年度。

企业所得税分月或者分季预缴。

企业应当自月份或者季度终了之日起15日内，向税务机关报送预缴企业所得税纳税申报表，预缴税款。

企业应当自年度终了之日起5个月内，向税务机关报送年度企业所得税纳税申报表，并汇算清缴，结清应缴（应退）税款。

企业在报送企业所得税纳税申报表时，应当按照规定附送财务会计报告和其他有关资料。

企业在年度中间终止经营活动的，应当自实际经营终止之日起60日内，向税务机关办理当期企业所得税汇算清缴。

企业应当在办理注销登记前，就其清算所得向税务机关申报并依法缴纳企业所得税。

4.2 企业所得税的会计基础

4.2.1 资产负债观与收入费用观

资产负债观是指在制定会计准则时，首先定义并规范由某类交易或事项产生的相关资产和负债或其对相关资产和负债造成的影响，然后再根据资产和负债的变化确认收益，重点是规范资产和负债的定义、确认及计量；因此，资产负债表成为财务会计报表体系中的第一报表，应力求其信息的完整、可靠，利润表仅是资产负债表的一张附表。

在收入费用观下，会计准则制定机构在会计准则制定的过程中，首先考虑对与某类交易或事项相关的收入和费用进行直接确认及计量，财务会计处理的重心放在利润表中的各要素上，收益的确认和计量是会计准则规范的首要内容，资产和负债的确认及计量依附于收入及费用，资产负债表也就成为重要性仅次于利润表的第二报表。

4.2.2 我国新的《企业会计准则》采用资产负债表债务法的原因

我国企业所得税的处理方法，在新的《企业会计准则》出台之前一直采用利润表债务法，2006年财政部下发了新的《企业会计准则》，规定资产负债表债务法是企业所得税的唯一核算方法。由此，核算的基础发生了质的变化，从以收入、费用为基础转变为以资产、负债的价值为基础。它要求企业从资产负债表出发，通过比较资产负债表上列示的资产、负债按照《企业会计准则》规定确定的账面价值与按照税法规定确定的计税基础，对于两者之间的差异，分别按应纳税暂时性差异与可抵扣暂时性差异确认相关的递延所得税负债与递延所得税资产，并在此基础上确定每一会计期间利润表中的所得税费用。这一规定体现了我国会计准则与国际会计准则的趋同，也真正体现了会计的真实公允原则。

1. 资产负债观有利于提高会计信息质量

采用资产负债观将净化资产负债表并完善利润表。收入费用观将会计视为一个收入与费用的配比过程，主要目的是确定一定时期的收益。在此观念下，资产负债表被用来汇集配比过程剩下的等待配比的项目，大量性质不明的递延费用和递延贷项等进入资产负债表中。与此同时，收入费用观允许一些项目绕过利润表直接在资产负债表的权益部分进行报告，导致权益部分变成堆积混乱信息的垃圾箱，必然使利润表不能真实、全面地反映企业的财务业绩。而在资产负债观下，这些信息将“无所遁形”，资产负债表将得到净化，利润表的信息将得到完善。

2. 资产负债观更符合公允价值的计量要求

收入费用观严格遵循权责发生制、配比原则和实现原则，对企业的资产特别是长期资产的历史成本严格采用系统的分期摊销方法计入费用，而不考虑由于环境因素造成的资产、负债的价值变动，因此在物价变动以及信息技术投入使得资产价值与历史成本明显脱节的情况下，按收入费用观确定的收益只能反映账面业绩，而不能反映企业的真实业绩。与收入费用观相比，资产负债观更注重交易和事项的实质，更加强调权益——权益可以通过对资产、负债的公允计量来体现，要求首先界定每笔交易或事项发生后对企业财务和经营状况产生的影响及后果，分析在会计期间资产和负债的变动，为确定当期收入和费用提供可靠的基础，最终采用一种财务报表使用者易于理解的方式，在财务报告中反映这些交易或事项的结果，因而采用资产负债观提供的会计信息具有较强的相关性。

3. 资产负债观更符合当前的经济环境

> 【小思考】 我国新的《企业会计准则》采用资产负债表债务法的原因何在?

在我国资本市场上之所以发生如此多的会计造假事件，究其原因还是旧的《企业会计准则》是依据收入费用观制定的，存在诸多不足和缺陷。当前，我国社会主义市场经济逐步建立，市场竞争日益走向成熟，企业经营活动日趋复杂化和多样化。与此同时，金融工具及其衍生工具层出不穷，跨国公司不断涌现，这些都使收入费用观的局限性进一步凸显，而会计信息使用者迫切需要了解企业净资产的全部变动，进而做出正确的决策。在这种情况下，采用资产负债观更能满足其要求。新的《企业会计准则》还体现了国际化的趋势，提高了会计信息在不同国家、地区的可比性与透明度，提升了我国在国际资本市场上的地位，有助于降低我国企业在海外经营中因遵循不同国家、地区的会计标准而造成的成本支出，可以有力地促进我国经济的发展。

4.2.3 资产负债表债务法的理论基础

资产负债表债务法要求企业将所有符合资产、负债的定义及确认条件的资产、负债在资产负债表内确认。通过比较资产负债表上列示的资产、负债按照《企业会计准则》确定的账面价值与按照税法规定确定的计税基础，对于两者之间的差异，分别按应纳税暂时性差异与可抵扣暂时性差异确认相关的递延所得税负债与递延所得税资产，在综合考虑当期应交所得税的基础上，确定每一会计期间利润表中的所得税费用。

从资产负债角度考虑，资产的账面价值代表的是某项资产在持续持有及最终处置的一定期间内为企业带来的经济利益总额，而其计税基础代表的是在该期间按照税法规定就该项资产可以税前扣除的总额。负债的账面价值代表的是企业预计在未来期间清偿该项负债时的经济利益流出，而其计税基础代表的是账面价值在扣除税法规定未来期间允许税前扣除的金额之后的差额。

一项资产的账面价值小于其计税基础的，该差额可抵减未来期间的应纳税所得额，减少未来以应缴所得税的方式流出企业的经济利益，应确认为递延所得税资产；反之，一项资产的账面价值大于其计税基础的，两者之间的差额会增加企业于未来期间的应纳税所得额，对企业形成经济利益流出的义务，应确认为递延所得税负债。

4.2.4 企业所得税会计的处理方法

在采用资产负债表债务法核算企业所得税的情况下，企业一般应于每一资产负债表日进行企业所得税的核算。如果有企业合并等特殊交易或事项发生，在确认因交易或事项取得的资产、负债时，应确认相关的企业所得税影响。

1. 直接法

直接法是按照税法规定的范围和标准，先确定法定收入和税法允许扣除的成本、费用、损失的金额，然后据以计算应纳税所得额，进而计算应纳税额的方法。

应纳税所得额＝收入总额－准予扣除项目金额
＝收入总额－不征税收入－免税收入－各项扣除金额－弥补亏损

2. 间接法

间接法是在分析财务会计核算资料中与税法规定不符的收入、成本、费用、损失等项目及其金额后，将会计利润调整为应纳税所得额，进而计算应纳税额的方法。

应纳税所得额＝会计利润总额＋纳税调增项目－纳税调减项目

4.2.5 资产、负债的计税基础

企业所得税会计的关键在于确定资产、负债的计税基础。在确定资产、负债的计税基础时，应严格遵循税法中对于资产的税务处理以及关于可税前扣除的费用等的规定进行。

1. 资产的计税基础

资产的计税基础是指企业在收回资产账面价值的过程中，在计算应纳税所得额时按照税法规定可以自应税经济利益中扣除的金额，即一项资产在未来计税时按照税法规定可以税前扣除的金额。

在初始确认时，资产的计税基础一般为取得成本，即企业为取得某项资产支付的成本在未来准予税前扣除。在持有资产的过程中，其计税基础是指资产的取得成本减去以前按照税法规定已税前扣除的金额后的余额。例如，固定资产、无形资产在某一资产负债表日的计税基础是指其成本扣除按照税法规定已在以前期间税前扣除的累计折旧或累计摊销额后的金额。

【即学即用】 A公司当期发生研究与开发费用共计500万元，其中研究阶段支出100万元，开发阶段不符合资本化条件的支出120万元，开发阶段符合资本化条件的支出280万元。假定A公司开发形成的无形资产在当期达到预定用途，并在当期摊销20万元。A公司的会计摊销方法、摊销年限和残值均符合税法的规定，则其当期期末无形资产的计税基础为（　　）万元。

A. 0　　B. 260　　C. 130　　D. 455

【答案】 D

【解析】 A公司当期期末无形资产的账面价值为260万元（＝280－20），计税基础为455万元（＝260×175%）。

2. 负债的计税基础

负债的计税基础是指负债的账面价值减去未来在计算应纳税所得额时按照税法规定可予以抵扣的金额。其计算公式为：

负债的计税基础＝账面价值－未来期间按照税法规定可予以税前扣除的金额

负债的确认与偿还一般不会影响企业损益，也不会影响其应纳税所得额，未来在计算

应纳税所得额时按照税法规定可予以扣除的金额为零，则计税基础就是账面价值。但是，在某些情况下，负债的确认可能会影响企业损益，进而影响不同期间的应纳税所得额，使得其计税基础与账面价值之间产生差额，比如按照会计规定确认的某些预计负债。

【即学即用】 某企业计提预计保修费用10 000元，根据税法的规定，在计提该项预计负债时计入销售费用的10 000元不得在税前扣除，而当该项保修实际发生时可以据实扣除。

预计负债的账面价值为10 000元，在未来期间（实际发生时）按照税法规定可予以税前扣除的金额为10 000元，因此该项负债的计税基础为0（=10 000－10 000）。

4.2.6 暂时性差异

暂时性差异是指资产、负债的账面价值与其计税基础不同产生的差异。因资产、负债的账面价值与其计税基础不同，产生了在未来收回资产或清偿负债期间应纳税所得额的增加或减少，并导致未来期间应交企业所得税增加或减少的情况，形成企业的资产和负债。在有关暂时性差异发生当期、符合确认条件的情况下，应当确认相关的递延所得税负债或递延所得税资产。

【知识要点提醒】

负债的账面价值与其计税基础不同产生的暂时性差异，实质上是税法规定就该项负债在未来期间可以税前扣除的金额（即与该项负债相关的费用支出在未来期间可予税前扣除的金额）。

负债产生的暂时性差异＝账面价值－计税基础

＝账面价值－（账面价值－未来期间计税时按照税法规定可以税前扣除的金额）

＝未来期间计税时按照税法规定可以税前扣除的金额

按照暂时性差异对未来期间应税金额的影响，分为应纳税暂时性差异和可抵扣暂时性差异。除因资产、负债的账面价值与其计税基础不同而产生的暂时性差异以外，按照税法规定可以结转以后年度的未弥补亏损和税款抵减，也视同可抵扣暂时性差异处理。

1. 应纳税暂时性差异

应纳税暂时性差异是指在确定未来收回资产或清偿负债期间的应纳税所得额时，将导致产生应税金额的暂时性差异。

应纳税暂时性差异通常产生于以下情况：

（1）资产的账面价值大于计税基础。资产的账面价值代表的是企业在持续持有或最终处置的一定期间内为企业带来未来经济利益的总额，而计税基础代表的是资产在未来期间可予以税前扣除的总金额。当资产的账面价值大于计税基础时，该项资产未来期间产生的经济利益不能全部税前抵扣，两者之间的差额会增加企业于未来期间的应纳税所得额及应交所得税，对企业形成经济利益流出的义务，因而产生应纳税暂时性差异，应确认为递延所得税负债。例如，一项资产的账面价值为450万元，计税基础为400万元，两者之间的差额会造成未来期间应交企业所得税的增加，所以在其产生当期应确认相关的递延所得税负债。

（2）负债的账面价值小于计税基础。负债的账面价值为企业预计在未来期间清偿该项负债时的经济利益流出，而计税基础代表的是账面价值在扣除税法规定未来期间允许税前扣除的金额之后的差额。若负债的账面价值小于其计税基础，则表示该项负债在未来期间可以税前扣除的金额为负数，即应在未来期间应纳税所得额的基础上调增，也就是增加未来期间的应纳税所得额和应纳税额，从而产生应纳税暂时性差异，应确认相关的递延所得税负债。

［案例4-1］ 2022年12月31日，某公司交易性金融资产的账面价值为1 100万元，计税基础为1 000万元。计算2022年12月31日应纳税暂时性差异余额。

［解析］

2022年12月31日，该交易性金融资产的账面价值为1 100万元，计税基础为1 000万元，故

$$应纳税暂时性差异余额=1\ 100-1\ 000=100(万元)$$

2. 可抵扣暂时性差异

可抵扣暂时性差异是指在确定未来收回资产或清偿负债期间的应纳税所得额时，将导致产生可抵扣金额的暂时性差异。

可抵扣暂时性差异一般产生于以下情况：

（1）资产的账面价值小于计税基础。当资产的账面价值小于计税基础时，表明该项资产于未来期间产生的经济利益流入低于按照税法允许税前扣除的金额，产生可抵减未来期间应纳税所得额的因素，减少未来期间以所得税款的方式流出企业的经济利益，应确认为递延所得税资产。例如，一项资产的账面价值为600万元，计税基础为680万元，则未来期间应纳税所得额和应纳税额会减少，形成可抵扣暂时性差异。

（2）负债的账面价值大于计税基础。负债的账面价值大于计税基础，意味着未来按照税法的规定，与负债相关的全部或部分支出可以自未来应税经济利益中扣除，减少未来期间的应纳税所得额和应纳税额。在符合有关确认条件时，应确认相关的递延所得税资产。

3. 特殊项目产生的暂时性差异

（1）未作为资产、负债确认的项目产生的暂时性差异。在某些交易或事项发生后，因为不符合资产、负债的确认条件而未体现为资产负债表中的资产或负债，但按照税法规定能够确定计税基础的，其账面价值与计税基础之间的差异也构成暂时性差异。企业发生的符合条件的广告费和业务宣传费支出，除另有规定外，不超过当年销售收入15%的部分，准予扣除；超过部分，准予在以后纳税年度结转扣除。这类费用在发生时按照《企业会计准则》的规定应计入当期损益，不形成资产负债表中的资产，但按照税法规定可以确定计税基础，两者之间的差异也形成暂时性差异。

［案例4-2］ 某年度A公司发生了1 000万元的广告费支出，发生时已作为销售费用计入当期损益。A公司当年实现销售收入5 000万元。税法规定，可计入当年税前扣除的广告费金额为750万元（=5 000×15%）。请问是否形成暂时性差异？

［解析］ 当期未予税前扣除的 250 万元可以向以后年度结转，其计税基础为 250 万元。该项费用产生的资产的账面价值 0 元与其计税基础 250 万元之间产生了 250 万元的暂时性差异，该暂时性差异在未来期间可减少企业的应纳税所得额，为可抵扣暂时性差异，在其符合确认条件时，应确认相关的递延所得税资产。

(2) 可抵扣亏损及税款抵减产生的暂时性差异。按照税法的规定可以结转以后年度的未弥补亏损及税款抵减，虽不是因资产、负债的账面价值与计税基础不同而产生的，但与可抵扣暂时性差异具有同样的作用，均能减少未来的应纳税所得额，进而减少未来的应纳税额，在会计处理上视同可抵扣暂时性差异，在其符合确认条件的情况下，应确认相关的递延所得税资产。例如，A 公司于当年发生亏损 1 000 万元，按照税法的规定，该亏损可用于抵减以后 5 个年度的应纳税所得额。该亏损不是资产、负债的账面价值与其计税基础不同产生的，但从性质上看，可以减少未来的应纳税所得额和应纳税额，属于可抵扣暂时性差异。当企业预计未来能够产生足够的应纳税所得额利用该可抵扣的亏损时，应确认相关的递延所得税资产。

4.3 资产负债表债务法

资产负债表债务法是对暂时性差异进行跨期核算的会计方法。由于暂时性差异源于资产和负债的账面价值与计税基础之差，因而资产负债表债务法是从资产负债表出发的，所以用该方法核算的递延所得税资产和递延所得税负债必然符合资产与负债的定义。

资产负债表债务法的核算程序如下：

(1) 计算当期应缴纳的企业所得税。

(2) 确定资产、负债的账面价值和计税基础。

(3) 比较资产、负债的账面价值和计税基础，确定暂时性差异。

(4) 根据暂时性差异的情况，确定本期递延所得税资产和递延所得税负债的应有金额（即期末余额)，与期初余额相比，确定当期的递延所得税资产和递延所得税负债金额或能转销的金额，作为递延所得税。

(5) 确定所得税费用，包括当期所得税和递延所得税两个部分。

【知识要点提醒】

资产负债表债务法是在资产负债表中所列示的资产与负债账面价值和计税基础经济含义的基础上，分析按照会计原则列报的账面价值与税法规定的差异，并就有关差异确定相关所得税影响的会计方法。

相较于仅将当期实际应交所得税作为利润表中所得税费用的核算方法，资产负债表债务法除了能反映企业已经持有的资产、负债及其变动对当期的所得税影响外，还能反映有关资产、负债对未来期间的所得税影响，在所得税核算领域贯彻了资产负债观。

4.3.1 递延所得税负债的确认和计量

当企业资产的账面价值大于计税基础或负债的账面价值小于计税基础，从而产生应纳税暂时性差异时，企业应该将其确认为负债，作为递延所得税负债加以处理。在确认递延所得税负债的同时，应增加利润表中的所得税费用。《企业会计准则》规定，在资产负债表日，对于递延所得税负债，应当根据相关税法的规定，按照预期收回该项资产或清偿该负债期间的适用税率计量，即递延所得税负债应以相关应纳税暂时性差异转回期间适用的企业所得税税率计量。

（1）除《企业会计准则》中明确规定不可确认递延所得税负债的情况外，企业对于所有的应纳税暂时性差异均应确认相关的递延所得税负债。

（2）不确认递延所得税负债的特殊情况。

在有些情况下，虽然资产、负债的账面价值与计税基础不同，产生了应纳税暂时性差异，但出于各方面考虑，《企业会计准则》中规定不确认相应的递延所得税负债，主要包括商誉的初始确认以及同时具有下列特征的交易中产生的资产的初始确认：该项交易不是企业合并；在交易发生时既不影响会计利润，又不影响应纳税所得额（或可抵扣亏损）。

此外，企业对与子公司、联营企业及合营企业投资相关的应纳税暂时性差异，应当确认相应的递延所得税负债。但是，同时满足下列条件的除外：

第一，投资企业能够控制暂时性差异转回的时间。

第二，该暂时性差异在可预见的未来很可能不会转回。

4.3.2 递延所得税资产的确认和计量

当企业资产的账面价值小于计税基础，或负债的账面价值大于计税基础，从而产生可抵扣暂时性差异时，企业应该将其确认为资产，作为递延所得税资产加以处理。在确认递延所得税资产时，应当以预期收回该资产期间的适用企业所得税税率为基础计算确定。

1. 除《企业会计准则第18号——所得税》中明确规定不可确认递延所得税资产的情况外，企业对于所有的应纳税暂时性差异均应确认相关的递延所得税资产

递延所得税资产源于可抵扣暂时性差异，确认因可抵扣暂时性差异产生的递延所得税资产应以未来期间可能取得的应纳税所得额为限，但确认的前提条件是在资产负债表日，有确凿证据表明未来期间很可能获得足够的应纳税所得额来抵扣暂时性差异。如果有确凿证据表明未来期间很可能无法获得足够的应纳税所得额来抵扣暂时性差异，则不能确认为递延所得税资产；但在资产负债表日，如果有确凿证据表明未来期间很可能获得足够的应纳税所得额来抵扣暂时性差异，则应当确认以前期间未确认的递延所得税资产。

对于与子公司、联营企业及合营企业投资相关的可抵扣暂时性差异，同时满足下列条件的，也应当确认为相应的递延所得税资产：暂时性差异在可预见的未来很可能转回；未来很可能获得用来抵扣暂时性差异的应纳税所得额。

2. 不确认递延所得税资产的特殊情况

在有些情况下，虽然资产、负债的账面价值与计税基础不同，产生了可抵扣暂时性差异，但出于各方面考虑，《企业会计准则》中规定不确认相应的递延所得税资产。也就是说，在同时具有下列特征的交易中，因资产或负债的初始确认所产生的递延所得税资产不予确认：该项交易不是企业合并；在交易发生时既不影响会计利润，又不影响应纳税所得额（或可抵扣亏损）。

例如，S企业进行内部研究与开发所形成的无形资产成本为1 200万元，因为按照税法的规定可在未来期间税前扣除的金额为1 800万元，故其计税基础为1 800万元。该项无形资产并非产生于企业合并，同时在初始确认时既不影响会计利润又不影响应纳税所得额，《企业会计准则》规定这种情况不确认相关的递延所得税资产。

［案例4-3］ 某企业于2024年1月1日开业，2024年和2025年免征企业所得税，从2024年开始适用25%的企业所得税税率。某设备于2024年开始计提折旧，2024年12月31日的账面价值为6 000万元，计税基础为8 200万元；2025年12月31日的账面价值为3 600万元，计税基础为6 000万元。计算2025年应确认的递延所得税资产发生额。

［解析］

2024年12月31日递延所得税资产余额＝(8 200－6 000)×25%＝550（万元）
2024年12月31日递延所得税资产发生额＝550（万元）
2025年12月31日递延所得税资产余额＝(6 000－3 600)×25%＝600（万元）
2025年12月31日递延所得税资产发生额＝600－550＝50（万元）

［案例4-4］ 某企业于2020年12月31日购入某设备，原价为2 000万元，预计净残值为零。会计按年数总和法计提折旧，折旧年限为4年；税法规定采用直线法计提折旧，折旧年限为4年。该企业适用的企业所得税税率为25%。请做出相应的所得税会计处理。

［解析］

某设备的折旧计算表见表4-1。

表4-1 某设备的折旧计算表

项目	2021年	2022年	2023年	2024年
原值（元）	20 000 000	20 000 000	20 000 000	20 000 000
累计税法折旧（元）	5 000 000	10 000 000	15 000 000	20 000 000
计税基础（元）	15 000 000	10 000 000	5 000 000	0
累计会计折旧（元）	8 000 000	14 000 000	18 000 000	20 000 000
账面价值（元）	12 000 000	6 000 000	2 000 000	0
暂时性差异（元）	3 000 000	4 000 000	3 000 000	0
适用税率（%）	25	25	25	25
递延所得税资产年末余额（元）	750 000	1 000 000	750 000	0
递延所得税资产发生额（元）	750 000	250 000	－250 000	－750 000

（1）按税法折旧：

税法上计提的年折旧额＝20 000 000÷4＝5 000 000(元)
2021年折旧＝5 000 000(元)

期末固定资产计税基础＝20 000 000－5 000 000＝15 000 000(元)
2022 年折旧＝5 000 000(元)
期末固定资产计税基础＝15 000 000－5 000 000＝10 000 000(元)
2023 年折旧＝5 000 000(元)
期末固定资产计税基础＝10 000 000－5 000 000＝5 000 000(元)
2024 年折旧＝5 000 000(元)
期末固定资产计税基础＝5 000 000－5 000 000＝0(元)

(2) 按会计折旧：

2021 年折旧＝20 000 000×4÷10＝8 000 000(元)
期末账面价值＝20 000 000－8 000 000＝12 000 000(元)
2022 年折旧＝20 000 000×3÷10＝6 000 000(元)
期末账面价值＝12 000 000－6 000 000＝6 000 000(元)
2023 年折旧＝20 000 000×2÷10＝4 000 000(元)
期末账面价值＝6 000 000－4 000 000＝2 000 000(元)
2024 年折旧＝20 000 000×1÷10＝2 000 000(元)
期末账面价值＝2 000 000－2 000 000＝0(元)

(3) 递延所得税资产计算：

2021 年期末暂时性差异＝15 000 000－12 000 000＝3 000 000(元)
递延所得税资产＝3 000 000×25%＝750 000(元)
应确认递延所得税资产＝750 000－0＝750 000(元)

其会计分录为：

借：递延所得税资产　　750 000
　贷：所得税费用　　750 000

2022 年期末暂时性差异＝10 000 000－6 000 000＝4 000 000(元)
递延所得税资产＝4 000 000×25%＝1 000 000(元)
应继续确认递延所得税资产＝1 000 000－750 000＝250 000(元)

其会计分录为：

借：递延所得税资产　　250 000
　贷：所得税费用　　250 000

2023 年期末暂时性差异＝5 000 000－2 000 000＝3 000 000(元)
递延所得税资产＝3 000 000×25%＝750 000(元)
应转销递延所得税资产＝1 000 000－750 000＝250 000(元)

其会计分录为：

借：所得税费用　　250 000
　贷：递延所得税资产　　250 000

2024 年期末暂时性差异＝0(元)

递延所得税资产＝0(元)

应转销递延所得税资产＝750 000－0＝750 000(元)

其会计分录为：

借：所得税费用　　750 000

　贷：递延所得税资产　　750 000

4.3.3　税率变化对已确认递延所得税资产和递延所得税负债的影响

企业在某一会计期间适用的企业所得税税率发生变化的，企业应对已确认的递延所得税资产和递延所得税负债按照新的税率进行重新计量。递延所得税资产和递延所得税负债的金额代表了相应的可抵扣暂时性差异或应纳税暂时性差异于未来期间转回时，使企业应交的企业所得税税额减少或增加的情况。在税率变动的情况下，应对原已确认的递延所得税资产及递延所得税负债的金额进行调整。

[案例 4-5]　2024 年 12 月 31 日，某公司购入价值 2 000 万元的固定资产，预计使用年限为 5 年，预计净残值为零。会计上采用双倍余额递减法计提折旧，税法上允许采用直线法计提折旧。2026 年以前该公司适用的企业所得税税率为 25%，从 2026 年起适用的企业所得税税率变更为 15%。计算 2026 年 12 月 31 日该公司递延所得税资产的余额。

[解析]

2026 年 12 月 31 日固定资产的账面价值

=2 000－2 000×40%－(2 000－2 000×40%)×40%

=720 (万元)

计税基础=2 000－2 000÷5×2=1 200(万元)

可抵扣暂时性差异余额=1 200－720=480(万元)

递延所得税资产余额=480×15%=72(万元)

[案例 4-6]　2020 年 12 月 31 日，某企业购入价值 3 000 万元的固定资产，预计使用年限为 5 年，预计净残值为零。税法采用直线法计提折旧，会计允许采用双倍余额递减法计提折旧。2022 年 12 月，该企业将注册地址迁到西部地区，因享受西部大开发税收优惠，适用的企业所得税税率由 25%变更为 15%。计算 2022 年应确认的递延所得税负债发生额。

[解析]

2021 年 12 月 31 日固定资产的计税基础=3 000－3 000÷5=2 400(万元)

账面价值=3 000－3 000×40%=1 800(万元)

可抵扣暂时性差异余额=2 400－1 800=600(万元)

递延所得税资产余额=600×25%=150(万元)

期初递延所得税资产余额=0(万元)

本期递延所得税资产发生额=150(万元)

会计分录为：

借：递延所得税资产　　　　1 500 000
　贷：所得税费用　　　　1 500 000

2022 年 12 月 31 日固定资产的计税基础 $=3\ 000-3\ 000\div5\times2=1\ 800$（万元）
账面价值 $=3\ 000-3\ 000\times40\%-(3\ 000-3\ 000\times40\%)\times40\%=1\ 080$（万元）
可抵扣暂时性差异余额 $=1\ 800-1\ 080=720$（万元）
递延所得税资产余额 $=720\times15\%=108$（万元）
期初递延所得税资产余额 $=150$（万元）
本期递延所得税资产发生额 $=108-150=-42$（万元）

会计分录为：
借：所得税费用　　　　420 000
　贷：递延所得税资产　　　　420 000

4.3.4 所得税费用的确认和计量

在用资产负债表债务法核算的情况下，利润表中的所得税费用包括当期所得税和递延所得税两部分。

1. 当期所得税

当期所得税是指企业按照税法规定计算确定的针对当期发生的交易和事项，应交纳给税务部门的所得税金额，即当期应交所得税。在一般情况下，应纳税所得额可在会计利润的基础上考虑会计与税法之间的差异，按照以下公式计算确定：

应纳税所得额 = 会计利润 ± 按税法纳税调整项目金额 ± 其他需要调整金额

2. 递延所得税

递延所得税是指按照《企业会计准则第 18 号——所得税》规定当期应予确认的递延所得税资产和递延所得税负债的金额。其计算公式如下：

$$\text{递延所得税}=\left(\text{递延所得税负债的期末余额}-\text{递延所得税负债的期初余额}\right)-\left(\text{递延所得税资产的期末余额}-\text{递延所得税资产的期初余额}\right)$$

3. 所得税费用

在计算确定了当期所得税及递延所得税后，利润表中应予确认的所得税费用为两者之和，即

所得税费用 = 当期所得税 + 递延所得税

[案例 4-7]　某企业持有一项以公允价值计量且其变动计入当期损益的金融资产，该金融资产的成本为 2 000 万元，期末公允价值为 2 500 万元。该企业适用的企业所得税税率为 25%。假设：（1）“递延所得税负债”科目不存在期初余额；（2）“递延所得税负债”科目的期初贷方余额为 100 万元；（3）“递延所得税负债”科目的期初贷方余额为 160 万元。

[解析]　（1）假设“递延所得税负债”科目不存在期初余额，则应纳税暂时性差异为：

该项金融资产的账面价值 $=2\ 500$（万元）

计税基础＝2 000(万元)

应纳税暂时性差异＝500(万元)

对于该项金融资产产生的500万元应纳税暂时性差异，应确认125万元递延所得税负债。

会计分录为：

借：所得税费用——递延所得税费用　　1 250 000

　贷：递延所得税负债　　1 250 000

(2) 假设“递延所得税负债”科目的期初贷方余额为100万元。

会计分录为：

借：所得税费用——递延所得税费用　　250 000

　贷：递延所得税负债　　250 000

(3) 假设“递延所得税负债”科目的期初贷方余额为160万元。

会计分录为：

借：递延所得税负债　　350 000

　贷：所得税费用——递延所得税费用　　350 000

[案例4-8]　某企业“预计负债——销售费用”科目的余额为200万元。假定按照税法的规定，与确认该负债相关的费用在实际发生时准予税前扣除。该企业适用的企业所得税税率为25%。假设：(1)“递延所得税资产”科目不存在期初余额；(2)“递延所得税资产”科目的期初借方余额为20万元；(3)“递延所得税资产”科目的期初借方余额为60万元。

[解析]　(1) 假设“递延所得税资产”科目不存在期初余额。该负债的计税基础为零，其账面价值与计税基础之间形成了可抵扣暂时性差异200万元。对于负债产生的200万元可抵扣暂时性差异，应确认50万元递延所得税资产。

会计分录为：

借：递延所得税资产　　500 000

　贷：所得税费用——递延所得税费用　　500 000

(2) 假设“递延所得税资产”科目的期初借方余额为20万元，则本期递延所得税资产发生额为300 000元。

会计分录为：

借：递延所得税资产　　300 000

　贷：所得税费用——递延所得税费用　　300 000

(3) 假设“递延所得税资产”科目的期初借方余额为60万元，则本期递延所得税资产为贷方发生额100 000元。

会计分录为：

借：所得税费用——递延所得税费用　　100 000

　贷：递延所得税资产　　100 000

[案例4-9]　2021年12月，某公司购入一台设备，原值为2 400万元，预计使用年限为3年，预计净残值为零，按直线法计提折旧。2022年12月31日，计提固定资产减值准备200万元。在计提减值后，原预计使用年限和净残值不变。假设该公司适用的企业所得税税率为25%。

［解析］ 各年末设备的账面价值和计税基础等信息见表4－2。

表4－2 设备的账面价值和计税基础等信息 单位：万元

	2021年末	2022年末	2023年末	2024年末（已清理）
固定资产原值	2 400	2 400	2 400	0
减：累计折旧	0	800	1 500	0
减：减值准备	0	200	200	0
固定资产账面价值	2 400	1 400	700	0
固定资产原值	2 400	2 400	2 400	0
减：税法累计折旧	0	800	1 600	0
固定资产计税基础	2 400	1 600	800	0
可抵扣暂时性差异	0	200(＝1 600－1 400)	100(＝800－700)	0
递延所得税资产余额	0	50(＝200×25%)	25(＝100×25%)	0
递延所得税资产本期发生额	0	50	－25(＝25－50)	－25(＝0－25)

注：会计每年计提折旧额：

2022年：(2 400－0)÷3＝800(万元)

2023年：(1 400－0)÷2＝700(万元)

2024年：(1 400－0)÷2＝700(万元)

税法折旧额：每年都是800万元。

该公司每年末企业所得税的会计分录如下：

2022年：

借：递延所得税资产 500 000

　贷：所得税费用 500 000

2023年：

借：所得税费用 250 000

　贷：递延所得税资产 250 000

2024年：

借：所得税费用 250 000

　贷：递延所得税资产 250 000

企业在编制合并财务报表时，因抵销未实现内部交易损益导致合并资产负债表中资产、负债的账面价值与纳入合并范围的企业按照税法规定确定的计税基础之间产生暂时性差异的，在合并资产负债表中应当确认递延所得税资产或递延所得税负债，同时调整合并利润表中的所得税费用，但与直接计入所有者权益的交易或事项及与企业合并相关的递延所得税除外。

企业在编制合并财务报表时，按照合并报表的编制原则，应将纳入合并范围的企业之间发生的未实现内部交易损益予以抵销。因此，对于所涉及的资产、负债项目在合并资产负债表中列示的价值与其在所属企业个别资产负债表中的价值不同，进而可能产生与有关资产、负债原计税基础的不同，从合并财务报表的角度，应当确认该暂时性差异对企业所得税的影响。

［案例 4-10］ 甲公司拥有乙公司 80%有表决权的股份，能够控制乙公司的生产经营决策。9 月，甲公司以 800 万元将一批自产产品销售给乙公司，这批产品在甲公司的生产成本为 500 万元。至当年 12 月 31 日，乙公司尚未对外销售这批产品。假定这批产品未发生减值，甲、乙公司适用的企业所得税税率均为 25%，且在未来期间预计不会发生变化。税法规定，企业的存货以历史成本作为计税基础。

［解析］ 甲公司在编制合并财务报表时，对于甲、乙公司发生的内部交易应进行以下抵销处理：

借：主营业务收入	8 000 000	
贷：主营业务成本		5 000 000
存货		3 000 000

经过上述抵销处理后，这项内部交易涉及的存货在合并资产负债表中体现的价值为 500 万元，即在未发生减值的情况下，为出售方的成本，其计税基础为 800 万元。两者之间产生了 300 万元可抵扣暂时性差异，与该暂时性差异相关的递延所得税在乙公司并未确认，因而在合并财务报表中应进行以下处理：

借：递延所得税资产	750 000	
贷：所得税费用		750 000

4.4 资产的会计核算与纳税调整

4.4.1 资产的税务处理

1. 资产的计税基础

资产的计税基础是指企业在收回资产账面价值的过程中，在计算应纳税所得额时按照税法的规定可以自应税经济利益中抵扣的金额，即某一项资产在未来计税时按照税法的规定可以税前扣除的金额。

《企业所得税法实施条例》第五十六条规定，企业的各项资产，包括固定资产、生物资产、无形资产、长期待摊费用、投资资产、存货等，以历史成本为计税基础。历史成本是指企业取得该项资产时实际发生的支出（在历史成本计量下，资产按照购置时支付的现金或者现金等价物的金额，或者按照购置资产时所付对价的公允价值计量。负债按照因承担现时义务而实际收到的款项或者资产的余额，或者承担现时义务的合同金额，或者按照日常活动中为偿还负债预期需要支付的现金或者现金等价物的金额计量）。将历史成本作为资产的计税基础主要有以下原因：首先，考虑到历史成本是发生交易时的实际成本，是由客观经济业务所确定的，不涉及主观因素，经得起检验；其次，考虑到税收征管实践的需要，因为只有历史成本是固定的，花费的资源成本较低，有利于税收征管。

在初始确认时，资产的计税基础一般为取得成本，即企业为取得某项资产支付的成本在未来期间准予税前扣除的金额。在持有资产的过程中，资产的计税基础是指资产的取得成本减去以前按照税法规定已税前扣除的金额后的余额。例如，固定资产、无形资产等长期资产在某一资产负债表日的计税基础是指按照税法规定已扣除累计折旧额或累计摊销额后的金额。企业持有各项资产期间的资产增值或者减值，除国务院财政、税务主管部门规定可以确认的损益外，不得调整该资产的计税基础。

通常情况下，在取得资产时，资产的入账价值与计税基础是相同的；在后续计量过程中，因《企业会计准则》与税法规定的不同，可能产生资产的账面价值与其计税基础之间的差异。例如，企业持有一项以公允价值计量且其变动计入当期损益的金融资产。在会计处理上，该金融资产在资产负债表日的账面价值是历史成本加上公允价值变动损益后的余额。但按照税法的规定，该公允价值变动损益并不计入应纳税所得额，因而其计税基础不变，仍为历史成本，这样账面价值就与计税基础产生了差异。又如，企业拥有一批存货，在拥有期间，由于市场因素变化，这批存货的价格降低，企业按《企业会计准则》的规定提取了存货跌价准备，因而该存货的账面价值为历史成本减去存货跌价准备。但是，按照税法的规定，企业提取的存货跌价准备不能税前扣除，因而该存货的计税基础仍为历史成本，从而与其账面价值产生了差异。再如，企业拥有一项固定资产，会计按照双倍余额递减法计提折旧，税法规定按照直线法计提折旧；此时，该固定资产的账面价值为历史成本减去按《企业会计准则》提取的折旧，但其计税基础是历史成本减去按税法规定可以计提的折旧，由于可以提取的折旧不同，因而其计税基础与账面价值不同。

2. 资产减值准备、风险准备的涉税规定

《企业所得税法》第十条第七款规定，在计算应纳税所得额时，未经核定的准备金支出不得扣除。《企业所得税法实施条例》第五十五条规定，未经核定的准备金支出是指不符合国务院财政、税务主管部门规定的各项资产减值准备、风险准备等准备金支出。需要注意的是，企业所提取的减值准备、风险准备等准备金的税前扣除比例，在国务院财政、税务主管部门规定的条件和标准范围内的，才允许税前扣除，否则一律不得扣除。

财务会计制度规定，基于资产的真实性和谨慎性原则考虑，为防止企业虚增资产或者虚增利润，确保企业因市场变化、科学技术进步或者经营管理不善等原因导致的资产实际价值变动能够得到真实反映，要求企业合理地预计各项资产可能发生的损失，提取准备金。

税法一般不允许企业提取各种形式的准备，主要基于以下考虑：①这是因为企业提取的各项资产减值准备，是由会计人员根据会计制度和自身职业判断进行的，不同的企业提取的比例不同，允许企业扣除准备金可能成为企业会计人员据以操纵的工具，而税务人员从企业外部很难判断企业会计人员据以提取准备金的依据是否充分合理。②由于市场复杂多变，各行业因市场风险不同，税法难以对各种准备金规定一个合理的提取比例；如果规定统一比例，就会导致税负不公。③企业提取的各种准备金实际上是为了减少市场经营风险，但这种风险应由企业自己承担，不应转嫁到国家身上。④各国所得税法均不允许各种准备金进行税前扣除。在当前我国企业法人治理结构不合理、内控机制不完善等情况下，许多企业利用提取准备金的办法来达到逃（避）税的目的。但是，由于人身保险、财产保险、风险投资和其他具有特殊风险的金融工具风险较大，各国所得税法都允许提取一定比例的准备金在税前扣除，所以《企业所得税法》规定：未经核定的准备金支出不得税前扣除，而经国务院财政、税务主管部门核定的准备金准予税前扣除。这样就为一些特殊企业提取能够税前扣除的准备金提供了可能。

4.4.2 特别纳税调整的原则

1. 独立交易原则

独立交易原则，又称公平独立原则、公平交易原则、正常交易原则等，是指完全独立的、无关联关系的企业或个人，根据市场的计价标准或价格来处理相互之间的收入和费用分配的原则。独立交易原则有以下两层内涵：①企业与其关联方之间的业务往来不符合独立交易原则而减少企业或关联方应纳税收入或者所得额的，税务机关有权按照合理方法调整。②企业与关联方共同开发、受让无形资产，或者共同提供、接受劳务发生的成本，在计算应纳税所得额时应当按照独立交易原则进行分摊。企业与关联方在分摊成本时违反上述规定的，其自行分摊的成本不得在计算应纳税所得额时扣除。

2. 预约定价原则

企业可以向税务机关提交与关联方之间业务往来的定价原则和计算方法，税务机关在与企业协商、确认后，双方达成预约定价安排。转让定价存在税收风险，预约定价安排可以降低关联交易的税收风险。

3. 反资本弱化原则

企业从其关联方接受的债权性投资与权益性投资的比例超过规定标准而发生的利息支出，不得在计算应纳税所得额时扣除。

《企业所得税法》中的债权性投资是指企业从关联方获得的、需要偿还本金和支付利息或者需要以其他具有利息性质的方式予以补偿的融资。

资本弱化是指企业通过改变资本结构（股权与债权的比例），利用债务利息可以在企业所得税税前扣除的规定，实现税收负担最小化的目的。

4. 一般反避税原则

企业实施其他不具有合理商业目的的安排而减少其应纳税收入或者所得额的，税务机关有权按照合理方法调整。

具体说来，“不具有合理商业目的的安排”应同时满足以下三个条件：一是必须存在一个安排，是指人为规划的一个或一系列行动或交易；二是企业必须从该安排中获取“税收利益”，即减少企业的应纳税收入或者所得额；三是企业将获取税收利益作为其从事某安排的唯一或主要目的。满足以上三个条件，则可断定该安排已经构成了避税事实。对于“安排”是否构成避税事实是采用商业目的来判断的，看企业是否主要出于商业目的而从事交易。如果一个或一系列安排的主要目的是获得税收利益而不是出于商业目的，那么在考虑各项因素后，经过合理推断，则可断定该安排构成了避税事实。

4.4.3 金融资产的涉税会计处理

金融资产属于企业资产的重要组成部分，主要包括库存现金、银行存款、应收账款、应收票据、其他应收款项、股权投资、债权投资和衍生工具形成的资产。企业应当根据其管理金融资产的业务模式和金融资产的合同现金流量特征，将金融资产划分为以下三类：①以摊余成本计量的金融资产；②以公允价值计量且其变动计入其他综合收益的金融资产；③以公允价值计量且其变动计入当期损益的金融资产。

1. 以摊余成本计量的金融资产

金融资产同时符合下列条件的，应当分类为以摊余成本计量的金融资产：

（1）企业管理该金融资产的业务模式是以收取合同现金流量为目标。

（2）该金融资产的合同条款规定，在特定日期产生的现金流量，仅为对本金和以未偿付本金金额为基础的利息的支付。

以摊余成本计量的金融资产，在初始计量时，《企业会计准则》规定：应当按照公允价值与相关交易费用之和作为初始入账金额。在税法中，投资资产应按照以下方法确定成本：①通过支付现金方式取得的投资资产，以购买价款为成本；②通过支付现金以外的方式取得的投资资产，以该资产的公允价值和支付的相关税费为成本。在取得利息收入时，《企业会计准则》规定：应当采用实际利率法，按摊余成本计量，按照摊余成本和实际利率计算确认利息收入，计入投资收益。税法规定：利息收入要按照合同约定的债务人应付利息的日期确认收入的实现。在金融资产终止确认时，《企业会计准则》规定：在金融资产终止确认时，其转让收入与账面价值的差额应确认为投资收益。税法规定：企业在转让或者处置投资资产时，投资资产的成本（计税基础）准予扣除。

［案例4-11］ 2018年1月1日，A公司用1 075元（含交易费用）从活跃市场上购入某公司的2年期债券，该债券的面值为1 200元。假定不含税的票面利率为4%，按年支付利息，即每年支付48元，本金最后一次支付。A公司将其划为以摊余成本计量的金融资产。（根据增值税法的相关规定，利息收入属于贷款服务，一般纳税人应按6%的税率计算缴纳增值税。）

［解析］ 假设该债券实际利率r的计算为：

$$48\times(1+r)^{-1}+(48+1\ 200)\times(1+r)^{-2}=1\ 075$$

解得：

$$r=10\%$$

因此，2018年的期初账面价值（即摊余成本）为1 075元。

2018年按实际利率计算的利息收入＝1 075×10%＝107.5（元）

2018年现金流入＝48（元）

2018年期末摊余成本＝1 075＋107.5－48＝1 134.5（元）

因此，2019年的期初摊余成本为1 134.5元。

2019年按实际利率计算的利息收入＝1 134.5×10%＝113.5（元）

2019 年现金流入 = 1 248(元)

有关会计分录及纳税调整如下：

(1) 2018 年 1 月 1 日，购入债券。

借：债权投资——成本　　1 200

　贷：银行存款　　1 075

　　　债权投资——利息调整　　125

根据税法的规定，以摊余成本计量的金融资产的成本按历史成本计量，即 1 075 元，其账面价值亦为 1 075 元（= 1 200 - 125），所以不用做纳税调整。

(2) 2018 年 12 月 31 日，确认实际利息收入、收到的票面利息等。

借：应收利息　　50.88

　　债权投资——利息调整　　59.50

　贷：投资收益　　107.50

　　　应交税费——应交增值税（销项税额）　　2.88

借：银行存款　　50.88

　贷：应收利息　　50.88

纳税调整：会计确认的投资收益为 107.5 元，税法确认的投资收益为 48 元，应调减应纳税所得额 59.5 元。

在资产负债表日，以摊余成本计量的金融资产的账面价值为 1 134.5 元（= 1 075 + 59.5），其计税基础仍为 1 075 元，产生应纳税暂时性差异 59.5 元。

递延所得税负债 = 59.5 × 25% = 14.88(元)

借：所得税费用　　14.88

　贷：递延所得税负债　　14.88

(3) 2019 年 12 月 31 日，确认实际利息，收到票面利息和本金等。

借：应收利息　　50.88

　　债权投资——利息调整　　65.50

　贷：投资收益　　113.50

　　　应交税费——应交增值税（销项税额）　　2.88

借：银行存款　　50.88

　贷：应收利息　　50.88

借：银行存款　　1 200

　贷：债权投资——成本　　1 200

纳税调整：会计确认的投资收益为 113.5 元，税法确认的投资收益为 173 元（= 1 200 + 48 - 1 075），应调增应纳税所得额 59.5 元。

在资产负债表日，以摊余成本计量的金融资产的计税基础为 0 元，账面价值为 0 元，期末递延所得税负债余额为 0 元，应转销期初余额 14.88 元。

递延所得税负债 = (65.5 - 125) × 25% = - 14.88(元)

借：递延所得税负债　　14.88

　贷：所得税费用　　14.88

2. 以公允价值计量且其变动计入其他综合收益的金融资产

金融资产同时符合下列条件的，应当分类为以公允价值计量且其变动计入其他综合收益的金融资产：

（1）企业管理该金融资产的业务模式既以收取合同现金流量为目标，又以出售该金融资产为目标。

（2）该金融资产的合同条款规定，在特定日期产生的现金流量，仅为对本金和以未偿付本金金额为基础的利息的支付。

企业应当设置“其他债权投资”科目核算分类为以公允价值计量且其变动计入其他综合收益的金融资产。

在初始计量时，按公允价值计量，相关交易费用计入初始确认金额。取得利息时，在《企业会计准则》中应当计入其他综合收益，在税法中按照合同约定的债务人应付利息的日期确认收入的实现。发生公允价值的变动时，在《企业会计准则》中于资产负债表日将该类金融资产的公允价值与其账面余额的差额记入“其他综合收益”科目，在税法中企业持有各项资产期间产生的资产增值或者减值，除国务院财政、税务主管部门规定可以确认的损益外，不得调整该资产的计税基础。当发生资产减值时，在会计中应计入当期损益。也就是说，在其他综合收益中确认其损失准备，且不应减少其在资产负债表中列示的账面价值，并将减值利得或损失计入当期损益。税法的处理与公允价值发生变动时相同。当金融资产终止确认时，在会计中应根据其处置收入与账面余额调整“其他综合收益”至投资收益。在税法中，投资资产的成本（计税基础）准予扣除。

［**案例 4－12**］ 2025 年 5 月 15 日，A 公司从二级市场购入股票 100 000 股，每股市价为 10 元，手续费为 2 000 元；A 公司将其指定为以公允价值计量且其变动计入其他综合收益的非交易性权益工具投资。2025 年 12 月 31 日，A 公司仍持有该股票，该股票当时的市价为 15 元。2026 年 8 月 3 日，A 公司将该股票售出，售价为每股 12 元，另支付交易税费 3 600 元。假定不考虑其他因素，请做出相应的会计分录。

［**解析**］ 其会计分录为：

（1）2025 年 5 月 15 日购入股票时：

借：其他权益工具投资——成本	1 002 000	
贷：银行存款		1 002 000

（2）2025 年 12 月 31 日确认股票价格变动时：

借：其他权益工具投资——公允价值变动	498 000	
贷：其他综合收益——其他权益工具投资公允价值变动		498 000

纳税调整：按照《企业会计准则》的规定，该项金融资产在会计期末应以公允价值计量，其账面价值应为期末公允价值 1 500 000 元；因税法规定资产在持有期间的公允价值变动不计入应纳税所得额，所以该项金融资产的期末计税基础应维持原取得成本不变（即 1 002 000 元），由此产生应纳税暂时性差异 498 000 元。由于该项交易既不影响会计利润，又不影响应纳税所得额，可以不确认递延所得税负债。

（3）2026 年 8 月 3 日，出售股票：

借：银行存款	1 196 400	
其他综合收益——其他权益工具投资公允价值变动	498 000	

贷：其他权益工具投资——成本　　1 002 000
　　其他权益工具投资——公允价值变动　　498 000
　　投资收益　　194 400

借：投资收益　　194 400
　贷：应交税费——转让金融商品应交增值税
　　11 003.77[194 400÷(1+6%)×6%]
　　盈余公积——法定盈余公积　　18 339.62
　　利润分配——未分配利润　　165 056.61

[案例4-13]　2021年1月1日，甲公司按面值购入100万份乙公司公开发行的分次付息、到期还本债券，款项已用银行存款支付。该债券每份面值为100元，票面年利率为5%，每年末支付利息，期限为5年。甲公司将该债券投资分类为以公允价值计量且其变动计入其他综合收益的金融资产。

2021年10月，受宏观经济形势的影响，乙公司的债券价格开始下跌。2021年12月31日，乙公司的债券价格降到每份50元。2022年宏观经济形势好转，12月31日乙公司的债券价格升至每份85元。

甲公司针对以公允价值计量且其变动计入其他综合收益的金融资产计提减值准备的政策是：价格下跌持续时间在一年以上或价格下跌幅度为成本的30%以上（含30%）。

[解析]　甲公司确认乙公司债券减值损失及转回减值损失的会计分录：

（1）甲公司第一年持有的乙公司债券应确认的减值损失金额为5 000万元（=10 000－100×50）。

借：信用减值损失　　50 000 000
　贷：其他综合收益——其他债权投资损失准备　　50 000 000

纳税调整：信用减值损失不得在税前扣除，应调增应纳税所得额5 000万元。该项金融资产的计税基础为10 000万元，账面价值为10 000万元，账面价值与计税基础相同，但该项减值损失能减少未来期间的应纳税所得额，所以应确定递延所得税资产12 500 000元（=50 000 000×25%）。

借：递延所得税资产　　12 500 000
　贷：所得税费用　　12 500 000

（2）甲公司2022年转回部分已确认的信用减值损失金额3 500万元（=1 000 000×85－1 000 000×50）。

借：其他综合收益——其他债权投资损失准备　　35 000 000
　贷：信用减值损失　　35 000 000

纳税调整：调减应纳税所得额3 500万元，同时应冲销递延所得税资产8 750 000元（=35 000 000×25%）。

借：所得税费用　　8 750 000
　贷：递延所得税资产　　8 750 000

3. 以公允价值计量且其变动计入当期损益的金融资产

除了以摊余成本计量的金融资产和以公允价值计量且其变动计入其他综合收益的金融

资产外，对于其他金融资产，企业应当将其分类为以公允价值计量且其变动计入当期损益的金融资产。

企业应当设置“交易性金融资产”科目来核算以公允价值计量且其变动计入当期损益的金融资产。企业持有的以公允价值计量且其变动计入当期损益的金融负债，也通过该科目核算。

根据《企业会计准则》的规定，以公允价值计量且其变动计入当期损益的金融资产在初始确认时，应按公允价值计量，并将相关交易费用直接计入当期损益。在资产负债表日，企业应将以公允价值计量且其变动计入当期损益的金融资产的公允价值变动计入当期损益。在处置该金融资产时，其公允价值与初始入账金额之间的差额应确认为投资收益，同时调整公允价值变动损益。税法规定，企业以公允价值计量的金融资产、金融负债以及投资性房地产等，持有期间公允价值的变动不计入应纳税所得额，在实际处置或结算时，处置取得的价款扣除其历史成本后的差额应计入处置或结算期间的应纳税所得额。税法与《企业会计准则》对此的不同规定，造成在公允价值变动的情况下，以公允价值计量的金融资产账面价值与计税基础之间产生了差异。

［案例4-14］ 2025年5月13日，甲公司支付1 000 000元从二级市场购入乙公司发行的股票100 000股，每股价格为10元，另支付交易费用2 000元。甲公司将持有的乙公司股票划为以公允价值计量且其变动计入当期损益的金融资产。2025年12月31日，乙公司的股票价格涨到每股12元。2026年9月30日，甲公司将持有的乙公司股票全部售出，每股售价为15元。

［解析］ 其会计分录为：

(1) 2025年5月13日购入乙公司股票时：

借：交易性金融资产——成本　　1 000 000
　　投资收益　　2 000
　贷：银行存款　　1 002 000

纳税调整：甲公司购入的该项金融资产的计税基础应按历史成本记账，即购买乙公司股票的全部支出为1 002 000元，其账面价值为1 000 000元，产生可抵扣暂时性差异2 000元，调增应纳税所得额2 000元。

在资产负债表日，递延所得税资产余额为500元（=2 000×25%）。

借：递延所得税资产　　500
　贷：所得税费用　　500

(2) 2025年12月31日确认股票价格变动时：

借：交易性金融资产——公允价值变动　　200 000
　贷：公允价值变动损益　　200 000

纳税调整：根据税法的规定，该资产的公允价值变动不计入应纳税所得额，调减应纳税所得额200 000元，资产的计税基础仍为1 002 000元，其账面价值为1 200 000元，产生应纳税暂时性差异198 000元。

在资产负债表日，递延所得税负债余额为49 500元（=198 000×25%），递延所得税资产余额为0，则递延所得税负债本期发生额为49 500元，递延所得税资产本期发生额为-500元。

借：所得税费用　　50 000

　贷：递延所得税负债　　49 500

　　　递延所得税资产　　500

(3) 2026 年 9 月 30 日将乙公司股票全部售出时：

借：银行存款　　1 500 000

　贷：交易性金融资产——成本　　1 000 000

　　　交易性金融资产——公允价值变动　　200 000

　　　投资收益　　300 000

借：投资收益　　28 301.89

　贷：应交税费——转让金融商品应交增值税

28 301.89[100 000×(15－10)÷(1＋6%)×6%]

纳税调整：在资产负债表日，该项资产的账面价值和计税基础均为 0 元，递延所得税负债无余额，调增应纳税所得额 198 000 元[＝(100 000×15－1 002 000)－300 000]，同时需要转销递延所得税负债 49 500 元。

借：递延所得税负债　　49 500

　贷：所得税费用　　49 500

4.4.4　存货的会计处理与纳税调整

存货是指企业在日常活动中持有以备出售的产成品或商品、处在生产过程中的在产品、在生产过程或提供劳务过程中耗用的材料及物资等。

企业取得存货，应当按照成本进行计量。存货成本包括采购成本、加工成本和其他成本三个组成部分。

企业在确定发出存货的成本时，可以采用先进先出法、加权平均法和个别计价法。计价方法一经选用，不得随意变更。

根据《企业会计准则》的规定，在资产负债表日，存货应当按照成本与可变现净值孰低计量。当存货成本低于可变现净值时，存货按成本计量；当存货成本高于可变现净值时，存货按可变现净值计量，同时按照成本高于可变现净值的差额计提存货跌价准备，计入当期损益。可变现净值是指在日常活动中，存货的估计价值减去至完工时估计将要发生的成本、估计的销售费用以及相关税费后的金额。根据税法的规定，存货计提的跌价准备不计入应纳税所得额。

[案例 4－15]　2021 年 12 月 31 日，A 公司甲商品的账面成本为 100 万元，但由于甲商品的市场价格下跌，预计可变现净值为 90 万元。2022 年 6 月 30 日，甲商品的市场价格有所上升，使得甲商品的预计可变现净值变为 96 万元。2022 年 7 月 10 日，甲商品售出，取得销售收入（不含增值税）102 万元。

[解析]　(1) 2021 年 12 月 31 日，由于可变现净值小于账面价值，应计提存货跌价准备 10 万元。

借：资产减值损失——存货减值损失　　100 000

　贷：存货跌价准备　　100 000

纳税调整：2021 年 12 月 31 日，甲商品的账面价值调整为 900 000 元，而其计税基础仍为 1 000 000 元，产生可抵扣暂时性差异 100 000 元，应调增应纳税所得额 100 000 元。

递延所得税资产 = 100 000 × 25% = 25 000（元）

借：递延所得税资产　　25 000

　贷：所得税费用　　25 000

（2）2022 年 6 月 30 日，由于甲商品的市场价格上升，甲商品的可变现净值有所恢复，应计提的存货跌价准备为 4 万元（= 100 − 96），则当期应冲销已计提的存货跌价准备 6 万元（= 10 − 4），因此应转销的存货跌价准备为 6 万元。

借：存货跌价准备　　60 000

　贷：资产减值损失——存货减值损失　　60 000

纳税调整：2022 年 6 月 30 日，甲商品的账面价值调整为 960 000 元，而其计税基础仍为 1 000 000 元，产生可抵扣暂时性差异 40 000 元，应调减应纳税所得额 60 000 元。

期末递延所得税资产 = 40 000 × 25% = 10 000（元）

期初递延所得税资产 = 25 000（元）

因此，递延所得税资产减少 15 000 元。

借：所得税费用　　15 000

　贷：递延所得税资产　　15 000

（3）2022 年 7 月 10 日，甲商品售出。

借：银行存款　　1 152 600

　贷：主营业务收入　　1 020 000

　　　应交税费——应交增值税（销项税额）　　132 600

借：主营业务成本　　960 000

　　存货跌价准备　　40 000

　贷：库存商品　　1 000 000

纳税调整：调减应纳税所得额 40 000 元。在资产负债表日，该项资产的账面价值与计税基础均为 0 元，递延所得税资产余额为 0 元，因此转销递延所得税资产的期初余额为 10 000 元。

转销递延所得税资产 = 40 000 × 25% = 10 000（元）

借：所得税费用　　10 000

　贷：递延所得税资产　　10 000

4.4.5 长期股权投资的会计处理与纳税调整

长期股权投资是指投资方能对被投资单位实施控制、重大影响的权益性投资，以及对其合营企业的权益性投资，主要包括以下几个方面：

（1）投资方能够对被投资单位实施控制的权益性投资，即对子公司投资。控制是指投资方拥有对被投资单位的权力，通过参与被投资单位的相关活动而享有可变回报，并且有能力运用对被投资单位的权力影响其回报金额。

（2）投资方与其他合营方一同对被投资单位实施共同控制且对被投资单位的净资产享有权利的权益性投资，即对合营企业投资。共同控制是指按照相关约定对某项安排所共有的控制，并且该安排的相关活动必须经过分享控制权的参与方一致同意后才能决策。

（3）投资方对被投资单位具有重大影响的权益性投资，即对联营企业投资。重大影响是指对一个企业的财务和经营政策有参与决策的权力，但不能控制或者与其他方一起共同控制这些政策的制定。在实务中，较为常见的重大影响体现为在被投资单位的董事会或类似权力机构中派有代表，通过在被投资单位财务和经营决策制定过程中的发言权实施重大影响。投资方直接或通过子公司间接持有被投资单位20%以上但低于50%的表决权时，通常认为对被投资单位具有重大影响，除非有明确的证据表明在这种情况下投资方不能参与被投资单位的生产经营决策，不形成重大影响。在确定能否对被投资单位施加重大影响时，还应当考虑投资方和其他方持有的被投资单位当期可转换公司债券、当期可执行认股权证等潜在表决权因素。

1. 长期股权投资的初始投资成本计量

在取得长期股权投资时，应按初始投资成本入账。长期股权投资的初始投资成本应分为企业合并和非企业合并两种情况确定。

（1）企业合并形成的长期股权投资。对于企业合并形成的长期股权投资，初始投资成本的确定应按企业合并的类型划分，即按同一控制下企业合并和非同一控制下企业合并确定形成长期股权投资的初始投资成本。其中，同一控制是指参与合并的企业在合并前后均受同一方或相同的多方最终控制且该控制并非暂时性的。对于同一控制下的企业合并，在合并日取得对其他参与合并企业控制权的一方为合并方，参与合并的其他企业为被合并方。参与合并的各方在合并前后不受同一方或相同的多方最终控制的，为非同一控制下的企业合并。在购买日取得对其他参与合并企业控制权的一方为购买方，参与合并的其他企业为被购买方。

对于企业合并形成的长期股权投资，其初始投资成本的税务处理可分为一般性税务处理和特殊性税务处理。根据《财政部、国家税务总局关于企业重组业务企业所得税处理若干问题的通知》（财税〔2009〕59号）的规定，在一般重组下，合并企业应按公允价值确定被合并企业各项资产和负债的计税基础。企业股东在该企业合并发生时取得的股权支付金额不低于其交易支付总额的85%，以及同一控制下且不需要支付对价的企业合并，可选择特殊性税务处理。在特殊重组下，合并企业接受被合并企业资产和负债的计税基础，以被合并企业的原有计税基础确定。

企业重组同时符合下列条件的，适用特殊性税务处理规定：

1）具有合理的商业目的，且不以减少、免除或者推迟缴纳税款为主要目的。

2）被收购、合并或分立部分的资产或股权比例符合规定的比例（收购企业购买的股权不低于被收购企业全部股权的50%）。

3）企业重组后的连续12个月内不改变重组资产原来的实质性经营活动。

4）重组交易对价中涉及股权支付的金额符合规定的比例（股权支付金额不低于其交易支付总额的85%）。

5）企业重组中取得股权支付的原主要股东，在重组后连续12个月内，不得转让所取得的股权。

第一，同一控制下企业合并形成的长期股权投资。

对于同一控制下的企业合并，合并方以支付现金、转让非现金资产或承担债务方式作为合并对价的，应当在合并日按照被合并方所有者权益在最终控制方合并财务报表中账面价值的份额作为长期股权投资的初始投资成本。长期股权投资的初始投资成本与支付的现金、转让的非现金资产以及所承担债务账面价值之间的差额，应当调整资本公积（资本溢价或股本溢价）；资本公积（资本溢价或股本溢价）不足冲减的，可以调整留存收益，即依次冲减盈余公积和未分配利润。

合并方以发行权益性证券作为合并对价的，应当在合并日按照被合并方所有者权益在最终控制方合并财务报表中账面价值的份额作为长期股权投资的初始投资成本。合并方应以发行股份的面值总额作为股本，长期股权投资的初始投资成本与所发行股份面值总额之间的差额，应当调整资本公积（资本溢价或股本溢价）；资本公积（资本溢价或股本溢价）不足冲减的，可以调整留存收益，即依次冲减盈余公积和未分配利润。

合并方发生的审计、法律服务、评估咨询等中介费用以及其他相关管理费用，于发生时计入当期损益。与发行权益性工具作为合并对价直接相关的交易费用，应当冲减资本公积（资本溢价或股本溢价）；资本公积（资本溢价或股本溢价）不足冲减的，依次冲减盈余公积和未分配利润。与发行债务性工具作为合并对价直接相关的交易费用，应当计入债务性工具的初始确认金额。

由此可见，同一控制下的企业合并以合并日按照被合并方所有者权益在最终控制方合并财务报表中的账面价值作为长期股权投资的初始投资成本。在税务处理上，财税〔2009〕59号文规定，满足一定条件的同一控制下且不需要支付对价的企业合并，可以选择特殊性税务处理。若适用特殊性税务处理，计税基础按照被合并企业原有计税基础确定，此时会计和税法要求一致，不需要做纳税调整。但是，如果同一控制下的企业合并不符合上述条件，则不适用特殊性税务处理，应按照公允价值确定计税基础，故税法和会计存在差异。

［案例4-16］ A公司用货币资金2 000万元向同一集团内B公司的原股东C公司换取B公司100%的股权，相关手续于当日完成，并能够对B公司实施控制。在合并后，B公司仍维持其独立法人资格继续经营。在合并日，B公司财务报表中净资产的账面价值为2 200万元，C公司合并财务报表中的B公司净资产账面价值为4 000万元。假定A公司和B公司都受C公司同一控制，不考虑相关税费等其他因素影响。

［解析］ 本例中的企业合并属于同一控制下的企业合并，A公司在合并日应确认对B公司的长期股权投资，其初始投资成本为B公司在C公司合并财务报表中的净资产账面价值，即长期股权投资的初始投资成本为4 000万元（=4 000×100%），与货物账面价值的差额2 000万元（=4 000－2 000）计入资本公积。

其会计分录为：

借：长期股权投资	40 000 000	
贷：库存商品		20 000 000
资本公积——资本溢价		20 000 000

第二，非同一控制下企业合并形成的长期股权投资。

对于非同一控制下的企业合并，合并方在合并日应当以企业合并成本作为长期股权投资的初始投资成本。企业合并成本包括合并方付出的资产、发生或承担的负债、发行的权益性工具或债务性工具的公允价值之和。合并方为企业合并发生的审计、法律服务、评估咨询等中介费用以及其他相关管理费用，应于发生时计入当期损益；合并方作为合并对价发行的权益性工具或债务性工具的交易费用，应当计入权益性工具或债务性工具的初始确认金额。

对于非同一控制下的企业合并，会计上按照公允价值确认长期股权投资的初始投资成本；若税法上不适用特殊性税务处理，则按照财税〔2009〕59号文的规定，可按照公允价值确认长期股权投资的初始成本；此时，会计和税法要求一致，不需要做纳税调整。若税法上满足特殊性税务处理条件，且企业选择特殊性税务处理，而计税基础按照被合并企业原有的计税基础确定，则税法和会计之间存在差异。

［案例4-17］ A公司以土地使用权（原价10 000 000元，已累计摊销2 000 000元，公允价值为15 000 000元）、银行存款1 000 000元投资B公司，取得B公司50%的股权。A公司为此投资发生资产评估费用20 000元。在合并前，A公司与B公司不存在任何关联关系。不考虑相关税费等其他因素影响。

［解析］ 其会计分录为：

借：长期股权投资	16 000 000	
管理费用	20 000	
累计摊销	2 000 000	
贷：无形资产		10 000 000
银行存款		1 020 000
营业外收入		7 000 000

（2）通过企业合并以外的其他方式取得的长期股权投资。除企业合并形成的长期股权投资以外，通过其他方式取得的长期股权投资，应当按照下列规定确定其初始投资成本：

第一，以支付现金取得的长期股权投资，应当以实际支付的购买价款作为初始投资成本。初始投资成本包括与取得长期股权投资直接相关的费用、税金及其他必要支出。

第二，以发行权益性证券取得的长期股权投资，应当以发行权益性证券的公允价值作为初始投资成本。为发行权益性证券支付给有关证券承销机构等的手续费、佣金等与权益性证券发行直接相关的费用，不构成取得长期股权投资的成本。这些费用应自所发行证券的溢价发行收入中扣除，溢价发行收入不足冲减的，应依次冲减盈余公积和未分配利润。

第三，以非货币性资产交换、债务重组等方式取得的长期股权投资，其初始投资成本应按照《企业会计准则第7号——非货币性资产交换》和《企业会计准则第12号——债务重组》的有关规定确定。

［案例4-18］ A公司通过增发800 000股普通股（面值为1元/股）取得B公司20%的股权，相关手续于当日完成。A公司在取得这部分股权后，能够对B公司施加重大影响。A公司所增发股份的公允价值为1 240 000元，并向证券承销机构等支付了40 000元佣金和手续费。A公司与B公司不存在任何关联关系，不考虑相关税费等其他因素的影响。

［解析］ 其会计分录为：

借：长期股权投资	1 240 000	

贷：股本　　800 000
　　资本公积——股本溢价　　440 000
借：资本公积——股本溢价　　40 000
　贷：银行存款　　40 000

2. 长期股权投资的后续核算

按照《企业会计准则》的规定，长期股权投资在持有期间，根据投资方对被投资单位的影响程度进行划分，应当分别采用成本法和权益法进行核算。

（1）成本法的会计核算与纳税调整。如果投资方能够对被投资单位实施控制，那么需要采用成本法对长期股权投资进行核算。

第一，成本法的会计核算。采用成本法核算的长期股权投资应当按照初始投资成本计价，追加或收回投资应当调整长期股权投资的成本。除被投资单位取得投资时实际支付的价款或对价中包含的已宣告但尚未发放的现金股利或利润外，投资方应当按照被投资单位宣告分派的现金股利或利润中应享有的部分确认投资收益，不管该利润分配是对取得投资前还是取得投资后被投资单位实现净利润的分配。

投资方在确认自被投资单位应分得的现金股利或利润后，应当考虑有关长期股权投资是否发生减值。在判断这类长期股权投资是否存在减值迹象时，应当关注长期股权投资的账面价值是否大于所持被投资单位净资产（包括相关商誉）账面价值的份额等类似情况。在出现类似情况时，应当按照《企业会计准则第 8 号——资产减值》对长期股权投资进行减值测试，若可收回金额低于长期股权投资账面价值的，应当计提减值准备。

第二，成本法的纳税调整。根据税法的规定，长期股权投资以历史成本作为计税基础，因此会计上计提长期股权投资减值准备所抵减的初始投资成本应进行计税基础调整。此外，根据《企业所得税法》的规定，企业因权益性投资从被投资方取得的股息、红利等权益性投资收益，除国务院财政、税务主管部门另有规定外，应当按照被投资方做出利润分配决定的日期确认收入的实现。取得的投资收益不限于被投资单位接受投资后产生的累积净利润的分配额。由于该部分投资收益免税①，不影响应纳税所得额，因此根据《企业会计准则》的规定，可以不确认递延所得税资产。

[案例 4-19]　1 月 1 日，A 公司以 50 000 000 元取得 B 公司 70%的股份。B 公司被收购当年及第二年实现的净利润分别为 5 000 000 元和 8 000 000 元；分派的利润分别为 2 000 000 元和 6 000 000 元。

[解析]　A 公司的会计分录及涉税调整如下：

第一年：

在被投资单位分派的 2 000 000 元利润中，A 公司按持股比例取得 1 400 000 元（=2 000 000×70%），计入投资收益。

借：应收股利　　1 400 000

① 根据《企业所得税法》第二十六条的规定，符合条件的居民企业之间的股息、红利等权益性投资收益为免税收入。符合条件的居民企业之间的股息、红利等权益性投资收益，是指居民企业直接投资于其他居民企业取得的投资收益，不包括连续持有居民企业公开发行并上市流通的股票不足 12 个月取得的投资收益。《企业所得税法实施条例》第十七条规定，股息、红利等权益性投资收益，除国务院财政、税务主管部门另有规定外，按照被投资方做出利润分配决定的日期确认收入的实现。

贷：投资收益　　　　1 400 000

纳税调整：长期股权投资的计税基础仍为50 000 000元，投资收益（免税收入）增加1 400 000元，应在企业所得税纳税申报表中调减相应项目的金额。

第二年：

在被投资单位分派的6 000 000元利润中，A公司按持股比例取得4 200 000元（=6 000 000×70%），计入投资收益。

借：应收股利　　　　4 200 000

贷：投资收益　　　　4 200 000

纳税调整：长期股权投资的计税基础仍为50 000 000元，投资收益（免税收入）增加4 200 000元，应在企业所得税纳税申报表中调减相应项目的金额。

(2) 权益法的会计核算与纳税调整。权益法是指投资以初始投资成本计量后，在投资持有期间根据投资方持有的被投资单位所有者权益份额的变动对投资的账面价值进行调整的方法。

投资方对被投资单位具有共同控制或重大影响的长期股权投资，即对联营企业和合营企业的长期股权投资，应当采用权益法核算。投资方对联营企业的权益性投资，其中一部分通过风险投资机构、共同基金、信托公司或包括投连险基金在内的类似主体间接持有的，无论上述主体是否对这部分投资具有重大影响，投资方都可以按照有关规定对间接持有的这部分投资选择以公允价值计量且将其变动计入损益，并对其余部分采用权益法核算。

投资方对联营企业或合营企业进行投资后，对于投资时初始投资成本与应享有被投资单位可辨认净资产公允价值份额之间的差额，应区分情况处理：初始投资成本大于应享有被投资单位可辨认净资产公允价值份额的，该部分差额是投资方在投资过程中通过作价取得的与所取得股权份额相对应的商誉价值，在这种情况下不要求对长期股权投资的成本进行调整；反之，两者之间的差额体现为双方在交易作价过程中转让方的让步，这部分经济利益应计入投资当期的营业外收入，同时调增长期股权投资的账面价值。

在长期股权投资的持有期间，投资方应随着被投资单位所有者权益的变动相应增加或减少长期股权投资的账面价值，并区分以下情况进行相应处理：对于因被投资单位实现净利润或发生净亏损而产生的所有者权益变动，投资方按照应享受或分担的份额，增加或减少长期股权投资的账面价值，同时确认投资损益；对于因被投资单位其他综合收益发生变动而产生的所有者权益变动，投资方应当按照归属于自己的部分，相应调整长期股权投资的账面价值，同时增加或减少其他综合收益；对于被投资单位宣告分派的现金股利或利润，投资方按所持股权比例计算应分得的部分，相应减少长期股权投资的账面价值；对于被投资单位除净损益、其他综合收益以及利润分配以外的因素①导致的其他所有者权益变动，投资方应按所持的股权比例计算应享有的份额，调整长期股权投资的账面价值，同时计入资本公积（其他资本公积），并在备查簿中予以登记。

① 被投资单位除净损益、其他综合收益以及利润分配以外的所有者权益的其他变动因素，主要包括被投资单位接受其他股东的资本性投入、被投资单位发行可分离交易的可转债中包含的权益成分、以权益结算的股份支付、其他股东对被投资单位增资导致投资方持股比例的变动等。

税法规定，股息、红利等权益性投资收益按照被投资方做出利润分配决定的日期确认收入的实现，其投资收益的计税金额按照分配决定确定。与此同时，税法还规定，被投资企业发生的经营亏损，由被投资企业按规定结转弥补，投资企业不得调减其投资成本，也不得将其确认为投资损失。

[案例 4-20]　2025 年 1 月，A 公司取得 B 公司 40%的股权，支付价款 5 000 万元。在取得该项股权投资时，被投资单位的净资产账面价值为 15 000 万元（假定被投资单位各项可辨认资产、负债的公允价值与其账面价值相同）。A 公司派人参与了 B 公司的生产经营决策，能够对 B 公司施加重大影响。

[解析]　A 公司按持股比例应享有 B 公司可辨认净资产的公允价值为：

$$15\ 000 \times 40\% = 6\ 000(\text{万元})$$

由于长期股权投资的初始投资成本 5 000 万元小于取得投资时应享有被投资单位 B 公司可辨认净资产公允价值的份额 6 000 万元，这两者之间的差额 1 000 万元应调增长期股权投资的账面价值，并计入投资当期的营业外收入。

其会计分录为：

借：长期股权投资——投资成本　　60 000 000

　贷：银行存款　　50 000 000

　　　营业外收入　　10 000 000

纳税调整："营业外收入"科目中的 10 000 000 元不构成计税收入，应调减应纳税所得额 10 000 000 元。

如果案例 4-20 中取得投资时被投资单位 B 公司的净资产公允价值为 10 000 万元，A 公司按持股比例应享有的份额为 4 000 万元（=10 000×40%），小于长期股权投资的初始投资成本 5 000 万元，这两者之间的差额不调整长期股权投资的账面价值。

其会计分录为：

借：长期股权投资——投资成本　　50 000 000

　贷：银行存款　　50 000 000

对于采用权益法核算的长期股权投资，如果企业拟长期持有，则因初始投资成本的调整而产生的暂时性差异预计未来期间不会转回，所以对未来期间没有企业所得税影响；因确认投资收益产生的暂时性差异，如果在未来期间逐期分回现金股利或利润时免税，也不存在对未来期间的企业所得税影响；因确认应享有被投资单位其他权益变动而产生的暂时性差异，在长期持有的情况下，预计未来期间也不会转回。因为在准备长期持有的情况下，对于采用权益法核算的长期股权投资账面价值与计税基础之间的差异，投资企业一般不确认相关的企业所得税影响。如果投资企业将长期股权投资对外出售，则因长期股权投资的账面价值与计税基础不同而产生的暂时性差异，均应确认相关的所得税影响。

沿用案例 4-20 的资料，假定 2025 年度 B 公司因持有的以公允价值计量且其变动计入其他综合收益的金融资产公允价值变动计入其他综合收益的金额为 250 万元，除该事项外，当期实现的净利润为 1 000 万元。2026 年 4 月，B 公司宣告分派现金股利 500 万元；2026 年 5 月，A 公司收到现金股利 200 万元；2026 年 6 月，A 公司拟转让该项股权投资；

2026 年 10 月，A 公司取得转让收入 6 600 万元。

2025 年末，A 公司按股权比例确认应享有的投资收益和其他综合收益：

借：长期股权投资——损益调整　　4 000 000
　　长期股权投资——其他综合收益　　1 000 000
　贷：投资收益　　4 000 000
　　　其他综合收益　　1 000 000

2026 年 4 月，B 公司宣告分派现金股利：

借：应收股利　　2 000 000
　贷：长期股权投资——损益调整　　2 000 000

2026 年 5 月，A 公司收到现金股利：

借：银行存款　　2 000 000
　贷：应收股利　　2 000 000

税法确认的投资收益为 200 万元，会计确认的投资收益为 400 万元，并且税法确认的投资收益 200 万元为免税收入。

在 2026 年 6 月拟出售时确认对所得税费用的影响：

长期股权投资的账面价值为 6 200 万元（＝6 000＋400－200），计税基础为 5 000 万元，产生的应纳税暂时性差异为 1 200 万元（＝6 200－5 000），递延所得税负债余额为 300 万元（＝1 200×25%）。

注：2025 年 B 公司因持有的以公允价值计量且其变动计入其他综合收益的金融资产公允价值变动计入其他综合收益的金额 250 万元中，A 公司按持股比例分摊的 100 万元部分虽然增加了长期股权投资的账面价值，但由于其确认时既不影响会计利润又不影响应纳税所得额，这部分差异可不确认递延所得税负债。

借：所得税费用　　3 000 000
　贷：递延所得税负债　　3 000 000

2026 年 10 月转让这项投资时，会计上确认的投资收益为 400 万元（＝6 600－6 300＋100），税法确认的收益为 1 600 万元（＝6 600－5 000），调增应纳税所得额 1 200 万元（＝1 600－400）。

借：银行存款　　66 000 000
　贷：长期股权投资——投资成本　　60 000 000
　　　长期股权投资——损益调整　　2 000 000
　　　长期股权投资——其他综合收益　　1 000 000
　　　投资收益　　3 000 000

将原确认的相关其他综合收益全部转入当期损益：

借：其他综合收益　　1 000 000
　贷：投资收益　　1 000 000

同时转销递延所得税负债期初余额 300 万元。

借：递延所得税负债　　3 000 000
　贷：所得税费用　　3 000 000

4.4.6 固定资产的会计处理与纳税调整

1. 固定资产的范围

《企业所得税法》所称的固定资产，是指企业为生产产品、提供劳务、出租或者经营管理而持有的，使用时间超过12个月的非货币性资产，包括房屋、建筑物、机器、机械、运输工具以及其他与生产经营活动有关的设备、器具、工具等。

一般来说，固定资产是企业资产中价值较高的部分，固定资产的税务处理是《企业所得税法》的一个重要组成部分。

会计上的固定资产是指为生产产品、提供劳务、出租或者经营管理而持有的，使用年限超过一个会计年度的资产。税法所界定的固定资产与会计上的固定资产基本相同，但需要注意的是，会计上"出租"的固定资产是指用以出租的机器设备类固定资产，不包括以经营租赁方式出租的建筑物，后者属于企业的投资性房地产，不属于固定资产，这与税法中的固定资产有所区别。

2. 固定资产的计税基础及纳税调整

固定资产的计税基础与《企业会计准则》规定的固定资产的计价原则相同。根据《企业所得税法实施条例》第五十八条的规定，固定资产按照以下方法确定计税基础：

（1）外购的固定资产，以购买价款和支付的相关税费以及直接归属于使该资产达到预定用途发生的其他支出为计税基础。这与《企业会计准则》的规定一致。外购的固定资产，其计税基础由三部分组成：首先，购买价款。这是固定资产计税基础的主体构成部分，是指企业通过货币形式，为购买固定资产所支付的直接对价物。其次，支付的相关税费。这是企业为购买固定资产而缴纳的税金、行政事业性收费等，如购买车辆而支付的车辆购置税、签订购买合同而缴纳的印花税等。最后，其他支出。这是指使固定资产达到预定可使用状态而发生的可归属于该项资产的运输费、装卸费、安装费和专业人员服务费等。

（2）自行建造的固定资产，以竣工结算前发生的支出为计税基础。《企业会计准则》规定，自行建造固定资产的入账价值，由建造该项资产达到预定可使用状态前所发生的必要支出构成。自行建造的固定资产，以竣工结算前发生的支出为计税基础，包括固定资产所需的原材料费用、人工费、管理费、缴纳的相关税费、应予资本化的借款费用等，只要是固定资产在达到预定用途之前发生的、为建造固定资产所必需的、与固定资产的形成具有直接关系的支出，都应作为固定资产的计税基础的组成部分。本条对预定可使用状态的把握以工程的竣工结算为标志。这一规定与《企业会计准则》是有差异的，因为《企业会计准则》并没有将预定可使用状态等同于工程的竣工结算，有可能存在已达到预定可使用状态但并未办理竣工结算的固定资产。对此，《企业会计准则》的规定是，已达到预定可使用状态但尚未办理竣工结算的固定资产，应当按照估计价值确定其成本，并计提折旧；待办理竣工结算后，再按实际成本调整原来的暂估价值，但不需要调整原已计提的折旧额。

（3）融资租入的固定资产，以租赁合同约定的付款总额和承租人在签订租赁合同过程中发生的相关费用为计税基础；租赁合同未约定付款总额的，以该资产的公允价值和承租人在签订租赁合同过程中发生的相关费用为计税基础。

融资租赁是指实质上转移了与资产所有权有关的全部风险和报酬的租赁。虽然在融资租赁状态下，融资租赁物的所有权最终可能转移，也可能不转移，但是承租人实际上负担了租赁物的绝大部分风险，是租赁物实质上的所有人，与承租人所有的其他资产的性质类似，所以《企业所得税法》不允许以融资租赁方式租出的固定资产计算折旧扣除，但允许以融资租赁方式租入的固定资产计算折旧扣除。

《企业会计准则》规定，在租赁期开始日，承租人应当对租赁确认使用权资产和租赁负债。使用权资产应当按照成本进行初始计量，包括：租赁负债的初始计量金额；在租赁期开始日或之前支付的租赁付款额，存在租赁激励的，扣除已享受的租赁激励相关金额；承租人发生的初始直接费用；承租人为拆卸及移除租赁资产、复原租赁资产所在场地或将租赁资产恢复至租赁条款约定状态预计将发生的成本。租赁负债应当按照租赁期开始日尚未支付的租赁付款额的现值进行初始计量。《企业所得税法实施条例》规定，融资租入的固定资产，以租赁合同约定的付款总额和承租人在签订租赁合同过程中发生的相关费用为入账价值；租赁合同未约定付款总额的，以该资产的公允价值和承租人在签订租赁合同过程中发生的相关费用为入账价值。

（4）盘盈的固定资产，以同类固定资产的重置完全价值为计税基础。盘盈的固定资产是指在盘点中发现的账外固定资产。固定资产的单位价值相对较高、使用时限相对较长。一般来说，对于管理规范的企业而言，在清查中发现盘盈的固定资产的情况是比较少见的。由于盘盈的固定资产往往在企业以前的会计账簿上没有记载或者因记载的相关资料不全等原因，无法有效确定其历史成本，所以规定盘盈的固定资产以同类固定资产的重置完全价值计价。重置完全价值计价是指按现有的生产能力、技术标准重新购置同样的固定资产所需付出的代价。通过这种方法计算的计税基础，相对较为科学、合理，也符合这种固定资产来源形式的特殊需要。具体说来，如果同类或者类似固定资产存在活跃市场，以同类或者类似固定资产的市场价格，减去按该项资产的新旧程度估计的价值损耗后的余额作为入账价值；如果同类或者类似固定资产不存在活跃市场，以该项固定资产的预计未来现金流量现值作为入账价值。

（5）通过捐赠、投资、非货币性资产交换、债务重组等方式取得的固定资产，以该资产的公允价值和支付的相关税费为计税基础。以公允价值作为此类固定资产的计税基础，主要是因为固定资产的捐赠方、用固定资产进行投资的一方、非货币资产交换中换出固定资产的一方以及债务重组中用固定资产抵债的一方，按《企业所得税法》的规定，均应视同销售处理，即应视为先销售固定资产，再捐赠、再投资、再购进非货币资产、再偿债两个过程进行处理。因此，作为固定资产的接受方，应该以该资产的市场价格（即公允价值）加上接受固定资产过程中可能发生的契税、土地增值税、车辆购置税、印花税等税费作为固定资产的入账价值。

（6）改建的固定资产，以改建过程中发生的改建支出增加计税基础。改建的固定资产，除《企业所得税法》第十三条第（一）款和第（二）款规定的支出外，以改建过程中发生的改建支出增加计税基础。《企业所得税法》第十三条规定，已足额提取折旧的固定资产的改建支出和租入固定资产的改建支出，作为企业的长期待摊费用。所以，对于这两种情形下的改建支出，不宜再作为固定资产的计税基础。因此，除了已足额提取折旧的固定资产和租入固定资产以外，其他固定资产的改建支出应按照改建过程中发生的改建费用，包括材料费、人工费、相关税费等，增加固定资产的计税基础。

以各种方式取得的固定资产，在初始确认时按照《企业会计准则》规定确定的入账价值通常是被税法认可的，即取得固定资产时的账面价值一般等于计税基础。

3. 固定资产的折旧方法、折旧年限及纳税调整

（1）固定资产的折旧方法。《企业所得税法实施条例》第五十九条规定，固定资产按照直线法计算的折旧，准予扣除。

直线法又称平均年限法，是指按固定资产的使用年限平均计算折旧的一种方法。采用这种方法计算的每期折旧额均相等，其计算公式为：

年折旧额＝（固定资产原值－预计净残值）÷预计使用年限

企业应当自固定资产投入使用月份的次月起计算折旧；停止使用的固定资产，应当自停止使用月份的次月起停止计算折旧。

企业应当根据固定资产的性质和使用情况，合理确定固定资产的预计净残值。固定资产的预计净残值一经确定，不得变更。

《企业所得税法》第三十二条规定，企业的固定资产由于技术进步等原因，确需加速折旧的，可以缩短折旧年限或者采取加速折旧的方法。《企业所得税法实施条例》第九十八条规定，可以缩短折旧年限或者采取加速折旧方法的固定资产，包括：

第一，由于技术进步，产品更新换代较快的固定资产。

第二，常年处于强震动、高腐蚀状态的固定资产。

采取缩短折旧年限方法的，最低折旧年限不得低于税法规定折旧年限的60%；采取加速折旧方法的，可以采取双倍余额递减法或者年数总和法。

《企业会计准则》规定，企业应当根据与固定资产有关的经济利益的预期实现方式合理选择折旧方法，如可以按年限平均法计提折旧，也可以按照双倍余额递减法、年数总和法计提折旧。税法规定，除了特殊情况外，基本是按照年限平均法计提折旧。由于折旧方法不同而产生的折旧费用的差异在计算应缴企业所得税时需要做相应的纳税调整。

根据《财政部、国家税务总局关于完善固定资产加速折旧企业所得税政策的通知》（财税〔2014〕75号）的规定，对生物药品制造业，专用设备制造业，铁路、船舶、航空航天和其他运输设备制造业，计算机、通信和其他电子设备制造业，仪器仪表制造业，信息传输、软件和信息技术服务业6个行业的企业在2014年1月1日后新购进的固定资产，可缩短折旧年限或采取加速折旧的方法。

> **【小思考】** 完善固定资产加速折旧的政策出台后，企业的折旧方法会有哪些改变？

对上述6个行业的小型微利企业在2014年1月1日后新购进的研发和生产经营共用的仪器、设备，单位价值不超过100万元的，允许一次性计入当期成本费用在计算应纳税所得额时扣除，不再分年度计算折旧；单位价值超过100万元的，可缩短折旧年限或采取加速折旧的方法。

对所有行业企业在2014年1月1日后新购进的专门用于研发的仪器、设备，单位价值不超过100万元的，允许一次性计入当期成本费用，在计算应纳税所得额时扣除，不再分年度计算折旧；单位价值超过100万元的，可缩短折旧年限或采取加速折旧的方法。

对所有行业企业持有的单位价值不超过5 000元的固定资产，允许一次性计入当期成本费用在计算应纳税所得额时扣除，不再分年度计算折旧。

根据《财政部、国家税务总局关于进一步完善固定资产加速折旧企业所得税政策的通知》（财税〔2015〕106 号）的规定，对轻工、纺织、机械、汽车四个领域重点行业的企业在 2015 年 1 月 1 日后新购进的固定资产，可由企业选择缩短折旧年限或采取加速折旧的办法。

对上述行业的小型微利企业在 2015 年 1 月 1 日后新购进的研发和生产经营共用的仪器、设备，单位价值不超过 100 万元的，允许一次性计入当期成本费用并在计算应纳税所得额时扣除，不再分年度计算折旧；单位价值超过 100 万元的，可由企业选择缩短折旧年限或采取加速折旧的方法。

为引导企业加大设备、器具投资力度，企业在 2018 年 1 月 1 日至 2020 年 12 月 31 日期间新购进的设备、器具，单位价值不超过 500 万元的，允许一次性计入当期成本费用，在计算应纳税所得额时扣除，不再分年度计算折旧；单位价值超过 500 万元的，仍按《企业所得税法实施条例》、《财政部、国家税务总局关于完善固定资产加速折旧企业所得税政策的通知》（财税〔2014〕75 号）、《财政部、国家税务总局关于进一步完善固定资产加速折旧企业所得税政策的通知》（财税〔2015〕106 号）等相关规定执行。其中，设备、器具是指除房屋、建筑物以外的固定资产。

（2）固定资产的折旧年限。《企业所得税法实施条例》第六十条规定，除国务院财政、税务主管部门另有规定外，固定资产计算折旧的最低年限如下：

1）房屋、建筑物，为 20 年。

2）飞机、火车、轮船、机器、机械和其他生产设备，为 10 年。

3）与生产经营活动有关的器具、工具、家具等，为 5 年。

4）飞机、火车、轮船以外的运输工具，为 4 年。

5）电子设备，为 3 年。

虽然企业固定资产折旧年限的长短只涉及缴纳税款的时序问题，但由于国家每年财政收入的要求、通货膨胀或者通货紧缩等经济情况的变化等多种因素的影响，决定了若不对固定资产的折旧年限做一个基本要求，仍会影响到国家的税收收入。因此，国家需要根据不同类型固定资产的共有特性，对不同类型固定资产的折旧年限做一个最基本的强制规定，以避免国家的税收收入受到大的冲击。

前述规定的折旧年限只是各项固定资产的最低折旧年限，仅是一个基本要求，它并不排除企业对固定资产采用比最低折旧年限更长的折旧时限。也就是说，企业可以根据固定资产的属性和使用情况，在比《企业所得税法实施条例》第六十条规定的相关固定资产最低折旧年限更长的时限内计提折旧。税法规定的固定资产折旧年限与《企业会计准则》规定的不同。按照《企业会计准则》的规定，企业可以根据其所处的经济环境、技术环境以及其他环境的变化，确定固定资产的使用寿命，并且每年进行复核。如果固定资产的使用寿命预计数与原先估计数有差异，应当调整固定资产的使用寿命。

在计算应交企业所得税时，企业应根据税法规定的年限对会计核算的折旧数额进行纳税调整。如果企业固定资产的会计折旧年限短于税法规定的最低折旧年限，其按会计折旧年限计提的折旧高于按税法规定的最低折旧年限计提的折旧部分，应调增当期应纳税所得额；企业固定资产会计折旧年限已期满且会计折旧已提足，但税法规定的最低折旧年限尚未到期且税收折旧尚未足额扣除，其未足额扣除的部分准予在剩余的税收折旧年限继续按规定扣除。如果企业固定资产的会计折旧年限长于税法规定的最低折旧年限，其折旧应按会计折旧年限计算扣除，税法另有规定的除外。

［案例 4－21］　A 企业于年底以 800 万元购入一台生产用机器设备。按照该固定资产的预计使用情况，A 企业在会计核算时估计其使用寿命为 5 年。按照税法的规定，该设备的最低折旧年限为 10 年。

［解析］　假设企业采用年限平均法对固定资产计提折旧（不考虑净残值及固定资产减值因素），则该项固定资产的折旧计算、纳税调整及相应的会计分录如下：

会计每年计提折旧＝800÷5＝160(万元)

税法每年计提折旧＝800÷10＝80(万元)

因此，产生暂时性差异 80 万元，在计算应交企业所得税时应做纳税调整。

借：递延所得税资产　　　　200 000(800 000×25％)

　贷：所得税费用　　　　　　200 000

（3）固定资产的预计净残值。企业应当根据固定资产的性质和使用情况，合理确定固定资产的预计净残值；固定资产的预计净残值一经确定，不得变更。预计净残值又称估计残值，是指假定固定资产预计使用寿命已满并处于使用寿命终了时的预期状态，企业将从该项资产处置中获得的扣除预计处置费用后的金额。通俗地说，预计净残值是指固定资产在报废时，预计残料变价收入扣除清算费用后的净值。在计算折旧时，把固定资产原值减去估计净残值后的余额称为折旧基数或者折旧总额。因此，预计净残值的大小和确定方法直接影响到企业可以税前扣除的折旧额。

现行《企业会计准则》规定，企业应当根据固定资产的性质和使用情况，合理确定固定资产的使用寿命和预计净残值；企业应当在每年年度终了时，对固定资产的预计净残值进行复核。如果固定资产预计净残值的预计数与原先估计数有差异，应当调整预计净残值。如果企业并非根据固定资产的性质和使用情况，而是出于某种避税等非合理商业目的确定预计净残值，将被税务机关进行纳税调整，并承担相应的法律责任。需要注意的是，预计净残值一经确定，不得变更。也就是说，企业根据固定资产的性质和使用情况合理确定预计净残值后，就不得变更。这主要是为了防止企业通过改变固定资产的预计净残值，在年度之间随意调节利润，以规避税收。

4. 固定资产减值准备产生的差异及纳税调整

在企业持有固定资产的期间，若企业按《企业会计准则》的规定对固定资产计提了减值准备，因税法规定企业计提的减值准备在发生实质性损失前不允许税前扣除，将造成固定资产的账面价值与计税基础的差异，所以在计算应纳税所得额时，其折旧仍按税法确定的固定资产计税基础计算扣除，也就是需要进行相应的纳税调整。

［案例 4－22］　B 企业拥有的某项固定资产在年底的账面余额为 500 万元，企业估计该项固定资产的可收回金额为 450 万元。

［解析］　该项固定资产的账面余额大于可收回金额，两者之间的差额应计提 50 万元的固定资产减值准备。

其会计分录为：

借：资产减值损失　　500 000

　贷：固定资产减值准备　　500 000

固定资产的计税基础与账面价值产生了50万元的暂时性差异，应进行纳税调整。

借：递延所得税资产　　125 000(500 000×25%)

　贷：所得税费用　　125 000

4.4.7 无形资产的会计处理与纳税调整

1. 无形资产的计税基础及摊销

无形资产是指企业为生产产品、提供劳务、出租或者经营管理而持有的，没有实物形态的非货币性长期资产，包括专利权、商标权、著作权、土地使用权、非专利技术、商誉等。《企业所得税法实施条例》第六十六条规定，无形资产按照以下方法确定计税基础：

第一，外购的无形资产，以购买价款和支付的相关税费以及直接归属于使该资产达到预定用途发生的其他支出为计税基础。

第二，自行开发的无形资产，以开发过程中该资产符合资本化条件后至达到预定用途前发生的支出为计税基础。

第三，通过捐赠、投资、非货币性资产交换、债务重组等方式取得的无形资产，以该资产的公允价值和支付的相关税费为计税基础。

2. 无形资产产生的差异及纳税调整

(1) 研发形成的无形资产。在无形资产初始确认时，按照《企业会计准则》的规定确定的入账价值与按照税法的规定确定的计税基础之间一般不存在差异。无形资产的差异主要产生于研发形成的无形资产以及使用寿命不确定的无形资产。

根据《企业会计准则》的规定，如果无形资产的确认不是产生于企业合并交易，同时在确认时既不影响会计利润又不影响应纳税所得额，则不确认该暂时性差异的所得税影响。

企业在开展研发活动中实际发生的研发费用，未形成无形资产计入当期损益的，在按照规定据实扣除的基础上，按照研发费用的100%加计扣除；形成无形资产的，按照无形资产成本的200%摊销。由于加计摊销而形成的差异，不确认有关暂时性差异的企业所得税影响，即加计摊销政策导致的无形资产在初始确认时，对于会计与税法规定之间存在的暂时性差异不予确认，持续持有过程中，在初始未予确认暂时性差异的所得税影响范围内的摊销额等的差异亦不确认。

[案例4-23]　在A企业当期发生的研发支出中，未形成无形资产的费用支出为400万元，形成无形资产的支出为1 000万元，即形成的无形资产的账面成本为1 000万元。

[解析]　假设该项无形资产的摊销期限为10年，则

第一，未形成无形资产部分的研发支出。实际发生支出400万元，按照税法的规定可以在税前扣除的金额为800万元，产生差异400万元。《企业会计准则》规定，虽然这种情况属于暂时性差异，但其所产生的差异不确认相应的递延所得税资产，应调减应纳税所得额300万元。

第二，形成无形资产的成本摊销。无形资产的账面成本为1 000万元，其计税基础为2 000万元；无形资产每年的会计摊销金额为100万元，按照税法规定可以在税前扣除的摊销金额为200万元，每年产生差异100万元。《企业会计准则》规定，在这种情况下产生的差异不确认相应的递延所得税资产，应调减应纳税所得额100万元。

（2）后续计量与减值准备差异。《企业会计准则》规定，企业应根据无形资产的使用寿命情况，区分为使用寿命有限的无形资产与使用寿命不确定的无形资产。对于源自合同性权利或其他法定权利的无形资产，其使用寿命不应超过合同性权利或其他法定权利的期限；没有明确的合同或法律规定的无形资产，企业应当综合各方面的情况来确定其使用寿命。无形资产的摊销方法包括直线法、生产总量法等。《企业所得税法实施条例》第六十七条规定，无形资产按照直线法计算的摊销费用，准予扣除。无形资产的摊销年限不得低于10年。作为投资或者受让的无形资产，有关法律规定或者合同约定了使用年限的，可以按照规定或者约定的使用年限分期摊销。外购商誉的支出，在企业整体转让或者清算时，准予扣除。当税法规定的摊销年限及摊销方法与会计规定的使用寿命及摊销方法不一致时，需要在计算企业所得税时做纳税调整。

《企业会计准则》对于使用寿命不确定的无形资产，不要求摊销，但在持有期间，每年应进行减值测试。税法规定，企业取得无形资产的成本（外购商誉除外）应在一定期限内摊销。对于使用寿命不确定的无形资产，在会计处理时不予摊销，但在计税时按照税法的规定确定的摊销额允许税前扣除，造成该类无形资产账面价值与计税基础的差异。

在对无形资产计提减值准备的情况下，因税法规定计提的无形资产减值准备在转变为实质性损失前不允许税前扣除，即无形资产的计税基础不会随减值准备的提取发生变化，从而造成无形资产的账面价值与计税基础的差异。对由此形成的暂时性差异，在计算企业所得税时应做纳税调整。

［案例4-24］ A企业于1月1日取得某项无形资产，取得成本为1 000万元。在取得该项无形资产后，根据各方面情况判断，A企业无法合理预计其使用期限，从而将其作为使用寿命不确定的无形资产。A企业在计税时，对该项资产按照10年的期限进行摊销。

［解析］ 该年度A企业对此项无形资产不进行摊销，按税法规定每年的摊销额为100万元，由此产生暂时性差异100万元。

［案例4-25］ A企业年底对某商标按照资产减值的原则进行了减值测试，测试表明，该商标已发生200 000元的减值损失。

［解析］ 其会计分录为：

借：资产减值损失　　200 000

　　贷：无形资产减值准备——商标权　　200 000

纳税调整：无形资产的账面价值与计税基础产生暂时性差异200 000元，在计算企业所得税时应做纳税调整，调增应纳税所得额200 000元。

借：递延所得税资产　　50 000(200 000×25%)

　　贷：所得税费用　　50 000

4.4.8 或有事项的会计处理与纳税调整

或有事项是指过去的交易或者事项形成的，其结果需要由某些未来事项的发生或不发生才能决定的不确定事项。根据《企业会计准则》的规定，或有事项形成的或有资产只在企业基本能够收到的情况下，才转变为真正的资产，从而予以确认。与或有事项有关的义务应当在同时符合以下三个条件时确认为负债，作为预计负债进行确认和计量：①该义务是企业承担的现时义务；②履行该义务很可能导致经济利益流出企业；③该义务的金额能够可靠地计量。预计负债应当按照履行相关现时义务所需支出的最佳估计数进行初始计量。

按照《企业会计准则第 13 号——或有事项》的规定，企业对于预计提供售后服务将发生的支出在满足有关确认条件时，销售当期就应确认为费用，同时确认预计负债。税法规定，与销售产品相关的支出应于发生时进行税前扣除。

[案例 4-26] A 企业因销售产品承诺提供 3 年的保修服务，在当年度的利润表中确认了 100 万元的销售费用，同时确认为预计负债，当年度未发生任何保修支出。

[解析] 其会计分录为：

确认预计负债时：

借：销售费用——产品质量保证 1 000 000

  贷：预计负债——产品质量保证 1 000 000

按照税法的规定，与产品售后服务相关的费用在实际发生时允许扣除，该项预计负债的计税基础为 0 元（=1 000 000－1 000 000），账面价值为 100 万元。因此，所预计的 100 万元销售费用在计算应纳税所得额时不允许扣除，产生可抵扣暂时性差异 100 万元。

借：递延所得税资产 250 000（1 000 000×25%）

  贷：所得税费用 250 000

4.5 企业所得税纳税申报表的填制

4.5.1 纳税地点

除税收法律、行政法规另有规定外，居民企业以企业登记注册地为纳税地点，但登记注册地在境外的，以实际管理机构所在地为纳税地点。企业登记注册地是指企业依照国家有关规定登记注册的住所地。

居民企业在中国境内设立不具有法人资格的营业机构的，应当汇总计算并缴纳企业所得税。企业在汇总计算并缴纳企业所得税时，实行“统一计算、分级管理、就地预缴、汇总清算、财政调库”的企业所得税征收管理办法。总机构和具有主体生产经营职能的二级分支机构，就地分摊缴纳企业所得税。

非居民企业在中国境内设立机构、场所的，应当就其所设机构、场所取得的来源于中国境内的所得，以及发生在中国境外但与其所设机构、场所有实际联系的所得，以机构、场所所在地为纳税地点。非居民企业在中国境内设立两个或者两个以上机构、场所的，经税务机关审核批准，可以选择由其主要机构、场所汇总缴纳企业所得税。非居民企业在中国境内未设立机构、场所的，或者虽设立机构、场所但取得的所得与其所设机构、场所没有实际联系的，以扣缴义务人所在地为纳税地点。

4.5.2 纳税期限

企业所得税按年计征，分月或者分季预缴，年终汇算清缴，多退少补。

按月或按季预缴的，自月份或者季度终了之日起 15 日内，企业应向税务机关报送预缴企业所得税纳税申报表，预缴税款。

企业所得税的纳税年度，自公历 1 月 1 日起至 12 月 31 日止。企业在一个纳税年度的中间开业，或者由于合并、关闭等原因终止经营活动，使该纳税年度的实际经营期不足 12 个月的，应当以其实际经营期为一个纳税年度。企业清算时，应当以清算期间作为一个纳税年度。

自年度终了之日起 5 个月内，企业应向税务机关报送年度企业所得税纳税申报表，并汇算清缴，结清应缴应退税款。

企业在年度中间终止经营活动的，应当自实际经营终止之日起 60 日内，向税务机关办理当期企业所得税汇算清缴。

4.5.3 纳税申报

企业在纳税年度内无论盈利还是亏损，都应当依照《企业所得税法》规定的期限，向税务机关报送预缴企业所得税纳税申报表、年度企业所得税纳税申报表、财务会计报告和税务机关规定应当报送的其他资料。

企业所得税纳税申报表共 37 张，即 1 张基础信息表、1 张主表、6 张收入费用明细表、13 张纳税调整表、1 张亏损弥补表、9 张税收优惠表、4 张境外所得抵免表和 2 张汇总纳税表。

[案例 4-27]　甲公司是生产高档化妆品的一般纳税人，注册资本金为 1 000 万元，生产职工年均 1 000 人，适用的企业所得税税率为 25%，已预缴企业所得税 100 万元。年终企业所得税汇算资料如下：

有关收入与税金的项目：

（1）全年实现销售商品收入 6 000 万元，其中销售折让 1 万元已扣除。

（2）接受乙公司委托为其加工化妆品，取得加工劳务收入 50 万元。

（3）企业出租设备，取得不含税租金收入 80 万元。

（4）全年存款利息为 5 万元，从联营企业分回利润 85 万元，转让有价证券的净收益为 10 万元。

（5）全年接受捐赠，共取得收入 8 万元。

（6）全年应纳增值税 700 万元。

企业相关成本、费用等项目：

（1）全年应纳消费税为 1 504 万元，城市维护建设税为 154.28 万元，教育费附加为 66.12 万元，地方教育附加为 44.08 万元。

（2）应扣除的成本为 1 800 万元。

（3）销售费用为 1 400 万元，其中广告费为 959.5 万元。税法规定，化妆品制造与销售企业发生的广告费和业务宣传费支出，不超过当年销售收入 30％的部分，准予扣除；超过部分，准予结转以后纳税年度扣除。该企业广告费和业务宣传费列支标准为 1 839 万元（＝6 130×30％），大于 959.5 万元，因而当年发生的广告费 959.5 万元可全部税前扣除。

（4）利息支出为 100 万元。其中，含有从关联企业借款 1 000 万元，按 8％支付的借款利息 80 万元，同期银行贷款利率为 5％。税法规定，企业实际支付给关联方的利息支出超过同期银行贷款利率的部分在企业所得税前不得扣除；对于除金融企业以外的其他企业，其接受关联方债权性投资与其权益性投资的比例不超过 2∶1，所以合理的借款总量为 2 000 万元（＝1 000×2），合理的利息为 50 万元（＝1 000×5％），因而利息超过规定标准 30 万元（＝80－50），需要进行纳税调整，应调增应纳税所得额 30 万元。

（5）管理费用为 600 万元。其中，工资、薪金为 300 万元，工资附加“三费”为 55.5 万元，折旧费为 200 万元，社会保险缴款为 47.5 万元，差旅费为 2 万元，业务招待费为 35 万元，新产品开发费为 45 万元。

业务招待费列支标准为 21 万元（＝35×60％），小于 30.65 万元（＝6 130×5‰），超过标准部分的 14 万元不得扣除。新产品开发费用为 45 万元，按税法的规定，不仅 45 万元可在企业所得税前全额扣除，而且可加计 45 万元的 100％，即 45 万元。

（6）全年计入成本、费用汇总的实发工资总额为 1 100 万元，并按照规定的比例计算提取、列支了三项经费，可以据实列支。

（7）企业 8 月发生意外事故，库存原料损失 30 万元，保险公司赔款 10 万元。经过主管税务机关核定，净损失 23.9 万元［＝30×（1＋13％）－10］可在企业所得税前扣除。

（8）通过教育部门向农村义务教育捐款 5 万元，直接向某老年服务机构捐款 3 万元。税法规定，前者可以在企业所得税前扣除，后者不能在企业所得税前扣除。

（9）向供货商支付违约金 3 万元，接受市场监督管理局罚款 1 万元。税法规定，前者可以在企业所得税前扣除，后者不能在企业所得税前扣除。

（10）房产税、车船税、城镇土地使用税、印花税为 50 万元。

要求：填制企业所得税年度纳税申报表、纳税调整项目明细表以及免税、减计收入及加计扣除优惠明细表。

[解析] (1) 营业收入包括销售商品收入、加工劳务收入和租金收入，共计6 130万元。

(2) 投资收益包括分回的税后利润和转让有价证券的净收益，共计95万元。

(3) 接受捐赠收入8万元应属于营业外收入。

(4) 营业成本填写应扣除的成本1 800万元。

(5) 税金及附加应包括消费税1 504万元、城市维护建设税154.28万元、教育费附加66.12万元、地方教育附加44.08万元以及房产税、车船税、城镇土地使用税、印花税50万元，共计1 818.48万元。

(6) 销售费用应填列1 400万元。

(7) 管理费用共计600万元。

(8) 全年存款利息应抵减财务费用，故财务费用为95万元（=100-5）。

(9) 营业外支出包括库存原材料的净损失、捐款、违约金和罚款，共计35.9万元。

(10) 纳税调整项目增加额数据为：利息支出调增30万元，业务招待费调增14万元，捐赠支出调增3万元，罚款调增1万元，合计48万元。

(11) 免税、减计收入及加计扣除数据为：研发费附加扣除额45万元；分回利润85万元。

中华人民共和国企业所得税年度纳税申报表（A类）（A100000），纳税调整项目明细表（A105000），免税、减计收入及加计扣除优惠明细表（A107010）的填报见表4-3～表4-5。

表4-3 中华人民共和国企业所得税年度纳税申报表（A类）（A100000） 单位：元

行次	类别	项目	金额
1	利润总额计算	一、营业收入（填写A101010\101020\103000）	61 300 000
2		减：营业成本（填写A102010\102020\103000）	18 000 000
3		减：税金及附加	18 184 800
4		减：销售费用（填写A104000）	14 000 000
5		减：管理费用（填写A104000）	6 000 000
6		减：财务费用（填写A104000）	950 000
7		减：资产减值损失	
8		加：公允价值变动收益	
9		加：投资收益	950 000
10		二、营业利润（1-2-3-4-5-6-7+8+9）	5 115 200
11		加：营业外收入（填写A101010\101020\103000）	80 000
12		减：营业外支出（填写A102010\102020\103000）	359 000
13		三、利润总额（10+11-12）	4 836 200

续表

行次	类别	项目	金额
14	应纳税所得额计算	减：境外所得（填写 A108010）	
15		加：纳税调整增加额（填写 A105000）	480 000
16		减：纳税调整减少额（填写 A105000）	
17		减：免税、减计收入及加计扣除（填写 A107010）	1 300 000
18		加：境外应税所得抵减境内亏损（填写 A108000）	
19		四、纳税调整后所得（13－14＋15－16－17＋18）	4 016 200
20		减：所得减免（填写 A107020）	
21		减：弥补以前年度亏损（填写 A106000）	
22		减：抵扣应纳税所得额（填写 A107030）	
23		五、应纳税所得额（19－20－21－22）	4 016 200
24	应纳税额计算	税率（25%）	
25		六、应纳所得税额（23×24）	1 004 050
26		减：减免所得税额（填写 A107040）	
27		减：抵免所得税额（填写 A107050）	
28		七、应纳税额（25－26－27）	1 004 050
29		加：境外所得应纳所得税额（填写 A108000）	
30		减：境外所得抵免所得税额（填写 A108000）	
31		八、实际应纳所得税额（28＋29－30）	1 004 050
32	应纳税额计算	减：本年累计实际已缴纳的所得税额	1 000 000
33		九、本年应补（退）所得税额（31－32）	4 050
34		其中：总机构分摊本年应补（退）所得税额（填写 A109000）	4 050
35		财政集中分配本年应补（退）所得税额（填写 A109000）	
36		总机构主体生产经营部门分摊本年应补（退）所得税额（填写 A109000）	

表 4－4　纳税调整项目明细表（A105000）

行次	项目	账载金额	税收金额	调增金额	调减金额
		1	2	3	4
1	一、收入类调整项目（2＋3＋…＋8＋10＋11）	*	*		
2	（一）视同销售收入（填写 A105010）	*			*
3	（二）未按权责发生制原则确认的收入（填写 A105020）				

续表

行次	项目	账载金额	税收金额	调增金额	调减金额
		1	2	3	4
4	（三）投资收益（填写 A105030）				
5	（四）按权益法核算长期股权投资对初始投资成本调整确认收益	*	*	*	
6	（五）交易性金融资产初始投资调整	*	*		*
7	（六）公允价值变动净损益		*		
8	（七）不征税收入	*	*		
9	其中：专项用途财政性资金（填写 A105040）	*	*		
10	（八）销售折扣、折让和退回				
11	（九）其他				
12	二、扣除类调整项目（13＋14＋…＋24＋26＋27＋28＋29＋30）	*	*	480 000	
13	（一）视同销售成本（填写 A105010）	*		*	
14	（二）职工薪酬（填写 A105050）				
15	（三）业务招待费支出	350 000	210 000	140 000	*
16	（四）广告费和业务宣传费支出（填写 A105060）	*	*		
17	（五）捐赠支出（填写 A105070）	80 000	50 000	30 000	
18	（六）利息支出	1 000 000	700 000	300 000	
19	（七）罚金、罚款和被没收财物的损失	10 000	*	10 000	*
20	（八）税收滞纳金、加收利息		*		*
21	（九）赞助支出		*		*
22	（十）与未实现融资收益相关在当期确认的财务费用				
23	（十一）佣金和手续费支出（保险企业填写 A105060）				
24	（十二）不征税收入用于支出所形成的费用	*	*		*
25	其中：专项用途财政性资金用于支出所形成的费用（填写 A105040）	*	*		*
26	（十三）跨期扣除项目				
27	（十四）与取得收入无关的支出		*		*
28	（十五）境外所得分摊的共同支出	*	*		*

续表

行次	项目	账载金额	税收金额	调增金额	调减金额
		1	2	3	4
29	（十六）党组织工作经费				
30	（十七）其他				
31	三、资产类调整项目（32+33+34+35）	*	*		
32	（一）资产折旧、摊销（填写 A105080）				
33	（二）资产减值准备金		*		
34	（三）资产损失（填写 A105090）	*	*		
35	（四）其他				
36	四、特殊事项调整项目（37+38+…+43）	*	*		
37	（一）企业重组及递延纳税事项（填写 A105100）				
38	（二）政策性搬迁（填写 A105110）	*	*		
39	（三）特殊行业准备金（39.1+39.2+39.4+39.5+39.6+39.7）	*	*		
39.1	1. 保险公司保险保障基金				
39.2	2. 保险公司准备金				
39.3	其中：已发生未报案未决赔款准备金				
39.4	3. 证券行业准备金				
39.5	4. 期货行业准备金				
39.6	5. 中小企业融资（信用）担保机构准备金				
39.7	6. 金融企业、小额贷款公司准备金（填写 A105120）	*	*		
40	（四）房地产开发企业特定业务计算的纳税调整额（填写 A105010）	*			
41	（五）合伙企业法人合伙人应分得的应纳税所得额				
42	（六）发行永续债利息支出				
43	（七）其他	*	*		
44	五、特别纳税调整应税所得	*	*		
45	六、其他	*	*		
46	合计（1+12+31+36+44+45）	*	*	480 000	

表 4-5 免税、减计收入及加计扣除优惠明细表（A107010） 单位：元

行次	项目	金额
1	一、免税收入（2+3+6+7+…+16）	850 000
2	（一）国债利息收入免征企业所得税	
3	（二）符合条件的居民企业之间的股息、红利等权益性投资收益免征企业所得税（填写 A107011）	850 000
4	其中：内地居民企业通过沪港通投资且连续持有 H 股满 12 个月取得的股息、红利所得免征企业所得税（填写 A107011）	
5	内地居民企业通过深港通投资且连续持有 H 股满 12 个月取得的股息、红利所得免征企业所得税（填写 A107011）	
6	（三）符合条件的非营利组织的收入免征企业所得税	
7	（四）符合条件的非营利组织（科技企业孵化器）的收入免征企业所得税	
8	（五）符合条件的非营利组织（国家大学科技园）的收入免征企业所得税	
9	（六）中国清洁发展机制基金取得的收入免征企业所得税	
10	（七）投资者从证券投资基金分配中取得的收入免征企业所得税	
11	（八）取得的地方政府债券利息收入免征企业所得税	
12	（九）中国保险保障基金有限责任公司取得的保险保障基金等收入免征企业所得税	
13	（十）中央电视台的广告费和有线电视费收入免征企业所得税	
14	（十一）中国奥委会取得北京冬奥组委支付的收入免征企业所得税	
15	（十二）中国残奥委会取得北京冬奥组委分期支付的收入免征企业所得税	
16	（十三）其他	
17	二、减计收入（18+19+23+24）	
18	（一）综合利用资源生产产品取得的收入在计算应纳税所得额时减计收入	
19	（二）金融、保险等机构取得的涉农利息、保费减计收入（20+21+22）	
20	1. 金融机构取得的涉农贷款利息收入在计算应纳税所得额时减计收入	
21	2. 保险机构取得的涉农保费收入在计算应纳税所得额时减计收入	
22	3. 小额贷款公司取得的农户小额贷款利息收入在计算应纳税所得额时减计收入	
23	（三）取得的铁路债券利息收入减半征收企业所得税	
24	（四）其他	

续表

行次	项目	金额
25	三、加计扣除（26+27+28+29+30）	450 000
26	（一）开发新技术、新产品、新工艺发生的研发费加计扣除（填写 A107012）	450 000
27	（二）科技型中小企业开发新技术、新产品、新工艺发生的研发费加计扣除（填写 A107012）	
28	（三）企业为获得创新性、创意性、突破性的产品进行创意设计活动而发生的相关费用加计扣除	
29	（四）安置残疾人员所支付的工资加计扣除	
30	（五）其他	
31	合计（1+17+25）	1 300 000

本章小结

企业所得税的会计核算包括递延所得税资产的确认和计量、递延所得税负债的确认和计量、所得税费用的确认和计量以及企业所得税纳税申报表的填制等。

关键术语

资产负债观　　收入费用观　　资产负债表债务法
暂时性差异　　应纳税暂时性差异　　可抵扣暂时性差异
递延所得税负债　　递延所得税资产　　计税基础

思考题

1. 企业所得税有哪些特点?
2. 什么是资产负债观? 什么是收入费用观?
3. 我国采用资产负债表债务法的原因是什么?
4. 什么是暂时性差异? 分为哪几类? 试举例说明。
5. 递延所得税资产和递延所得税负债如何进行确认与计量?

第5章 个人所得税的会计核算

［学习提示］ 个人所得税是现行所得税体系中的主体税种，本章详细讲解了个人所得税各应税项目会计科目的设置及使用方法，并通过例题帮助学生理解和掌握。通过本章的学习，学生应掌握个人所得税的有关会计核算及申报表的填制。

5.1 个人所得税概述

个人所得税是以自然人取得的各项应税所得为征税对象所征收的一种所得税，是政府利用税收对个人收入进行调节的一种手段。1980 年 9 月 10 日第五届全国人民代表大会第三次会议审议通过并公布实施了《中华人民共和国个人所得税法》（以下简称《个人所得税法》），1993 年 10 月 31 日第八届全国人民代表大会常务委员会第四次会议公布了修改后的《个人所得税法》，并自 1994 年 1 月 1 日起施行。多年来，《个人所得税法》经过了多次修改，目前适用的《个人所得税法》是 2018 年 8 月 31 日第十三届全国人民代表大会常务委员会第五次会议修改通过并公布的，并自 2019 年 1 月 1 日起施行。

5.1.1 个人所得税的纳税人

个人所得税的纳税人是指在中国境内有住所，或者虽无住所但在境内居住满 183 天的个人，以及无住所又不居住或居住不满 183 天但从中国境内取得所得的个人，包括中国居民、个体工商户以及外籍个人等。

1. 居民个人与非居民个人的判定标准

个人所得税的纳税人可以泛指取得所得的自然人，包括居民个人和非居民个人。为了有效地行使税收管辖权，我国根据国际惯例，对居民个人和非居民个人采用了国际上常用的住所标准和居住时间标准。

（1）住所标准。住所通常是指居民长期生活和活动的主要场所。住所分为永久性住所和习惯性住所。我国税法将在中国境内有住所的个人界定为："因户籍、家庭、经济利益关系而在中国境内习惯性居住的个人。"由此可见，我国目前采用的住所标准实际上是习惯性住所标准。采用这一标准，就把外籍人员以及港、澳、台同胞与在境内居住的中国居民区别开来。

（2）居住时间标准。居住时间是指个人在一国境内实际居住的日数。各国判断居民身份的居住时间不尽一致。我国规定的时间标准是一个纳税年度内在中国境内住满 183 日，达到这个居住时间标准的个人就是居民个人。我国税法规定的住所标准和居住时间标准是判定居民身份的两个并列性标准，个人只要符合或达到其中任何一个标准，就可以被认定为居民个人。

2. 扣缴义务人

我国的个人所得税实行支付所得的单位代扣代缴和个人申报纳税相结合的征收管理制度。税法规定，凡支付应纳税所得的单位或个人，都是个人所得税的扣缴义务人。扣缴义务人在向纳税人支付各项应纳税所得（经营所得除外）时，必须履行代扣代缴（预扣预缴）税款的义务。

5.1.2 个人所得税的征税对象

（1）工资、薪金所得。工资、薪金所得是指个人因任职或者受雇而取得的工资、薪金、奖金、年终加薪、劳动分红、津贴、补贴以及与任职或者受雇有关的其他所得。

（2）劳务报酬所得。劳务报酬所得是指个人独立从事各种非雇用的劳务所取得的所得。

（3）稿酬所得。稿酬所得是指个人因其作品以图书、报刊形式出版、发表而取得的所得。

（4）特许权使用费所得。特许权使用费所得是指个人提供专利权、商标权、著作权、非专利技术以及其他特许权的使用权取得的所得。

（5）经营所得。经营所得是指：

1）个体工商户从事生产经营活动取得的所得，个人独资企业投资人、合伙企业的个人合伙人来源于境内注册的个人独资企业、合伙企业生产经营的所得。

2）个人依法从事办学、医疗、咨询以及其他有偿服务活动取得的所得。

3）个人对企业、事业单位承包经营、承租经营以及转包、转租取得的所得。

4）个人从事其他生产经营活动取得的所得。

（6）利息、股息、红利所得。利息、股息、红利所得是指个人因拥有债权、股权而取得的利息、股息、红利所得。利息是指个人因拥有债权而取得的利息，包括存款利息、贷款利息和各种债券的利息。

（7）财产租赁所得。财产租赁所得是指个人出租建筑物、土地使用权、机器设备、车船以及其他财产取得的所得。

（8）财产转让所得。财产转让所得是指个人转让有价证券、股权、建筑物、土地使用权、机器设备、车船以及其他财产取得的所得。

（9）偶然所得。偶然所得是指个人得奖、中奖、中彩以及其他偶然性质的所得。

5.1.3 个人所得税的税率

《个人所得税法》分别就不同个人所得项目规定了超额累进税率和比例税率两种形式。

1. 综合所得（包括工资、薪金所得，劳务报酬所得，稿酬所得和特许权使用费所得）适用的税率

综合所得适用七级超额累进税率，税率为3%～45%，见表5-1。

表5-1 个人所得税税率表一

（综合所得适用）

级数	全年应纳税所得额	税率（%）	速算扣除数（元）
1	不超过36 000元的	3	0
2	超过36 000元至144 000元的部分	10	2 520
3	超过144 000元至300 000元的部分	20	16 920
4	超过300 000元至420 000元的部分	25	31 920
5	超过420 000元至660 000元的部分	30	52 920
6	超过660 000元至960 000元的部分	35	85 920
7	超过960 000元的部分	45	181 920

2. 经营所得适用的税率

经营所得适用5%～35%的五级超额累进税率，见表5-2。

表5-2 个人所得税税率表二

（经营所得适用）

级数	全年应纳税所得额	税率（%）	速算扣除数（元）
1	不超过30 000元的	5	0
2	超过30 000元至90 000元的部分	10	1 500
3	超过90 000元至300 000元的部分	20	10 500
4	超过300 000元至500 000元的部分	30	40 500
5	超过500 000元的部分	35	65 500

3. 其他所得项目适用的税率

利息、股息、红利所得，财产租赁所得，财产转让所得，偶然所得适用20%的比例税率。

为了有效调控居民收入分配，我国的个人所得税制度对有关项目做了减征的规定：

（1）稿酬所得的收入额减按70%计算。

（2）对个人出租房屋取得的所得暂减按10%的税率征收个人所得税。

5.1.4 个人所得税应纳税额的计算

5.1.4.1 应纳税所得额的基本规定

个人所得税的应纳税所得额是指个人取得的各项收入减除税法规定的扣除项目或者扣除金额后的余额，它是正确计算个人所得税应纳税额的基础和前提。

1. 收入形式

个人所得的形式，包括现金、实物、有价证券和其他形式的经济利益。所得为实物的，应当按照取得的凭证上所注明的价格计算应纳税所得额；无凭证的实物或者凭证上所注明的价格明显偏低的，参照市场价格核定应纳税所得额。所得为有价证券的，根据票面价格和市场价格核定应纳税所得额。所得为其他形式经济利益的，参照市场价格核定应纳税所得额。

居民个人取得工资、薪金所得，劳务报酬所得，稿酬所得与特许权使用费所得（以下简称“综合所得”），按纳税年度合并计算个人所得税；非居民个人取得工资、薪金所得，劳务报酬所得，稿酬所得与特许权使用费所得，按月或者按次分项计算个人所得税。纳税人取得其他形式的所得（包括经营所得，利息、股息、红利所得，财产租赁所得，财产转让所得，偶然所得），分别计算个人所得税。

2. 费用扣除

在计算个人所得税的应纳税所得额时，除利息、股息、红利所得，偶然所得以及其他所得外，一般允许纳税人从收入总额中减除一定的费用。

3. 专项扣除

专项扣除包括居民个人按照国家规定的范围和标准缴纳的基本养老保险、基本医疗保险、失业保险等社会保险费和住房公积金等。

4. 专项附加扣除

专项附加扣除包括子女教育、继续教育、大病医疗、住房贷款利息或者住房租金、赡养老人、婴幼儿照护等支出。个人所得税专项附加扣除在纳税人本年度综合所得应纳税所得额中扣除，本年度扣除不完的，不得结转以后年度扣除。

（1）子女教育。纳税人的子女接受全日制学历教育的相关支出，按照每个子女每月1 000元的标准定额扣除。

父母可以选择由其中一方按扣除标准的100%扣除，也可以选择由双方分别按扣除标准的50%扣除，具体扣除方式在一个纳税年度内不得变更。

（2）继续教育。纳税人在中国境内接受学历（学位）继续教育的支出，在学历（学位）教育期间按照每月400元定额扣除。同一学历（学位）继续教育的扣除期限不能超过48个月。纳税人接受技能人员职业资格继续教育、专业技术人员职业资格继续教育的支出，在取得相关证书的当年，按照3 600元定额扣除。

个人接受本科及以下学历（学位）继续教育，符合上述规定扣除条件的，可以选择由其父母扣除，也可以选择由本人扣除。

（3）大病医疗。在一个纳税年度内，纳税人发生的与基本医保相关的医药费用支出，扣除医保报销后个人负担（指医保目录范围内的自付部分）累计超过 15 000 元的部分，由纳税人在办理年度汇算清缴时，在 80 000 元限额内据实扣除。

纳税人发生的医药费用支出，可以选择由本人或者其配偶扣除。未成年子女发生的医药费用支出，可以选择由其父母一方扣除。

纳税人及其配偶、未成年子女发生的医药费用支出，按上述规定分别计算扣除额。

大病医疗专项附加扣除的时间为医疗保障信息系统记录的医药费用实际支出的当年。

（4）住房贷款利息。纳税人本人或配偶单独或者共同使用商业银行或者住房公积金个人住房贷款为本人或者其配偶购买中国境内住房，发生的首套住房贷款利息支出，在实际发生贷款利息的年度，按照每月 1 000 元的标准定额扣除。扣除期限最长不超过 240 个月。纳税人只能享受一次首套住房贷款的利息扣除。

经夫妻双方约定，可以选择由其中一方扣除，具体扣除方式在一个纳税年度内不得变更。

（5）住房租金。纳税人在主要工作城市没有住房而发生的住房租金支出，可以按照以下标准定额扣除：

直辖市、省会（首府）城市、计划单列市以及国务院确定的其他城市，扣除标准为每月 1 500 元。

除上述城市以外，市辖区户籍人口超过 100 万的，扣除标准为每月 1 100 元；市辖区户籍人口不超过 100 万的，扣除标准为每月 800 元。

（6）赡养老人。纳税人赡养 60 岁（含）以上父母以及其他法定赡养人的赡养支出，可以按照以下标准定额扣除：

纳税人为独生子女的，按照每月 2 000 元的标准定额扣除。

纳税人为非独生子女的，由其与兄弟姐妹分摊每月 2 000 元的扣除额度，每人分摊的扣除额不能超过每月 1 000 元。可以由赡养人均摊或者约定分摊，也可以由被赡养人指定分摊。约定分摊或者指定分摊的须签订书面分摊协议，指定分摊优先于约定分摊。具体分摊方式和额度在一个纳税年度内不能变更。

（7）婴幼儿照护。自 2022 年 1 月 1 日起实施 3 岁以下婴幼儿照护个人所得税专项附加扣除政策。

①纳税人照护 3 岁以下婴幼儿子女的相关支出，按照每个婴幼儿每月 1 000 元的标准定额扣除。

②父母可以选择由其中一方按扣除标准的 100%扣除，也可以选择由双方分别按扣除标准的 50%扣除，具体扣除方式在一个纳税年度内不能变更。

5. 依法确定的其他扣除

（1）捐赠扣除。个人将其所得对教育、扶贫、济困等公益慈善事业进行捐赠，捐赠额未超过纳税人申报的应纳税所得额 30%的部分，可以从其应纳税所得额中扣除。

个人通过非营利性的社会组织和国家机关向红十字事业，福利性、非营利性老年服务机构，公益性青少年活动场所，农村义务教育（含高中）等的公益性捐赠可以从其应纳税所得额中全额扣除。

个人将其所得对教育、扶贫、济困等公益慈善事业进行捐赠，是指个人将其所得通过中国境内的公益性社会组织、国家机关向教育、扶贫、济困等公益慈善事业的捐赠。所称的应纳税所得额，是指计算扣除捐赠额之前的应纳税所得额。

（2）其他扣除。其他扣除包括个人缴付符合国家规定的企业年金、职业年金，个人购买符合国家规定的商业健康保险、税收递延型商业养老保险的支出，以及国务院规定可以扣除的其他项目等。

5.1.4.2 综合所得应纳税额的计算

居民个人的综合所得，以每一纳税年度的收入额减除费用 6 万元以及专项扣除、专项附加扣除和依法确定的其他扣除后的余额，为应纳税所得额。

居民个人从中国境内和境外取得的综合所得、经营所得，应当分别合并计算应纳税额；从中国境内和境外取得的其他所得，应当分别单独计算应纳税额。

居民个人取得综合所得，按年计算个人所得税；有扣缴义务人的，由扣缴义务人按月或者按次预扣预缴税款；需要办理汇算清缴的，应当在取得所得的次年 3 月 1 日至 6 月 30 日内办理汇算清缴。

非居民个人取得工资、薪金所得，劳务报酬所得，稿酬所得和特许权使用费所得，有扣缴义务人的，由扣缴义务人按月或者按次代扣代缴税款，不办理汇算清缴。

1. 居民个人预扣预缴

扣缴义务人在向居民个人支付工资、薪金所得，劳务报酬所得，稿酬所得，特许权使用费所得时，按以下方法预扣预缴个人所得税，并向主管税务机关报送《个人所得税扣缴申报表》。年度预扣预缴税额与年度应纳税额不一致的，由居民个人于次年 3 月 1 日至 6 月 30 日向主管税务机关办理综合所得年度汇算清缴，税款多退少补。

（1）工资、薪金所得预扣预缴税款的计算。

1）应纳税所得额的确定。

①费用扣除。居民个人的工资、薪金所得实行按月预扣的方法，每月可以减除费用 5 000 元。

②专项扣除和专项附加扣除。在按月计算居民个人工资、薪金所得的应纳税所得额时，可以扣除居民个人按照国家规定的范围和标准缴纳的基本养老保险、基本医疗保险、失业保险等社会保险费和住房公积金等。

在按月计算居民个人工资、薪金所得的应纳税所得额时，可以扣除居民个人的子女教育、继续教育、住房贷款利息、住房租金以及赡养老人等专项附加扣除。居民个人向扣缴义务人提供专项附加扣除信息的，扣缴义务人在按月预扣预缴税款时应当按照规定予以扣除，不得拒绝。

③依法确定的其他扣除。依法确定的其他扣除，包括个人缴付符合国家规定的企业年金、职业年金，个人购买符合国家规定的商业健康保险、税收递延型商业养老保险的支出，以及国务院规定可以扣除的其他项目。

2）预扣预缴税款的计算。扣缴义务人在向居民个人支付工资、薪金所得时，应当按照累计预扣法计算预扣税款，并按月办理全员全额扣缴申报。

累计预扣法是指扣缴义务人在一个纳税年度内预扣预缴税款时，以纳税人在本单位截至当前月份工资、薪金所得累计收入减除累计免税收入、累计减除费用、累计专项扣除、累计专项附加扣除和累计依法确定的其他扣除后的余额为累计预扣预缴应纳税所得额，适用个人所得税预扣率表一，计算累计应预扣预缴税额，再减除累计减免税额和累计已预扣预缴税额，其余额为本期应预扣预缴税额。当余额为负值时，暂不退税。若纳税年度终了后余额仍为负值，由纳税人办理综合所得年度汇算清缴，税款多退少补。具体计算公式如下：

$$\text{本期应预扣预缴税额}=\left(\text{累计预扣预缴应纳税所得额}\times\text{预扣率}-\text{速算扣除数}\right)-\text{累计减免税额}-\text{累计已预扣预缴税额}$$

$$\text{累计预扣预缴应纳税所得额}=\text{累计收入}-\text{累计免税收入}-\text{累计减除费用}-\text{累计专项扣除}-\text{累计专项附加扣除}-\text{累计依法确定的其他扣除}$$

其中，累计减除费用按照 5 000 元/月乘以纳税人当年截至本月在本单位的任职受雇月份数计算。也就是说，如果纳税人 5 月份入职，则扣缴义务人在发放 5 月份工资并扣缴税款时，减除费用按 5 000 元计算；在 6 月份发放工资并扣缴税款时，减除费用按 10 000 元计算，依此类推。

个人所得税预扣率表一见表 5－3。

表 5－3　个人所得税预扣率表一

（居民个人工资、薪金所得预扣预缴适用）

级数	累计预扣预缴应纳税所得额	预扣率（%）	速算扣除数（元）
1	不超过 36 000 元的	3	0
2	超过 36 000 元至 144 000 元的部分	10	2 520
3	超过 144 000 元至 300 000 元的部分	20	16 920
4	超过 300 000 元至 420 000 元的部分	25	31 920
5	超过 420 000 元至 660 000 元的部分	30	52 920
6	超过 660 000 元至 960 000 元的部分	35	85 920
7	超过 960 000 元的部分	45	181 920

[案例 5－1]　王先生 2015 年入职，2019 年每月应发工资均为 10 000 元，每月减除费用 5 000 元，“三险一金”等专项扣除为 1 500 元，从 1 月起享受子女教育专项附加扣除 1 000 元，没有减免收入及减免税额等情况。计算 1—3 月王先生每月应预扣预缴的个人所得税税额。

[解析]

$$\begin{aligned}\text{1 月份应预扣预缴个人所得税税额}&=(10\,000-5\,000-1\,500-1\,000)\times 3\%\\&=75(\text{元})\end{aligned}$$

$$\begin{aligned}\text{2 月份应预扣预缴个人所得税税额}&=(10\,000\times 2-5\,000\times 2-1\,500\times 2\\&\quad-1\,000\times 2)\times 3\%-75\\&=75(\text{元})\end{aligned}$$

$$\begin{aligned}\text{3 月份应预扣预缴个人所得税税额}&=(10\,000\times 3-5\,000\times 3-1\,500\times 3\\&\quad-1\,000\times 3)\times 3\%-75-75\\&=75(\text{元})\end{aligned}$$

王先生每月应预扣预缴的个人所得税税额见表 5－4。

表 5-4　每月应预扣预缴的个人所得税税额

月份	累计工资薪金税前收入（元）	累计"三险一金"（元）	累计专项附加扣除（元）	累计预扣预缴应纳税所得额（元）	预扣率（%）	累计应预扣预缴税额（元）	累计已预扣预缴税额（元）	本期应预扣预缴税额（元）
1	10 000	1 500	1 000	2 500	3	75	0	75
2	20 000	3 000	2 000	5 000	3	150	75	75
3	30 000	4 500	3 000	7 500	3	225	150	75

［案例 5-2］　李先生 2015 年入职，2019 年每月应发工资均为 30 000 元，每月减除费用 5 000 元，"三险一金"等专项扣除为 4 500 元，享受子女教育、赡养老人两项专项附加扣除共计 2 000 元，没有减免收入及减免税额等情况。计算 1—3 月李先生每月应预扣预缴的个人所得税税额。

［解析］

1 月份应预扣预缴个人所得税税额 $=(30\,000-5\,000-4\,500-2\,000)\times 3\%=555$（元）

2 月份应预扣预缴个人所得税税额 $=(30\,000\times 2-5\,000\times 2-4\,500\times 2-2\,000\times 2)\times 10\%-2\,520-555$
$=625$（元）

3 月份应预扣预缴个人所得税税额 $=(30\,000\times 3-5\,000\times 3-4\,500\times 3-2\,000\times 3)\times 10\%-2\,520-555-625$
$=1\,850$（元）

李先生每月应预扣预缴的个人所得税税额见表 5-5。

表 5-5　每月应预扣预缴的个人所得税税额

月份	累计工资薪金税前收入（元）	累计"三险一金"（元）	累计专项附加扣除（元）	累计预扣预缴应纳税所得额（元）	预扣率（%）	累计应预扣预缴税额（元）	累计已预扣预缴税额（元）	本期应预扣预缴税额（元）
1	30 000	4 500	2 000	18 500	3	555	0	555
2	60 000	9 000	4 000	37 000	10	1 180	555	625
3	90 000	13 500	6 000	55 500	10	3 030	1 180	1 850

（2）劳务报酬所得、稿酬所得、特许权使用费所得预扣预缴税款的计算。扣缴义务人向居民个人支付劳务报酬所得、稿酬所得、特许权使用费所得，按次或者按月预扣预缴个人所得税。具体的预扣预缴方法如下：

劳务报酬所得、稿酬所得、特许权使用费所得以收入减除费用后的余额为收入额。其中，稿酬所得的收入额减按 70%计算。

减除费用：劳务报酬所得、稿酬所得、特许权使用费所得每次收入不超过 4 000 元的，减除费用按800元计算；每次收入4 000元以上的，减除费用按20%计算。

应纳税所得额：劳务报酬所得、稿酬所得、特许权使用费所得，以每次收入额为预扣预缴应纳税所得额。劳务报酬所得适用20%～40%的超额累进预扣率，稿酬所得、特许权使用费所得适用20%的比例预扣率。

劳务报酬所得应预扣预缴税额=预扣预缴应纳税所得额×预扣率-速算扣除数

稿酬所得、特许权使用费所得应预扣预缴税额=预扣预缴应纳税所得额×20%

劳务报酬所得、稿酬所得、特许权使用费所得，属于一次性收入的，以取得该项收入为一次；属于同一项目连续性收入的，以一个月内取得的收入为一次。

个人所得税预扣率表二见表5-6。

表5-6 个人所得税预扣率表二

（居民个人劳务报酬所得预扣预缴适用）

级数	预扣预缴应纳税所得额	预扣率（%）	速算扣除数（元）
1	不超过20 000元的	20	0
2	超过20 000元至50 000元的部分	30	2 000
3	超过50 000元的部分	40	7 000

［案例5-3］ 假设某居民个人取得劳务报酬所得2 000元，计算这笔所得应预扣预缴的个人所得税税额。

［解析］

收入额=2 000-800=1 200(元)

应预扣预缴的个人所得税税额=1 200×20%=240(元)

［案例5-4］ 假设某居民个人取得稿酬所得40 000元，计算这笔所得应预扣预缴的个人所得税税额。

［解析］

收入额=(40 000-40 000×20%)×70%=22 400(元)

应预扣预缴的个人所得税税额=22 400×20%=4 480(元)

2. 综合所得应纳税额的计算及汇算清缴

居民个人的综合所得，以每一纳税年度的收入额减除费用6万元以及专项扣除、专项附加扣除和依法确定的其他扣除后的余额，为应纳税所得额。

劳务报酬所得、稿酬所得、特许权使用费所得以收入减除20%的费用后的余额为收入额。稿酬所得的收入额减按70%计算。个人将其所得对教育、扶贫、济困等公益慈善事业进行捐赠，捐赠额未超过纳税人申报的应纳税所得额30%的部分，可以从其应纳税所得额中扣除；国务院规定对公益慈善事业捐赠实行全额税前扣除的，从其规定。

专项扣除，包括居民个人按照国家规定的范围和标准缴纳的基本养老保险、基本医疗保险、失业保险等社会保险费和住房公积金等。专项附加扣除，包括子女教育、继续教育、大病医疗、住房贷款利息或者住房租金、赡养老人等支出，具体范围、标准和实施步骤由国务院确定，并报全国人民代表大会常务委员会备案。

专项扣除、专项附加扣除和依法确定的其他扣除，以居民个人一个纳税年度的应纳税所得额为限额；一个纳税年度扣除不完的，不结转以后年度扣除。

3. 非居民个人应纳税额的计算

扣缴义务人在向非居民个人支付工资、薪金所得，劳务报酬所得，稿酬所得和特许权使用费所得时，应按以下方法按月或者按次代扣代缴个人所得税：

非居民个人的工资、薪金所得，以每月收入额减除费用 5 000 元后的余额为应纳税所得额；劳务报酬所得、稿酬所得、特许权使用费所得，以每次收入额为应纳税所得额，适用按月换算后的非居民个人月度税率表（见表 5－7）计算应纳税额。其中，劳务报酬所得、稿酬所得、特许权使用费所得以收入减除 20％的费用后的余额为收入额。稿酬所得的收入额减按 70％计算。

$$\begin{array}{c}\text{非居民个人工资、薪金所得，劳务报酬所得，}\\\text{稿酬所得，特许权使用费所得应纳税额}\end{array}=\begin{array}{c}\text{应纳税}\\\text{所得额}\end{array}\times\text{税率}-\begin{array}{c}\text{速算}\\\text{扣除数}\end{array}$$

非居民个人的工资、薪金所得实行按月计征的方法，其应纳税所得额为月收入减除费用 5 000 元后的余额。相应的计算公式为：

$$\text{应纳税所得额}=\text{月工资、薪金收入}-5\ 000$$

非居民个人取得工资、薪金所得，劳务报酬所得，稿酬所得和特许权使用费所得，有扣缴义务人的，由扣缴义务人按月或者按次代扣代缴税款，不办理汇算清缴。

个人所得税税率表三见表 5－7。

表 5－7　个人所得税税率表三

（非居民个人工资、薪金所得，劳务报酬所得，稿酬所得，特许权使用费所得适用）

级数	应纳税所得额	税率（％）	速算扣除数（元）
1	不超过 3 000 元的部分	3	0
2	超过 3 000 元至 12 000 元的部分	10	210
3	超过 12 000 元至 25 000 元的部分	20	1 410
4	超过 25 000 元至 35 000 元的部分	25	2 660
5	超过 35 000 元至 55 000 元的部分	30	4 410
6	超过 55 000 元至 80 000 元的部分	35	7 160
7	超过 80 000 元的部分	45	15 160

[案例 5－5]　假设某非居民个人取得劳务报酬所得 20 000 元，计算这笔所得的应扣缴税额。

[解析]

$$\text{应扣缴税额}=(20\ 000-20\ 000\times20\%)\times20\%-1\ 410=1\ 790(\text{元})$$

[案例 5－6]　假设某非居民个人取得稿酬所得 10 000 元，计算这笔所得的应扣缴税额。

[解析]

$$\text{应扣缴税额}=(10\ 000-10\ 000\times20\%)\times70\%\times10\%-210=350(\text{元})$$

5.1.4.3 经营所得应纳税额的计算

1. 应纳税所得额的确定

经营所得以每一纳税年度的收入总额减除成本、费用以及损失后的余额为应纳税所得额。

（1）收入总额。收入总额是指纳税人从事生产经营以及与生产经营有关的活动（以下简称“生产经营”）取得的货币形式和非货币形式的各项收入，包括销售货物收入、提供劳务收入、转让财产收入、利息收入、租金收入、接受捐赠收入、其他收入。其中，其他收入包括个体工商户资产溢余收入、逾期一年以上的未退包装物押金收入、确实无法偿付的应付款项、已做坏账损失处理后又收回的应收款项、债务重组收入、补贴收入、违约金收入、汇兑收益等。

（2）准予扣除项目。成本、费用是指在生产经营活动中发生的各项直接支出和分配计入成本的间接费用以及销售费用、管理费用、财务费用。损失是指在生产经营活动中发生的固定资产和存货的盘亏、毁损、报废损失，转让财产损失，坏账损失，自然灾害等不可抗力因素造成的损失以及其他损失。取得经营所得的个人，没有综合所得的，在计算其每一纳税年度的应纳税所得额时，应当减除费用（每年6万元）、专项扣除、专项附加扣除以及依法确定的其他扣除。专项附加扣除在纳税人办理汇算清缴时减除。

从事生产经营活动，未提供完整、准确的纳税资料，不能正确计算应纳税所得额的纳税人，由主管税务机关核定应纳税所得额或者应纳税额。

（3）其他扣除项目及列支标准。

1）工资、薪金支出。纳税人实际支付给从业人员的合理工资、薪金支出，准予扣除。

业主的工资、薪金支出不得税前扣除。个体工商户业主的费用扣除标准，依照相关法律、法规和政策规定执行。

2）保险支出。纳税人按照国务院有关主管部门或者省级人民政府规定的范围及标准为其业主及从业人员缴纳的基本养老保险费、基本医疗保险费、失业保险费、生育保险费、工伤保险费和住房公积金，准予扣除。

纳税人为从业人员缴纳的补充养老保险费、补充医疗保险费，分别在不超过从业人员工资总额5%标准内的部分据实扣除；超过部分，不得扣除。

业主本人缴纳的补充养老保险费、补充医疗保险费，以当地（地级市）上年度社会平均工资的3倍为计算基数，分别在不超过该计算基数5%标准内的部分据实扣除；超过部分，不得扣除。

除纳税人依照国家有关规定为特殊工种从业人员支付的人身安全保险费和财政部、国家税务总局规定可以扣除的其他商业保险费外，业主本人或者为从业人员支付的商业保险费，不得扣除。

纳税人参加财产保险，按照规定缴纳的保险费，准予扣除。

3）费用支出。纳税人向当地工会组织拨缴的工会经费、实际发生的职工福利费支出、职工教育经费支出，分别在工薪总额的2%、14%、8%的标准内据实扣除。

纳税人发生的与生产经营活动有关的业务招待费，按照实际发生额的60%扣除，但最高不得超过当年销售（营业）收入的5‰。

纳税人每一纳税年度发生的与其生产经营活动直接相关的广告费和业务宣传费不超过当年销售（营业）收入15%的部分，可以据实扣除；超过部分，准予在以后纳税年度结转扣除。

纳税人在生产经营活动中向金融企业借款发生的利息支出，准予税前扣除；向非金融企业和个人借款发生的利息支出，不超过按照金融企业同期同类贷款利率计算的数额部分，准予税前扣除。

4）公益性捐赠。纳税人通过公益性社会组织或者县级以上人民政府及其部门，用于《中华人民共和国公益事业捐赠法》规定的公益事业的捐赠，捐赠额不超过其应纳税所得额30%的部分，可以据实扣除。

财政部、国家税务总局规定可以全额在税前扣除的捐赠支出项目，按有关规定执行。

直接对受益人的捐赠不得扣除。

5）其他规定。纳税人取得与生产经营活动无关的各项应税所得，应分别适用各应税项目的规定计算征收个人所得税。

因在纳税年度中间开业、合并、注销及其他原因，导致该纳税年度的实际经营期不足1年的，在对个体工商户业主、个人独资企业投资者和合伙企业自然人合伙人的生产经营所得计算个人所得税时，以其实际经营期为1个纳税年度。

（4）不得在税前列支的项目。

纳税人的下列支出不得扣除：

1）个人所得税税款。

2）税收滞纳金。

3）罚金、罚款和被没收财物的损失。

4）不符合扣除规定的捐赠支出。

5）赞助支出。

6）用于个人和家庭的支出。

7）与取得生产经营收入无关的其他支出。

8）国家税务总局规定不准扣除的支出。

纳税人在生产经营活动中应当分别核算生产经营费用和个人、家庭生活费用。对于生产经营费用与个人、家庭生活费用混用且难以分清的情况，其中的40%视为与生产经营有关的费用，准予扣除。

2. 应纳税额的计算

经营所得以其应纳税所得额确定的适用税率和速算扣除数（见表5-2）计算应纳税额。相应的计算公式为：

$$应纳税额=应纳税所得额\times适用税率-速算扣除数$$

纳税人取得经营所得，按年计算个人所得税，由纳税人在月度或者季度终了后15日内向税务机关报送个人所得税纳税申报表，并预缴税款；在取得所得的次年3月31日前办理汇算清缴。

由于经营所得的应纳税额实行按年计算、分月（季）预缴、年终汇算清缴、多退少补的方法，因此需要分别按月（季）预缴税款。相应的计算公式为：

$$\begin{matrix}本月(季)\\应预缴税额\end{matrix}=\left[\begin{matrix}本月(季)累计\\应纳税所得额\end{matrix}\times\begin{matrix}适用\\税率\end{matrix}-\begin{matrix}速算\\扣除数\end{matrix}\right]-\begin{matrix}上月(季)累计\\已预缴税额\end{matrix}$$

$$全年应纳税额=全年应纳税所得额\times适用税率-速算扣除数$$

汇算清缴税额＝全年应纳税额－全年累计已预缴税额

合伙企业个人所得税的缴纳是“先分后税”，也就是合伙企业计算出应纳税所得额后，先分配给每个合伙人，由每个合伙人再按照五级超额累进税率计税。合伙企业的具体分配一般按照合伙协议进行，没有合伙协议的先协商，协商不成的按照出资比例。如果上述方法不可行则平均分配，但不允许约定将利润分配给一个合伙人。

［案例5－7］ 中国公民张某从2019年1月1日起承包某酒店西餐厅，经营期限为12个月，2019年共取得承包收入600 000元。张某需要从承包收入中上交承包费等相关费用300 000元，同时张某没有综合所得。计算2019年张某的承包所得应缴纳的个人所得税税额。

［解析］ 在计算张某的承包所得时，应扣除上交的承包费用和60 000元的费用扣除额，即

应纳税所得额＝600 000－300 000－60 000＝240 000(元)

应纳个人所得税税额＝240 000×20%－10 500＝37 500(元)

5.1.4.4 财产租赁所得应纳税额的计算

1. 应纳税所得额的确定

财产租赁所得的费用扣除方法与劳务报酬所得、稿酬所得、特许权使用费所得相同。财产租赁所得以一个月内取得的收入为一次。

财产租赁所得的每次收入不超过4 000元的，减除费用800元；4 000元以上的，减除20%的费用，其余额为应纳税所得额。在确定财产租赁所得的应纳税所得额时，纳税人在出租财产过程中缴纳的税金和教育费附加，可持完税（缴款）凭证，从其财产租赁所得中扣除。此外，准予扣除的项目除了规定费用和有关税费外，还准予扣除能够提供有效、准确凭证，证明由纳税人负担的该出租财产实际开支的修缮费用。允许扣除的修缮费用，以每次800元为限。一次扣除不完的，准予在下一次继续扣除，直到扣完为止。

（1）每次（月）收入不超过4 000元的应纳税所得额的计算公式为：

应纳税所得额＝每次(月)收入额－准予扣除项目－修缮费用(800元为限)－800

（2）每次（月）收入超过4 000元的应纳税所得额的计算公式为：

$$\text{应纳税所得额}=\left[\text{每次(月)收入额}-\text{准予扣除项目}-\text{修缮费用(800元为限)}\right]\times(1-20\%)$$

2. 应纳税额的计算

财产租赁所得适用20%的比例税率，但对个人出租居民住房取得的所得，暂按10%的税率征税。财产租赁所得应纳税额的计算公式为：

应纳税额＝应纳税所得额×适用税率

5.1.4.5 财产转让所得应纳税额的计算

1. 应纳税所得额的确定

财产转让所得以转让财产的收入额减除财产原值和合理税费后的余额为应纳税所得额。相应的计算公式为：

应纳税所得额=每次收入额-财产原值-合理税费

合理税费是指卖出财产时按照规定支付的有关税费。

“每次”是指以某财产的所有权一次转让取得的收入为一次。

财产转让所得以一次转让财产的收入额减除财产原值和合理税费后的余额计算纳税。财产原值按照下列方法确定：

（1）有价证券，为买入价以及买入时按照规定交纳的有关费用。

（2）建筑物，为建造费或者购进价格以及其他有关费用。

（3）土地使用权，为取得土地使用权所支付的金额、开发土地的费用以及其他有关费用。

（4）机器设备、车船，为购进价格、运输费、安装费以及其他有关费用。

其他财产，参照前款规定的方法确定财产原值。

纳税人未提供完整、准确的财产原值凭证，不能按照规定的方法确定财产原值的，由主管税务机关核定财产原值。

2. 应纳税额的计算

财产转让所得适用20%的比例税率，其计算公式为：

应纳税额=应纳税所得额×适用税率

5.1.4.6 利息、股息、红利所得应纳税额的计算

1. 应纳税所得额的确定

利息、股息、红利所得以个人每次取得的收入额为应纳税所得额，不得从收入额中扣除任何费用。其中，每次收入是指支付单位或者个人在每次支付利息、股息、红利时，个人所取得的收入。对于个人从股份公司获得的以股票形式发放的股息、红利（以下简称“红股”），应以派发红股的票面金额为收入额，计算征收个人所得税。利息、股息、红利所得以支付利息、股息、红利时取得的收入为一次。

个人从公开发行市场和转让市场取得的上市公司股票，持股期限在1个月以内（含1个月）的，其股息、红利所得全额计入应纳税所得额；持股期限在1个月以上至1年（含1年）的，暂减按50%计入应纳税所得额；持股期限超过1年的，股息、红利所得暂免征收个人所得税。上述所得统一适用20%的税率计征个人所得税。

2. 应纳税额的计算

利息、股息、红利所得适用20%的比例税率，应纳税额的计算公式为：

应纳税额=应纳税所得额(每次收入额)×适用税率

5.1.4.7 偶然所得应纳税额的计算

1. 应纳税所得额的确定

偶然所得以个人的每次收入额为应纳税所得额，不得扣除任何费用。偶然所得以每次取得该项收入为一次。除有特殊规定外，每次收入就是应纳税所得额。

2. 应纳税额的计算

偶然所得适用20%的比例税率，应纳税额的计算公式为：

应纳税额＝应纳税所得额(每次收入额)×适用税率

5.1.5 个人所得税的申报和缴纳

我国个人所得税采取源泉扣缴和自行申报纳税两种纳税方法。

个人所得税以所得人为纳税人，以支付所得的单位或者个人为扣缴义务人。扣缴义务人在向个人支付应税款项时，应当依照《个人所得税法》的规定预扣或者代扣税款，按时缴库。

居民个人需要汇总年度取得的工资、薪金所得，劳务报酬所得，稿酬所得，特许权使用费所得的收入额，减除费用6万元以及专项扣除、专项附加扣除、依法确定的其他扣除和符合条件的公益慈善事业捐赠后，适用综合所得的个人所得税税率，再减去速算扣除数，计算出年度应纳税额，然后减去年度已预缴税额，最终得出年度应退或应补税额，并以此向税务机关申报办理退税或补税。

非居民个人取得工资、薪金所得，劳务报酬所得，稿酬所得和特许权使用费所得，有扣缴义务人的，由扣缴义务人按月或者按次代扣代缴税款，不办理汇算清缴。

纳税人取得利息、股息、红利所得，财产租赁所得，财产转让所得和偶然所得，按月或者按次计算个人所得税，有扣缴义务人的，由扣缴义务人按月或者按次代扣代缴税款。

5.2 个人所得税的会计核算方法

5.2.1 扣缴义务人代扣代缴个人所得税的会计核算

1. 支付工资、薪金所得时预扣税款的账务处理

支付工资、薪金所得的单位预扣的工资、薪金所得应纳的个人所得税税款，实际上是个人工资、薪金所得的一部分。企业在代扣时，借记“应付职工薪酬”科目，贷记“应交税费——应交预扣个人所得税”二级科目。企业在上交预扣的个人所得税时，借记“应交税费——应交预扣个人所得税”二级科目，贷记“银行存款”科目。

2. 支付劳务报酬所得、稿酬所得、特许权使用费所得时应预扣税款的账务处理

企业在预扣税款时，应借记“管理费用”“主营业务成本”等科目，贷记“应交税费——应交预扣个人所得税”二级科目。

[案例5-8] 某企业因一项设计任务，支付给外单位李工程师设计费3 800元，则该企业在支付设计费时应代扣的个人所得税税额为多少？

[解析]

应纳税额＝(3 800－800)×20％＝600(元)

企业的会计分录为：

借：管理费用　　3 800

贷：应交税费——应交预扣个人所得税 600
库存现金 3 200

企业上缴税金时：

借：应交税费——应交预扣个人所得税 600
贷：银行存款 600

3. 支付财产租赁所得、财产转让所得时应代扣代缴税款的账务处理

企业在代扣税款时，应借记“管理费用”等科目，贷记“应交税费——应交代扣个人所得税”二级科目。

[案例 5-9] 某跨国企业的 CEO 杰克是美国人。为了解决其在中国工作期间的居住问题，该企业向自然人张某租赁了一套三居室的住房作为杰克在华工作期间的住所。从 1 月 1 日开始，租期为 3 年，企业每月向张某支付租金 6 000 元（不含增值税）。1 月 30 日，张某实际支付维修该住房的修缮费用 1 000 元，且持有有效、准确的凭证（暂不考虑其他税种）。

[解析]

1 月企业应代扣的个人所得税 = (6 000 − 800) × (1 − 20%) × 10% = 416(元)

其会计分录为：

支付租金时：

借：管理费用 6 000
贷：银行存款 5 584
应交税费——应交代扣个人所得税 416

支付税金时：

借：应交税费——应交代扣个人所得税 416
贷：银行存款 416

2 月，张某未在出租的住房上花费任何费用。

企业应代扣的个人所得税 = [6 000 − (1 000 − 800)] × (1 − 20%) × 10% = 464(元)

其会计分录的格式与 1 月会计分录的格式相同。

（注：对个人按市场价格出租居民住房取得的所得，自 2001 年 1 月 1 日起暂减按 10% 的税率征收个人所得税。）

[案例 5-10] 郑某将其使用的某台机器设备转让给甲企业，售价为 35 000 元。在转让过程中，郑某承担的相关费用为 3 000 元。该机器设备的原值为 20 000 元。

[解析]

企业应代扣郑某的个人所得税 = (35 000 − 20 000 − 3 000) × 20% = 2 400(元)

企业的会计分录为：

取得该机器设备时：

借：固定资产 35 000
贷：银行存款 32 600
应交税费——应交代扣个人所得税 2 400

支付税金时：

借：应交税费——应交代扣个人所得税　　2 400
　贷：银行存款　　2 400

4. 支付利息、股息、红利所得时应代扣代缴税款的账务处理

［案例 5-11］　1月1日，张某购买了甲企业发行的三年期企业债券，面值为5 000元，票面利率为5%，甲企业于每年末支付利息。12月31日，甲企业支付了当年利息250元（=5 000×5%）。

［解析］

甲企业应代扣代缴的个人所得税=250×20%=50(元)

甲企业的会计分录为：

支付利息时：

借：财务费用　　250
　贷：应交税费——应交代扣个人所得税　　50
　　　库存现金　　200

甲企业上缴税金时：

借：应交税费——应交代扣个人所得税　　50
　贷：银行存款　　50

5. 企业未按税法规定履行扣缴义务，被处以罚款，在上交罚款时的账务处理

借：营业外支出——税收罚款
　贷：银行存款

5.2.2 建账建制的个体工商户及个人独资企业、合伙企业的投资者应缴个人所得税的账务处理

1. 建账建制的个体工商户缴纳个人所得税的账务处理

建账建制的个体工商户可以通过“应交税费——应交个人所得税”二级科目和“留存收益”或“以前年度损益调整”科目核算。其计提税金的会计分录为：

借：留存收益（以前年度损益调整）
　贷：应交税费——应交个人所得税

缴纳时：

借：应交税费——应交个人所得税
　贷：银行存款

［案例 5-12］　某个体工商户从事服装批发业务，自9月1日开业以来，该年度内（9—12月）累计已实现应纳税所得额12 000元，已预缴所得税500元。该个体户于次年1月进行汇算清缴。

［解析］

应纳税所得额=12 000×5%=600(元)

应补缴上年度所得税税款=600-500=100(元)

其会计分录为：

借：以前年度损益调整　　100

　贷：应交税费——应交个人所得税　　100

缴纳时：

借：应交税费——应交个人所得税　　100

　贷：银行存款　　100

2. 实行查账征收的个人独资企业、合伙企业投资者缴纳个人所得税的账务处理

[案例5-13]　某建筑装饰厂是实行查账征收的个人独资企业，共有8名职工（含投资者刘三）。2019年，该企业实现营业收入120万元、其他业务收入3万元，当年营业成本为78万元，税金及附加为7万元，管理费用为8万元，销售费用为4万元，财务费用为5万元，营业外支出为2万元，营业利润为19万元。该企业当年发生的具体经济业务如下：

（1）发放工资总额为30.5万元，其中投资者本人取得7.2万元。

（2）按照当年实际发放工资总额的2%、14%、8%计提工会经费、职工福利费、职工教育经费，分别为6 100元、42 700元、24 400元。

（3）全年列支业务招待费10 050元。

（4）全年列支广告费23 000元、业务宣传费6 000元。

（5）直接向某小学捐赠6 000元。

（6）计提坏账准备1 000元。

（7）该企业第一季度至第三季度已预缴投资者个人所得税22 000元，全年代扣代缴从业人员个人所得税2 000元。

根据上述资料，计算2019年汇算清缴时，刘三应补缴的个人所得税并做相关会计分录（假定投资者本人无其他附加扣除项目）。

[解析]

允许扣除的投资者生计费用＝5 000×12＝60 000(元)

应调增应纳税所得额＝72 000－60 000＝12 000(元)

业务招待费列支限额＝(1 200 000＋30 000)×0.5%

＝6 150(元)＞6 030元(＝10 050×60%)

应调增应纳税所得额＝10 050－6 030＝4 020(元)

广告费和业务宣传费列支限额＝(1 200 000＋30 000)×15%

＝184 500(元)＞29 000元(＝23 000＋6 000)

广告费和业务宣传费不需要调整，可据实扣除。

企业直接捐赠的6 000元不得税前扣除。

企业计提的坏账准备1 000元不得税前扣除。

综上所述：

2019年该企业的应纳税所得额＝190 000＋12 000＋4 020＋6 000＋1 000

＝213 020(元)

应纳税额＝213 020×20%－10 500＝32 104(元)

刘三汇算清缴应补税款＝32 104－22 000＝10 104(元)

该企业的会计分录为：
代扣投资者个人所得税时：
借：留存收益　　32 104
　贷：应交税费——应交个人所得税　　32 104
预缴个人所得税时：
借：应交税费——应交个人所得税　　22 000
　贷：银行存款　　22 000
补缴个人所得税时：
借：应交税费——应交个人所得税　　10 104
　贷：银行存款　　10 104

5.3 个人所得税纳税申报表的填制

2019 年 1 月 31 日，国家税务总局发布了《关于修订个人所得税申报表的公告》（国家税务总局公告 2019 年第 7 号），对个人所得税的有关申报表进行了修订。需要办理汇算清缴的纳税人，应当在取得所得的次年 3 月 1 日至 6 月 30 日内，向任职、受雇单位所在地的主管税务机关办理纳税申报，并报送《个人所得税年度自行纳税申报表》。

《个人所得税基础信息表（A 表）》由扣缴义务人填报，适用于扣缴义务人办理全员全额扣缴申报的情况，主要填报其支付所得的纳税人的基础信息。扣缴义务人初次向纳税人支付所得，或者纳税人相关的基础信息发生变化的，应当填写该表，并于次月扣缴申报时向税务机关报送。

《个人所得税基础信息表（B 表）》适用于自然人纳税人基础信息的填报。自然人纳税人初次向税务机关办理相关涉税事宜时填报该表；在初次申报后，以后仅需在信息发生变化时填报。

《个人所得税扣缴申报表》适用于扣缴义务人向居民个人支付工资、薪金所得，劳务报酬所得，稿酬所得和特许权使用费所得的个人所得税全员全额预扣预缴申报；向非居民个人支付工资、薪金所得，劳务报酬所得，稿酬所得和特许权使用费所得的个人所得税全员全额扣缴申报；以及向纳税人（居民个人和非居民个人）支付利息、股息、红利所得，财产租赁所得，财产转让所得和偶然所得的个人所得税全员全额扣缴申报。扣缴义务人应当在每月或者每次预扣、代扣税款的次月 15 日内，将已扣税款缴入国库，并向税务机关报送该表。

《个人所得税自行纳税申报表（A 表）》适用于居民个人取得应税所得且扣缴义务人未扣缴税款，非居民个人取得应税所得且扣缴义务人未扣缴税款，非居民个人在中国境内从两处以上取得工资、薪金所得等情形。在这些情形下，纳税人应办理自行纳税申报，并向税务机关报送该表。

（1）居民个人取得应税所得且扣缴义务人未扣缴税款的，应当在取得所得的次年 6 月

30 日前办理纳税申报。税务机关通知限期缴纳的，纳税人应当按照期限缴纳税款。

（2）非居民个人取得应税所得且扣缴义务人未扣缴税款的，应当在取得所得的次年 6 月 30 日前办理纳税申报。非居民个人在次年 6 月 30 日前离境（临时离境除外）的，应当在离境前办理纳税申报。

（3）非居民个人在中国境内从两处以上取得工资、薪金所得的，应当在取得所得的次月 15 日内办理纳税申报。

（4）其他需要纳税人办理自行申报的情形，按规定的申报期限办理。

《个人所得税年度自行纳税申报表》适用于居民个人取得境内综合所得，按税法规定进行个人所得税汇算清缴。纳税人取得境外所得的，不适用此表。居民个人取得综合所得需要办理汇算清缴的，应当在取得所得的次年 3 月 1 日至 6 月 30 日内，向主管税务机关办理汇算清缴，并报送该表。

纳税人取得经营所得，按年计算个人所得税，由纳税人在月度或季度终了后 15 日内，向经营管理所在地主管税务机关办理预缴纳税申报，并报送《个人所得税经营所得纳税申报表（A 表）》。在取得所得的次年 3 月 31 日前，纳税人向经营管理所在地主管税务机关办理汇算清缴，并报送《个人所得税经营所得纳税申报表（B 表）》；纳税人从两处以上取得经营所得的，选择向其中一处经营管理所在地主管税务机关办理年度汇总申报，并报送《个人所得税经营所得纳税申报表（C 表）》。合伙企业有两个或者两个以上个人合伙人的，应分别填报《个人所得税经营所得纳税申报表（A 表）》与《个人所得税经营所得纳税申报表（B 表）》。

非居民个人取得工资、薪金所得，劳务报酬所得，稿酬所得，特许权使用费所得的，应当在取得所得的次年 6 月 30 日前，向扣缴义务人所在地的主管税务机关办理纳税申报，并报送《个人所得税自行纳税申报表（A 表）》。

纳税人取得利息、股息、红利所得，财产租赁所得，财产转让所得和偶然所得的，应当在取得所得的次年 6 月 30 日前，按相关规定向主管税务机关办理纳税申报，并报送《个人所得税自行纳税申报表（A 表）》。

［案例 5-14］ 某职员 2015 年入职，2022 年每月应发工资均为 30 000 元，每月减除费用为 5 000 元，“三险一金”等专项扣除为 5 500 元（其中，基本养老保险费为 2 400 元，基本医疗保险费为 600 元，失业保险费为 300 元，住房公积金为 2 200 元），享受子女教育专项附加扣除 1 000 元，没有减免收入及减免税额等情况。计算 1—3 月该职员各月应预扣预缴个人所得税税额并填报 3 月的个人所得税扣缴申报表。

［解析］

$$1\text{月应预扣预缴个人所得税税额}=(30\,000-5\,000-5\,500-1\,000)\times 3\%=555(\text{元})$$

2 月应预扣预缴个人所得税税额

$$=(30\,000\times 2-5\,000\times 2-5\,500\times 2-1\,000\times 2)\times 10\%-2\,520-555$$
$$=625(\text{元})$$

3 月应预扣预缴个人所得税税额

$$=(30\,000\times 3-5\,000\times 3-5\,500\times 3-1\,000\times 3)\times 10\%-2\,520-555-625$$
$$=1\,850(\text{元})$$

3 月的个人所得税扣缴申报表见表 5-8。

表 5-8 个人所得税扣缴申报表

税款所属期：2022 年 3 月 1 日至 2022 年 3 月 31 日

扣缴义务人名称：××××

扣缴义务人纳税人识别号（统一社会信用代码）：□□□□□□□□□□□□□□□□□□□□□□□□□（略） 金额单位：人民币元（列至角分）

序号	姓名	身份证件类型	身份证件号码	纳税人识别号	是否为非居民个人	所得项目	本月（次）情况														累计情况（工资、薪金）									减按计税比例	准予扣除的捐赠额	税款计算							备注
							收入额计算			减除费用	专项扣除				其他扣除						累计收入费	累计减除费用	累计专项扣除	累计专项附加扣除					累计其他扣除			应纳税所得额	税率/预扣率	速算扣除数	应纳税额	减免税额	已扣缴税额	应补（退）税额	
							收入	费用	免税收入		基本养老保险费	基本医疗保险费	失业保险费	住房公积金	年金	商业健康保险	税延养老保险	财产原值	允许扣除的税费	其他				子女教育	赡养老人	住房贷款利息	住房租金	继续教育											
1	2	3	4	5	6	7	8	9	10	11	12	13	14	15	16	17	18	19	20	21	22	23	24	25	26	27	28	29	30	31	32	33	34	35	36	37	38	39	40
					否	工资、薪金所得	30 000			5 000	2 400	600	300	2 200							90 000	15 000	16 500	3 000								55 500	10 %	2 520	3 030		1 180	1 850	
合计																																							

谨声明：本表是根据国家税收法律及相关规定填报的，是真实的、可靠的、完整的。

扣缴义务人（签章）： 年 月 日

代理机构签章： 代理机构统一社会信用代码： 经办人签字： 经办人身份证件号码：	受理人： 受理税务机关（章）： 受理日期： 年 月 日

国家税务总局监制

相关填表说明如下：

(1)“收入额计算”：包含“收入”、“费用”和“免税收入”。

具体计算公式为：

收入额＝收入－费用－免税收入

1）第 8 列“收入”：填写当月（次）扣缴义务人支付给纳税人的所得总额。

2）第 9 列“费用”：仅限支付劳务报酬、稿酬、特许权使用费三项所得时填写，支付其他各项所得时无须填写该列。在预扣预缴居民个人的上述三项所得的个人所得税时，每次收入不超过 4 000 元的，费用填写“800”元；每次收入在 4 000 元以上的，费用按收入的 20%填写。在扣缴非居民个人上述三项所得的个人所得税时，费用按收入的 20%填写。

3）第 10 列“免税收入”：填写纳税人各所得项目收入总额中包含的税法规定的免税收入金额。例如，税法规定“稿酬所得的收入额减按 70%计算”，对稿酬所得的收入额减计的 30%可填入该列。

(2) 第 11 列“减除费用”：仅限支付工资、薪金所得时填写。具体按税法规定的减除费用标准填写。例如，2019 年为 5 000 元/月。

(3) 第 12～15 列“专项扣除”：分别填写按规定允许扣除的基本养老保险费、基本医疗保险费、失业保险费、住房公积金的金额。

(4) 第 16～21 列“其他扣除”：分别填写按规定允许扣除的项目金额。

(5) 第 23 列“累计减除费用”：按照 5 000 元/月乘以纳税人当年在该单位的任职受雇月份数计算。

(6) 第 25～29 列“累计专项附加扣除”：分别填写截至当前月份，纳税人按规定可享受的子女教育、赡养老人、住房贷款利息或住房租金、继续教育扣除的累计金额。大病医疗扣除由纳税人在年度汇算清缴时办理，此处无须填报。

(7) 第 30 列“累计其他扣除”：填写本年度截至当前月份，按规定允许扣除的年金（包括企业年金、职业年金）、商业健康保险、税延养老保险及其他扣除项目的累计金额。

(8) 第 31 列“减按计税比例”：填写按规定实行应纳税所得额减计税收优惠的减计比例。无减计规定的，可不填，系统默认为 100%。例如，某项税收政策实行减按 60%计入应纳税所得额，则该列填 60%。

(9) 第 32 列“准予扣除的捐赠额”：是指按照税法及相关法规、政策规定，可以在税前扣除的捐赠额。

(10) 第 33 列“应纳税所得额”：根据相关列次计算填报。

1）居民个人取得工资、薪金所得，填写累计收入额减除累计减除费用、累计专项扣除、累计专项附加扣除、累计其他扣除、准予扣除的捐赠额后的余额。

2）非居民个人取得工资、薪金所得，填写收入额减去减除费用、准予扣除的捐赠额后的余额。

3）居民个人或非居民个人取得劳务报酬所得、稿酬所得、特许权使用费所得，填写本月（次）收入额减除可以扣除的税费、准予扣除的捐赠额后的余额。

4）居民个人或非居民个人取得利息、股息、红利所得和偶然所得，填写本月（次）收入额减除准予扣除的捐赠额后的余额。

5）居民个人或非居民个人取得财产租赁所得，填写本月（次）收入额减除允许扣除的税费、准予扣除的捐赠额后的余额。

6）居民个人或非居民个人取得财产转让所得，填写本月（次）收入额减除财产原值、允许扣除的税费、准予扣除的捐赠额后的余额。

其中，适用“减按计税比例”的所得项目，其应纳税所得额按上述方法计算后乘以减按计税比例的金额填报。

（11）第36列“应纳税额”：根据相关列次计算填报。具体计算公式为：

应纳税额＝应纳税所得额×税率(预扣率)－速算扣除数

（12）第39列“应补（退）税额”：根据相关列次计算填报。具体计算公式为：

应补(退)税额＝应纳税额－减免税额－已扣缴税额

本章小结

个人所得税的会计核算包括扣缴义务人代扣代缴个人所得税的会计核算，个体工商户及个人独资企业、合伙企业的投资者应缴个人所得税的会计核算以及个人所得税纳税申报表的填制。

关键术语

居民个人	非居民个人	工资、薪金所得	劳务报酬所得
财产转让所得	财产租赁所得	利息、股息、红利所得	特许权使用费所得
偶然所得	稿酬所得	代扣代缴税款	

思考题

1. 纳税人代扣代缴工资、薪金的个人所得税税款应如何计算？如何进行会计处理？
2. 纳税人代扣代缴劳务报酬的个人所得税税款应如何计算？如何进行会计处理？

第6章 土地增值税及其他税种的会计核算

［学习提示］　土地增值税及其他税种是现行所得税体系中的重要组成部分。本章讲解了土地增值税、关税、资源税、印花税以及其他税种的会计核算问题。在学习本章后，要求学生掌握各税种税制基本要素的规定、应纳税额的计算和会计账务的处理。

6.1　土地增值税的会计核算

6.1.1　土地增值税概述

土地增值税是对转让国有土地使用权、地上建筑物及附着物并取得收入的单位和个人，就其转移房地产所取得的增值额征收的一种税。《中华人民共和国土地增值税法（征求意见稿）》（以下简称《土地增值税法》）是国家制定的用以调节土地增值税征收与缴纳之间权利和义务关系的法律规范。

1. 征税范围

土地增值税的征税范围包括：

（1）转让土地使用权、地上的建筑物及其附着物。

（2）出让集体土地使用权、地上的建筑物及其附着物，或以集体土地使用权、地上的建筑物及其附着物作价出资、入股。

“地上的建筑物”是指建于土地上的一切建筑物，包括地上、地下的各种附属设施。“附着物”是指附着于土地上的不能移动或一经移动就遭损坏的物品。

【知识要点提醒】

土地承包经营权流转，不征收土地增值税。

2. 纳税人

土地增值税的纳税人是指在中华人民共和国境内转移房地产并取得收入的单位和个人。也就是说，无论是法人还是自然人，无论是外资企业还是内资企业，无论是中国公民还是外籍个人，只要有偿转移房地产，就是土地增值税的纳税人。

3. 土地增值税的税率

土地增值税实行四级超率累进税率：

（1）土地增值额未超过扣除项目金额50%的部分，税率为30%。

（2）土地增值额超过扣除项目金额50%，未超过扣除项目金额100%的部分，税率为40%。

（3）土地增值额超过扣除项目金额100%，未超过扣除项目金额200%的部分，税率为50%。

（4）土地增值额超过扣除项目金额200%的部分，税率为60%。

这四级超率累进税率每级“增值额未超过扣除项目金额”的比例，均包括本比例数。

土地增值税超率累进税率表见表6-1。

表6-1 土地增值税超率累进税率表

级次	增值额占扣除项目金额的比例	税率（%）	速算扣除率（%）
1	50%（含）以下	30	0
2	50%～100%（含）的部分	40	5
3	100%～200%（含）的部分	50	15
4	200%以上的部分	60	35

4. 土地增值税的计算

土地增值税的计算公式为：

应纳土地增值税税额＝增值额×适用税率－准予扣除项目金额×速算扣除率

其中，增值额的计算公式为：

增值额＝收入总额－准予扣除项目金额

【小思考】 土地增值税纳税人转移房地产取得的应税收入应如何计量？

（1）收入总额的确定。收入总额是指纳税人转移房地产取得的全部收入，包括货币收入、非货币收入。其中，货币收入是指纳税人转移房地产取得的现金、银行存款、支票、本票、汇票等信用票据和国库券、金融债券、企业债券、股票等有价证券。这类收入的实质是转让方因转让土地使用权、房屋产权而向取得方收取的价款。非货币收入包括实物收入和其他收入。实物收入是指纳税人转移房地产取得的各种实物形态的收入，如钢材、水泥等建材，房屋，土地不动产，等等。实物收入的价值不易确定，一般需要通过评估进行确定。其他收入是指纳税人转移房地产取得的无形资产收入或具有财产价值的权利，如专利权、商标权、著作权、专有技术使用权、土地使用权、商誉权等。这类收入的价值确定需要通过专门的评估。

(2) 准予扣除项目金额的确定。土地增值税并不是直接对转移房地产取得的收入征税，而是对转移房地产的收入总额减除国家规定的各种准予扣除项目金额后的余额计算征税。

税法准予纳税人从转移房地产取得的收入额中减除的扣除项目金额包括：

1) 取得土地使用权所支付的金额，即纳税人为取得土地所有权所支付的地价款和按国家统一规定缴纳的有关费用。

2) 房地产开发的成本、费用。房地产开发成本是指纳税人的房地产开发项目实际发生的成本，包括土地征用及拆迁补偿费、前期工程费、建筑安装工程费、基础设施费、公共配套设施费和开发间接费用等。房地产开发费用是指与房地产开发项目有关的销售费用、管理费用、财务费用。

3) 新建房及配套设施的成本、费用或者旧房及建筑物的评估价格。旧房及建筑物的评估价格是指在转让已使用的房屋及建筑物时，由政府批准设立的房地产评估机构评定的重置成本价乘以成新率后的价格。

4) 与转移房地产有关的税金。与转移房地产有关的税金是指在转移房地产时已缴纳的城市维护建设税、印花税等。纳税人在转移房地产时缴纳的教育费附加可视同税金予以扣除。

5) 国务院规定的其他扣除项目。

6) 出让集体土地使用权、地上的建筑物及其附着物，或以集体土地使用权、地上的建筑物及其附着物作价出资、入股，扣除项目金额无法确定的，可按照转移房地产收入的一定比例征收土地增值税。具体征收办法由省、自治区、直辖市人民政府提出，报同级人民代表大会常务委员会决定。

(3) 土地增值税的计算。

[案例 6-1] 某市企业（非房地产开发企业）2022 年的有关资料如下：

(1) 5 月，企业从政府取得 A 地 80 亩土地的使用权，支付土地出让金 600 万元。当月，将其中 40 亩土地的使用权作价 550 万元作为投资，与另一企业建立合资企业 E（非房地产企业）。

(2) 6 月，将上述剩余 40 亩土地的使用权直接转让给附近的一家工厂，转让价格为 400 万元，缴纳印花税 0.2 万元。

(3) 7 月，企业从 B 公司购得 B 地 100 亩土地的使用权，支付土地转让金 800 万元。

(4) 8 月，企业将从 B 地取得的 60 亩土地的使用权抵押给银行，获得了 6 个月贷款 600 万元；12 月，企业无法偿还到期贷款，银行将土地拍卖。

(5) 9 月，企业将从 B 地取得的 10 亩土地的使用权出租给 C 企业，每月收取租金 5 万元。

(6) 10 月，企业将从 B 地取得的 30 亩土地的使用权与 D 企业交换房产一处，价值 300 万元。

计算本年该企业应缴纳的土地增值税（注：所有金额均不含增值税，考虑印花税，暂不考虑城市维护建设税、教育费附加以及契税）。

［解析］　（1）5月，企业以土地（房地产）作价入股、对外投资或作为联营条件的，按规定暂免征收土地增值税。因此，该笔业务不予计征土地增值税。

（2）6月，转让土地使用权，取得收入400万元。

允许扣除的税金＝0.2(万元)

扣除项目金额合计＝300＋0.2＝300.2(万元)

增值额＝400－300.2＝99.8(万元)

增值率＝99.8÷300.2×100%≈33.24%

应纳土地增值税＝99.8×30%＝29.94(万元)

（3）7月，取得土地使用权，不需要缴纳土地增值税。

（4）将土地的使用权抵押给银行后，因无力偿还到期贷款而被银行拍卖，则需要缴纳土地增值税，以贷款额600万元作为收入。

允许扣除的税金＝600×0.5‰＝0.3(万元)

扣除项目金额合计＝60×(800÷100)＋0.3＝480.3(万元)

增值额＝600－480.3＝119.7(万元)

增值率＝119.7÷480.3×100%≈24.92%

应纳土地增值税＝119.7×30%＝35.91(万元)

（5）9月，出租土地使用权，不需要缴纳土地增值税。

（6）10月，以土地使用权换取房产视同销售，需要缴纳土地增值税，收入是300万元。

允许扣除的税金＝300×0.5‰＝0.15(万元)

扣除项目金额合计＝30×(800÷100)＋0.15＝240.15(万元)

增值额＝300－240.15＝59.85(万元)

增值率＝59.85÷240.15×100%≈24.92%

应纳土地增值税＝59.85×30%＝17.955(万元)

6.1.2　土地增值税的会计核算

为了核算土地增值税，企业应在“应交税费”科目下设“应交土地增值税”二级科目。该科目的贷方反映企业应缴纳的土地增值税，借方反映企业实际缴纳的土地增值税；期末贷方余额反映应交而未交的土地增值税。

1. 房地产企业土地增值税的会计处理

房地产企业是指主要经营房地产买卖业务的企业。对这类企业来说，土地增值税是为取得当期营业收入而支付的费用。其会计处理为，在计提土地增值税时，借记“税金及附加”科目，贷记“应交税费——应交土地增值税”二级科目。在实际上缴时，借记

“应交税费——应交土地增值税”二级科目，贷记“银行存款”等科目。

兼营房地产业务的企业是指虽然经营房地产业务，但不是以此为主，而是兼营或者附带经营房地产业务的企业。这类企业因转让房地产而缴纳土地增值税的会计处理与前述房地产企业对土地增值税的会计处理一致。

［案例 6-2］ 某月，某房地产公司有偿转让一栋高级住宅楼，建筑面积为 5 000 平方米，单位售价为每平方米 6 800 元，共取得销售收入 3 400 万元，开发房产的扣除项目金额合计为 2 004 万元，以上金额均不含增值税，请计算企业应缴纳的土地增值税，并做相应的会计处理。

［解析］

土地增值额＝3 400－2 004＝1 396（万元）

增值率＝1 396÷2 004×100％＝69.66％

应纳土地增值税＝1 396×40％－2 004×5％＝458.2（万元）

其会计分录为：

计提土地增值税时：

借：税金及附加　　4 582 000

　贷：应交税费——应交土地增值税　　4 582 000

实际缴纳时：

借：应交税费——应交土地增值税　　4 582 000

　贷：银行存款　　4 582 000

［案例 6-3］ 某房地产开发公司开发建造了一批商品住宅楼，在工程未全部竣工结算前已预售一批商品房，并按规定预缴了土地增值税 1 000 万元。在工程全部竣工结算后，该批商品住宅的全部销售收入共计 12 000 万元。公司为取得土地使用权支付的金额为 900 万元，开发土地、建房和配套设施支付 2 800 万元，开发费用计 400 万元。计算其应缴纳的土地增值税、应补缴（或退回）的税款，并做相应的会计分录（注：所有金额均不含增值税，暂不考虑其他相关税费）。

［解析］ 其会计分录为：

（1）房地产未全部竣工结算前，预缴土地增值税时：

借：应交税费——应交土地增值税　　10 000 000

　贷：银行存款　　10 000 000

（2）工程竣工结算后，计提应缴土地增值税时：

准予扣除项目金额＝900＋2 800＋400＋（900＋2 800）×20％＝4 840（万元）

增值额＝12 000－4 840＝7 160（万元）

增值率＝7 160÷4 840＝147.93％

应纳税额＝7 160×50％－4 840×15％＝3 580－726＝2 854（万元）

借：税金及附加　　28 540 000
　贷：应交税费——应交土地增值税　　28 540 000

（3）补缴土地增值税时：

应补税款 = 2 854 − 1 000 = 1 854（万元）

借：应交税费——应交土地增值税　　18 540 000
　贷：银行存款　　18 540 000

2. 非房地产企业转让或销售房地产缴纳土地增值税的会计处理

非房地产企业转让或销售房地产，应根据具体情况分别计入相关科目：

（1）企业转让国有土地使用权连同地上已完工交付使用的建筑物及附着物时，在“固定资产”“固定资产清理”等有关科目反映。在转让时，企业应借记“固定资产清理”“累计折旧”等科目，贷记“固定资产”科目。在取得转让收入时，企业应借记“银行存款”科目，贷记“固定资产清理”科目和“应交税费——应交增值税（销项税额）”三级科目。在计算土地增值税时，借记“固定资产清理”科目，贷记“应交税费——应交土地增值税”二级科目。在上缴税金时，企业应借记“应交税费——应交土地增值税”二级科目，贷记“银行存款”科目。

（2）企业转让国有土地使用权连同地上未竣工的建筑物及附着物，其会计分录如下：

借：银行存款等
　　营业外支出（借方差额）
　贷：在建工程
　　　应交税费——应交增值税（销项税额）
　　　应交税费——应交土地增值税
　　　资产处置收益（贷方差额）

在缴纳土地增值税时，企业应借记“应交税费——应交土地增值税”二级科目，贷记“银行存款”科目。

［案例 6－4］　2019 年 6 月，某企业转让一处房产的土地使用权及地上房产的产权，该房产于 2014 年 5 月购置并投入使用。根据有关凭证，确认企业为取得该房产支付的成本为 4 200 万元，转让房产取得的含增值税收入为 6 300 万元，房产累计折旧 504 万元。该房产的评估价格为 4 620 万元，成新率为 8 成新。计算该企业应缴纳的土地增值税，并做相应的会计分录（假设该企业在计算增值税时选择了简易计税方法，城市维护建设税、教育费附加及印花税暂不考虑）。

［解析］　计算该企业应缴纳的增值税：

增值税税额 = (6 300 − 4 200) ÷ (1 + 5%) × 5% = 100（万元）

计算应缴纳的土地增值税：

土地增值额 = (6 300 − 100) − 4 620 × 80% = 2 504（万元）

增值率 = 2 504 ÷ (4 620 × 80%) = 67.75%

应纳土地增值税 = 2 504 × 40% − 4 620 × 80% × 5% = 816.8（万元）

其会计分录为：

转让房地产时：

借：固定资产清理　　36 960 000

　　累计折旧　　5 040 000

　贷：固定资产　　42 000 000

收到转让收入时：

借：银行存款　　63 000 000

　贷：固定资产清理　　62 000 000

　　　应交税费——简易计税　　1 000 000

计提土地增值税时：

借：固定资产清理　　8 168 000

　贷：应交税费——应交土地增值税　　8 168 000

上缴税费时：

借：应交税费——应交土地增值税　　8 168 000

　贷：银行存款　　8 168 000

结转固定资产清理损益时：

借：固定资产清理　　16 872 000（62 000 000－36 960 000－8 168 000）

　贷：资产处置损益　　16 872 000

【知识链接】

《财政部、国家税务总局关于营改增后契税、房产税、土地增值税、个人所得税计税依据问题的通知》（财税〔2016〕43号）规定，土地增值税纳税人转让房地产取得的收入为不含增值税收入。《中华人民共和国土地增值税暂行条例》等规定的土地增值税扣除项目涉及的增值税进项税额，允许在销项税额中计算抵扣的，不计入扣除项目；不允许在销项税额中计算抵扣的，可以计入扣除项目。

6.1.3　土地增值税的征收管理

1. 纳税地点

土地增值税的纳税人应向房地产所在地主管税务机关办理纳税申报，并在税务机关核定的期限内缴纳土地增值税。其中，房地产所在地是指房地产的坐落地。纳税人转让的房地产坐落在两个或两个以上地区的，应按房地产所在地分别申报纳税。

在实际工作中，纳税地点的确定又可分为以下两种情况：

（1）纳税人是法人的。当转移的房地产坐落地与其机构所在地或经营所在地一致时，则在办理税务登记的原管辖税务机关申报纳税即可；当转移的房地产坐落地与其机构所在地或经营所在地不一致时，则应在房地产坐落地所属的税务机关申报纳税。

（2）纳税人是自然人的。当转移的房地产坐落地与其居住地一致时，则在住所所在地税务机关申报纳税；当转移的房地产坐落地与其居住地不一致时，在办理过户手续所在地的税务机关申报纳税。

2. 纳税申报

纳税人应当向房地产所在地主管税务机关申报纳税。

房地产开发项目的土地增值税实行先预缴后清算的办法。从事房地产开发的纳税人应当自纳税义务发生月份终了之日起15日内，向税务机关报送预缴土地增值税纳税申报表，并预缴税款。

（1）从事房地产开发的纳税人应当自达到以下房地产清算条件起90日内，向税务机关报送土地增值税纳税申报表，并自行完成清算，结清应缴税款或向税务机关申请退税：

1）已竣工验收的房地产开发项目，已转让的房地产建筑面积占整个项目可售建筑面积的比例在85%以上，或该比例虽未超过85%，但剩余的可售建筑面积已经出租或自用的。

2）取得销售（预售）许可证满三年仍未销售完毕的。

3）整体转让未竣工决算房地产开发项目的。

4）直接转让土地使用权的。

5）纳税人申请注销税务登记但未办理土地增值税清算手续的。

6）国务院确定的其他情形。

（2）非从事房地产开发的纳税人应当自房地产转移合同签订之日起30日内办理纳税申报并缴纳税款。

6.1.4 土地增值税纳税申报表的填制

根据案例6-3的计算数据填列表6-2和表6-3。

表6-2 财产和行为税纳税申报表（一）

纳税人识别号（统一社会信用代码）：□□□□□□□□□□□□□□□□□□□□□

纳税人名称： 金额单位：人民币元（列至角分）

序号	税种	税目	税款所属期起	税款所属期止	计税依据	税率	应纳税额	减免税额	已缴税额	应补（退）税额
1	土地增值税		××××	××××	71 600 000	50%	28 540 000		10 000 000	18 540 000
2										
3										
4										

5										
6										
7										
8										
9										
10										
11	合计	—	—	—	—	—				

<table>
<tr><td colspan="2">声明：此表是根据国家税收法律法规及相关规定填写的，本人（单位）对填报内容（及附带资料）的真实性、可靠性、完整性负责。
纳税人（签章）：　　　　　年　月　日</td></tr>
<tr><td>经办人：
经办人身份证号：
代理机构签章：
代理机构统一社会信用代码：</td><td>受理人：
受理税务机关（章）：
受理日期：　　年　月　日</td></tr>
</table>

表 6-3　土地增值税税源明细表

税款所属期限：自　　年　月　日至　　年　月　日

纳税人识别号（统一社会信用代码）：□□□□□□□□□□□□□□□□□□□□□

纳税人名称：　　　　金额单位：人民币元（列至角分）　　　　面积单位：平方米

<table>
<tr><td colspan="8">土地增值税项目登记表（从事房地产开发的纳税人适用）</td></tr>
<tr><td colspan="2">项目名称</td><td colspan="2">××××</td><td colspan="2">项目地址</td><td colspan="2">××××</td></tr>
<tr><td colspan="4">土地使用权受让（行政划拨）合同号</td><td colspan="4">受让（行政划拨）时间</td></tr>
<tr><td colspan="4">××××</td><td colspan="4">××××</td></tr>
<tr><td colspan="4"></td><td colspan="4"></td></tr>
<tr><td colspan="2">建设项目起讫时间</td><td></td><td>总预算成本</td><td></td><td>单位预算成本</td><td colspan="2"></td></tr>
<tr><td colspan="2">项目详细坐落地点</td><td colspan="6"></td></tr>
<tr><td colspan="2">开发土地总面积</td><td></td><td>开发建筑总面积</td><td></td><td>房地产转让合同名称</td><td colspan="2"></td></tr>
<tr><td>转让次序</td><td colspan="2">转让土地面积（按次填写）</td><td colspan="2">转让建筑面积（按次填写）</td><td colspan="3">转让合同签订日期（按次填写）</td></tr>
<tr><td>第 1 次</td><td colspan="2"></td><td colspan="2"></td><td colspan="3"></td></tr>
<tr><td>第 2 次</td><td colspan="2"></td><td colspan="2"></td><td colspan="3"></td></tr>
<tr><td>……</td><td colspan="2"></td><td colspan="2"></td><td colspan="3"></td></tr>
</table>

<table>
<tr><td>备注</td><td colspan="7"></td></tr>
<tr><td colspan="8">土地增值税申报计算及减免信息</td></tr>
<tr><td colspan="8">申报类型：</td></tr>
<tr><td colspan="8">1. 从事房地产开发的纳税人预缴适用 □</td></tr>
<tr><td colspan="8">2. 从事房地产开发的纳税人清算适用 □</td></tr>
<tr><td colspan="8">3. 从事房地产开发的纳税人按核定征收方式清算适用 □</td></tr>
<tr><td colspan="8">4. 纳税人整体转让在建工程适用□</td></tr>
<tr><td colspan="8">5. 从事房地产开发的纳税人清算后尾盘销售适用 □</td></tr>
<tr><td colspan="8">6. 转让旧房及建筑物的纳税人适用 □</td></tr>
<tr><td colspan="8">7. 转让旧房及建筑物的纳税人核定征收适用 □</td></tr>
<tr><td colspan="2">项目名称</td><td colspan="2"></td><td colspan="2">项目编码</td><td colspan="2"></td></tr>
<tr><td colspan="2">项目地址</td><td colspan="6"></td></tr>
<tr><td colspan="2">项目总可售面积</td><td colspan="2"></td><td colspan="2">自用和出租面积</td><td colspan="2"></td></tr>
<tr><td>已售面积</td><td></td><td>其中：普通住宅已售面积</td><td></td><td>其中：非普通住宅已售面积</td><td></td><td>其中：其他类型房地产已售面积</td><td></td></tr>
<tr><td colspan="2">清算时已售面积</td><td colspan="2"></td><td colspan="2">清算后剩余可售面积</td><td colspan="2"></td></tr>
</table>

<table>
<tr><td rowspan="2">申报类型</td><td rowspan="2">项目</td><td rowspan="2">序号</td><td colspan="4">金额</td></tr>
<tr><td>普通住宅</td><td>非普通住宅</td><td>其他类型房地产</td><td>总额</td></tr>
<tr><td rowspan="6">1. 从事房地产开发的纳税人预缴适用</td><td>一、房产类型子目</td><td>1</td><td></td><td></td><td></td><td>—</td></tr>
<tr><td>二、应税收入</td><td>2=3+4+5</td><td></td><td></td><td></td><td></td></tr>
<tr><td>1. 货币收入</td><td>3</td><td></td><td></td><td></td><td></td></tr>
<tr><td>2. 实物收入及其他收入</td><td>4</td><td></td><td></td><td></td><td></td></tr>
<tr><td>3. 视同销售收入</td><td>5</td><td></td><td></td><td></td><td></td></tr>
<tr><td>三、预征率（%）</td><td>6</td><td></td><td></td><td></td><td>—</td></tr>
<tr><td rowspan="7">2. 从事房地产开发的纳税人清算适用
3. 从事房地产开发的纳税人按核定征收方式清算适用</td><td>一、转让房地产收入总额</td><td>1=2+3+4</td><td></td><td></td><td>120 000 000</td><td>120 000 000</td></tr>
<tr><td>1. 货币收入</td><td>2</td><td></td><td></td><td>120 000 000</td><td>120 000 000</td></tr>
<tr><td>2. 实物收入及其他收入</td><td>3</td><td></td><td></td><td></td><td></td></tr>
<tr><td>3. 视同销售收入</td><td>4</td><td></td><td></td><td></td><td></td></tr>
<tr><td>二、扣除项目金额合计</td><td>5=6+7+14+17+21+22</td><td></td><td></td><td>48 400 000</td><td>48 400 000</td></tr>
<tr><td>1. 取得土地使用权所支付的金额</td><td>6</td><td></td><td></td><td>9 000 000</td><td>9 000 000</td></tr>
<tr><td>2. 房地产开发成本</td><td>7=8+9+10+11+12+13</td><td></td><td></td><td>28 000 000</td><td>28 000 000</td></tr>
</table>

	其中：土地征用及拆迁补偿费		8				
	前期工程费		9				
	建筑安装工程费		10				
	基础设施费		11				
	公共配套设施费		12				
	开发间接费用		13				
	3. 房地产开发费用		14=15+16			4 000 000	4 000 000
	其中：利息支出		15				
	其他房地产开发费用		16				
	4. 与转让房地产有关的税金等		17=18+19+20				
	其中：营业税		18				
	城市维护建设税		19				
	教育费附加		20				
	5. 财政部规定的其他扣除项目		21			7 400 000	7 400 000
4. 纳税人整体转让在建工程适用	6. 代收费用（纳税人整体转让在建工程不填此项）		22				
	三、增值额		23=1-5			71 600 000	71 600 000
	四、增值额与扣除项目金额之比（%）		24=23÷5			147.93	147.93
	五、适用税率（核定征收率）（%）		25			50	50
	六、速算扣除系数（%）		26			15	15
	七、减免税额		27=29+31+33				
	其中：减免税（1）	减免性质代码和项目名称（1）	28				
		减免税额（1）	29				
	减免税（2）	减免性质代码和项目名称（2）	30				
		减免税额（2）	31				
	减免税（3）	减免性质代码和项目名称（3）	32				
		减免税额（3）	33				

5. 从事房地产开发的纳税人清算后尾盘销售适用	一、转让房地产收入总额		1＝2＋3＋4				
	1. 货币收入		2				
	2. 实物收入及其他收入		3				
	3. 视同销售收入		4				
	二、扣除项目金额合计		5＝6×7＋8				
	1. 本次清算后尾盘销售的销售面积		6				
	2. 单位成本费用		7				
	3. 本次与转让房地产有关的税金		8＝9＋10＋11				
	其中：营业税		9				
	城市维护建设税		10				
	教育费附加		11				
	三、增值额		12＝1－5				
	四、增值额与扣除项目金额之比（%）		13＝12÷5				
	五、适用税率（核定征收率）（%）		14				
	六、速算扣除系数（%）		15				
	七、减免税额		16＝18＋20＋22				
	其中：减免税（1）	减免性质代码和项目名称（1）	17				
		减免税额（1）	18				
	减免税（2）	减免性质代码和项目名称（2）	19				
		减免税额（2）	20				
	减免税（3）	减免性质代码和项目名称（3）	21				
		减免税额（3）	22				
6. 转让旧房及建筑物的纳税人适用	一、转让房地产收入总额		1＝2＋3＋4				
	1. 货币收入		2				
	2. 实物收入		3				
	3. 其他收入		4				
7. 转让旧房及建筑物的纳税人核定征收适用	二、扣除项目金额合计		（1）5＝6＋7＋10＋15 （2）5＝11＋12＋14＋15				

	（1）提供评估价格						
	1. 取得土地使用权所支付的金额		6				
	2. 旧房及建筑物的评估价格		7＝8×9				
	其中：旧房及建筑物的重置成本价		8				
	成新度折扣率		9				
	3. 评估费用		10				
	（2）提供购房发票						
	1. 购房发票金额		11				
	2. 发票加计扣除金额		12＝11×5%×13				
	其中：房产实际持有年数		13				
	3. 购房契税		14				
	4. 与转让房地产有关的税金等		15＝16＋17＋18＋19				
	其中：营业税		16				
	城市维护建设税		17				
	印花税		18				
	教育费附加		19				
	三、增值额		20＝1－5				
	四、增值额与扣除项目金额之比（%）		21＝20÷5				
	五、适用税率（核定征收率）（%）		22				
	六、速算扣除系数（%）		23				
	七、减免税额		24＝26＋28＋30				
	其中：减免税（1）	减免性质代码和项目名称（1）	25				
		减免税额（1）	26				
	减免税（2）	减免性质代码和项目名称（2）	27				
		减免税额（2）	28				
	减免税（3）	减免性质代码和项目名称（3）	29				
		减免税额（3）	30				

6.2 关税的会计核算

6.2.1 关税概述

1. 关税的基本概念

关税是由海关依法对进出口的货物、进境物品征收的一种税。其中，“境”是指关境，又称海关境域或者关税领域，是国家海关法全面实施的领域。国境是一国政府以国家边界为限，全面行使主权的境域。关境是海关征收关税的领域。在一般情况下，国境与关境是一致的，国境就是关境，关境就是国境。但是，有时两者也会有一定的区别，比如存在自由港或自由贸易区时，关境就会小于国境；如果几个国家组成关税同盟，各成员之间的贸易无须缴纳关税，此时的关境便大于国境，如欧盟。现在征收出口关税的国家已经很少，因此通常所说的关税是指进口关税。我国的关税绝大部分是指进口关税，目前仅对少数资源性产品及易于竞相杀价、盲目出口、需要规范出口秩序的半制成品征收出口关税。

根据《中华人民共和国关税法》（以下简称《关税法》）的规定，进口货物的收货人、出口货物的发货人、进境物品的携带人或者收件人是关税的纳税人。

2. 关税计税依据的确认

【小思考】 我国为什么只对少数产品征收出口关税？

我国对进口货物基本上都实行从价税，关税的计税依据是计税价格。《关税法》规定：进口货物的计税价格以成交价格以及该货物运抵中华人民共和国境内输入地点起卸前的运输及其相关费用、保险费为基础确定。

这个规定包括两层含义：

第一，在确认计税价格时必须以货物的实际成交价（即进出口货物在实际交易中达成的价格）为基础。实际成交价是一般贸易项下的购买方为购买该项货物向销售方实际支付或应当支付的价格。

第二，纳税人向海关申报的价格并不一定等于计税价格，只有经海关审核并接受的申报价格才能作为计税价格。对于不真实或不准确的申报价格，海关有权不予接受，并可依照税法规定对有关进出口货物的申报价格进行调整或另行估定计税价格。

3. 关税的计税价格

应纳关税税额的计算关键是计税价格的确定。

（1）对于进口货物，其计税价格由海关以该货物的成交价格为基础审查确定，并且应当包括货物运抵中华人民共和国境内输入地点起卸前的运输及其相关费用、保险费。由买方负担的除购货佣金以外的佣金和经纪费、与该货物视为一体的容器费用以及包装材料费用和包装劳务费用也应当计入计税价格。如果进口货物的成交价格不符合规定的成交价格条件或者成交价格不能确定，海关经了解有关情况，并与纳税人进行价格磋商后，依次以相同货物成交价格估价方法、类似货物成交价格估价方法、倒扣价格估价方法、计算价格估价方法及其他合理方法审查确定该货物的计税价格。纳税人向海关提供有关资料后，可以提出申请，调整价格估价方法和计算价格估价方法的适用次序。

(2) 对于出口货物，其计税价格由海关以该货物的成交价格为基础审查确定，并且应当包括货物运至中华人民共和国境内输出地点装载前的运输及其相关费用、保险费，但其中包含的出口关税税额，应当予以扣除。此外，在货物价款中单独列明的货物运至中华人民共和国境内输出地点装载后的运输及其相关费用、保险费也不应计入出口货物的计税价格。如果出口货物的成交价格不能确定，海关经了解有关情况，并与纳税人进行价格磋商后，依次以下列价格审查确定该货物的计税价格：

1) 同时或者大约同时向同一国家或者地区出口的相同货物的成交价格。

2) 同时或者大约同时向同一国家或者地区出口的类似货物的成交价格。

3) 根据中华人民共和国境内生产相同或者类似货物的料件成本、加工费用，通常的利润和一般费用，境内发生的运输及其相关费用、保险费计算所得的价格。

4) 以合理方法估定的价格。

【即学即用】 在下列各项中，应当计入进口货物计税价格的有（　　）。

A. 由买方负担的与进口货物视为一体的容器费用

B. 由买方负担的购货佣金

C. 由买方负担的境外包装劳务费用

D. 由买方负担的境外包装材料费用

E. 货物运抵境内输入地点之后发生的运输费用

【答案】 ACD

4. 关税应纳税额的计算

(1) 从价计税法。

$$关税税额 = 计税价格 \times 比例税率$$

(2) 从量计税法。

$$关税税额 = 货物数量 \times 定额税率$$

(3) 复合计税法。

$$关税税额 = 计税价格 \times 比例税率 + 货物数量 \times 定额税率$$

6.2.2 关税的会计核算

企业对关税的核算分为两种：一种是单独核算，另一种是不单独核算。对于单独核算关税的企业，它们可通过在“应交税费”科目下设置“应交进口关税”和“应交出口关税”二级科目进行。“应交税费——应交进口关税”和“应交税费——应交出口关税”二级科目的贷方核算应当缴纳的关税金额，借方核算已经缴纳的关税金额，期末贷方余额反映尚未缴纳的关税金额，期末借方余额反映多缴纳的关税金额。对于不单独核算关税的企业，不用设置“应交税费——应交进口关税”和“应交税费——应交出口关税”二级科目，而是直接贷记“银行存款”等科目。

1. 工业企业对关税的会计核算

(1) 进口关税的会计核算。单独核算关税的工业企业在对进口关税进行核算时，应在“在途物资”科目下设“应交进口关税”二级科目；与此同时，在“应交税费”科目下设“应交进口关税”二级科目。“在途物资”科目下的“应交进口关税”二级科目反映企业进口材料应缴纳的关税，并分摊到该批材料的采购成本中。“应交税费”科目下设的“应交进口关税”二级科目，其贷方记录企业应缴纳的进口材料关税，期末贷方余额表示应交未交的关税；其借方记录已经上交的关税，期末借方余额表示多缴纳的关税。

不单独核算关税的工业企业在对进口关税进行核算时，通过外贸企业代理或直接从国外进口原材料，应支付的进口关税不通过“应交税费”科目核算，而是将其与进口原材料的价款、国外运费、保费、国内费用一并直接计入进口原材料的采购成本，借记“在途物资”“材料采购”科目，贷记“银行存款”“应付账款”等科目。

[案例 6－5] 深圳某建筑材料厂（该企业单独核算关税）进口一批钢条，经计算，应缴纳进口关税 150 000 元人民币。

[解析] 其会计分录为：

企业计提应交关税时：

借：在途物资——应交进口关税 150 000

　贷：应交税费——应交进口关税 150 000

企业实际缴纳关税时：

借：应交税费——应交进口关税 150 000

　贷：银行存款 150 000

(2) 出口关税的会计核算。单独核算关税的工业企业在对出口关税进行核算时，应在“税金及附加”科目核算企业出口产品应缴纳的关税，并在期末将发生的关税转入“本年利润”科目。与此同时，单独核算关税的工业企业应在“应交税费”科目下设“应交出口关税”二级科目。

不单独核算关税的工业企业在对出口关税进行核算时，应在“税金及附加”科目核算企业出口产品应缴纳的关税，并在期末将发生的关税转入“本年利润”科目；与此同时，不单独核算关税的工业企业应贷记“银行存款”科目，不再通过“应交税费”科目核算。

[案例 6－6] 某工业企业（该企业单独核算关税）出口一批应税产品，经海关审定的出口关税为 58 000 元，企业已在出口时如数缴纳。

[解析] 其会计分录为：

企业计提应交出口产品关税时：

借：税金及附加 58 000

　贷：应交税费——应交出口关税 58 000

企业实际缴纳关税时：

借：应交税费——应交出口关税　　58 000

　贷：银行存款　　58 000

期末，企业结转上缴关税时：

借：本年利润　　58 000

　贷：税金及附加　　58 000

2. 商业企业对关税的会计核算

商业企业对关税的会计核算是按照不同的进出口商品经营方式分别处理的，即按照自营和代理两种经营方式采用不同的核算方法。

自营进出口业务关税的会计核算：

(1) 自营进口业务关税的核算。单独核算关税的商业企业自营进口业务对关税的会计核算需要通过“在途物资——应交进口关税”和“应交税费——应交进口关税”等二级科目进行。“在途物资——应交进口关税”二级科目反映企业进口商品应缴纳的关税，并分摊到该批商品的经营成本中。“应交税费——应交进口关税”二级科目的贷方记录企业应缴纳的进口商品关税，借方记录已上缴的关税，期末贷方余额反映应交而未交的关税。

不单独核算关税的商业企业自营进口业务对关税的会计核算不通过“应交税费——应交进口关税”二级科目，而是直接贷记“银行存款”科目。

[案例6-7]　某商业企业（该企业不单独核算关税）从国外进口一批货物，经海关审定的进口关税税额为112 000元。企业如数上缴。

[解析]　企业缴纳关税时：

借：在途物资　　112 000

　贷：银行存款　　112 000

(2) 自营出口业务关税的核算。单独核算关税的商业企业自营出口业务对关税的会计核算需要通过“税金及附加”科目和“应交税费——应交出口关税”等二级科目进行。在计算应交出口关税时，单独核算关税的商业企业应借记“税金及附加”科目，贷记“应交税费——应交出口关税”二级科目；在实际缴纳税金时，借记“应交税费——应交出口关税”二级科目，贷记“银行存款”科目。

不单独核算关税的商业企业自营出口业务对关税的会计核算不通过“应交税费——应交出口关税”二级科目，而是直接贷记“银行存款”科目。

[案例6-8]　某商业企业（该企业单独核算关税）自营出口一批商品，经海关审定的出口关税为28 000元，企业以银行存款支付。

[解析]　其会计分录为：

计算应缴关税时：

借：税金及附加　　28 000

　贷：应交税费——应交出口关税　　28 000

实际缴纳时：

借：应交税费——应交出口关税　　28 000

　贷：银行存款　　28 000

3. 代理进出口业务关税的核算

商业企业（外贸企业）代理进出口业务所缴纳的关税实际上是替委托方代垫代付的，在日后与委托方结算时还需收回。为此，商业企业要运用“应收账款”、“应付账款”或“预收账款”等科目进行核算。

[案例6-9] 某外贸公司代理A厂出口一批货物，出口离岸价格为880 000元，出口货物适用的关税税率为10%，协议收取手续费40 000元。

[解析] 其会计分录为：

计算出口关税时：

应缴出口关税 = 880 000 ÷ (1 + 10%) × 10% = 80 000(元)

借：应收账款——A厂（出口关税） 80 000

贷：应交税费——应交出口关税 80 000

收到出口货物货款时（同时支付出口关税）：

借：银行存款（或外汇存款） 880 000

贷：应付账款——A厂（货款） 880 000

借：应交税费——应交出口关税 80 000

贷：银行存款（或外汇存款） 80 000

向A厂支付代销货款时：

借：应付账款——A厂（货款） 880 000

贷：银行存款 760 000

其他业务收入——手续费 40 000

应收账款——A厂（出口关税） 80 000

6.2.3 关税专用缴款书的填制

关税的缴纳是根据纳税人的申报材料及进口货物的具体情况确定的，主要有两种方式：第一，关境地征收，即口岸征收。也就是说，进出口货物在哪里通关，纳税人就在哪里缴纳。这是最常见的一种方式。第二，主管地征收，即集中征收。由纳税人所在地的海关（主管地海关）监管其通关，并在纳税人所在地缴纳关税。这种方式适用集装箱运输的贸易方法。

纳税人在缴纳关税时，需要填制海关（进出口关税）专用缴款书，并需要携带报关单等相关文件，自填写缴款书次日起，7日内缴纳关税。

海关（进出口关税）专用缴款书一式六联（见表6-4）。其中，第一联为收据联，是国库在收款签章后交缴款单位或纳税人作为证明完税的法律文书，也是关税会计核算的原始凭证。第二联为付款凭证联，是缴款单位开户银行作为付出税款的法律文书，也是开户银行的会计凭证。第三联为收款凭证联，是收款国库单位作为收到关税时会计核算的原始凭证。第四联为回执联，由国库收到关税税款盖章后退回海关财务部门作为海关会计核算的原始凭证。第五联为报查联，国库收到关税税款后退回海关，由海关交送当地税务机关作为检查纳税人纳税情况的法律文件。第六联为存根联，由填发单位存档备查。

表 6-4 海关（进出口关税）专用缴款书

收入系统：　　　　　　　　填发日期：　　年　　月　　日　　　　　　号码 NO.

<table>
<tr><td rowspan="3">收款单位</td><td>收入机关</td><td></td><td rowspan="3">缴款单位（人）</td><td colspan="2">名称</td><td colspan="3"></td></tr>
<tr><td>科目</td><td></td><td colspan="2">账号</td><td colspan="3"></td></tr>
<tr><td>收款国库</td><td></td><td colspan="2">开户银行</td><td colspan="3"></td></tr>
<tr><td>税号</td><td colspan="2">货物名称</td><td>数量</td><td>单位</td><td colspan="2">计税价格（¥）</td><td>税率（%）</td><td>税款金额（¥）</td></tr>
<tr><td></td><td colspan="2"></td><td></td><td></td><td colspan="2"></td><td></td><td></td></tr>
<tr><td colspan="5">金额人民币（大写）</td><td colspan="2">合计（¥）</td><td></td><td></td></tr>
<tr><td colspan="2">申请单位编号</td><td></td><td colspan="2">报关单编号</td><td colspan="2"></td><td rowspan="4">填制单位
制单人
复核人</td><td rowspan="4">收款国库（银行）</td></tr>
<tr><td colspan="2">合同（批文）号</td><td></td><td colspan="2">运输工具（号）</td><td colspan="2"></td></tr>
<tr><td colspan="2">缴款期限</td><td></td><td colspan="2">提/装货单号</td><td colspan="2"></td></tr>
<tr><td colspan="7">备注</td></tr>
</table>

6.3 资源税的会计核算

6.3.1 资源税概述

1. 资源税的征税范围

资源税是对在中华人民共和国领域和中华人民共和国管辖的其他海域开发应税资源的单位及个人征收的一种税。资源税的征税范围包括能源矿产、金属矿产、非金属矿产、水气矿产和盐。资源税税目税率表见表 6-5。

表 6-5 资源税税目税率表

税目		征税对象	税率
能源矿产	原油	原矿	6%
	天然气、页岩气、天然气水合物	原矿	6%
	煤	原矿或者选矿	2%～10%
	煤成（层）气	原矿	1%～2%
	铀、钍	原矿	4%
	油页岩、油砂、天然沥青、石煤	原矿或者选矿	1%～4%
	地热	原矿	1%～20%或者每立方米 1～30 元

续表

税目			征税对象	税率
金属矿产	黑色金属	铁、锰、铬、钒、钛	原矿或者选矿	1%～9%
金属矿产	有色金属	铜、铅、锌、锡、镍、锑、镁、钴、铋、汞	原矿或者选矿	2%～10%
金属矿产	有色金属	铝土矿	原矿或者选矿	2%～10%
金属矿产	有色金属	钨	选矿	6.5%
金属矿产	有色金属	钼	选矿	8%
金属矿产	有色金属	金、银	原矿或者选矿	2%～6%
金属矿产	有色金属	铂、钯、钌、锇、铱、铑	原矿或者选矿	5%～10%
金属矿产	有色金属	轻稀土	选矿	7%～12%
金属矿产	有色金属	中重稀土	选矿	20%
金属矿产	有色金属	铍、锂、锆、锶、铷、铯、铌、钽、锗、镓、铟、铊、铪、铼、镉、硒、碲	原矿或者选矿	2%～10%
非金属矿产	矿物类	高岭土	原矿或者选矿	1%～6%
非金属矿产	矿物类	石灰岩	原矿或者选矿	1%～6%或者每吨（或者每立方米）1～10元
非金属矿产	矿物类	磷	原矿或者选矿	3%～8%
非金属矿产	矿物类	石墨	原矿或者选矿	3%～12%
非金属矿产	矿物类	萤石、硫铁矿、自然硫	原矿或者选矿	1%～8%
非金属矿产	矿物类	天然石英砂、脉石英、粉石英、水晶、工业用金刚石、冰洲石、蓝晶石、硅线石（矽线石）、长石、滑石、刚玉、菱镁矿、颜料矿物、天然碱、芒硝、钠硝石、明矾石、砷、硼、碘、溴、膨润土、硅藻土、陶瓷土、耐火黏土、铁矾土、凹凸棒石黏土、海泡石黏土、伊利石黏土、累托石黏土	原矿或者选矿	1%～12%
非金属矿产	矿物类	叶蜡石、硅灰石、透辉石、珍珠岩、云母、沸石、重晶石、毒重石、方解石、蛭石、透闪石、工业用电气石、白垩、石棉、蓝石棉、红柱石、石榴子石、石膏	原矿或者选矿	2%～12%

续表

税目			征税对象	税率
非金属矿产	矿物类	其他黏土（铸型用黏土、砖瓦用黏土、陶粒用黏土、水泥配料用黏土、水泥配料用红土、水泥配料用黄土、水泥配料用泥岩、保温材料用黏土）	原矿或者选矿	1%～5%或者每吨（或者每立方米）0.1～5元
	岩石类	大理岩、花岗岩、白云岩、石英岩、砂岩、辉绿岩、安山岩、闪长岩、板岩、玄武岩、片麻岩、角闪岩、页岩、浮石、凝灰岩、黑曜岩、霞石正长岩、蛇纹岩、麦饭石、泥灰岩、含钾岩石、含钾砂页岩、天然油石、橄榄岩、松脂岩、粗面岩、辉长岩、辉石岩、正长岩、火山灰、火山渣、泥炭	原矿或者选矿	1%～10%
		砂石	原矿或者选矿	1%～5%或者每吨（或者每立方米）0.1～5元
	宝玉石类	宝石、玉石、宝石级金刚石、玛瑙、黄玉、碧玺	原矿或者选矿	4%～20%
水气矿产	二氧化碳气、硫化氢气、氦气、氡气		原矿	2%～5%
	矿泉水		原矿	1%～20%或者每立方米1～30元
盐	钠盐、钾盐、镁盐、锂盐		选矿	3%～15%
	天然卤水		原矿	3%～15%或者每吨（或者每立方米）1～10元
	海盐			2%～5%

《资源税税目税率表》中规定实行幅度税率的，其具体适用税率由省、自治区、直辖市人民政府统筹考虑该应税资源的品位、开采条件以及对生态环境的影响等情况，在《资源税税目税率表》规定的税率幅度内提出，报同级人民代表大会常务委员会决定，并报全国人民代表大会常务委员会和国务院备案。《资源税税目税率表》中规定征税对象为原矿或者选矿的，应当分别确定具体适用税率。

2. 资源税的计税依据

资源税实行从价计征或者从量计征。

（1）从价计征的计税依据。实行从价计征的，以销售额作为资源税的计税依据。销售额是指纳税人销售应税产品向购买方收取的全部价款和价外费用，但不包括收取的增值税销项税额。

（2）从量计征的计税依据。实行从量计征的，以销售数量作为资源税的计税依据。销售数量包括纳税人开采或者生产应税产品的实际销售数量和视同销售的自用数量。

3. 资源税应纳税额的计算

实行从价计征的，应纳税额按照应税资源产品（以下简称“应税产品”）的销售额乘以具体适用税率计算。相应的计算公式为：

应纳税额＝销售额×适用税率

实行从量计征的，应纳税额按照应税产品的销售数量乘以具体适用税率计算。相应的计算公式为：

应纳税额＝销售数量×适用税率

在实际的生产经营活动中，有些情况需要做特殊考虑。对此，税法的规定如下：

（1）纳税人开采或者生产应税产品自用的，应当依照规定缴纳资源税；但是，自用于连续生产应税产品的，不缴纳资源税。

（2）纳税人开采或者生产不同税目应税产品的，应当分别核算不同税目应税产品的销售额或者销售数量；未分别核算或者不能准确提供不同税目应税产品的销售额或者销售数量的，从高适用税率。

《资源税税目税率表》中规定可以选择实行从价计征或者从量计征的，具体计征方式由省、自治区、直辖市人民政府提出，报同级人民代表大会常务委员会决定，并报全国人民代表大会常务委员会和国务院备案。

应税产品为矿产品的，包括原矿和选矿产品。

4. 资源税的减免

（1）有下列情形之一的，免征资源税：

1）开采原油以及在油田范围内运输原油过程中用于加热的原油、天然气。

2）煤炭开采企业因安全生产需要抽采的煤成（层）气。

（2）有下列情形之一的，减征资源税：

1）从低丰度油气田开采的原油、天然气，减征20%的资源税。

2）高含硫天然气、三次采油和从深水油气田开采的原油、天然气，减征30%的资源税。

3）稠油、高凝油减征40%的资源税。

4）从衰竭期矿山开采的矿产品，减征30%的资源税。

根据国民经济和社会发展需要，国务院对有利于促进资源节约集约利用、保护环境等情形可以规定免征或者减征资源税，报全国人民代表大会常务委员会备案。

(3) 有下列情形之一的，省、自治区、直辖市可以决定免征或者减征资源税：

1) 纳税人在开采或者生产应税产品的过程中，因意外事故或者自然灾害等原因遭受重大损失。

2) 纳税人开采共伴生矿、低品位矿、尾矿。

上述规定的免征或者减征资源税的具体办法，由省、自治区、直辖市人民政府提出，报同级人民代表大会常务委员会决定，并报全国人民代表大会常务委员会和国务院备案。

(4) 纳税人的免税、减税项目，应当单独核算销售额或者销售数量；未单独核算或者不能准确提供销售额或者销售数量的，不予免税或者减税。

5. 资源税的征收管理

纳税人销售应税产品，其纳税义务发生时间为收讫销售款项或者取得销售款项索取凭据的当日；自用应税产品的，其纳税义务发生时间为移送应税产品的当日。

纳税人应当向应税产品开采地或者生产地的税务机关申报缴纳资源税。

资源税按月或者按季申报缴纳；不能按固定期限计算缴纳的，可以按次申报缴纳。

纳税人按月或者按季申报缴纳的，应当自月度或者季度终了之日起 15 日内，向税务机关办理纳税申报并缴纳税款；按次申报缴纳的，应当自纳税义务发生之日起 15 日内，向税务机关办理纳税申报并缴纳税款。

6.3.2 资源税的会计核算

按照税法的规定，企业因开采或销售应税产品而缴纳的资源税应计入企业的生产经营成本，因此在会计处理中应通过成本费用类账户进行核算。与此同时，又因为资源税应纳税额在计算上存在不同情况，故在账务处理上应用的具体科目也不同。

1. 直接销售应税产品的会计核算

企业在计提直接销售的应税产品应交资源税时，借记“税金及附加”科目，贷记“应交税费——应交资源税”二级科目；在实际缴纳资源税时，借记“应交税费——应交资源税”二级科目，贷记“银行存款”等科目。

[案例 6-10] 5月，某油田生产原油 100 万吨，当月已对外销售 80 万吨，每吨不含税售价为 4 000 元，货款已收到。资源税税率为 6%。计算该油田当月应缴纳的增值税销项税额和应纳资源税，并做相应的会计分录。

[解析]

$$增值税销项税额=4\,000\times80\times13\%=41\,600(万元)$$

$$应纳资源税=4\,000\times80\times6\%=19\,200(万元)$$

其会计分录为：

借：银行存款　　3 616 000 000

　贷：主营业务收入　　3 200 000 000

　　　应交税费——应交增值税（销项税额）　　416 000 000

借：税金及附加　　192 000 000

贷：应交税费——应交资源税　　192 000 000

［案例 6－11］ 2 月，某采砂场开采砂石 2 万吨，当月已对外销售 1.5 万吨，每吨不含税售价为 0.05 万元，货款已收到。当地规定的砂石资源税从量计征，税率为 3 元/吨。计算该采砂场当月应纳资源税，并做相应的会计分录。

［解析］

应纳资源税＝3×1.5＝4.5（万元）

其会计分录为：

借：税金及附加　　45 000

贷：应交税费——应交资源税　　45 000

2. 纳税人生产自用应税产品的会计核算

纳税人开采或生产应税产品自用于连续生产应税产品，不缴纳资源税；用于其他方面，按视同销售缴纳资源税，在计税时借记“生产成本”“制造费用”“税金及附加”等科目，贷记“应交税费——应交资源税”二级科目；在实际缴纳资源税时，借记“应交税费——应交资源税”二级科目，贷记“银行存款”等科目。

［案例 6－12］ 1 月，某铜矿山开采铜矿石原矿 5 000 吨，全部移送用于加工生产铜精矿，所生产的铜精矿已于当月全部销售，销售额为 100 万元。该铜矿山适用的资源税税率为 2%，计算该铜矿山当月应纳资源税，并做相应的会计分录。

［解析］ 以自采原矿加工精矿产品的，在原矿移送使用时不缴纳资源税，在精矿销售或自用时缴纳资源税。

应纳资源税＝1 000 000×2%＝20 000（元）

其会计分录为：

借：税金及附加　　20 000

贷：应交税费——应交资源税　　20 000

借：应交税费——应交资源税　　20 000

贷：银行存款　　20 000

6.3.3 资源税纳税申报表的填制

以案例 6－10 为例，资源税纳税申报表的填制见表 6－6 和表 6－7。

【知识链接】

国务院根据国民经济和社会发展需要，对取用地表水或者地下水的单位和个人试点征收水资源税。征收水资源税的，停止征收水资源费。

水资源税根据当地水资源状况、取用水类型和经济发展等情况实行差别税率。

水资源税试点实施办法由国务院规定，报全国人民代表大会常务委员会备案。

表 6-6　财产和行为税纳税申报表

纳税人识别号（统一社会信用代码）：□□□□□□□□□□□□□□□□□□□□□□□

纳税人名称：　　　　　　　　　　　　　　　　　　　　　　　金额单位：人民币万元

序号	税种	税目	税款所属期起	税款所属期止	计税依据	税率	应纳税额	减免税额	已缴税额	应补（退）税额
1	资源税	原油	××××	××××	320 000	6%	19 200			19 200
2										
3										
4										
5										
6										
7										
8										
9										
10										
11	合计	—	—	—	—	—				
声明：此表是根据国家税收法律法规及相关规定填写的，本人（单位）对填报内容（及附带资料）的真实性、可靠性、完整性负责。 纳税人（签章）：　　年　月　日										
经办人： 经办人身份证号： 代理机构签章： 代理机构统一社会信用代码：						受理人： 受理税务机关（章）： 受理日期：　年　月　日				

表 6-7　资源税税源明细表

税款所属期限：自　　年　月　日至　　年　月　日

纳税人识别号（统一社会信用代码）：□□□□□□□□□□□□□□□□□□□□□□□

纳税人名称：　　　　　　　　　　　　　　　　　　　　　　　金额单位：人民币万元

申报计算明细										
序号	税目	子目	计量单位	销售数量	准予扣减的外购应税产品购进数量	计税销售数量	销售额	准予扣除的运杂费	准予扣减的外购应税产品购进金额	计税销售额
	1	2	3	4	5	6=4-5	7	8	9	10=7-8-9
1	原油	原油					320 000			320 000
2										

续表

申报计算明细										
合计										

减免税计算明细									
序号	税目	子目	减免性质代码和项目名称	计量单位	减免税销售数量	减免税销售额	适用税率	减征比例	本期减免税额
	1	2	3	4	5	6	7	8	9①＝5×7×8 9②＝6×7×8
1									
2									
合计									

6.4 印花税的会计核算

6.4.1 印花税概述

印花税是对经济活动和经济交往中书立应税经济凭证或者从事证券交易行为所征收的一种税。

1. 印花税的纳税人

在中华人民共和国境内书立、使用所列举凭证以及从事证券交易的单位和个人，都是印花税的纳税人，应当按照规定缴纳印花税。印花税的纳税人包括：

（1）立合同人。立合同人是指合同的当事人，或者对凭证有直接权利、义务关系的单位和个人，但不包括合同的担保人、证人、鉴定人。各类合同的纳税人是立合同人。各类合同包括买卖合同、承揽合同、建设工程合同、租赁合同、运输合同、仓储合同、借款合同、财产保险合同、技术合同等。

（2）立据人。产权转移书据的纳税人是立据人。

（3）立账簿人。营业账簿的纳税人是立账簿人，是指设立并使用营业账簿的单位和个人。

（4）使用人。在国外书立、领受，但在国内使用的应税凭证，其纳税人是使用人。

凡由两方或两方以上当事人共同书立的应税凭证，其当事人各方都是印花税的纳税人。

（5）各类电子应税凭证的签订人，即以电子形式签订的各类应税凭证的当事人。

（6）交易人。证券交易的纳税人是交易人。

2. 印花税的征税对象

印花税的征税对象是书立在中华人民共和国境内具有法律效力的应税凭证，或者在中华人民共和国境内进行的证券交易。

应税凭证是指《中华人民共和国印花税法》所附《印花税税目税率表》列明的合同、产权转移书据和营业账簿。

【即学即用】 在下列各项中，哪些按照“产权转移书据”科目缴纳印花税？（ ）

A. 土地使用权出让合同　　B. 土地使用权转让合同

C. 商品房销售合同　　D. 专利申请权转让合同

【答案】 ABC

【解析】 选项 A、B、C 属于“产权转移书据”范畴，选项 D 属于“技术合同”范畴。

3. 印花税的税率

印花税的税率为比例税率，见表 6-8。

表 6-8 印花税税目税率表

税目		税率	备注
合同（指书面合同）	借款合同	借款金额的万分之零点五	指银行业金融机构、经国务院银行业监督管理机构批准设立的其他金融机构与借款人（不包括同业拆借）的借款合同
	融资租赁合同	租金的万分之零点五	
	买卖合同	价款的万分之三	指动产买卖合同（不包括个人书立的动产买卖合同）
	承揽合同	报酬的万分之三	
	建设工程合同	价款的万分之三	
	运输合同	运输费用的万分之三	指货运合同和多式联运合同（不包括管道运输合同）
	技术合同	价款、报酬或者使用费的万分之三	
	租赁合同	租金的千分之一	
	保管合同	保管费的千分之一	
	仓储合同	仓储费的千分之一	
	财产保险合同	保险费的千分之一	不包括再保险合同

续表

税目		税率	备注
产权转移书据	土地使用权出让书据	价款的万分之五	转让包括买卖（出售）、继承、赠予、互换、分割
	土地使用权、房屋等建筑物和构筑物所有权转让书据（不包括土地承包经营权和土地经营权转移）	价款的万分之五	
	股权转让书据（不包括应缴纳证券交易印花税的）	价款的万分之五	
	商标专用权、著作权、专利权、专有技术使用权转让书据	价款的万分之三	
营业账簿		实收资本（股本）、资本公积合计金额的万分之二点五	
证券交易		成交金额的千分之一	

4. 印花税的计税依据

印花税的计税依据如下：

（1）应税合同的计税依据，为合同所列的金额，不包括列明的增值税税款。

（2）应税产权转移书据的计税依据，为产权转移书据所列的金额，不包括列明的增值税税款。

（3）应税营业账簿的计税依据，为账簿记载的实收资本（股本）、资本公积合计金额。

（4）证券交易的计税依据，为成交金额。

（5）应税合同、产权转移书据未列明金额的，印花税的计税依据按照实际结算的金额确定。

（6）计税依据不能按照前述规定确定的，按照书立合同、产权转移书据时的市场价格确定；依法应当执行政府定价或者政府指导价的，按照国家有关规定确定。

【小思考】 在借款合同中，印花税的计税依据包括利息吗？

（7）证券交易无转让价格的，按照办理过户登记手续时该证券前一个交易日的收盘价计算确定计税依据；无收盘价的，按照证券面值计算确定计税依据。

5. 印花税应纳税额的计算

印花税的应纳税额按照下列方法计算：

（1）应税合同的应纳税额为价款或者报酬乘以适用税率。

（2）应税产权转移书据的应纳税额为价款乘以适用税率。

（3）应税营业账簿的应纳税额为实收资本（股本）与资本公积的合计金额乘以适用税率。

（4）证券交易的应纳税额为成交金额或者按照规定计算确定的计税依据乘以适用税率。

（5）同一应税凭证载有两个或者两个以上税目并分别列明价款或者报酬的，按照各自适用的税目、税率计算应纳税额；未分别列明价款或者报酬的，按税率高的计算应纳税额。

（6）同一应税凭证由两方或者两方以上当事人订立的，应当按照各自涉及的价款或者报酬分别计算应纳税额。

6. 印花税的征收管理

印花税的纳税义务发生时间为纳税人书立应税凭证或者完成证券交易的当日。

证券交易印花税的扣缴义务发生时间为证券交易完成的当日。

单位纳税人应当向其机构所在地的主管税务机关申报缴纳印花税。个人纳税人应当向应税凭证书立地或者纳税人居住地的税务机关申报缴纳印花税。

不动产产权发生转移的，纳税人应当向不动产所在地的税务机关申报缴纳印花税。

证券交易印花税的扣缴义务人应当向其机构所在地的主管税务机关申报缴纳扣缴的税款。

印花税按季、按年或者按次计征。实行按季、按年计征的，纳税人应当于季度、年度终了之日起 15 日内申报并缴纳税款。实行按次计征的，纳税人应当于纳税义务发生之日起 15 日内申报并缴纳税款。

6.4.2 印花税的会计核算

印花税的会计处理与该税种特殊的缴纳方式相关。按照税法的规定，印花税采用在纳税人书立、领受或使用应税凭证时自行计算应交税额、自行到税务机关购买税票、自行贴花并自行注销的“三自”方式完成纳税义务。纳税人的会计处理可根据一次领购印花税票数额的大小，采用不同的方式。一次购买印花税票数额不大的，纳税人可直接记入“税金及附加”科目，在购买印花税票时，借记“税金及附加”科目，贷记“银行存款”科目。一次购买印花税票或缴纳印花税数额较大的，可通过“预付账款”科目处理。在实际购买印花税票时，纳税人应借记“预付账款”科目，贷记“银行存款”科目。在每次摊销时，纳税人应借记“税金及附加”科目，贷记“预付账款”科目。

[案例 6-13] 某月，某企业一次购买印花税票 50 000 元，其中 5 400 元用于当月签订的购销合同（两份）。

[解析] 其会计分录为：

购买税票时：

借：预付账款　　50 000

　贷：银行存款　　50 000

在合同与营业账簿上贴花时：

借：管理费用　　5 400

　贷：预付账款　　5 400

6.4.3 印花税纳税申报表的填制

因为印花税是地方性税种，所以印花税纳税申报表在国家税务总局没有统一的规定，而是由各地税务机关分别确定。在此，我们以北京市印花税纳税申报表为例做填制说明。下面以案例6-13为例，印花税纳税申报表的填制见表6-9和表6-10。

表6-9 财产和行为税纳税申报表

纳税人识别号（统一社会信用代码）：□□□□□□□□□□□□□□□□□□

纳税人名称：　　　　　　　　　　　　　　　　　　　　金额单位：人民币元（列至角分）

序号	税种	税目	税款所属期起	税款所属期止	计税依据	税率	应纳税额	减免税额	已缴税额	应补（退）税额
1	印花税	购销合同	××××	××××	18 000 000	0.3‰	5 400			5 400
2										
3										
4										
5										
6										
7										
8										
9										
10										
11	合计	—	—	—	—	—				

声明：此表是根据国家税收法律法规及相关规定填写的，本人（单位）对填报内容（及附带资料）的真实性、可靠性、完整性负责。 纳税人（签章）：　　　　年　月　日	
经办人： 经办人身份证号： 代理机构签章： 代理机构统一社会信用代码：	受理人： 受理税务机关（章）： 受理日期：　　年　月　日

表 6-10 印花税税源明细表

纳税人识别号（统一社会信用代码）：□□□□□□□□□□□□□□□□□□□□□□

纳税人名称：　　　　　　　　　　　　　　　　　　　金额单位：人民币元（列至角分）

序号	*税目	*税款所属期起	*税款所属期止	应纳税凭证编号	应纳税凭证书立（领受）日期	*计税金额或件数	核定比例	*税率	减免性质代码和项目名称
按期申报									
1	购销合同	××××	×××××			18 000 000		0.3‰	
2									
3									
按次申报									
1									
2									
3									

6.5　车辆购置税的会计核算

6.5.1　车辆购置税概述

车辆购置税是以在中国境内购置规定车辆为征税对象，并在特定环节向车辆购置者征收的一种税。

1. 车辆购置税的纳税人及征税范围

【小思考】 购买二手车自用需要缴纳车辆购置税吗？

《中华人民共和国车辆购置税暂行条例》（以下简称《车辆购置税暂行条例》）规定，在中华人民共和国境内购置《车辆购置税暂行条例》规定车辆的单位和个人，为车辆购置税的纳税人，应当依照《车辆购置税暂行条例》缴纳车辆购置税。购置包括购买、进口、自产、受赠、获奖或者以其他方式取得并自用应税车辆的行为。

《车辆购置税暂行条例》中所称的单位，包括国有企业、集体企业、私营企业、股份制企业、外商投资企业、外国企业以及其他企业和事业单位、社会组织、国家机关、部队及其他单位；个人，包括个体工商户以及其他个人。

车辆购置税的征税范围包括汽车、摩托车、电车、挂车、农用运输车。

2. 车辆购置税的税率与计税依据

（1）税率。车辆购置税的税率为10%。

（2）计税依据。

1）纳税人购买自用的应税车辆的计税依据，为纳税人购买应税车辆而支付给销售者的全部价款和价外费用，不包括增值税销项税额。

2）纳税人进口自用的应税车辆以组成计税价格为计税依据。组成计税价格的计算公式为：

组成计税价格＝关税完税价格＋关税＋消费税

3）纳税人自产、受赠、获奖或者以其他方式取得并自用的应税车辆的计税依据。凡不能或不能准确提供车辆价格的，由主管税务机关依国家税务总局核定的、相应类型的应税车辆的最低计税价格确定。

纳税人购买自用或者进口自用的应税车辆，申报的计税价格低于同类型应税车辆的最低计税价格，又无正当理由的，按照最低计税价格征收车辆购置税。

最低计税价格由国家税务总局依据全国市场的平均销售价格确定。

纳税人以外汇结算应税车辆价款的，按照纳税申报之日中国人民银行公布的人民币基准汇价，折合成人民币计算应纳税额。

【即学即用】 在下列各项中，属于车辆购置税应税行为的有（　　）。

A. 购买使用行为　B. 获奖使用行为　C. 进口使用行为　D. 受赠使用行为

【答案】 ABCD

3. 车辆购置税应纳税额的计算

车辆购置税实行从价定率的办法计算应纳税额。相应的计算公式为：

应纳税额＝计税依据×税率

4. 车辆购置税的征收管理

车辆购置税实行一次性缴纳。

车辆购置税的纳税义务发生时间为纳税人购置应税车辆的当日。纳税人应当自纳税义务发生之日起60日内申报缴纳车辆购置税。

纳税人应当在向公安机关交通管理部门办理车辆注册登记前，缴纳车辆购置税。

纳税人购置应税车辆，应当向车辆登记地的主管税务机关申报缴纳车辆购置税；购置不需要办理车辆登记的应税车辆，应当向纳税人所在地的主管税务机关申报缴纳车辆购置税。

6.5.2 车辆购置税的会计核算

（1）企业购置（包括购买、进口、自产、受赠、获奖或者以其他方式取得并自用）应税车辆，按规定缴纳的车辆购置税，借记“固定资产”等科目，贷记“银行存款”科目。

（2）企业购置的减税、免税车辆改制后用途发生变化的，按规定应补交的车辆购置税，借记“固定资产”科目，贷记“银行存款”科目。

［案例6-14］ 某企业当期进口一辆轿车，海关到岸价格为50 000美元（当日美元兑人民币的外汇牌价为1∶6.15，进口关税税率为25%，消费税税率为12%，增值税税率为13%）。另外，该企业在国内购置一辆轿车，含税价款为200 000元。计算企业应缴纳的车辆购置税，并做出相应的会计分录（暂不考虑增值税和消费税）。

［解析］

$$进口轿车计税价格=\frac{6.15\times 50\,000+6.15\times 50\,000\times 25\%}{1-12\%}=\frac{307\,500+76\,875}{1-12\%}$$
$$=436\,789.77(元)$$

进口轿车应纳车辆购置税 $=436\,789.77\times 10\%=43\,678.98$(元)

$$国内购车计税价格=\frac{200\,000}{1+13\%}=176\,991.15(元)$$

国内购车应纳车辆购置税 $=176\,991.15\times 10\%=17\,699.12$(元)

缴纳车辆购置税时：

借：固定资产——轿车	61 378.10	
贷：银行存款		61 378.10

6.6 城镇土地使用税的会计核算

6.6.1 城镇土地使用税概述

城镇土地使用税是以国有土地或集体土地为征税对象，对拥有土地使用权的单位和个人征收的一种税。

1. 城镇土地使用税的征税范围

城镇土地使用税的征税范围包括在城市、县城、建制镇和工矿区内的国家所有及集体所有的土地。其中，城市是指经国务院批准设立的市。城市的征税范围为市区和郊区。县城是指县人民政府所在地。建制镇是指经省、自治区、直辖市人民政府批准设立的建制镇。工矿区是指工商业比较发达、人口比较集中、符合国务院规定的建制镇标准，但尚未设立建制镇的大中型工矿企业所在地。工矿区须经省、自治区、直辖市人民政府批准。

建立在城市、县城、建制镇和工矿区以外的工矿企业不需要缴纳城镇土地使用税。

2. 城镇土地使用税的纳税人

城镇土地使用税的纳税人是指在征税范围内应承担纳税义务的所有单位和个人，具体包括：

（1）拥有土地使用权的单位和个人。

（2）拥有土地使用权的单位和个人不在土地所在地的，土地的实际使用人和代管人为纳税人。

（3）土地使用权未明确或权属纠纷未解决的，其实际使用人为纳税人。

（4）土地使用权共有的，共有各方都是纳税人，各方应以其实际使用的土地面积占总面积的比例，分别计算缴纳土地使用税。

3. 城镇土地使用税的计税依据

城镇土地使用税以纳税人实际占用的土地面积为计税依据。土地面积以平方米为计量标准，具体可采用以下几种办法：

（1）凡有由省、自治区、直辖市人民政府确定的单位组织测定土地面积的，以测定的面积为准。

（2）尚未组织测量，但纳税人持有政府部门核发的土地使用证的，以书面确认的土地面积为准。

（3）尚未核发土地使用证的，应由纳税人申报土地面积，据以纳税，待核发土地使用证后再做调整。

4. 城镇土地使用税的税率

城镇土地使用税采用定额税率，并在一定幅度内确定差额税额，具体方法是按大、中、小城市和县城、建制镇、工矿区分别确定每平方米土地使用税的年应纳税额，标准为：

（1）大城市 1.5～30 元。

（2）中等城市 1.2～24 元。

（3）小城市 0.9～18 元。

（4）县城、建制镇、工矿区 0.6～12 元。

各省、自治区、直辖市人民政府可根据市政建设情况和经济繁荣程度，在规定的税额幅度内确定所辖地区的适用税额幅度。经济落后地区可适当降低适用税额标准，但降低额不得超过规定最低税额的 30%。经济发达地区城镇土地使用税的适用税额标准可适当提高，但须报财政部批准。

5. 城镇土地使用税应纳税额的计算

城镇土地使用税的应纳税额可以通过纳税人实际占用的土地面积乘以该土地所在地段的适用税额求得。相应的计算公式为：

全年应纳税额＝实际占用应税土地面积（平方米）×适用税额

［案例 6－15］ 假设在某城市的一企业使用的土地面积为 10 000 平方米。经税务机关核定，该土地为应税土地，每平方米的年税额为 4 元。请计算其全年应缴纳的城镇土地使用税税额。

［解析］

年应纳城镇土地使用税税额＝10 000×4＝40 000（元）

6. 城镇土地使用税的征收管理

（1）纳税期限。城镇土地使用税实行按年计算、分期缴纳的征收办法，具体纳税期限由省、自治区、直辖市人民政府确定。

（2）纳税义务发生时间。

1）纳税人购置新建商品房，自房屋交付使用的次月起，缴纳城镇土地使用税。

2）纳税人购置存量房，自办理房屋权属转移、变更登记手续，房地产权属登记机关签发房屋权属证书的次月起，缴纳城镇土地使用税。

3）纳税人出租、出借房产，自交付出租、出借房产的次月起，缴纳城镇土地使用税。

4）以出让或转让方式有偿取得土地使用权的，应由受让方从合同约定交付土地时间的次月起缴纳城镇土地使用税；合同未约定交付时间的，由受让方从合同签订的次月起缴纳城镇土地使用税。

5）纳税人新征用的耕地，自批准征用之日起满一年时开始缴纳城镇土地使用税。

6）纳税人新征用的非耕地，自批准征用次月起缴纳城镇土地使用税。

7）自2009年1月1日起，纳税人因土地权利发生变化而依法终止城镇土地使用税纳税义务的，其应纳税款的计算应截至土地权利发生变化的当月末。

（3）纳税地点。城镇土地使用税在土地所在地缴纳。纳税人使用的土地不属于同一省、自治区、直辖市管辖的，由纳税人分别向土地所在地的税务机关缴纳城镇土地使用税；在同一省、自治区、直辖市管辖范围内，纳税人跨地区使用的土地，其纳税地点由各省、自治区、直辖市税务机关确定。

6.6.2 城镇土地使用税的会计核算

城镇土地使用税的应纳税额是以使用者实际使用的土地面积乘以按等级适用的税额。缴纳城镇土地使用税的单位，在年终计算应交城镇土地使用税时，借记“管理费用”科目，贷记“应交税费——应交城镇土地使用税”二级科目；在实际上缴时，借记“应交税费——应交城镇土地使用税”二级科目，贷记“银行存款”科目。若纳税人由于某些原因漏交城镇土地使用税，应及时补缴，并相应支付滞纳金和税务罚款；在补缴税款时，借记“应交税费——应交城镇土地使用税”科目，贷记“银行存款”二级科目；在结转已纳税款时，借记“管理费用”科目，贷记“应交税费——应交城镇土地使用税”二级科目；在上缴滞纳金和税务罚款时，借记“营业外支出——上缴滞纳金（税务罚款）”三级科目，贷记“银行存款”科目。

［案例6-16］ 深圳市某工厂实际占用土地60 000平方米。其中，厂办托儿所占地500平方米，职工子弟小学占地4 000平方米。深圳市政府核定的单位土地税额为9元/平方米。计算该厂年度应纳城镇土地使用税税额（托儿所、子弟小学占地免征城镇土地使用税），并做出会计分录（税款按年一次缴纳）。

［解析］ 应纳城镇土地使用税税额为：

$$(60\ 000-500-4\ 000)\times 9=55\ 500\times 9=499\ 500(\text{元})$$

其会计分录为：

计提应缴税款时：

借：管理费用　　499 500

　贷：应交税费——应交城镇土地使用税　　499 500

上缴税款时：

借：应交税费——应交城镇土地使用税　　499 500

　贷：银行存款　　499 500

6.6.3 城镇土地使用税纳税申报表的填制

以案例6－16为例，城镇土地使用税纳税申报表的填制见表6－11和表6－12。

表6－11 财产和行为税纳税申报表

纳税人识别号（统一社会信用代码）：□□□□□□□□□□□□□□□□□□

纳税人名称：　　　　金额单位：人民币元（列至角分），面积单位：平方米

序号	税种	税目	税款所属期起	税款所属期止	计税依据	税率	应纳税额	减免税额	已缴税额	应补（退）税额
1	城镇土地使用税		××××	××××	60 000	9	540 000	40 500		499 500
2										
3										
4										
5										
6										
7										
8										
9										
10										
11	合计	—	—	—	—	—				

声明：此表是根据国家税收法律法规及相关规定填写的，本人（单位）对填报内容（及附带资料）的真实性、可靠性、完整性负责。

纳税人（签章）：　　　　年　月　日

经办人： 经办人身份证号： 代理机构签章： 代理机构统一社会信用代码：	受理人： 受理税务机关（章）： 受理日期：　　年　月　日

表 6-12 城镇土地使用税、房产税税源明细表

纳税人识别号（统一社会信用代码）：□□□□□□□□□□□□□□□□□□□□

纳税人名称：　　　　　　　　　　　　　　金额单位：人民币元（列至角分），面积单位：平方米

<table>
<tr><td colspan="8">一、城镇土地使用税税源明细</td></tr>
<tr><td>*纳税人类型</td><td colspan="2">土地使用权人□
集体土地使用人□
无偿使用人□
代管人□
实际使用人□
（必选）</td><td colspan="2">土地使用权人
纳税人识别号
（统一社会信用代码）</td><td></td><td>土地使用权人
名称</td><td></td></tr>
<tr><td>*土地编号</td><td colspan="2"></td><td colspan="2">土地名称</td><td></td><td>不动产权证号</td><td></td></tr>
<tr><td>不动产单元代码</td><td colspan="2"></td><td colspan="2">宗地号</td><td></td><td>*土地性质</td><td>国有□
集体□
（必选）</td></tr>
<tr><td>*土地取得方式</td><td colspan="2">划拨□ 出让□
转让□ 租赁□
其他□
（必选）</td><td colspan="2">*土地用途</td><td colspan="3">工业□ 商业□ 居住□ 综合□
房地产开发企业的开发用地□ 其他□
（必选）</td></tr>
<tr><td>*土地坐落地址
（详细地址）</td><td colspan="7">省（自治区、直辖市）　市（区）　县（区）　乡镇（街道）（必填）</td></tr>
<tr><td>*土地所属主管税务所（科、分局）</td><td colspan="7"></td></tr>
<tr><td>*土地取得时间</td><td>年　月</td><td>变更类型</td><td colspan="3">纳税义务终止
（权属转移□ 其他□）
信息项变更（土地面积变更□
土地等级变更□减免税变更□
其他□）</td><td>变更时间</td><td>年　月</td></tr>
<tr><td>*占用土地面积</td><td>60 000</td><td>地价</td><td></td><td>*土地等级</td><td>××</td><td>*税额标准</td><td>9</td></tr>
<tr><td rowspan="5">减免税
部分</td><td rowspan="2">序号</td><td rowspan="2" colspan="2">减免性质代码和项目名称</td><td colspan="2">减免起止时间</td><td rowspan="2">减免税
土地面积</td><td rowspan="2">月减免
税金额</td></tr>
<tr><td>减免起始月份</td><td>减免终止月份</td></tr>
<tr><td>1</td><td colspan="2">托儿所</td><td>年　月</td><td>年　月</td><td>500</td><td></td></tr>
<tr><td>2</td><td colspan="2">小学</td><td></td><td></td><td>4 000</td><td></td></tr>
<tr><td>3</td><td colspan="2"></td><td></td><td></td><td></td><td></td></tr>
<tr><td colspan="8">二、房产税税源明细</td></tr>
<tr><td colspan="8">（一）从价计征房产税明细</td></tr>
</table>

<table>
<tr><td>* 纳税人类型</td><td colspan="2">产权所有人□
经营管理人□
承典人□
房屋代管人□
房屋使用人□
融资租赁承租人□
（必选）</td><td colspan="2">所有权人
纳税人识别号
（统一社会信用代码）</td><td></td><td>所有权人名称</td><td colspan="2"></td></tr>
<tr><td>* 房产编号</td><td colspan="4"></td><td colspan="2">房产名称</td><td colspan="2"></td></tr>
<tr><td>不动产权证号</td><td colspan="4"></td><td colspan="2">不动产单元代码</td><td colspan="2"></td></tr>
<tr><td>* 房屋坐落地址（详细地址）</td><td colspan="8">省（自治区、直辖市） 市（区） 县（区） 乡镇（街道）（必填）</td></tr>
<tr><td>* 房产所属主管税务所（科、分局）</td><td colspan="8"></td></tr>
<tr><td>房屋所在土地编号</td><td colspan="2"></td><td colspan="2">* 房产用途</td><td colspan="4">工业□ 商业及办公□ 住房□ 其他□（必选）</td></tr>
<tr><td>* 房产取得时间</td><td>年 月</td><td>变更类型</td><td colspan="3">纳税义务终止（权属转移□ 其他□）
信息项变更（房产原值变更□ 出租房产原值变更□ 减免税变更□ 申报租金收入变更□ 其他□）</td><td>变更时间</td><td colspan="2">年 月</td></tr>
<tr><td>* 建筑面积</td><td colspan="2"></td><td colspan="2">其中：出租房产面积</td><td colspan="4"></td></tr>
<tr><td>* 房产原值</td><td colspan="2"></td><td colspan="2">其中：出租房产原值</td><td></td><td>计税比例</td><td colspan="2"></td></tr>
<tr><td rowspan="5">减免税部分</td><td rowspan="2">序号</td><td rowspan="2" colspan="2">减免性质代码和项目名称</td><td colspan="2">减免起止时间</td><td rowspan="2">减免税房产原值</td><td rowspan="2" colspan="2">月减免税金额</td></tr>
<tr><td>减免起始月份</td><td>减免终止月份</td></tr>
<tr><td>1</td><td colspan="2"></td><td>年 月</td><td>年 月</td><td></td><td colspan="2"></td></tr>
<tr><td>2</td><td colspan="2"></td><td></td><td></td><td></td><td colspan="2"></td></tr>
<tr><td>3</td><td colspan="2"></td><td></td><td></td><td></td><td colspan="2"></td></tr>
<tr><td colspan="9">（二）从租计征房产税明细</td></tr>
<tr><td colspan="2">* 房产编号</td><td colspan="2"></td><td colspan="3">房产名称</td><td colspan="2"></td></tr>
<tr><td colspan="2">* 房产所属主管税务所（科、分局）</td><td colspan="7"></td></tr>
<tr><td colspan="2">承租方纳税人识别号（统一社会信用代码）</td><td colspan="2"></td><td colspan="3">承租方名称</td><td colspan="2"></td></tr>
<tr><td colspan="2">* 出租面积</td><td colspan="2"></td><td colspan="3">* 申报租金收入</td><td colspan="2"></td></tr>
<tr><td colspan="2">* 申报租金所属租赁期起</td><td colspan="2"></td><td colspan="3">* 申报租金所属租赁期止</td><td colspan="2"></td></tr>
</table>

减免税部分	序号	减免性质代码和项目名称	减免起止时间		减免税租金收入	月减免税金额
			减免起始月份	减免终止月份		
	1		年 月	年 月		
	2					
	3					

6.7 房产税的会计核算

房产税是以房屋为征税对象，以房产的计税余值或租金收入为计税依据，向房屋产权所有人征收的一种税。

6.7.1 房产税概述

1. 房产税的征税范围

房产税的征税范围为城市、县城、建制镇和工矿区的房产。“房产”是以房屋形态表现的财产。房屋是指有屋面和围护结构（有墙或两边有柱），能够遮风挡雨，可供人们在其中生产、工作、学习、娱乐、居住或储藏物资的场所。

城市是指国务院批准设立的市，其范围为市区、郊区和市辖县县城，不包括农村。县城是指县人民政府所在地。建制镇是指经省、自治区、直辖市人民政府批准设立的建制镇，其范围为镇人民政府所在地，不包括所辖的行政村。工矿区是指工商业比较发达、人口比较集中、符合国务院规定的建制镇标准的大中型工矿企业所在地。

2. 房产税的纳税人

房产税的纳税人为城市、县城、建制镇和工矿区的房屋产权所有人。具体说来，房产税的纳税人为：

（1）产权属于国家所有的，由经营管理的单位缴纳。

（2）产权属于集体和个人所有的，由集体单位和个人缴纳。

（3）产权出典的，由承典人缴纳。

（4）产权所有人、承典人不在房产所在地的，或产权未确定及租典纠纷未解决的，由房产代管人或者使用人缴纳。

（5）融资租赁的房产，由承租人自融资租赁合同约定开始日的次月起依照房产余值缴纳房产税；合同未约定开始日的，由承租人自合同签订的次月起依照房产余值缴纳房产税。

（6）纳税单位和个人无租使用房产管理部门、免税单位及纳税单位的房产，应由使用人代为缴纳房产税。

（7）自2009年1月1日起，外商投资企业、外国企业和组织以及外籍个人，依照《中华人民共和国房产税暂行条例》缴纳房产税。

【即学即用】 以下属于房产税纳税人的是（ ）。

A. 房屋的出典人　　　　　　　　　　B. 拥有农村房产的农民
C. 允许他人无租使用房产的房管部门　D. 产权不明的房屋使用人

【答案】 D

3. 房产税的计税依据

房产税的计税依据是房产的计税价值或房产的租金收入。按照房产计税价值征税的，称为从价计征；按照房产租金收入计征的，称为从租计征。

(1) 房产计税价值的确定。房产的计税价值是房产税计税余值。房产税计税余值是指房产原值一次减除10%～30%损耗价值后的余值。在确定计税余值时，房产原值的具体减除比例，由省、自治区、直辖市人民政府在税法规定的减除幅度内自行确定。

房产原值是指纳税人按照会计制度规定，在会计账簿"固定资产"科目中记载的房屋原价。会计账簿中记载有房屋原价的，以房屋原价按规定减除一定比例后作为房产余值计征房产税；没有记载房屋原价的，按照上述原则，参照同类房屋确定房产原值，计征房产税。

房产原值应包括与房屋不可分割的各种附属设备或一般不单独计算价值的配套设施。纳税人对原有房屋进行改建、扩建的，要相应增加房产原值。

(2) 房产租金收入的确定。房产的租金收入是指房屋产权所有人出租房产使用权所得的报酬，包括货币收入和实物收入。

4. 房产税的税率

房产税采用比例税率。依据房产计税价值计征的，税率为1.2%；依据租金收入计征的，税率为12%。自2008年3月1日起，对个人出租住房，不区分用途，按4%的税率征收房产税。

5. 房产税应纳税额的计算

从价计征是按房产的原值减除一定比例后的余值计征，其计算公式为：

应纳税额＝应税房产原值×(1－扣除比例)×1.2%

从租计征是按房产的租金收入计征，其计算公式为：

应纳税额＝租金收入×12%(或4%)

[案例6-17] 某企业拥有自有房屋40间，其中30间为经营用房，房产原值为2 200万元，所在省规定按减除30%后的余值计税；10间房屋出租给某公司作为经营用房，年租金收入水平为100万元（不含增值税）。计算该企业应纳的房产税。

[解析]

自用房产应纳税额＝2 200×(1－30%)×1.2%＝18.48(万元)
租金收入应纳税额＝100×12%＝12(万元)
全年应纳房产税税额＝18.48＋12＝30.48(万元)

【知识要点提醒】

对于出租房产，租赁双方签订的租赁合同约定有免收租金期限的，免收租金期间由产权所有人按照房产原值缴纳房产税。

6. 房产税的征收管理

(1) 纳税义务发生时间。

1）纳税人将原有房产用于生产经营，从生产经营当月起缴纳房产税。

2）纳税人自行新建房屋用于生产经营，从建成的次月起缴纳房产税。

3）纳税人委托施工企业建设的房屋，从办理验收手续的次月起缴纳房产税。

4）纳税人购置新建商品房，自房屋交付使用的次月起缴纳房产税。

5）纳税人购置存量房，自办理房屋权属转移、变更登记手续，房地产权属登记机关签发房屋权属证书的次月起缴纳房产税。

6）纳税人出租、出借房产，自交付出租、出借房产的次月起缴纳房产税。

7）房地产开发企业自用、出租、出借该企业建造的商品房，自房屋使用或交付的次月起缴纳房产税。

8）自2009年1月1日起，纳税人因房产的实物或权利状态发生变化而依法终止房产税纳税义务的，其应纳税款的计算应截至房产的实物或权利状态发生变化的当月末。

（2）纳税期限。房产税实行按年计算、分期缴纳的征收方法，具体纳税期限由省、自治区、直辖市人民政府确定。

（3）纳税地点。房产税在房产所在地缴纳。房产不在同一地方的纳税人，应按房产的坐落地点分别向房产所在地的税务机关纳税。

6.7.2 房产税的会计核算

1. 企业经营自用的房屋

纳税人在期末按规定计算当期应纳房产税时，借记“管理费用”科目，贷记“应交税费——应交房产税”二级科目；在申报缴纳房产税时，借记“应交税费——应交房产税”二级科目，贷记“银行存款”科目。

［案例6-18］ 深圳市某企业拥有经营性房产50 000平方米，在“固定资产——房屋”二级科目中的账面原值为3 500万元（税务机关核定的计税余值扣除比例为30%）。其中，用于对外出租的房屋6 000平方米，房产原值为420万元，每月收取租金25 000元（不含增值税）。深圳市税务机关核定房产税每年征收一次。计算该企业当年应交的房产税金额，并做出会计分录。

［解析］ 自用房屋应纳房产税：

$$(3\,500-420)\times(1-30\%)\times1.2\%\times10\,000=258\,720(\text{元})$$

房租收入应纳房产税：

$$25\,000\times12\times12\%=36\,000(\text{元})$$

应纳房产税总额：

$$258\,720+36\,000=294\,720(\text{元})$$

其会计分录为：

计提应纳房产税时：

借：管理费用	258 720	
税金及附加	36 000	
贷：应交税费——应交房产税		294 720

缴纳房产税时：

借：应交税费——应交房产税　　　　294 720

　贷：银行存款　　　　294 720

2. 企业出租的房屋

对于出租的房屋，纳税人在按规定计算应缴的房产税时，借记“税金及附加”科目，贷记“应交税费——应交房产税”二级科目；在缴纳房产税时，借记“应交税费——应交房产税”二级科目，贷记“银行存款”科目。

6.7.3 房产税纳税申报表的填制

以案例6-18为例，房产税纳税申报表的填制见表6-13和表6-14。

表6-13 财产和行为税纳税申报表

纳税人识别号（统一社会信用代码）：□□□□□□□□□□□□□□□□□□

纳税人名称：　　　　　　　　　　　　金额单位：人民币元（列至角分）

序号	税种	税目	税款所属期起	税款所属期止	计税依据	税率	应纳税额	减免税额	已缴税额	应补（退）税额
1	房产税		略	略	21 560 000	1.2%	258 720			258 720
2	房产税		略	略	300 000	12%	36 000			36 000
3										
4										
5										
6										
7										
8										
9										
10										
11	合计	—	—	—	—	—	294 720			294 720

声明：此表是根据国家税收法律法规及相关规定填写的，本人（单位）对填报内容（及附带资料）的真实性、可靠性、完整性负责。

纳税人（签章）：　　　　年　月　日

经办人： 经办人身份证号： 代理机构签章： 代理机构统一社会信用代码：	受理人： 受理税务机关（章）： 受理日期：　　年　月　日

表 6-14　城镇土地使用税、房产税税源明细表

纳税人识别号（统一社会信用代码）：□□□□□□□□□□□□□□□□□□

纳税人名称：　　　　　　　　　　　　金额单位：人民币元（列至角分）；面积单位：平方米

<table>
<tr><td colspan="8">一、城镇土地使用税税源明细</td></tr>
<tr><td>* 纳税人类型</td><td colspan="2">土地使用权人□
集体土地使用人□
无偿使用人□
代管人□
实际使用人□
（必选）</td><td>土地使用权人
纳税人识别号
（统一社会信用代码）</td><td></td><td>土地使用权人
名称</td><td colspan="2"></td></tr>
<tr><td>* 土地编号</td><td colspan="2"></td><td>土地名称</td><td></td><td>不动产权证号</td><td colspan="2"></td></tr>
<tr><td>不动产单元代码</td><td colspan="2"></td><td>宗地号</td><td></td><td>* 土地性质</td><td colspan="2">国有□
集体□
（必选）</td></tr>
<tr><td>* 土地取得方式</td><td colspan="2">划拨□ 出让□
转让□ 租赁□
其他□
（必选）</td><td>* 土地用途</td><td colspan="4">工业□ 商业□ 居住□ 综合□
房地产开发企业的开发用地□ 其他□
（必选）</td></tr>
<tr><td>* 土地坐落地址
（详细地址）</td><td colspan="7">省（自治区、直辖市）　　市（区）　　县（区）　　乡镇（街道）（必填）</td></tr>
<tr><td>* 土地所属主管税务所（科、分局）</td><td colspan="7"></td></tr>
<tr><td>* 土地取得时间</td><td>年　月</td><td>变更类型</td><td colspan="2">纳税义务终止（权属转移□ 其他□）
信息项变更（土地面积变更□
土地等级变更□ 减免税变更□
其他□）</td><td>变更时间</td><td colspan="2">年　月</td></tr>
<tr><td>* 占用土地面积</td><td></td><td>地价</td><td></td><td>* 土地等级</td><td></td><td>* 税额标准</td><td></td></tr>
<tr><td rowspan="6">减免税
部分</td><td rowspan="2">序号</td><td rowspan="2" colspan="2">减免性质代码和项目名称</td><td colspan="2">减免起止时间</td><td rowspan="2">减免税
土地面积</td><td rowspan="2">月减免
税金额</td></tr>
<tr><td>减免起始月份</td><td>减免终止月份</td></tr>
<tr><td>1</td><td colspan="2"></td><td>年　月</td><td>年　月</td><td></td><td></td></tr>
<tr><td>2</td><td colspan="2"></td><td></td><td></td><td></td><td></td></tr>
<tr><td>3</td><td colspan="2"></td><td></td><td></td><td></td><td></td></tr>
<tr><td colspan="3"></td><td colspan="2"></td><td colspan="2"></td></tr>
<tr><td colspan="8">二、房产税税源明细</td></tr>
<tr><td colspan="8">（一）从价计征房产税明细</td></tr>
</table>

<table>
<tr><td>* 纳税人类型</td><td colspan="2">产权所有人□
经营管理人□
承典人□
房屋代管人□
房屋使用人□
融资租赁承租人□
（必选）</td><td colspan="2">所有权人
纳税人识别号
（统一社会信用代码）</td><td></td><td>所有权人名称</td><td></td></tr>
<tr><td>* 房产编号</td><td colspan="4"></td><td colspan="2">房产名称</td><td></td></tr>
<tr><td>不动产权证号</td><td colspan="4"></td><td colspan="2">不动产单元代码</td><td></td></tr>
<tr><td>* 房屋坐落地址
（详细地址）</td><td colspan="7">省（自治区、直辖市） 市（区） 县（区） 乡镇（街道）（必填）</td></tr>
<tr><td>* 房产所属主管税务所（科、分局）</td><td colspan="7"></td></tr>
<tr><td>房屋所在土地编号</td><td colspan="2"></td><td colspan="2">* 房产用途</td><td colspan="3">工业□ 商业及办公□住房□
其他□（必选）</td></tr>
<tr><td>* 房产取得时间</td><td>年 月</td><td>变更类型</td><td colspan="3">纳税义务终止（权属转移□ 其他□）
信息项变更（房产原值变更□ 出租房产原值变更□ 减免税变更□ 申报租金收入变更□ 其他□）</td><td>变更时间</td><td>年 月</td></tr>
<tr><td>* 建筑面积</td><td colspan="2"></td><td colspan="2">其中：出租房产面积</td><td colspan="3"></td></tr>
<tr><td>* 房产原值</td><td colspan="2">35 000 000</td><td colspan="2">其中：出租房产原值</td><td>4 200 000</td><td>计税比例</td><td>70%</td></tr>
<tr><td rowspan="5">减免税部分</td><td rowspan="2">序号</td><td rowspan="2" colspan="2">减免性质代码和项目名称</td><td colspan="2">减免起止时间</td><td rowspan="2">减免税房产原值</td><td rowspan="2">月减免税金额</td></tr>
<tr><td>减免起始月份</td><td>减免终止月份</td></tr>
<tr><td>1</td><td colspan="2"></td><td>年 月</td><td>年 月</td><td></td><td></td></tr>
<tr><td>2</td><td colspan="2"></td><td></td><td></td><td></td><td></td></tr>
<tr><td>3</td><td colspan="2"></td><td></td><td></td><td></td><td></td></tr>
<tr><td colspan="8">（二）从租计征房产税明细</td></tr>
<tr><td colspan="2">* 房产编号</td><td colspan="2"></td><td colspan="2">房产名称</td><td colspan="2"></td></tr>
<tr><td colspan="2">* 房产所属主管税务所（科、分局）</td><td colspan="6"></td></tr>
<tr><td colspan="2">承租方纳税人识别号（统一社会信用代码）</td><td colspan="2"></td><td colspan="2">承租方名称</td><td colspan="2"></td></tr>
<tr><td colspan="2">* 出租面积</td><td colspan="2"></td><td colspan="2">* 申报租金收入</td><td colspan="2">300 000</td></tr>
<tr><td colspan="2">* 申报租金所属租赁期起</td><td colspan="2"></td><td colspan="2">* 申报租金所属租赁期止</td><td colspan="2"></td></tr>
</table>

减免税部分	序号	减免性质代码和项目名称	减免起止时间		减免税租金收入	月减免税金额
			减免起始月份	减免终止月份		
	1		年　月	年　月		
	2					
	3					

6.8 车船税的会计核算

6.8.1 车船税概述

车船税是对纳税人在我国境内拥有的车辆、船舶，按其种类、数量和吨位实行定额征收的一种税。

1. 车船税的纳税人及征税范围

车船税的纳税人是指在中华人民共和国境内拥有《中华人民共和国车船税法》（以下简称《车船税法》）规定的车辆、船舶的所有人或者管理人。

车船税的征税范围是指在中华人民共和国境内属于《车船税法》所附《车船税税目税额表》规定的车辆、船舶。

2. 车船税的税目和税率

车船税实行定额税率。车船税的适用税额，依照《车船税法》所附的《车船税税目税额表》执行，见表6－15。

表6－15　车船税税目税额表

	目录	计税单位	年基准税额（元）	备注
乘用车按发动机气缸容量（排气量）分档	1.0升（含）以下	每辆	60～360	核定载客人数9人（含）以下
	1.0升以上至1.6升（含）		360～660	
	1.6升以上至2.0升（含）		660～960	
	2.0升以上至2.5升（含）		960～1 620	
	2.5升以上至3.0升（含）		1 620～2 460	
	3.0升以上至4.0升（含）		2 460～3 600	
	4.0升以上		3 600～5 400	

续表

	目录	计税单位	年基准税额（元）	备注
商用车	客车	每辆	480～1 440	核定载客人数9人（包括电车）
	货车	整备质量每吨	16～120	1. 包括半挂牵引车、挂车、客货两用汽车、三轮汽车和低速载货汽车等 2. 挂车按照货车税额的50%计算
其他车辆	专用作业车	整备质量每吨	16～120	不包括拖拉机
	轮式专用机械车	整备质量每吨	16～120	
摩托车		每辆	36～180	
船舶	机动船舶	净吨位每吨	3～6	拖船、非机动驳船分别按照机动船舶税额的50%计算；游艇的税额另行规定
	游艇	艇身长度每米	600～2 000	

3. 车船税应纳税额的计算

车船税按车船的种类确定计税依据，以所确定的计税依据和规定的单位税额计算应纳税额。

（1）乘用车、客车、摩托车的应纳税额为：

应纳税额＝应税车辆数量×适用单位税额

（2）货车、挂车、其他车辆（专用作业车）、其他车辆（轮式专用机械车）的应纳税额为：

应纳税额＝整备质量×适用单位税额

（3）机动船舶的应纳税额为：

应纳税额＝净吨位数×适用单位税额（拖船、非机动驳船分别按照机动船舶税额的50%计算）

（4）游艇的应纳税额为：

应纳税额＝艇身长度×适用单位税额

购置的新车船，购置当年的应纳税额自纳税义务发生的当月起按月计算。其计算公式为：

应纳税额＝（年应纳税额÷12）×应纳税月份数

已缴纳车船税的车船在同一纳税年度内办理转让过户的，不另纳税，也不退税。

4. 车船税的减免

下列车船免纳车船税：

（1）捕捞、养殖渔船。

（2）军队、武装警察部队专用的车船。

（3）警用车船。

（4）依照法律规定应当予以免税的外国驻华使领馆、国际组织驻华代表机构及其有关人员的车船。

（5）对节约能源的车船，减半征收车船税；对使用新能源的车辆，免征车船税。对于受严重自然灾害影响，纳税困难以及有其他特殊原因确需减税、免税的，可以减征或者免征车船税。

（6）省、自治区、直辖市人民政府根据当地实际情况，可以对公共交通车船，农村居民拥有并主要在农村地区使用的摩托车、三轮汽车和低速载货汽车定期减征或者免征车船税。

（7）悬挂应急救援专用号牌的国家综合性消防救援车辆和国家综合性消防救援专用船舶。

5. 车船税的缴纳

车船税按年申报缴纳，具体的申报纳税期限由省、自治区、直辖市人民政府规定。车船税的纳税地点为车船的登记地或者车船税扣缴义务人所在地。依法不需要办理登记的车船，车船税的纳税地点为车船的所有人或者管理人所在地。

[案例 6-19]　风帆航运公司共有机动船 15 艘，净吨位均为 600 吨，核定的年单位税额为 4 元/吨。此外，该公司还拥有各种车辆 42 辆。其中，货车 35 辆，每辆整备质量为 8 吨，核定的年单位税额为 50 元/吨；46 座以上大客车 3 辆，核定的年单位税额为 500 元/辆；摩托车 4 辆，核定的年单位税额为 100 元/辆。计算该航运公司应缴纳的车船税。

[解析]（1）机动船 15 艘，分别按净吨位计算应纳税额：

应纳税额 = 600 × 15 × 4 = 36 000（元）

（2）载货车，按整备质量吨位计算应纳税额：

应纳税额 = 8 × 35 × 50 = 14 000（元）

（3）客车，按车辆数计算应纳税额：

应纳税额 = 500 × 3 = 1 500（元）

（4）摩托车，按车辆数计算应纳税额：

应纳税额 = 4 × 100 = 400（元）

（5）该航运公司应缴纳的车船税总计：

36 000 + 14 000 + 1 500 + 400 = 51 900（元）

6.8.2 车船税的会计核算

1. 车船税的会计科目设置

为了核算企业应缴纳的车船税，企业应在“应交税费”科目下设置“应交车船税”二级科目。该二级科目的借方发生额反映企业已缴纳的车船税，贷方发生额反映企业应缴纳的车船税；期末贷方余额反映企业应交而未交的车船税。

2. 车船税的会计处理

月份终了，企业计算出应缴纳的车船税时：

借：税金及附加

　贷：应交税费——应交车船税

如果企业分期缴纳且每期缴纳的税额较大，则需要按期分摊成本。按规定计算出应纳税款时：

借：预付账款

　贷：应交税费——应交车船税

以后按期分摊时：

借：税金及附加

　贷：预付账款

企业实际缴纳税款时：

借：应交税费——应交车船税

　贷：银行存款

［**案例6-20**］　以案例6-19为例，假设当地政府规定车船税按季缴纳，则该公司全年应纳税额为51 900元，月应纳税额为4 325元（=51 900÷12）。请做出相应的会计分录。

［**解析**］　其会计分录为：

1月末，企业计算出应缴纳的车船税时：

借：税金及附加　　4 325

　贷：应交税费——应交车船税　　4 325

2月、3月的会计分录同上。

4月初，企业实际缴纳车船税12 975元（=4 325×3）时：

借：应交税费——应交车船税　　12 975

　贷：银行存款　　12 975

6.9 耕地占用税的会计核算

6.9.1 耕地占用税概述

耕地占用税是国家对占用耕地建房或者从事其他非农业建设的单位和个人，就其实际占用的耕地面积一次性征收的一种税。开征耕地占用税的主要目的是合理利用土地资源，加强土地管理，保护农用耕地。

1. 耕地占用税的纳税人和征税对象

（1）耕地占用税的纳税人。耕地占用税的纳税人是在中华人民共和国境内占用耕地建设建筑物、构筑物或者从事非农业建设的单位和个人。

(2) 耕地占用税的征税对象。耕地占用税的征税对象包括纳税人为建设建筑物、构筑物或者从事非农业建设而占用的耕地。

耕地是指用于种植农作物的土地，包括菜地、园地。其中，园地包括花圃、苗圃、茶园、果园、桑园和其他种植经济林木的土地。

占用林地、牧草地、农田水利用地、养殖水面以及渔业水域滩涂等其他农用地建房或者从事非农业建设的，比照占用耕地情况征收耕地占用税。

建设直接为农业生产服务的生产设施占用林地、牧草地、农田水利用地、养殖水面以及渔业水域滩涂等其他农用地的，不征收耕地占用税。

【小思考】 占用鱼塘需要缴纳耕地占用税吗？

占用已开发从事种植、养殖的滩涂、草场、水面和林地等从事非农业建设，由省、自治区、直辖市本着有利于保护土地资源和生态平衡的原则，结合具体情况确定是否征收耕地占用税。

此外，在占用之前三年内属于上述范围的耕地或农用土地，也视为耕地。

占用耕地建设农田水利设施的，不缴纳耕地占用税。

2. 耕地占用税的税率

耕地占用税采用定额税率，实行有幅度的地区差别税额。耕地占用税的税额幅度如下：

(1) 人均耕地不超过 1 亩的地区（以县、自治县、不设区的市、市辖区为单位，下同），每平方米为 10 元至 50 元。

(2) 人均耕地超过 1 亩但不超过 2 亩的地区，每平方米为 8 元至 40 元。

(3) 人均耕地超过 2 亩但不超过 3 亩的地区，每平方米为 6 元至 30 元。

(4) 人均耕地超过 3 亩的地区，每平方米为 5 元至 25 元。

各地区耕地占用税的适用税额，由省、自治区、直辖市人民政府根据人均耕地面积和经济发展等情况，在规定的税额幅度内提出，报同级人民代表大会常务委员会决定，并报全国人民代表大会常务委员会和国务院备案。各省、自治区、直辖市耕地占用税适用税额的平均水平，不得低于《中华人民共和国耕地占用税法》所附《各省、自治区、直辖市耕地占用税平均税额表》规定的平均税额。在人均耕地低于 0.5 亩的地区，省、自治区、直辖市可以根据当地经济发展情况，适当提高耕地占用税的适用税额，但提高的部分不得超过规定的适用税额的 50%。具体适用税额按照规定的程序确定。

占用基本农田的，应当按照规定的当地适用税额，加按 150%征收。各省、自治区、直辖市耕地占用税的平均税额表见表 6-16。

表 6-16 各省、自治区、直辖市耕地占用税的平均税额表

地区	平均税额（元/平方米）
上海	45
北京	40
天津	35
江苏、浙江、福建、广东	30

续表

地区	平均税额（元/平方米）
辽宁、湖北、湖南	25
河北、安徽、江西、山东、河南、重庆、四川	22.5
广西、海南、贵州、云南、陕西	20
山西、吉林、黑龙江	17.5
内蒙古、西藏、甘肃、青海、宁夏、新疆	12.5

3. 耕地占用税的计算

耕地占用税的计税依据是企业实际占用的耕地面积。相应的计算公式为：

【小思考】 耕地占用税为什么采用地区差别定额税率？

应纳税额＝实际占用的耕地面积×适用定额税率

［案例 6-21］ 某企业征用耕地 2 万平方米，其中 5 000 平方米用于免税项目的建设。该地区耕地占用税的适用税额为 5 元/平方米。计算该企业应缴纳的耕地占用税。

［解析］

实际占用的应税耕地面积＝20 000－5 000＝15 000（平方米）

应纳税额＝15 000×5＝75 000（元）

4. 耕地占用税的征收管理

耕地占用税的纳税义务发生时间为纳税人收到自然资源主管部门办理占用耕地手续的书面通知的当日。纳税人应当自纳税义务发生之日起 30 日内申报缴纳耕地占用税。自然资源主管部门凭耕地占用税完税凭证或者免税凭证和其他有关文件发放建设用地批准书。

纳税人因建设项目施工或者地质勘查临时占用耕地，应当依照规定缴纳耕地占用税。纳税人自被批准临时占用耕地期满之日起一年内依法复垦、恢复种植条件的，全额退还已经缴纳的耕地占用税。

6.9.2 耕地占用税的会计核算

1. 耕地占用税的会计科目设置

耕地占用税是企业占用耕地建房或从事其他非农业建设时依法缴纳的税款，这部分税款应计入企业的固定资产价值。耕地占用税不通过"应交税费"科目核算。

2. 耕地占用税的会计核算

（1）计算应缴纳的耕地占用税时：

借：在建工程

　贷：银行存款

（2）工程竣工后汇算清缴时，如果预缴的税款少于应缴税款时：

借：在建工程

贷：银行存款

（3）如果有多交的预交税款退回时：

借：银行存款

贷：在建工程

［案例 6-22］ 某市一家公司新占用 2 000 平方米耕地用于厂房建设，所占耕地适用的定额税率为 20 元/平方米。计算该公司应缴纳的耕地占用税，并做出相应的会计分录。

［解析］

应缴纳的耕地占用税＝2 000×20＝40 000(元)

其会计分录为：

借：在建工程 40 000

贷：银行存款 40 000

6.10 契税的会计核算

6.10.1 契税概述①

契税是以所有权发生转移的不动产为征税对象，向产权承受人征收的一种财产税。征收契税，有利于通过法律形式确定房产的产权关系，也有利于增加地方财政收入。

1. 契税的征税对象及纳税人

（1）契税的征税对象。契税的征税对象为在我国境内转移的土地、房屋权属，具体包括：

1）土地使用权转让。土地使用权转让包括出售、赠予、交换。土地使用权转让不包括土地承包经营权和土地经营权的转移。

2）房屋买卖、赠予、交换。以土地、房屋权属作价投资（入股）、偿还债务，以划转、奖励等方式转移土地、房屋权属的，视同转移土地、房屋权属行为，依照规定征收契税。

（2）契税的纳税人。契税的纳税人是指在我国境内转移土地、房屋权属，承受的单位和个人。土地、房屋权属是指土地使用权和房屋所有权。单位是指企业单位、事业单位、国家机关、军事单位和社会组织以及其他组织。个人是指个体经营者和其他个人，包括中国居民和外籍人员。

【即学即用】 居民甲以房产抵偿欠居民乙的债务，居民乙因此取得该房产的产权并支付给居民甲差价款 10 万元。甲、乙双方应由谁来缴纳契税？

① 根据《中华人民共和国契税法（草案）》修订。

【答案】 以房抵债视同房屋买卖，应由产权承受人按房屋现值缴纳契税，所以应由居民乙缴纳。

2. 契税的税率和计税依据

契税实行3%～5%的幅度税率。

契税的具体适用税率，由省、自治区、直辖市人民政府在规定的税率幅度内提出，报同级人民代表大会常务委员会决定，并报全国人民代表大会常务委员会和国务院备案。

省、自治区、直辖市可以依照规定的程序对不同主体、不同地区、不同类型的住房的权属转移确定差别税率。

契税的计税依据为不动产的价格。由于土地、房屋权属的转移方式不同，定价方法不同，因而具体计税依据视不同情况决定。

（1）土地使用权出让、出售，房屋买卖，为成交价格。

（2）土地使用权交换、房屋交换，为所交换的土地使用权、房屋价格的差额。

（3）土地使用权赠予、房屋赠予以及其他没有价格的转移土地、房屋权属行为，为税务机关参照土地使用权出售、房屋买卖的市场价格依法核定的价格。

成交价格、交换价格的差额明显偏低且无正当理由的，由税务机关参照市场价格依法核定。

3. 契税的计算与缴纳

（1）契税的计算。契税应纳税额的计算公式为：

应纳税额＝计税依据×适用税率

在土地使用权、房屋交换时，当交换价格相等时，免征契税；当交换价格不等时，由多交付货币、实物、无形资产或者其他经济利益的一方缴纳契税。

［案例 6－23］ 居民甲将一栋私有房屋出售给居民乙，房屋的成交价格为20万元（不含增值税，下同）；此外，居民甲将一处两居室住房与居民丙交换成两处一居室住房，并支付换房差价款5万元。计算居民甲、居民乙两人应缴纳的契税（当地的适用税率为5%）。

［解析］ 房屋买卖时，契税的纳税人为房屋权属的承受人，故居民乙应缴纳的契税为：

200 000×5%＝10 000(元)

房屋交换时价格相等的，免征契税；交换价格不等时，由多交付货币、实物、无形资产或者其他经济利益的一方缴纳契税。因此，居民甲应缴纳的契税为：

50 000×5%＝2 500(元)

（2）契税的缴纳。纳税人签订土地、房屋权属转移合同的当天，或者取得其他具有土地、房屋权属转移合同性质凭证的当天，为契税的纳税义务发生时间。纳税人应当在依法办理土地、房屋权属登记手续前申报缴纳契税。

【知识要点提醒】

根据《财政部、国家税务总局关于营改增后契税、房产税、土地增值税、个人所得税计税依据问题的通知》(财税〔2016〕43号)的规定，计征契税的成交价格不含增值税。

4. 契税的减免

(1) 国家机关、事业单位、社会组织、军事单位承受土地、房屋权属用于办公、教学、医疗、科研、军事设施。

(2) 非营利性的学校、医疗机构、社会福利机构承受土地、房屋权属用于办公、教学、医疗、科研、养老、救助。

(3) 承受荒山、荒地、荒滩土地使用权用于农、林、牧、渔业生产。

(4) 依照法律规定应当予以免税的外国驻华使馆、领事馆和国际组织驻华代表机构承受土地、房屋权属。

根据国民经济和社会发展的需要，国务院可以规定免征或者减征契税的其他情形，报全国人民代表大会常务委员会备案。

6.10.2 契税的会计核算

契税的应纳税款通过“应交税费——应交契税”二级科目进行核算。该科目的借方发生额反映实际已纳的税款，贷方发生额反映应缴纳的契税；期末贷方余额反映应交而未交的契税。

企业在取得房产所有权、按规定计算契税应纳税额时，应借记“固定资产”“在建工程”“无形资产”等科目，贷记“应交税费——应交契税”二级科目；在实际缴纳契税时，借记“应交税费——应交契税”二级科目，贷记“银行存款”等科目。

[案例6-24] 某企业接受捐赠房产一栋，该房产按市场售价计算应为500万元(不含税)，取得的增值税专用发票上注明的税额为45万元。计算该企业应缴纳的契税(当地政府规定的契税税率为5%)。

[解析]

(1) 赠予行为的税率为5%，该企业的应纳税额为：

$$5\,000\,000\times5\%=250\,000(\text{元})$$

其会计分录为：

借：固定资产　　5 250 000

　　应交税费——应交增值税(进项税额)　　450 000

　贷：营业外收入　　5 450 000

　　　应交税费——应交契税　　250 000

(2) 实际缴纳契税时：

借：应交税费——应交契税　　250 000

　贷：银行存款　　250 000

6.11 城市维护建设税及教育费附加的会计核算

6.11.1 城市维护建设税

城市维护建设税是对从事工商经营，缴纳增值税、消费税的单位和个人，按其实际缴纳的增值税和消费税税额的一定比例征收，专门用于城市维护建设的一种税。城市维护建设税属于特定目的税，是国家为加强城市的维护建设，扩大和稳定城市维护建设资金的来源而采取的一项税收措施。

1. 城市维护建设税的纳税人

在中华人民共和国境内缴纳增值税、消费税的单位和个人，为城市维护建设税的纳税人。但是，对进口货物或者境外单位和个人向境内销售劳务、服务、无形资产缴纳的增值税、消费税税额，不征收城市维护建设税。

2. 城市维护建设税的税率

城市维护建设税的税率如下：

（1）纳税人所在地在市区的，税率为7%。

（2）纳税人所在地在县城、镇的，税率为5%。

（3）纳税人所在地不在市区、县城或者镇的，税率为1%。

城市维护建设税的适用税率应当按纳税人所在地的规定税率执行。但是，对以下两种情况，可按缴纳增值税和消费税所在地的规定税率就地缴纳城市维护建设税：

1）由受托方代扣代缴、代收代缴增值税和消费税的单位及个人，其被代扣代缴、代收代缴的城市维护建设税按受托方所在地的适用税率执行。

2）流动经营等无固定纳税地点的单位及个人，在经营地缴纳增值税和消费税的，其城市维护建设税的缴纳按经营地的适用税率执行。

3. 城市维护建设税的计算和缴纳

城市维护建设税的计税依据为纳税人实际缴纳的增值税、消费税税额。城市维护建设税的计税依据可以扣除期末留抵退税退还的增值税税额。

纳税人违反有关税法而加收的滞纳金和罚款，是税务机关对纳税人违法行为的经济制裁，不作为城市维护建设税的计税依据，但纳税人在被查补增值税和消费税以及被处以罚款时，应同时对其偷漏的城市维护建设税进行补税并征收滞纳金和罚款。

城市维护建设税以增值税和消费税的税额为计税依据并同时征收，如果要免征或者减征增值税和消费税，就会同时免征或者减征城市维护建设税。

对实行增值税期末留抵退税的纳税人，允许其从城市维护建设税的计税依据中扣除退还的增值税税额。

对出口货物、劳务和跨境销售服务、无形资产以及因优惠政策退还增值税、消费税的，不退还已缴纳的城市维护建设税。

城市维护建设税的计算公式为：

应纳税额=纳税人实际缴纳的增值税、消费税税额×适用税率

城市维护建设税的纳税义务发生时间与增值税、消费税的纳税义务发生时间一致，分别与增值税、消费税同时缴纳。

[案例 6-25] 10月，位于市区的某企业缴纳增值税5万元、消费税4万元。计算该企业应缴纳的城市维护建设税。

[解析] 企业位于市区，适用的税率为7%，因而其应纳税额为：

(50 000+40 000)×7%=6 300(元)

[案例 6-26] 某企业位于县城，经当地税务稽查分局检查发现，该企业欠缴增值税3万元，偷漏消费税2万元。当地税务机关做出如下处理：追缴增值税3万元，补缴消费税2万元，并处罚金500元，罚款1万元。计算该企业应补缴的城市维护建设税。

[解析] 该企业位于县城，适用税率为5%。按规定，增值税、消费税的查补税额也应计入城市维护建设税的计税依据，但加收的滞纳金、罚款不计入。因此，该企业应补缴的城市维护建设税税额为：

(30 000+20 000)×5%=2 500(元)

4. 城市维护建设税的会计核算

城市维护建设税通过“应交税费——应交城市维护建设税”二级科目进行核算。该科目的借方发生额反映企业已缴纳的城市维护建设税，贷方发生额反映企业应缴纳的城市维护建设税，期末贷方余额反映企业应交而未交的城市维护建设税。具体的账务处理如下：

(1) 计算应缴纳的城市维护建设税时：

借：税金及附加

　贷：应交税费——应交城市维护建设税

(2) 实际缴纳税款时：

借：应交税费——应交城市维护建设税

　贷：银行存款

[案例 6-27] 接案例6-25，该企业应缴纳的城市维护建设税的会计分录为：

(1) 计算应缴纳的城市维护建设税时：

借：税金及附加	6 300	
贷：应交税费——应交城市维护建设税		6 300

(2) 实际缴纳税款时：

借：应交税费——应交城市维护建设税	6 300	
贷：银行存款		6 300

6.11.2 教育费附加

教育费附加是随增值税和消费税征收的一种地方附加费。征收教育费附加是为了加快

发展地方教育事业，扩大地方教育经费的资金来源。

1. 教育费附加的纳税人

凡缴纳增值税和消费税的单位及个人都是教育费附加的纳税人。海关对进口货物征收的增值税、消费税不附征教育费附加。

2. 教育费附加的计算和缴纳

教育费附加和地方教育附加以纳税人实际缴纳的增值税、消费税之和为计税依据，与增值税和消费税同时缴纳。现行教育费附加的征收比率为3%，地方教育附加的征收率统一为2%。地方征收的教育费附加按专项资金管理，用于改善中小学的教学设施和办学条件。

[案例6-28] 11月，某企业缴纳增值税3万元、消费税2万元。计算该企业应缴纳的教育费附加和地方教育附加。

[解析] 教育费附加和地方教育附加的计税依据为企业缴纳的增值税、消费税之和，附加率分别为3%和2%，则该企业应缴纳的教育费附加为：

$$(30\ 000+20\ 000)\times 3\%=1\ 500(\text{元})$$

应缴纳的地方教育附加为：

$$(30\ 000+20\ 000)\times 2\%=1\ 000(\text{元})$$

3. 教育费附加的会计核算

教育费附加通过“应交税费——教育费附加”二级科目进行核算。地方教育附加通过“应交税费——地方教育附加”二级科目进行核算。

[案例6-29] 接案例6-28，11月企业应缴纳的教育费附加和地方教育附加的会计分录为：

[解析] (1) 计算出应缴纳的教育费附加时：

借：税金及附加	2 500	
贷：应交税费——教育费附加		1 500
应交税费——地方教育附加		1 000

(2) 实际缴纳教育费附加时：

借：应交税费——教育费附加	1 500	
应交税费——地方教育附加	1 000	
贷：银行存款		2 500

本章小结

其他税种的核算包括关税的会计核算、资源税的会计核算、印花税的会计核算、车辆购置税的会计核算、城镇土地使用税的会计核算、房产税的会计核算、车船税的会计核算、耕地占用税的会计核算、契税的会计核算、城市维护建设税及教育费附加的会计核算。

关键术语

关税	资源税	印花税	车辆购置税	城镇土地使用税
房产税	应纳税额	关税税则	关税完税价格	印花税应税凭证
房产税计税余值	车船税	契税	城市维护建设税	

思考题

1. 在计征关税时，进出口货物的关税完税价格如何确定？
2. 如何进行资源税的会计核算？
3. 如何进行印花税的会计核算？
4. 车辆购置税如何计算？
5. 车船税的计算分几种情况？其缴纳是如何规定的？
6. 城市维护建设税和教育费附加的计税依据如何确定？

第7章 税收筹划的基础和方法

[学习提示]　本章主要介绍税收筹划的基本理论和基本方法。通过本章的学习，学生应掌握税收筹划的概念，了解税收筹划产生的原因、税收筹划的种类以及税收筹划的工作步骤等税收筹划的基本理论，熟悉纳税人的筹划、计税依据的筹划、税率的筹划、优惠政策的筹划等税收筹划的基本方法，为进一步学习税收筹划的操作技巧、提升税收筹划的实务操作能力奠定基础。

7.1　税收筹划概述

7.1.1　税收筹划的概念

税收筹划是指在纳税行为发生之前，在税法允许的范围内，通过对纳税主体的经营活动或投资行为等涉税事项做出事先安排，以达到少缴税和递延缴纳税款的一系列谋划活动。

从历史上看，税收筹划活动由来已久，特别是西方发达国家对税收筹划的研究日趋深入。此外，人们对税收筹划的概念也有不尽相同的描述。下面是几种颇具代表性的观点。

荷兰国际财政文献局编写的《国际税收词典》对税收筹划是这样描述的：税收筹划是指纳税人通过对经营活动或对个人事务活动的安排，以达到缴纳最低税收的目的。

印度税务专家 N.J. 雅萨斯威在《个人投资和税收筹划》一书中认为，税收筹划是指纳税人通过财务活动的安排，充分利用税收法规所提供的包括减免税在内的一切优惠，从而获得最大的税收利益。

美国南加利福尼亚州立大学 W. B. 梅格斯博士在与他人合著的、已多次修订的《会计学》中对税收筹划做了如下阐述：人们合理而又合法地安排自己的经营活动，使之缴纳可能最低的税收。他们使用的方法可被称为税收筹划……少纳税和递延缴纳税款是税收筹划的目标所在。此外，他还说：在纳税发生之前，系统性地对企业的经营或投资行为做出事先安排，以达到尽量少缴所得税的目的，这个过程就是税收筹划。税收筹划主要是选择企业的组织形式和资本结构，投资采用租用还是购入的方式，以及交易的时间等。

近年来，我国学术界也开始对税收筹划进行研究。有的学者认为："税务筹划是纳税人依据所涉及的现行税法（不限一地一国），遵循税收国际惯例，在遵守税法的前提下，运用纳税人的权利，根据税法中的'允许'、'不允许'以及'非不允许'的项目、内容等，对企业组建、经营、投资、筹资等活动进行的旨在减轻税负、有利于财务目标实现的谋划与对策。"① 还有的学者认为："税收筹划应包括一切采用合法和非违法手段进行的纳税方面的策划和有利于纳税人的财务安排，主要包括节税筹划、避税筹划、转退筹划和实现涉税零风险。"② "税收筹划指纳税人在税法规定许可的范围内，通过对投资、经营、理财活动事前进行筹划和安排，尽可能地节约税收成本的理财活动。它包括投资税收筹划、经营税收筹划和分配税收筹划。"③ "税收筹划是指纳税人在取得税收法律制度支持和税务机关认可的前提下，运用科学的技术方法，通过参与经营策划，使经济活动能够沿着最低税负方向和延期纳税结果运行的一系列谋划活动。它是企业经营管理策划的重要组成部分，是立足于取得税收利益的经营管理策划。"④

【知识要点提醒】

税收筹划发生在纳税行为之前，而且必须遵守税法的规定。

税收筹划早已被美国法庭所认可。例如，在著名的 1947 年法庭判决书中，法官勒尼德·汉德（Learned Hand）陈述道（类似的陈述也出现在其他国家的官方文件中）⑤：法庭一再重申，（纳税人）出于尽可能将税负降到最低的目的而安排活动并无不当。所有纳税义务人都有权这样做，无论贫富，没有人应当承担多于法律要求的社会义务；税收是强制的征收，而不是自愿的捐献。以道德的名义要求缴纳更多的税收仅仅是形而上学的说教之词。

[税收委员会诉纽曼案，159F. 2d8489CA－2，1947]⑥

① 盖地. 税务筹划. 北京：高等教育出版社，2003.

② 张中秀. 税收筹划宝典. 2 版. 北京：机械工业出版社，2002.

③ 倪俊喜. 税收筹划学. 天津：天津大学出版社，2007.

④ 王树锋. 税收筹划. 上海：立信会计出版社，2007.

⑤ 迈伦·斯科尔斯，等. 税收与企业战略. 北京：中国财政经济出版社，2004.

⑥ 这一段引文是法庭诉讼的标准范本。关于法庭诉讼引用证据的格式的更详细资料，参见 Pope，Anderson and Kremer，Prentice Hall's，Federal Taxation 2002：Individual，Chapter 15，Especially p. 1722，2001。

7.1.2 税收筹划的特点

1. 合法性

税收筹划的合法性是指税收筹划必须在税收法律许可的范围内进行。任何违反法律规定、逃避纳税责任的行为都不属于税收筹划的范围。在有多种纳税方案可供选择时，纳税人做出采用较低税负方案的决策是纳税人的正当权利。

【知识要点提醒】

税收筹划的合法性是其区别于逃税等行为的基本特点。

2. 事先性

税收筹划的事先性是指税收筹划是在纳税义务发生之前对涉税事项所做的规划和安排。在经济活动中，纳税义务通常具有滞后性。企业在交易行为发生之后才产生货物劳务税的纳税义务，在收益实现或分配之后才产生所得税的纳税义务，在财产取得之后才产生财产税的纳税义务等，这就为纳税人在纳税义务发生之前进行事先筹划提供了可能性。如果纳税义务已经发生，纳税人再通过种种手段减少应纳税款，则被认定是违法行为。

3. 风险性

由于税收筹划是在纳税义务发生之前进行的，这就使未来的结果带有一定的不确定性：有可能由于国家宏观经济形势的变化，纳税人的经营行为未取得预期的效果；也有可能由于国家税收政策的调整，使得本来最优的方案变成次优方案。此外，纳税人在税收筹划时由于对税收政策理解不透（税法在某些条款上的模糊性）等，还面临违法及纳税调整的风险等。

7.1.3 税收筹划与逃税、欠税、骗税、避税的区别[①]

1. 税收筹划与逃税

（1）逃税的法律界定及法律责任。纳税人采取下列手段进行虚假纳税申报或者不申报，不缴或者少缴税款的，是逃税。

1）伪造、变造、转移、隐匿、擅自销毁账簿、记账凭证或者其他涉税资料的；篡改、伪造、非法删除电子凭证、电子发票等涉税电子数据或者涉税核算软件参数规则的。

2）编造虚假计税依据，虚列支出，转移、隐匿收入、财产或者借用、冒用他人名义分解收入的。

3）通过提供虚假材料等手段，违规享受税收优惠的。

4）已办理设立登记的纳税人发生应税行为且应纳税额较大而不申报的。

5）未依法办理设立登记的纳税人发生应税行为，或者依法不需要办理设立登记的纳

① 根据《中华人民共和国税收征收管理法（修订征求意见稿）》修订。

税人发生应税行为且应纳税额较大，经税务机关通知申报而不申报的。

6）法律、行政法规规定的其他逃税行为。

纳税人逃税的，由税务机关追缴其不缴或者少缴的税款、税款迟纳金，并处不缴或者少缴的税款50%以上5倍以下的罚款；构成犯罪的，依法追究刑事责任。

扣缴义务人采取上述手段，不缴或者少缴已扣、已收税款，由税务机关追缴其不缴或者少缴的税款、税款迟纳金，并处不缴或者少缴的税款50%以上5倍以下的罚款；构成犯罪的，依法追究刑事责任。

《中华人民共和国刑法》（以下简称《刑法》）第二百零一条规定，纳税人采取欺骗、隐瞒手段进行虚假纳税申报或者不申报，逃避缴纳税款数额较大并且占应纳税额10%以上的，处3年以下有期徒刑或者拘役，并处罚金；数额巨大并且占应纳税额30%以上的，处3年以上7年以下有期徒刑，并处罚金。扣缴义务人采取前款所列手段，不缴或者少缴已扣、已收税款，数额较大的，依照前款的规定处罚。对多次实施前两款行为，未经处理的，按照累计数额计算。有第一款行为，经税务机关依法下达追缴通知后，补缴应纳税款，缴纳滞纳金，已受行政处罚的，不予追究刑事责任；但是，5年内因逃避缴纳税款受过刑事处罚或者被税务机关给予两次以上行政处罚的除外。

（2）税收筹划与逃税的区别。是否违法是税收筹划与逃税之间最本质的区别，逃税是触犯了国家相关税收法律的行为，将构成违法甚至犯罪，逃税的纳税人要承担相应的法律责任，构成逃避缴纳税款罪的，还要承担刑事责任；而税收筹划是在不触犯国家法律情况下的一种涉税行为，纳税人在进行税收筹划时所涉及的收入、支出等安排，都是在税法允许的框架下进行的。

2. 税收筹划与欠税

（1）欠税的法律界定及法律责任。欠税是指纳税人、扣缴义务人超过税收法律、法规规定或税务机关依照税收法律、法规规定的纳税期限，未缴或少缴税款的行为。纳税人、扣缴义务人欠缴应纳税款，采取转移或者隐匿财产的手段，妨碍税务机关追缴欠缴的税款的，由税务机关追缴欠缴的税款、税款迟纳金，并处欠缴税款50%以上5倍以下的罚款；构成犯罪的，依法追究刑事责任。

欠缴税款数额较大的纳税人在处分其不动产或者大额资产之前，应当向税务机关报告。其中，欠缴税款数额较大，是指欠缴税款在5万元以上。欠缴税款的纳税人因怠于行使到期债权或者与该债权有关的从权利，或者以放弃其债权、放弃债权担保、无偿转让财产等方式无偿处分财产权益，或者恶意延长其到期债权的履行期限，或者以明显不合理的低价转让财产、以明显不合理的高价受让他人财产或者为他人的债务提供担保，对国家税收造成损害的，税务机关可以依照《中华人民共和国民法典》的规定行使代位权、撤销权。

税务机关依照前款规定行使代位权、撤销权的，不免除欠缴税款的纳税人尚未履行的纳税义务和应承担的法律责任。

欠缴税款的纳税人或者其法定代表人在出境前未按照规定结清应纳税款、滞纳金或者提供纳税担保的，税务机关可以通知出入境管理机关阻止其出境。阻止出境的具体办法，由国家税务总局会同公安部制定。①

---

①《税收征管法实施细则》第七十四条。

县级以上各级税务机关应当将纳税人的欠税情况，在办税场所或者广播、电视、报纸、期刊、网络等新闻媒体上定期公告。①

《刑法》规定，纳税人欠缴应纳税款，采取转移或者隐匿财产的手段，致使税务机关无法追缴欠缴的税款，数额在1万元以上不满10万元的，处3年以下有期徒刑或者拘役，并处或者单处欠缴税款1倍以上5倍以下罚金；数额在10万元以上的，处3年以上7年以下有期徒刑，并处欠缴税款1倍以上5倍以下罚金。

对于单位犯有前述规定之罪的，对单位判处罚金，并对其直接负责的主管人员和其他直接责任人员，依照前述规定处罚。

（2）税收筹划与欠税的区别。欠税是指纳税人超过税务机关核定的纳税期限而发生的拖欠税款行为。例如，根据增值税法律制度的规定，增值税的计税期间分别为十日、十五日、一个月、一个季度或半年。纳税人的具体计税期间由主管税务机关根据纳税人应纳税额的大小分别核定；自然人不能按照固定期限纳税的，可以按次纳税。纳税人以一个月、一个季度或者半年为一个计税期间的，自期满之日起十五日内申报纳税；以十日或者十五日为一个计税期间的，自期满之日起五日内预缴税款，于次月一日起十五日内申报纳税并结清上月应纳税款。假设某纳税人被主管税务机关核定的增值税计税期间为一个月，则该纳税人必须在次月十五日内申报纳税，缴纳增值税税款。如果该纳税人在次月十五日内尚未缴纳或未足额缴纳税款，则构成欠税行为。

与欠税不同，税收筹划是指通过不违法的筹划手段实现少缴税款或递延缴纳税款的行为。通过实施税收筹划方案，可使某项涉税行为免于应税义务，或产生较小的应税义务，或推迟其纳税义务发生时间等，而欠税是指已经发生了应税义务而未按期履行缴纳税款的行为。

3. 税收筹划与骗税

（1）骗税的法律界定与法律责任。骗税是指纳税人用假报出口或者其他欺骗手段，骗取国家出口退税款的行为。纳税人以假报出口或者其他欺骗手段，骗取国家出口退税款，由税务机关追缴其骗取的退税款，并处骗取税款1倍以上5倍以下的罚款；构成犯罪的，依法追究刑事责任。

对骗取国家出口退税款的，税务机关可以在规定期间内停止为其办理出口退税。《刑法》规定，纳税人以假报出口或者其他欺骗手段，骗取国家出口退税款，数额较大的，处5年以下有期徒刑或者拘役，并处骗取税款1倍以上5倍以下罚金；数额巨大或者有其他严重情节的，处5年以上10年以下有期徒刑，并处骗取税款1倍以上5倍以下罚金；数额特别巨大或者有其他特别严重情节的，处10年以上有期徒刑或者无期徒刑，并处骗取税款1倍以上5倍以下罚金或者没收财产。

纳税人缴纳税款后，采取前述规定的欺骗方法，骗取所缴纳的税款的，依照《刑法》第二百零一条②的规定定罪处罚；骗取税款超过所缴纳的税款部分，依照前述规定处罚。

---

① 《税收征管法实施细则》第七十六条。

② 《刑法》第二百零一条规定，纳税人采取欺骗、隐瞒手段进行虚假纳税申报或者不申报，逃避缴纳税款数额较大并且占应纳税额百分之十以上的，处三年以下有期徒刑或者拘役，并处罚金；数额巨大并且占应纳税额百分之三十以上的，处三年以上七年以下有期徒刑，并处罚金。扣缴义务人采取前款所列手段，不缴或者少缴已扣、已收税款，数额较大的，依照前款的规定处罚。对多次实施前两款行为，未经处理的，按照累计数额计算。有第一款行为，经税务机关依法下达追缴通知后，补缴应纳税款，缴纳滞纳金，已受行政处罚的，不予追究刑事责任；但是，五年内因逃避缴纳税款受过刑事处罚或者被税务机关给予二次以上行政处罚的除外。

对于单位犯有前述规定之罪的，对单位判处罚金，并对其直接负责的主管人员和其他直接责任人员，依照前述规定处罚。

(2) 税收筹划与骗税的区别。税收筹划与骗税的区别比较明显，骗税是采取弄虚作假和欺骗手段，虚构本来没有发生的应退税行为，以骗取国家的出口退税款。

4. 税收筹划与避税

(1) 避税的定义。避税是纳税人在熟知法律及其规章制度的基础上，在不触犯税收法律的前提下，通过对筹资活动、投资活动、经营活动等一系列涉税行为的安排，达到规避或减轻税负目的的活动。避税的最大特点是非违法性，它包括利用合法手段，如各种特定税收条款或税法中缺乏的某些条款（即税法漏洞）而引起应税义务的减少。①

从法律角度分析，避税分为顺法意识避税和逆法意识避税两种类型。顺法意识避税也称积极性避税，它顺应税法的立法意图，不会影响或削弱税法的法律地位，也不会影响或削弱税收的职能作用。例如，纳税人利用税收的起征点避税，或者利用高新技术企业适用的低税率以规避高税率等。再如，在对烟酒实行高税率政策的背景下，纳税人通过减少烟酒的消费量以达到少纳税的目的，这是一种顺法意识的避税行为，与国家的税收政策导向一致。逆法意识避税也称消极性避税，是与税法的立法意图相违背的，甚至是利用税法漏洞进行的规避税负行为。例如，纳税人通过转让定价手段把高税率子公司的利润转移到低税率子公司等。

【小思考】 逆法意识避税是否属于违法行为？

应用避税最广泛的领域是国际税收领域，避税者利用各国税收管辖权的差异及不同国家或地区税收制度的差异，采用避税港及转让定价等各种手段，以达到减轻税负的目的。国际避税会导致避税者所在国的税收收入减少，其原因是一部分税收转化成避税者的超额利润，另一部分税收转化为低税率国家或地区的税收收入，即引起税收收入在国家或地区间的转移。有鉴于此，世界上任何国家或地区都有损失和受益两种可能。对于受益大于损失的国家或地区，其可能不仅不反对避税，而且给国际避税提供种种方便，这也造成了世界各国政府对避税的态度不一致，有些国家采取比较宽松的态度，而有些国家则有严格的反避税条款，对避税行为采取了各种防范措施。因此，某项避税行为是否违法，各国之间存在很大的不同。所以，纳税人在进行避税行为选择时，首先要弄清楚该国对这项行为是否有反避税条款，一旦存在相应的反避税条款，则这种避税行为便构成违法行为，要承担相应的法律责任。

(2) 税收筹划与避税的区别。税收筹划充分利用国家的各种税收优惠政策以及不同涉税行为的税法规定，通过事先的筹划安排，以达到减轻税负的目的。由于税收筹划以遵守税法规定为前提，故具有合法性；由于税收筹划多以选择最优方案的方式来实现税后利益最大化，故又具有合理性。而大量的避税行为则是纳税人利用税收法律的疏忽、漏洞，采取一定的技术手段，设法使其经济活动或经济行为绕过或避过法律政策的规定，达到少纳税甚至不纳税的目的。

① Royal Commission on Taxation，1966，p. 538.

7.2 税收筹划产生的原因

7.2.1 税收制度因素

(1) 税收制度的差异为税收筹划提供了客观条件。不同纳税人、交易行为或者商业安排适用不同的税收规定，这些涉税活动中涉及的税种的差异、税基的差异、税率的差异以及税收优惠的差异，为纳税人提供了税收筹划的客观条件。纳税人可以根据自身的经济利益和经营目标，通过合法的筹划手段，在法律允许的范围内优化税负，实现企业价值的最大化。

第一，税种的差异。税收体系由多个税种构成，各税种的课税对象、征收范围与计税方法都独具特性。从课税对象看，货物和劳务税以商品或服务的流转额为课税对象，所得税以所得额为课税对象，财产税以财产的价值或数量为课税对象。不同的课税对象决定了税种的本质区别。在征收范围上，有些税种覆盖广泛，如增值税几乎涵盖所有商品和服务的流转环节；而有些税种则较为特定，像资源税仅针对特定自然资源的开采和生产。另外，计税方法也各有不同，从价计征、从量计征以及复合计征等多种方式并存。这些差异使得纳税人在经济活动中，需要依据不同税种的特点来规划业务，以降低整体税负。一个较为典型的例子是对企业所得税的筹划。有限责任公司与股份有限公司适用企业所得税，而个人独资企业、合伙企业适用个人所得税。税种的差异是税收筹划产生的重要原因之一。

此外，在国际税收筹划中利用税种的差异进行筹划安排比较常见。从世界各国来看，每个国家开征的税收种类不尽相同，并且各个税种在整个税收体系中所处的地位也相差很远。例如，有的国家开征了遗产税和赠予税，并且税率很高；有的国家以所得税为主体，特别是个人所得税在整个税收收入中所占的比重很大，而有的国家以货物和劳务税为主体，个人所得税在该国的税收收入中只占很小的一部分。纳税人可以利用这个差异，把某种涉税活动安排在没有对此行为征税或者税率较低的国家或地区，以避开此类涉税行为所产生的纳税义务。

第二，税基的差异。税基是计算应纳税额的基础。对税基规模的控制就是一种典型的筹划方式。在所得税中，应税收入的计算涉及收入的确认范围和扣除项目的规定。企业通过合理调整经营活动，如优化收入结构、合理安排扣除项目，可以改变税基规模。比如增值税，通过合法的进项税额抵扣，能够减少应税销售额，从而缩小税基规模。

第三，税率的差异。税率是税收制度中的核心要素。不同税种之间以及同一税种不同税目之间存在税率差异。例如，我国的增值税税率分为13%、9%、6%等不同档次，还有3%征收率；企业所得税的基本税率为25%，但对于特定企业，可以适用15%的优惠税率。企业可以根据自身的行业特点和经营状况，选择适用较低税率的业务模式或经营策略。高新技术企业可以通过加大研发投入、申请高新技术企业认定等方式，享受较低的企业所得税税率，从而降低税负。

第四，税收优惠的差异。税收作为宏观调控的主要手段之一，通常被政府用来鼓励（甚至是刺激）纳税人从事有利于社会经济发展的各种经济活动。税收优惠政策是国家为达成特定经济与社会目标，针对某些纳税人或特定经济活动提供的税收减免或优惠措施。税收优惠反映了政府意图，它是通过政策导向影响人们的生产与消费偏好来实现的，所以也是国家调控经济的重要杠杆。例如，为了激励企业开展技术创新，政府对满足条件的研发支出提供加计扣除的税前扣除优惠；对位于经济特区、高新技术产业开发区等特定区域内的企业，则在企业所得税等方面给予税收优惠待遇。通过合理规划企业的经营地点和投资项目，可以使企业符合享受这些税收优惠政策的标准，从而利用这些税收优惠政策减少税收负担、提升经济效益。这不仅有助于企业降低成本，还能促进国家经济和社会发展目标的实现。税收优惠的范围越广、差别越大、方式越多、内容越丰富，纳税人进行税收筹划的活动空间就越广阔，节税的潜力也就越大。

（2）税收制度的弹性为纳税人的税收筹划提供了空间。经济活动是复杂多变的，纳税人的经营方式也是多种多样的。就某一国家来说，其税收制度不可能包罗万象，也不可能根据经济形势的变化及时进行调整（税收政策需要保持相对的稳定性），这就要求税收政策具有一定的弹性，以应对复杂多变的经济活动，而这种弹性给纳税人的税收筹划提供了可能。

第一，纳税人身份的可转换性。任何一种税都要对其纳税人进行法律界定，如企业所得税的纳税人不包括个人独资企业和合伙企业，增值税的纳税人又分为一般纳税人和小规模纳税人。纳税人通过事先筹划，避免使自己成为某种税的纳税人或设法使自己符合低税负税种纳税人的条件，就可以降低应纳税额。

【小思考】 怎样理解税收制度的弹性？

第二，计税依据金额上的可调整性。税额的计算关键取决于两个因素：一是征税对象的金额；二是适用税率。纳税人在税率既定的前提下，计税依据越小，应纳税额也就越少。税法对不同税种的计税依据都做了严格规定，但由于各税种的性质不同，因而各税种计税依据的计算复杂程度也不相同。越是计算复杂的税种，其计税依据的调整空间也越大。一般来说，所得税的计税依据——应纳税所得额的计算比较复杂，企业经营活动的每一个环节都会影响到企业的应纳税所得额，因而纳税人可以采取多种有利于节税的收入、成本及费用计算方法，以达到节约税款或递延纳税的筹划目标。

第三，纳税义务发生时间的可安排性。纳税义务发生时间是指纳税人依照税法规定负有纳税义务的时间。税法明确规定了各税种的纳税义务发生时间，纳税人应严格按照税法规定的纳税义务发生时间计算缴纳税款。但由于不同结算方式的纳税义务发生时间有所差别，这也为税收筹划提供了空间。比如在增值税中，纳税人直接销售的纳税义务发生时间为收到货款的当天，而如果采用分期收款方式销售，纳税义务发生时间就可以推延至合同约定的当天。因此，纳税人可以根据自身资金状况和税收政策，合理安排结算方式，以实现税负的最优化。

7.2.2 国家间税收管辖权的差别

税收管辖权是国家管辖权的派生物，是主权国家在征税方面拥有的权利。国际公认的税收管辖权大致可分为两大类：一是根据属地原则确立的收入来源地税收管辖权，亦称地域管辖权。其基本含义是：收入来源国有权对任何国家的居民或公民取得的来源于该国领域内的所得征税。也就是说，一国有权对非本国居民或公民来源于境内的所得征税，但不能对其来源于境外的所得征税。二是根据属人原则确立的居民（公民）税收管辖权。其基本含义是：国家有权对居住在其境内的所有居民或具有该国国籍的公民取得的来源于世界范围的所得征税。也就是说，一国有权对其管辖的居民或公民行使税收管辖权，而不论该国居民所从事的经济活动是否发生在本国领域，或该国公民是否居住在境内，对居民或公民来源于世界范围的所得均有征税的权利。

【即学即用】 税收管辖权的类型有（　　）。

A. 居民管辖权　　B. 收入来源地管辖权

C. 公民管辖权　　D. 双重管辖权

【答案】 ABC

> **【小思考】** 我国实行的税收管辖权是什么？

每个国家由于国体或政体不同，导致其管理国家的方式和方法有所不同，反映在税收的管理上，各国对税收管辖权的规定往往也不相同。第一，在两个国家实行不同税收管辖权的情况下（比如有的国家行使单一的地域管辖权，有的国家行使单一的居民管辖权），就会带来重复征税和“税收真空”。第二，在两个国家同时行使地域管辖权的情况下，由于各国确定所得来源的标准不同（比如有的国家根据所得支付地确定，有的国家根据交易或劳务发生地确定），也会带来重复征税和“税收真空”。第三，在两个国家同时行使居民管辖权的情况下，由于各国确定居民的标准不同（比如有的国家采用住所标准确定，有的国家采用时间标准确定，还有的国家采用意愿标准确定等），也会带来重复征税和“税收真空”。正是由于各国行使的税收管辖权不同，可能对纳税人的跨国经营或投资活动等形成重复征税或“税收真空”，从而给纳税人的税收筹划带来了很大的空间。

7.2.3 自我利益驱动机制

在现代经济社会，企业和个人作为“理性经济人”，必然追求自我利益最大化。现代企业财务管理的目标是企业价值或股东财富最大化，要实现这一目标，企业不仅要受内部管理决策的制约，而且要受外部环境的影响。外部环境是企业内部管理决策难以改变的，但企业的财务管理活动可以主动适应其要求及变化。企业经营者在其财务管理中，可以根据税收法规的规定，通过对企业筹资、投资、经营和股利分配等财务活动的安排，使企业避开某些特定条款，尽可能地减轻税收负担。企业经营者也可以利用国家的税收优惠等特殊政策，最大限度地争取税收利益等，以实现企业税后利益最大化这一目标。

企业进行税收筹划，必然会带来成本支出，但如果筹划得好，也会给企业带来巨大的税收利益。假定一个纳税人将 10 000 元投资于一年期、税前年收益率为 10%的企业债券。如果纳税人适用的边际税率为 25%，则其税后收益率为 7.5%[＝10%×(1－25%)]。相应地，假定该纳税人将 10 000 元投资于税收筹划活动（包括聘请税收专家筹划或通过培训学习获得相关技能后自己进行税收筹划等），当年实现节税 11 000 元，其净节税额为

1 000 元（=11 000−10 000），税收收益率为 10% $\left(=\frac{1\ 000}{10\ 000}\times 100\%\right)$，考虑到进行税收筹划活动的费用支出可在税前列支，故又可抵税 2 500 元（=10 000×25%），则该税收筹划活动的净支出为 7 500 元（=10 000−2 500），因此其税后收益率为 13.33% $\left(=\frac{1\ 000}{7\ 500}\times 100\%\right)$。①

7.2.4 货币的时间价值

货币的时间价值是在没有风险和没有通货膨胀条件下的社会平均资金利润率。由于存在竞争，市场经济中各部门投资的利润率趋于平均化，每个企业在投资某个项目时，至少要取得社会平均利润率。正是由于货币具有时间价值，才使纳税人产生了递延纳税的需求。在实际工作中，税收筹划事项涉及的年度往往不止一年，目前获得 5 万元的税收利益与 5 年后获得 5 万元的税收利益，其价值是不相同的。

7.3 税收筹划的种类

根据不同的划分标准，税收筹划可以分为不同的种类。下面介绍几种主要的分类方法。

7.3.1 按节税原理进行分类

按节税的基本原理进行分类，税收筹划可分为绝对节税和相对节税。

7.3.1.1 绝对节税

绝对节税是指直接或间接使纳税绝对总额减少。绝对节税的原理很简单：在各种可供选择的纳税方案中，选择缴纳税收最少的方案。绝对节税又分为直接节税和间接节税。

1. 直接节税

【小思考】 企业采用在前期多计提折旧额的加速折旧法是否会起到绝对节税的效果？

直接节税是指直接减少某纳税人的税收绝对额的节税。在进行方案比较时，要以不同方案下的净节税额作为标准，因为税收筹划方案可能会使某些税种的应纳税额减少，但同时可能会使某些税种的应纳税额增加。

[案例 7-1] 某生产加工型企业年不含税销售额在 400 万元左右，每年购进货物所产生的进项税额在 30 万元左右。在增值税纳税人的身份上，该企业有两种方案可供选择：一是申请作为一般纳税人，适用税率为 13%，进项税额可以进行抵扣；二是作为小规模纳

① 米尔斯、埃里克森和梅杜（1998）估计，大公司用于税收筹划的每 1 美元支出平均能够节税 4 美元。因此，不仅税收筹划是一个巨大的行业，而且投资于税收筹划的回报也十分可观。

税人，适用的征收率为3%，进项税额不能进行抵扣。对于该企业来说，哪种方案更节税？

[解析] 这两种方案下的应纳税额为：

方案一：

$$应纳增值税税额=400\times13\%-30=22(万元)$$

方案二：

$$应纳增值税税额=400\times3\%=12(万元)$$

在上面两种方案中，由于税率的降低，方案二可以节税 40 万元 [$=400\times(13\%-3\%)$]，但由于小规模纳税人不能抵扣进项税额，因而增加税负 30 万元，所以净节税效果只有 10 万元（$=40-30$）。

2. 间接节税

间接节税是指某纳税人的税收绝对额没有减少，但间接减少了其他关联纳税人的税收绝对额。

[案例 7-2] 假设一个老人有财产 2 000 万元，现有两种遗产继承方案可供选择（假设遗产税税率为 50%）。

方案一：老人将财产遗赠给儿子，儿子再遗赠给孙子。

方案二：老人直接将财产遗赠给孙子。

请问哪个方案更节税？

[解析]

方案一：

$$共计应纳遗产税=2\,000\times50\%+(2\,000-2\,000\times50\%)\times50\%=1\,500(万元)$$

方案二：

$$共计应纳遗产税=2\,000\times50\%=1\,000(万元)$$

方案二与方案一相比，虽然老人遗赠时所纳的遗产税相同，均为 1 000 万元，但由于方案二减少了遗赠环节，所以从家庭角度考虑，共减少了遗产税 500 万元。

7.3.1.2 相对节税

相对节税是指一定时期的纳税绝对总额并没有减少，但因各个纳税期纳税额的变化而使税收总额的相对额（即现值）减少。相对节税主要考虑的是货币的时间价值。货币的时间价值是指货币在周转使用中因时间因素而形成的增值，又称资金的时间价值。

[案例 7-3] 假设企业的固定资产折旧既可以采用直线折旧法，又可以采用加速折旧法。在不同的折旧方式下，企业的年度折旧费用不同，进而影响到各年度的利润额以及各年度的企业所得税税额。需要注意的是，这一影响只是年度之间的分布不同，影响的是相对额，从整个固定资产折旧期来看，并不影响费用、利润及企业所得税的绝对总额。假定不考虑折旧情况下的利润额均为每年 300 万元，企业所得税在年末缴纳，请计算不同折旧方法对企业所得税的影响额。

[解析] 在两种不同折旧方法下的年度折旧费用、利润及企业所得税比较见表 7-1。

表 7-1 年度折旧费用、利润及企业所得税比较

折旧方法	年度	折旧费用（万元）	利润（万元）	税率（%）	企业所得税（万元）	折现率（%）	企业所得税的现值（万元）
直线折旧	1	100	200	25	50	10	45.45
	2	100	200		50		41.32
	3	100	200		50		37.57
合计		300	600		150		124.34
加速折旧	1	150	150	25	37.5	10	34.09
	2	100	200		50		41.32
	3	50	250		62.5		46.96
合计		300	600		150		122.37

在直线折旧法与加速折旧法的情况下，企业在三年内的应纳企业所得税的总额相同，均为 150 万元，但考虑到货币的时间价值后，加速折旧法可实现相对节税 1.97 万元（=124.34－122.37）。

【即学即用】 在下列做法中，可以起到绝对节税作用的有（　　）。

A. 通过降低固定资产的维修费用，以使其一次性计入费用

B. 降低固定资产残值率，以多计提折旧

C. 通过一般纳税人和小规模纳税人的合理选择来节税

D. 合理合并关联纳税人，以规避独立核算

【答案】 BCD

7.3.2 按开展税收筹划的区域进行分类

税收筹划按所涉及的区域可分为国内税收筹划和跨国税收筹划。

国内税收筹划是指国内企业在本国范围内，通过对投资、生产、经营等的安排降低企业税收负担的税收筹划行为。国内税收筹划主要立足于国内税制，通过对不同经营方式、组织方式、投资方式所带来的税收差异进行比较，尽可能寻求应纳税额最低、税后利益最大的方案。

跨国税收筹划是指跨国纳税人利用各国之间的税收差异，对跨国经营活动所做的税收筹划安排。随着全球经济一体化进程的深入，跨国经营活动日趋频繁，因此跨国税收筹划已成为跨国纳税人进行跨国经营活动时所考虑的主要问题之一。跨国投资者在进行跨国投资的可行性研究或选择最优投资方案时，通常要把有关国家（或地区）的税负作为确定其资本投向的一个重要考虑因素。另外，各国（地区）政府通常对跨国投资活动给予某些特殊的税收优惠待遇。因此，各国（地区）在征税范围、税率高低以及征管水平上的差异，就有可能为跨国投资者进行国际性的税收筹划提供机会。

7.3.3 按企业生产经营过程进行分类

按生产经营过程进行分类，税收筹划可分为企业投资决策中的税收筹划、企业生产经营过程中的税收筹划、企业成本核算中的税收筹划和企业成果分配中的税收筹划。

企业投资决策中的税收筹划是指企业在投资活动中充分考虑税收的影响，从而选择税负最轻的投资方案的行为。企业为了获得更多的利润，总会不断地扩大再生产，进行投资，而不同的投资方案显然会面临不同的税收待遇，因此企业就有了对多种投资方案进行选择比较的机会。具体地说，企业投资决策中的税收筹划包括企业组织形式的选择、投资行业和投资地区的选择、投资规模的确定等。

企业生产经营过程中的税收筹划是指企业在生产经营过程中充分考虑税收因素，并选择最有利的生产经营方案的行为。企业生产经营过程中的税收筹划主要是通过产品价格的确定、产业结构的决定、生产经营方式的选择来达到最理想的生产经营状态。在生产经营过程中，企业要事先预计各种经营方式所承担的税收负担，再做出生产经营决策。

企业成本核算中的税收筹划是指企业通过对经济形势的预测及对其他因素的综合考虑，选择恰当的会计处理方式，以获得税收利益的行为。在能对税收缴纳产生重要影响的会计方法中，主要有固定资产折旧方法和存货计价方法等。例如，存货计价方法有先进先出法、个别计价法和加权平均法。在物价下降的趋势下，采用先进先出法可使前期耗用存货的成本增大、应纳税所得额减少，从而降低前期的应纳税额，实现递延纳税的税收利益。

【小思考】 存货计价方法的选择能否实现绝对节税？

企业成果分配中的税收筹划是指企业在对经营成果进行分配时应充分考虑各种方案的税收影响，选择税负最轻的分配方案的行为，它主要通过合理归属所得年度来进行。合理归属所得年度是指企业利用合理手段，将所得归属在税率最低的年度，从而起到减轻税负或延期纳税的作用。

7.3.4 按税种进行分类

按税种进行分类，税收筹划可分为增值税筹划、消费税筹划、企业所得税筹划、个人所得税筹划及其他税种筹划等。在分税种税收筹划中，应针对每一税种的计税特点及特殊的减免税规定，寻求各自的税收筹划空间，进而制订相应的税收筹划方案。比如对于增值税来说，由于该税种的特点是普遍征收、多环节征收，只要产品的最后售价相同，无论中间经过多少环节，该产品所纳的增值税是相同的。因此，关联企业之间转让定价的税收筹划方案只会实现相对节税，而绝对税额是保持不变的。针对消费税选择性征收及一次征收制的特点，通过降低出厂销售环节的价格便可实现绝对节税。

7.4 税收筹划的原则

7.4.1 法律原则

1. 合法性原则

在税收筹划中，必须严格遵守合法性原则，任何违反法律的手段都不属于税收筹划的范畴。税收法律是政府以征税方式取得财政收入的法律规范，用以调整税收征纳双方的征纳关系，形成征纳双方各自的权利和义务，征纳双方都必须遵守。纳税人只有严格按照税法规定充分地履行其义务，享有其权利，才符合合法性原则。

2. 规范性原则

税收筹划方案除了税收问题外，还会涉及财务、会计、金融等各个方面，这就要求税收筹划要遵循各领域、各行业的制度和标准，比如在财务会计方面要遵循财务通则、会计制度等，企业的筹资行为要遵循国家的金融管理制度等。

7.4.2 财务原则

1. 财务利益最大化

税收筹划的最主要目的是使纳税人的财务利益最大化。纳税人的财务利益最大化除了要考虑降低税收外，还要考虑使纳税人的综合经济利益最大化；不仅要考虑纳税人现在的财务利益，而且要考虑纳税人未来的财务利益；不仅要考虑纳税人的所得增加，而且要考虑纳税人的资本增值。在一般情况下，税负的降低意味着纳税人股东权益的增加，但在某些情况下，税负的降低并不会带来纳税人股东权益的最大化。

【知识要点提醒】

税收是众多经营成本中的一种，纳税人在税收筹划活动中还应重视其他经营成本。

2. 稳健性

税收筹划在追求纳税人的财务利益最大化时，还必须注意稳健性原则。一般来说，纳税人的节税收益越大，风险也越大。各种降低税收的方式和方法都有一定的风险，节税收益与税制变化、市场风险、利率风险、债务风险、通货膨胀风险等紧密联系在一起。税收筹划要尽量使风险最小化，要在节税收益与节税风险之间进行必要的权衡，以获取稳健的财务收益。

3. 综合性

在进行税收筹划时，必须要站在纳税人整体财务管理目标的高度，综合考虑规划，以使纳税人的整体税负水平最低。在进行一种税的筹划时，还要考虑与之有关的其他税种的税负效应，进行整体规划、综合衡量，力求使整体税负最低。因此，在进行税收筹划时，不能只盯在个别税种的税负高低上，一种税少缴了，另一种税很可能就要多缴，因而要着眼于整体税负的高低。

7.4.3 经济原则

1. 便利性

纳税人可选择的降低税收的方式和方法很多，在选择各种节税方案时，应是越容易操作、越简便易懂、未来的不可预测性越易控制的方案越好，凡是能够采用简单方法的，尽量不要采用复杂方法。与此同时，简单易行的方案会节约税收筹划费用，带来税收筹划成本的降低。

2. 节约性

税收筹划无论是聘请外部的税收筹划专家还是由内部的财务人员进行，都要有一定的税收筹划费用支出。如果是聘请专家进行税收筹划，则要支付相应的劳务费用。如果由企业的财务人员进行税收筹划，则要支付购买相关书籍、搜集相关法律资料以及对财务人员进行税收筹划学习培训的费用等。作为企业的财务管理目标之一，应尽可能控制成本、费用的支出，使税收筹划的成本效益比最小。

7.5 税收筹划的意义及应注意的问题

7.5.1 税收筹划的意义

税收筹划就像一把双刃剑，它对纳税人熟知税法，更好地利用、遵守税法有很好的促进作用，同时也有利于税收法律法规的不断完善。

7.5.1.1 维护纳税人的合法权利

追求税后利益最大化是市场经济条件下企业生存与发展的客观要求，纳税人在法律许可的范围内进行税收筹划，有利于维护自身的合法权利。

税收筹划是纳税人的一项基本权利，在法律允许的前提下，纳税人有从事经济活动、获取收益的权利。税收筹划是纳税人对其资产、收益的正当维护，属于纳税人应有的经济权利。

税收筹划除了可以实现节税功能外，还可以防止纳税人落入税法陷阱。税法陷阱是税法漏洞的对称。税法漏洞的存在，给纳税人提供了避税的机会，而税法陷阱的存在，又让纳税人容易落入看似漏洞、实为陷阱的圈套之中，这也是政府反避税的措施之一。纳税人一旦落入税法陷阱，就要缴纳更多的税款，从而影响纳税人正常的收益。税收筹划可防止纳税人落入税法陷阱，从而维护其正当权益。

7.5.1.2 促进纳税人依法纳税

税收筹划要求纳税人必须在法律许可的范围内进行涉税事项的事先安排，这就要求纳税人必须熟知税法，并在法律框架内行事，以避免税收违法行为的发生，从而促进纳税人依法纳税的自觉性。

税收筹划有助于提高纳税人的纳税意识，抵制偷逃税等违法行为。社会经济发展到一定水平、一定规模后，企业开始重视税收筹划，税收筹划与纳税意识的增强一般具有客观一致性和同步性的关系。税收筹划与纳税意识的这种一致性关系体现在以下几个方面：

第一，税收筹划是企业的纳税意识提高到一定阶段的表现，是与经济体制改革发展到一定水平相适应的。只有在税制改革与税收征管改革成效显著的情况下，税收的权威性才能得到实现；否则，如果对偷逃税等违法行为的查处率较低，无疑会助长偷逃税等违法行为。在这种情况下，企业的纳税意识淡薄，不必进行税收筹划就能取得较大的税收利益。

第二，企业的纳税意识强与企业进行税收筹划具有共同的要求。税收筹划所安排的经济行为要求合乎税法规定或不违反税法规定，而依法纳税更是企业纳税意识强的应有之义。

第三，依法设立完整、规范的财务会计报表和正确进行会计处理是企业进行税收筹划的基本前提，同时依法建账也是企业依法纳税的基本要求。

7.5.1.3 促进税制的不断完善

税收筹划是在合法或不违法的框架下寻求低税点，低税负的产生除了因国家为了鼓励某一行为所给予的优惠外，还有可能是由税收法规的缺失或不合理造成的。这些不完善的税制往往通过纳税人的税收筹划才暴露出来。国家通过对纳税人税收筹划行为的分析和判断，有利于发现现行税制中存在的问题，进而促进税制的不断完善。

税收筹划是纳税人对国家税法及有关税收经济政策的反馈行为，同时也是对政府政策导向的正确性、有效性和现行税法完善性的检验。国家可以利用纳税人税收筹划行为反馈的信息，改进有关税收政策并完善现行税法，从而促进国家税制建设向更高层次迈进。

7.5.1.4 促进国家税收政策目标的实现

从某一角度看，企业的税收筹划行为也是企业对国家税法和政府税收政策的反馈行为。如果政府的税收政策导向正确，税收筹划行为将会对社会经济产生良性的、积极的正面作用。在市场经济条件下，追求经济利益最大化是企业经营目标之所在，企业通过税收筹划降低自身的税收支出，从而增大自身的财务利益。只有企业自身具有强烈的节税欲望，国家才可能利用税收杠杆来调节、诱导纳税人的行为，从而实现国家的税收政策目标。例如，国家为了鼓励新产品、新技术、新工艺的研究与开发，在企业所得税中，有对研发费用加计扣除150%的税收优惠规定。如果企业通过税收筹划成立了研发部门，则该企业在享受国家这一税收优惠政策、节约企业所得税的同时，还实现了国家鼓励企业研发这一税收政策目标。

7.5.2 税收筹划应注意的问题

7.5.2.1 综合考虑交易各方的税收影响

在市场经济条件下，企业作为市场经济中的一个参与者，其利益的得失往往影响其他市场交易者。企业通过税收筹划降低了自己的税收负担，但有可能造成了其他交易方税收负担的上升，从而引发交易成本的提高，进而影响企业自身的经营行为或使交易费用增加，最终降低企业的经营利润。因此，企业在进行税收筹划时，应设计、选择使其他交易各方税收负担保持不变甚至降低的方案，因为只有这种使其他交易方利益不受损的方案才是切实可行的方案。

【知识要点提醒】

在一般纳税人和小规模纳税人身份的选择中，除了要考虑不同身份对自身税负的影响外，还要考虑对下游企业的相关影响。

7.5.2.2 税收只是众多经营成本中的一种

在税收筹划的过程中，企业必须考虑到所有的成本，要实施某些税收筹划方案，可能会带来极大的商业重组成本。在交易成本[①]高昂的社会里，税负最小化策略的实施可能会因非税因素而引发大量成本。例如，预期雇主的税率下一期会上升，而雇员的税率保持不变，那么雇主将雇员的报酬递延到下一期支付能够节约雇主的税收支出，但在这种情况下，公司一旦破产，雇员将处于无法获得支付的风险之下。雇员可能据此要求一个额外的报酬（风险报酬），以补偿其额外承担的风险。因此，税负最小化策略可能并不尽如人意。[②]

企业实施税收筹划的目的是减轻税收负担。但是，税收负担的减轻是以企业整体收益增长为前提的，而税收负担的减轻并不等于企业总体利益最大化，也就是纳税最少的方案并不一定是财务利益最大化的方案。因此，企业在进行税收筹划时，不能只从税收角度考虑，还应结合自身业务的发展，以利润不断增长为最终目标。

7.5.2.3 关注税收法律制度的变化

税收筹划是在特定的法律制度背景下进行的，有一定的局限性，随着法律法规的调整与变化，原先不违法甚至合法的行为有可能变为违法行为。

第一，当税法发生变化后，企业原有的筹划方案就不再具备实际操作性和效益性。比如某种税由全额累进税率改为比例税率后，利用累进级距的不同税率实施税收筹划的条件就不存在了。

第二，当国家或政府重新解释税法或条例中的某项（些）条款或内容并更改其适用范围时，筹划方案潜在的风险因素逐步显现，反而可能给企业带来负面效应。

7.5.2.4 正视税收筹划的风险性

税收筹划需要在企业涉税行为发生之前做出安排，环境及其他因素的变化给税收筹划带来很多不确定因素，有可能达不到税收筹划所预期的效果。另外，税法中某些比较模糊的地方有可能导致税务当局与纳税人对此的理解产生分歧，也就是纳税人认为不违法的行为在税务当局看来，有可能被认定为违法行为。因此，任何纳税主体在进行税收筹划时，不但要掌握税收筹划的基本方法，还必须了解征税主体对其税收筹划行为的认定和判断，更重要的是要保证筹划行为完全在税法规定的范围内。

---

① 市场中发生的交易成本又称摩擦，这些成本使实施某种特定的税收筹划策略需要付出一定的代价。

② 迈伦·斯科尔斯，等．税收与企业战略．北京：中国财政经济出版社，2004．

7.6 税收筹划的方法

7.6.1 纳税人筹划概述

7.6.1.1 纳税人筹划的原理

纳税人筹划的实质是对纳税人身份的合理选择，使纳税人承担的税收负担尽量减少或降到最低，或者是避免成为某税种的纳税人。

进行纳税人筹划的关键是准确把握纳税人的内涵和外延，合理确定纳税人的范围。

7.6.1.2 纳税人筹划的方法

纳税人筹划与税收制度有紧密联系，不同的税种有不同的税收筹划方法。总体而言，纳税人筹划一般包括以下方法。

1. 对纳税人类型的选择

从纳税人类型的角度分析，现阶段我国有多种不同性质的纳税人，如个体工商户、个人独资企业、合伙企业和公司制企业等。不同性质的纳税人适用的税收政策存在很大差异，这给税收筹划提供了广阔空间。

[案例 7-4] 王某拟成立一家企业，预计每年的生产、经营所得为 40 万元。在考虑企业组织形式的时候，王某有两个方案可以选择：方案一是投资成立一家一人有限责任公司，方案二是投资成立一家个人独资企业。一人有限责任公司和个人独资企业在企业所得税方面是否存在区别?

[解析] 自 2000 年 1 月 1 日起，对个人独资企业停止征收企业所得税，其投资者的生产、经营所得，比照经营所得征收个人所得税。将个人独资企业每一纳税年度的收入总额减除成本、费用以及损失后的余额，作为投资者个人的经营所得，比照《中华人民共和国个人所得税法》的“经营所得”应税项目，适用 5%～35%的五级超额累进税率，计算征收个人所得税。因此，有

$$每年应缴纳的个人所得税=(400\ 000-60\ 000)\times 30\%-40\ 500=61\ 500(元)$$
$$税后净利润=400\ 000-61\ 500=338\ 500(元)$$

按照《中华人民共和国公司法》的规定，一人有限责任公司是指只有一个自然人股东或者一个法人股东的有限责任公司。一人有限责任公司作为一种特殊的有限责任公司，是企业法人，有独立的法人财产，享有法人财产权。按照《中华人民共和国企业所得税法》的规定，在中华人民共和国境内，企业和其他取得收入的组织为企业所得税的纳税人，应当依照规定缴纳企业所得税。因此，一人有限责任公司属于企业所得税的纳税人。这意味

着，如果王某选择投资成立一家一人有限责任公司，那么就需要缴纳企业所得税，但根据最新小微企业所得税优惠政策，从2023年1月1日至2024年12月31日，对小型微利企业年应纳税所得额不超过100万元的部分，减按25%计入应纳税所得额，按20%的税率缴纳企业所得税，则

$$每年应缴纳的企业所得税=400\ 000\times25\%\times20\%=20\ 000(元)$$

需要注意的是，成立一人有限责任公司将会涉及个人所得税问题，当一人有限责任公司将税后净利润分配给投资者时还需要缴纳个人所得税。根据《中华人民共和国个人所得税法》的规定，投资者从被投资企业分得的股息、红利所得属于个人所得税的应税所得，适用20%的比例税率缴纳个人所得税。这意味着，如果王某投资成立的是一家一人有限责任公司，那么当公司将缴纳企业所得税之后的利润分配给王某的时候，还需要代扣代缴个人所得税。假设公司将所有税后利润都分配给王某，那么应当缴纳的个人所得税为76 000元［=(400 000－20 000)×20%］。综合起来看，成立一人有限责任公司应当缴纳的所得税合计96 000元（=20 000+76 000），王某最终获得的收益为304 000元（=400 000－96 000），小于成立个人独资企业的税后净收益338 500元。

2. 纳税人类型的选择

通过对未来经营情况的预计，合理选择纳税人类型。

根据税法的规定，增值税纳税人分为一般纳税人和小规模纳税人。这两类纳税人在征收增值税时，其计税方法和征管要求不同。现行税法规定，年应税销售额超过小规模纳税人标准的自然人按简易计税方法纳税，对于非企业性单位以及不经常发生应税行为的企业，可以选择按简易计税方法纳税。年应税销售额未超过标准的纳税人，若账簿健全，能准确核算并提供销项税额、进项税额，并能按规定报送有关税务资料的，可作为一般纳税人。一般计税方法实行进项税额抵扣制，而简易计税方法必须按照适用的征收率计算增值税，不实行进项税额抵扣制。

> **【小思考】** 小规模纳税人的税负是否重于一般纳税人？

在一般情况下，小规模纳税人的税负略重于一般纳税人，其原因是一般纳税人可以抵扣进项税额，特别是当应税销售额的增值率较小时，一般纳税人的税负明显低于小规模纳税人。但这也不是绝对的，小规模纳税人的税负不一定在任何情况下都比一般纳税人的税负重，这需要比较两类纳税人的应税销售额增值率与税负平衡点的关系，合理、合法地选择税负较轻的纳税人身份。

3. 避免成为纳税人

纳税人可以结合企业经营战略，使得企业不符合某税种纳税人的条件，从而排除在该税种的征税范围之外。例如，在企业内部设立的一些内部组织或附属组织不属于纳税人，不具有独立法人资格的分公司或分支机构也不是企业所得税的纳税人，但具备独立法人资格的子公司则属于企业所得税的纳税人。

［案例7－5］ A_1公司是一家餐饮店，主要为其母公司A公司提供餐饮服务。A_1公司每年的营业额（不含税）为500 000元。如果将A_1公司变成A公司的餐饮部，请问餐饮部还需要缴纳增值税吗？

[解析] A_1公司的年销售额为50万元，符合小规模纳税人的标准。

在现方案下，甲公司缴纳的增值税为：

$$500\ 000 \times 3\% = 15\ 000(\text{元})$$

如果A_1公司变成A公司的内设餐饮部，就不属于增值税征收范围，不用缴纳增值税。

避免成为纳税人的另一种办法是使纳税人发生的经济业务不属于征税范围。我国税法对纳税范围有明确的界定，在一定条件下合理安排经营活动和纳税事项，就可以将其排除在纳税范围之外。

例如，个人所得税法规定，个人将财产出租给承租人在中国境内使用而取得的所得才属于来源于中国境内的财产租赁所得，才负有个人所得税的纳税义务，才需要缴纳个人所得税。如果个人将财产出租给承租人在境外使用，那么取得的财产租赁所得就不属于来源于中国境内的所得，从而不需要缴纳个人所得税。我国现行消费税的征税范围比较窄，仅对15类消费品征税。因此，企业在进行投资决策时，可避开上述消费品，而选择投资其他符合国家产业政策且未征收消费税的产品进行投资，从而避免缴纳消费税。

7.6.2 计税依据筹划的方法

7.6.2.1 计税依据筹划的原理

计税依据筹划是指纳税人通过控制计税依据的方式来减轻税收负担的筹划方法。

计税依据是计税的基础，通常称为税基。在税率一定的情况下，应纳税额的大小与计税依据的大小成正比，即税基越小，纳税人负担的纳税义务越轻。由于大部分税种都采用计税依据与适用税率的乘积来计算应纳税额，因此，如果能够控制计税依据，也就控制了应纳税额，即应纳税额的控制是通过计税依据的控制来实现的。这就是计税依据筹划的原理。

7.6.2.2 计税依据筹划的方法

计税依据是影响税收负担的直接因素，对不同的税种进行计税依据筹划需要从不同的角度入手。

(1) 控制和安排税基的实现时间。

第一，税基的总量不变，合法推迟税基的实现时间。税基推迟可以实现递延纳税。在通货膨胀的环境下，税基推迟实现的效果更为明显，能够降低未来支付税款的购买力。

第二，税基的总量不变，税基在各个纳税期间均衡实现。在适用累进税率的情况下，这可实现边际税率的最小化，从而大幅降低税负。

第三，税基的总量不变，税基合法提前实现。在减免税期间，税基提前实现可以享受更多的税收减免额。

(2) 合理分解税基。合理分解税基就是把税基进行合理分解，使税基从税负较重的形式转化为税负较轻的形式。例如，把适用不同税率的应税货物和应税服务分开核算，避免从高适用税率。

（3）实现税基最小化。税基最小化就是将税基的总量合法降低，从而减少应纳税额或者避免多缴税。这是个人所得税、企业所得税和增值税税收筹划常用的方法。

7.6.3 税率筹划的方法

7.6.3.1 税率筹划的原理

税率筹划是指纳税人通过降低适用税率的方式来减轻税收负担的筹划方法。税率是税制要素之一，也是决定纳税人税负高低的主要因素。在计税依据一定的情况下，应纳税额与税率呈现正向变化关系，即降低税率就等于降低了税收负担，这就是税率筹划的原理。在一般情况下，税率低，应纳税额少，税后利润就多，但税率低不能保证税后利润一定实现最大化。

不同的税种适用不同的税率，纳税人可以利用征税对象界定上的含糊性进行筹划。即使是同一税种，适用的税率也会因税基或其他假设条件不同而发生相应的变化，纳税人可以通过改变税基分布调整适用的税率，从而达到减轻税收负担的目的。

7.6.3.2 税率筹划的方法

（1）比例税率的筹划。针对同一税种对不同征税对象实行不同的税率政策，分析产生差距的原因及对税后利益的影响，可以寻找实现税后利益最大化的最低税负点或最佳税负点。例如，我国增值税有13%、9%和6%多档税率，对小规模纳税人规定的征收率为3%。对上述比例税率进行筹划，可以寻找到最低税负点或最佳税负点。消费税、个人所得税、企业所得税等税种都存在多种不同的比例税率，纳税人可以通过筹划，尽量使用较低的税率以实现节税。

（2）累进税率的筹划。各种形式的累进税率都存在一定的筹划空间，累进税率筹划的主要目标是防止税率的爬升。其中，适用全额累进税率的纳税人的税率筹划效果最佳。

我国个人所得税中的综合所得与个体工商户的经营所得分别适用不同的超额累进税率，采用税率筹划方法可以取得较好的筹划效果。

7.6.4 优惠政策筹划的方法

优惠政策属于一种特殊政策，这种特殊性体现为国家对某些产业或某一领域的税收照顾。优惠政策筹划可以使纳税人轻松地享受低税负待遇。优惠政策筹划的关键是寻找合适的优惠政策并把它运用到纳税实践中，在一些情况下还表现为创造条件去享受优惠政策，以获得税收负担的降低。

优惠政策多表现为行业性、区域性的优惠政策或针对特定行为以及特殊时期的优惠政策，如福利企业的减免税政策，软件企业的税收优惠政策，环保、节能节水项目的税收优惠政策，鼓励科技发展的税收优惠政策等。

例如，《中华人民共和国企业所得税法》第二十七条规定，企业的下列所得，可以免征、减征企业所得税：①从事农、林、牧、渔业项目的所得；②从事国家重点扶持的公共基础设施项目投资经营的所得；③从事符合条件的环境保护、节能节水项目的所得；④符合条件的技术转让所得。

例如，八方建设集团公司是一家以建筑施工为主的工程施工企业。自 2014 年起，八方建设集团公司从传统的商品房建筑装修逐渐转向国家重点扶持的公共基础设施项目的建设施工，主要是港口码头、机场、铁路、公路、水利等项目的工程施工。

《中华人民共和国企业所得税法实施条例》第八十七条规定，企业从事国家重点扶持的公共基础设施项目的投资经营所得，自项目取得第一笔生产经营收入所属纳税年度起，第一年至第三年免征企业所得税，第四年至第六年减半征收企业所得税。该政策自 2008 年起全面执行。

按照上述税收政策，八方建设集团公司自 2014 年起所从事的公共基础设施的建设施工业务收入就可以享受企业所得税“三免三减半”的优惠政策，即 2014 年、2015 年、2016 年享受免征企业所得税，2017 年、2018 年、2019 年减半征收企业所得税的优惠。这一税收优惠可以为企业节约大笔税款。

本章小结

税收筹划是指在纳税行为发生之前，在税法允许的范围内，通过对纳税主体的经营活动或投资行为等涉税事项做出事先安排，以达到少缴税或递延缴纳税款的一系列谋划活动。

税收筹划具有合法性、事先性和风险性的特点。

国家间税收管辖权及各国税收制度的不同以及各种税收制度定义上的可变通性为税收筹划提供了空间。

根据不同的划分标准，税收筹划可以分为不同种类。

税收筹划应遵循法律原则、财务原则和经济原则。

通过税收筹划，不但可以实现纳税人财务利益的最大化，还可以提高纳税人的纳税意识，促进税制的不断完善以及国家政策目标的实现等。

在进行税收筹划时，企业应考虑到税收筹划对交易各方税负的影响，时刻关注税收法律的变化，正视税收筹划风险。

税收筹划方法主要有纳税人筹划、计税依据筹划、税率筹划、优惠政策筹划等。

纳税人筹划实质是进行纳税人身份的合理界定或转化，使纳税人承担的税收负担尽量减少或降到最低，或者直接避免成为某税种的纳税人。纳税人筹划可以合理降低税收负担，而且方法简单、易于操作。

在税率一定的情况下，应纳税额的大小与计税依据的大小成正比，即税基越小，纳税人负担的纳税义务越轻。因此，如果能够控制计税依据，也就控制了应纳税额，这就是计税依据筹划的基本原理。

税率筹划是指纳税人通过降低适用税率的方式来减轻税收负担的筹划方法。在计税依据一定的情况下，应纳税额与税率呈现正向变化关系，即降低税率就等于降低了税收负担，这就是税率筹划的原理。在一般情况下，税率低，应纳税额少，税后利润就多，但税率低不能保证税后利润一定实现最大化。

优惠政策属于一种特殊政策，其特殊性体现为国家对某些产业或某一领域的税收照顾。优惠政策筹划可以使纳税人轻松地享受低税负待遇。优惠政策筹划的关键是寻找合适的优惠政策并把它运用到纳税实践中，在一些情况下还表现为创造条件去享受优惠政策，以获得税收负担的降低。

关键术语

税收筹划　　财务利益最大化　　绝对节税　　相对节税

思考题

1. 为什么有效的税收筹划和税负最小化不同?
2. 为什么税收筹划者不仅要知道某特定交易对其本身的税收影响，而且要知道对其他交易方的税收影响? 请举例加以说明。
3. 税后收益总是低于税前收益吗? 请举例加以说明。
4. 企业在进行税收筹划时应注意哪些问题?
5. 纳税人筹划主要从哪些角度切入?
6. 计税依据筹划有哪些操作方法? 请举例加以说明。
7. 比例税率与累进税率有何区别? 对它们进行税收筹划的侧重点有何不同?

第8章 税收筹划实务

［学习提示］　本章通过对增值税、消费税、企业所得税、个人所得税和土地增值税进行税收筹划，详细讲解了税收筹划的要点与筹划方法，并通过案例的形式帮助学生理解和掌握。通过本章的学习，学生应掌握各税种税收筹划的基本操作。

8.1　增值税的税收筹划

增值税是目前我国第一大税种，其征收制度纷繁复杂。特别是在“营改增”以后，增值税的税率多档化、优惠政策多样化，这就为增值税筹划提供了一定的空间。增值税纳税人分为一般纳税人和小规模纳税人，由于这两类纳税人实行不同的计税方法，纳税人可以根据自己的具体情况进行纳税人身份的选择。从增值税的计税原理来看，增值税是对增值额进行征税，销售额和可抵扣金额直接决定应纳税额，因此企业可以通过采购、销售等关键环节的增值税涉税活动安排进行税收筹划，以降低税收负担。

8.1.1　纳税人筹划

在对纳税人的筹划上，可以从两个层面入手：一是一般纳税人与小规模纳税人身份的选择；二是避免成为增值税纳税人。

8.1.1.1　纳税人身份的选择

（1）筹划原理。我国现行的增值税制度将增值税纳税人划分为一般纳税人和小规模纳税人，并规定对这两类纳税人实施不同的税收待遇。一般来说，一般纳税人可以领购和使用增值税专用发票，并凭借增值税专用发票进行进项税额抵扣；小规模纳税人不得使用增值税专用发票进行进项税额抵扣。税收政策的差异客观上使得一般纳税人和小规模纳税人在计税方法、适用税率以及发票使用等方面存在诸多差异，这些差异的存在为增值税纳税人通过选择不同的纳税人身份进行税收筹划提供了可能性。

1）增值率。在销售收入相同的情况下，究竟是一般纳税人比小规模纳税人多缴税，还是小规模纳税人比一般纳税人多缴税？从上述税法规定可以看出，在销售额既定的情况下，小规模纳税人的应缴税款就已经确定了，但一般纳税人的应缴税款还需要根据可抵扣的进项税额来确定，即可抵扣的进项税额越多，应纳税额越少；反之，则应纳税额越多。或者说，其增值率越高，应纳税额越多。在一般纳税人与小规模纳税人进行税负比较时，增值率就是一个关键因素。在一个特定的增值率下，一般纳税人与小规模纳税人应缴的增值税税款数额相同，我们把这个特定的增值率称为“无差别平衡点增值率”。当增值率低于此值时，一般纳税人的税负低于小规模纳税人；当增值率高于此值时，一般纳税人的税负高于小规模纳税人。

设 X 为增值率，S 为含税销售额，P 为含税购进额，并假定一般纳税人的适用税率为 13%，小规模纳税人的征收率为 3%。

$$\text{一般纳税人的增值率 } X=\frac{S-P}{S}$$

$$\text{一般纳税人应纳增值税}=\frac{S}{1+13\%}\times 13\%-\frac{P}{1+13\%}\times 13\%$$

$$=S\times\frac{X}{1+13\%}\times 13\%$$

$$\text{小规模纳税人应纳增值税}=\frac{S}{1+3\%}\times 3\%$$

当两种纳税人的应纳税额相等时，即

$$S\times\frac{X}{1+13\%}\times 13\%=\frac{S}{1+3\%}\times 3\%$$

解得：

$$X=25.32\%$$

当增值率低于无差别平衡点增值率 25.32%时，一般纳税人的税负低于小规模纳税人，即作为一般纳税人可以少缴增值税。当增值率高于无差别平衡点增值率 25.32%时，一般纳税人的税负高于小规模纳税人，即作为小规模纳税人可以少缴增值税。企业可以按照各自的实际购销情况，根据以上标准做出选择。

同理，我们可计算出一般纳税人销售或发生税率为 9%或 6%的商品或应税行为与小规模纳税人销售或发生征收率为 3%的商品或应税行为的无差别平衡点增值率，见表 8－1。

表 8-1 无差别平衡点增值率（含税销售额，%）

一般纳税人适用的税率	小规模纳税人适用的征收率	无差别平衡点增值率
13	3	25.32
9	3	35.28
6	3	51.46

2）抵扣率。对于一般纳税人与小规模纳税人增值税税负的比较，还可以从抵扣率的角度来分析。在销售额既定的情况下，小规模纳税人的应纳税额只与销售额相关。而一般纳税人的应纳税额除了与销售额相关外，还受可抵扣进项税额的影响，可抵扣的进项税额越多，即抵扣率越大，其应纳税额越少，反之亦然。在一个特定的抵扣率下，一般纳税人与小规模纳税人的应纳税额相同，我们把这个特定的抵扣率称为无差别平衡点抵扣率。当抵扣率低于这个点时，一般纳税人的税负高于小规模纳税人；当抵扣率高于这个点时，一般纳税人的税负低于小规模纳税人。

设 Y 为抵扣率、S 为含税销售额、P 为含税购进额，并假定一般纳税人适用的税率为 13%，小规模纳税人适用的征收率为 3%。

一般纳税人的抵扣率为：

$$Y=P/S$$

$$\begin{aligned}\text{一般纳税人应纳增值税}&=S\div(1+13\%)\times13\%-P\div(1+13\%)\times13\%\\&=S\times(1-Y)\div(1+13\%)\times13\%\end{aligned}$$

$$\text{小规模纳税人应纳增值税}=S\div(1+3\%)\times3\%$$

当两种纳税人的应纳税额相等时，即

$$S\times(1-Y)\div(1+13\%)\times13\%=S\div(1+3\%)\times3\%$$

解得：

$$Y=74.68\%$$

当抵扣率低于无差别平衡点抵扣率 74.68%时，一般纳税人的税负高于小规模纳税人，即作为小规模纳税人的增值税税负较轻。当抵扣率高于无差别平衡点抵扣率 74.68%时，一般纳税人的税负低于小规模纳税人，即作为一般纳税人的增值税税负较轻。企业可以按照各自的实际购销情况，根据以上情况做出选择。

用同样的方法可以计算出，一般纳税人的税率为 9%或 6%与小规模纳税人的征收率为 3%时含税销售额的无差别平衡点抵扣率，见表 8-2。

表 8-2 无差别平衡点抵扣率（含税销售额，%）

一般纳税人适用的税率	小规模纳税人适用的征收率	无差别平衡点抵扣率
13	3	74.68
9	3	64.72
6	3	48.54

(2) 筹划要点。增值税纳税人应根据自身业务增值率或抵扣率的情况判断哪种身份会减轻增值税税负。

1) 增值率高或抵扣率低的企业可选择小规模纳税人身份。若企业所从事业务的增值率较高或抵扣率较低，选择做小规模纳税人的税负较轻。

2) 增值率低或抵扣率高的企业可选择一般纳税人身份。若企业所从事业务的增值率较低或抵扣率较高，选择做一般纳税人的税负较轻。

(3) 纳税人筹划应注意的问题。在进行一般纳税人与小规模纳税人身份筹划时，还需要注意以下问题：

第一，税法对一般纳税人的登记要求。根据现行税法的规定，对符合一般纳税人条件，但未在规定期限内向主管税务机关办理一般纳税人登记手续的纳税人，应按照销售额乘以增值税税率计算应纳税额，不得抵扣进项税额，也不得使用增值税专用发票。

【小思考】 税法规定，自2019年4月1日至2021年12月31日，允许生产、生活性服务业纳税人按照当期可抵扣进项税额加计10%，抵减应纳税额。请问在这种情况下，纳税人应该如何计算上述无差别平衡点？

第二，企业财务利益最大化的要求。企业的经营目标是追求利润最大化，这就要求企业根据市场需求不断扩大生产经营规模。这种情况限制了企业选择成为小规模纳税人的空间。另外，一般纳税人要有健全的会计核算制度，因而需要培养和聘用专业会计人员，这样就会增加企业的财务核算成本；一般纳税人的增值税征收管理制度复杂，需要投入的财力、物力和精力也多，这会增加纳税人的纳税成本等。

第三，企业产品的性质及客户的类型。企业产品的性质及客户的类型决定了企业进行税收筹划的空间大小。如果企业产品的销售对象多为一般纳税人，将使企业受到开具增值税专用发票的制约，因此该企业必须选择成为一般纳税人才有利于产品的销售。如果企业客户多为小规模纳税人或者消费者个人，不受发票类型的限制，则税收筹划的空间较大。

8.1.1.2 避免成为增值税纳税人

(1) 筹划原理。凡在中华人民共和国境内销售或者进口货物、提供应税劳务和销售服务、无形资产、不动产的单位和个人，都是增值税的纳税人。其中，单位是指企业、行政单位、事业单位、军事单位、社会组织及其他单位；个人是指个体工商户和其他个人。境内的具体含义是指：

1) 销售货物的，货物的起运地或者所在地在境内。

2) 销售或者租赁不动产、转让自然资源使用权的，不动产、自然资源所在地在境内。

3) 销售金融商品的，金融商品在境内发行，或者销售方为境内单位和个人。

4) 除2)、3) 的规定外，销售服务、无形资产的，服务、无形资产在境内消费，或者销售方为境内单位和个人。

【知识要点提醒】

若销售方与购买方均在境外，但在境内消费的服务应属于在境内发生的应税交易。

境外单位或者个人向境内单位或者个人销售的未完全在境外使用的无形资产，属于在境内销售无形资产。例如，境外C公司向境内D公司转让一项专利技术，该技术同时用于D公司在境内和境外的生产线。

应税行为发生在境内时才需要缴纳增值税。境外单位或者个人向境内单位或者个人销售的未完全在境外发生的服务，属于在境内销售服务和增值税的征税范围，应缴纳增值税。如果纳税人的销售或者进口货物和销售服务、无形资产、不动产不发生在境内，则不属于我国增值税的纳税人。

例如，境外一咨询公司在中国境内设有分支机构，该公司计划与境内某公司签订咨询合同，就这家境内公司开拓境外市场进行实地调研并提出合理化管理建议。如果其境内分支机构签订合同并提供境外咨询服务，则需要缴纳增值税；如果由境外咨询公司签订合同并提供境外咨询服务，属于在境外销售服务，则该境外咨询公司不属于我国增值税纳税人。

（2）筹划要点。筹划要点在于应税行为的发生地是否处于境内。如果应税行为同时在境内与境外发生，最好将这两种经济业务分别签订合同。

8.1.2 计税依据的筹划

8.1.2.1 销项税额的筹划

（1）销售方式的筹划。为适应市场竞争的需要，企业会采用多种不同的产品销售方式，而税法对不同销售方式规定的计税方法是不同的。为此，企业在采用不同方式销售商品时，需要注意销售方式的差别对自身税负高低的影响。

1）折扣销售与销售折扣。

第一，筹划原理。折扣销售与销售折扣是两种不同性质的折扣方式，只有符合税法规定的折扣才能抵减销售额，因此纳税人应尽量使所采取的折扣方式符合税法可以抵减销售额的规定。折扣额的抵减会降低纳税人的销项税额，但同时也会带来购货方进项税额的减少。因此，折扣方式的筹划在购货方为小规模纳税人或个人（不需要进项税额抵扣）的情况下，筹划效果更好。

折扣销售是指销货方在销售货物、发生应税行为时，因购货方购货数量较大等原因而给予购货方的价格优惠。例如，购买50件产品，销售价格折扣10%；购买100件产品，折扣20%等。由于折扣是在实现销售的同时发生的，因此税法规定：如果销售额和折扣额在同一张发票上的“金额”栏中分别注明，可按折扣后的余额作为销售额计算增值税；如果未在同一张发票上的“金额”栏中注明折扣额，而仅在发票的“备注”栏中注明折扣额或者将折扣额另开发票，不论其在财务上如何处理，均不得从销售额中减除折扣额。此外，关于折扣销售的这项规定仅限于现金形式的折扣，如果销货方将自产、委托加工和购买的货物用于实物折扣，则该实物款项不能从货物销售额中减除，该实物应按“视同应税交易”中的“赠送他人”计算征收增值税。

销售折扣是指销货方在销售货物或者应税劳务、应税服务、无形资产、不动产后（在赊销的情况下)，为了鼓励购货方及早偿还货款而协议许诺给予购货方的一种折扣优惠。例如，10 天内付款，货款折扣 2%；20 天内付款，折扣 1%；30 天内全价付款。销售折扣发生在销货之后，是一种融销售与融资为一体的行为。销售折扣实际上是一种融资的财务费用，因此销售折扣不得从销售额中减除。

【即学即用】 某服装厂（一般纳税人）向某批发企业销售服装 100 件，每件不含税售价为 500 元。该厂对于销售服装的折扣销售规定为：一次购买 10 件，折扣 10%；一次购买 50 件，折扣 20%；一次购买 100 件，折扣 30%。该服装厂开具的增值税专用发票“金额”栏中分别注明了销售额和折扣额，则该服装厂销售服装的销项税额是（　　）元。

A. 8 000　　B. 7 200　　C. 4 550　　D. 5 600

【答案】 C

【解析】 该服装厂销售服装的销项税额为 4 550 元［=100×500×(1−30%)×13%］。

第二，筹划思路。企业在使用折扣销售时（折扣额应在“金额”栏中注明，在“备注”栏中注明的，折扣额不得在销售额中减除），切记要把销售额和折扣额开在同一张发票上，这样可以按照折扣后的余额作为销售额计算增值税。根据《国家税务总局关于纳税人折扣折让行为开具红字增值税专用发票问题的通知》（国税函〔2006〕1279 号）的规定，对纳税人销售货物并向购买方开具增值税专用发票后，由于购货方在一定时期内累计购买货物达到一定数量，或者由于市场价格下降等原因，销货方给予购货方相应的价格优惠或补偿等折扣折让行为，销货方可按有关规定开具红字增值税专用发票。

企业应明确折扣销售与销售折扣的不同，以免将可以扣减的折扣额计算到应缴增值税的销售额中。从企业税负角度考虑，折扣销售方式优于销售折扣方式。如果企业面对的是一个信誉良好的客户，销售货款回收风险较小，那么企业可以考虑通过修改销售合同，将销售折扣方式转换为折扣销售方式。

企业应尽量将实物折扣转化为折扣销售。由于实物折扣按规定是要视同应税交易的①，但如果将实物折扣转化为折扣销售，则可为企业减轻税负。例如，某客户购买了 10 件商品，应给予 2 件商品的折扣，在开发票的时候按 12 件商品开具销售数量和金额，然后在同一张发票上的另一行用红字开具 2 件商品的折扣金额。这样，按照税法的规定，折扣的部分在计税时就可以从销售额中扣减，不需要计算增值税，从而节约了税款支出。

2）手续费代销与视同买断代销。

第一，筹划原理。代理销售有两种不同的方式：一是收取代理手续费方式，即受托方以代理销售商品的全价与委托方结算，然后收取一定金额的手续费。如果受托方是一般纳税人，这笔代理服务收入应按 6%的税率计算缴纳增值税。二是视同买断方式，即委托方以较低价格将货物交由受托方代销，受托方在加价后向市场销售，受托方应按其获得的增值额计算缴纳增值税，适用税率为 13%（或 9%）。

在受托方收到的代理服务收入（不含税）与视同买断取得的差额收入（不含税）相同的情况下，由于两种不同代销方式下委托方、受托方的税务处理不同，两种代销方式下的各自税负也不相同。对于受托方来说，收取手续费方式适用的增值税税率低于买断方式适用的增值税税率，因此收取手续费方式的增值税税负较低。对于委托方来说，采取手续费

① 实物折扣是否视同销售，各地税务机关的政策规定不一致。

方式下的代销价格高于视同买断方式下的代销价格，因此收取手续费方式的增值税税负较高。从委托方、受托方两者合计税负来看，两种代销方式下的税负完全相同，只是由于不同的代销方式影响了两者各自承担的税负份额。

第二，筹划要点。从税负的角度来看，委托方应尽量采用视同买断方式，而受托方应尽量采用收取手续费方式。为平衡两者税负的差异，税负较低的一方可以给予税负较高的一方一定的价格补偿。

（2）销售价格的筹划。

1）筹划原理。销售价格的筹划主要是指集团内部定价，通过集团内部各子公司之间的合理定价，以实现递延纳税。

2）筹划要点。关联企业各方可以通过压低前期环节销售价格的方式，把增值额累积在最后的销售环节，以实现增值税的递延纳税。与此同时，结合集团企业之间各方进项税额的情况，通过制定合理的关联转让价格，使各方的留抵税额最小化。

（3）结算方式的筹划。

1）筹划原理。企业产品的具体销售形式是多种多样的，但总体上有两种类型：现销方式和赊销方式。不同结算方式的纳税义务发生时间是不同的，不仅会涉及税款的时间价值，而且会对企业的现金流产生影响。增值税法规定，企业采取直接收款方式销售的，不论货物是否发出，均为收到销售款项或者取得销售款项索取凭据的当天；先开具发票的，为开具发票的当天。这意味着在销售货物的时候，如果卖方与买方办理了货款结算手续，或者为对方开具了增值税专用发票，无论对方是否提货，都要计算缴纳增值税。如果企业在销售货物时改变了结算方式，比如采用赊销或分期收款的方式，则可在合同约定的收款日期开具增值税专用发票，这样可以避免提前纳税，获得该税款的时间价值。与此同时，对于买方来说，他只能在合同约定的收款日期得到增值税专用发票的抵扣，所以可以促使买方及时付款。

若采取委托代销方式，委托方先将商品交付给受托方，受托方应根据合同的要求，将商品出售后给委托方开具代销清单。此时，委托方才可以确认销售收入的实现。① 按照这一原理，如果企业的产品销售对象是商业企业，并且产品以销售后付款结算方式销售，则可以采用委托代销结算方式，根据实际收到的货款分期计算销项税额，从而延缓纳税时间。

相反，如果销货方采取托收承付和委托银行收款方式销售货物，根据增值税法的规定，其纳税义务发生时间为发出货物并办妥托收手续的当天，这样就会出现销货方在还没有收到货款的情况下需要提前垫付税款的情况。

2）筹划要点。企业应在充分考虑销售风险的情况下，选用有利于企业延缓税款缴纳、充分利用货币时间价值的结算方式。

企业在销售时就应该考虑到风险的存在，在购销合同中进行有效的事先防范：第一，强调销货方风险的存在，求得采购方的配合与谅解。第二，在求得采购方谅解的基础上，

① 根据《中华人民共和国增值税暂行条例实施细则》的规定，纳税人委托其他纳税人代销货物，其纳税义务发生时间为收到代销单位的代销清单或者收到全部或者部分货款的当天；未收到代销清单及货款的，其纳税义务发生时间为发出代销货物满 180 天的当天。

采用货款不到不开发票的方式，达到推迟纳税的目的。第三，避免采用托收承付和委托收款的结算方式销售货物，防止垫付税款，尽可能采用支票、银行本票和汇兑的结算方式销售货物。第四，在购销合同中，注明以付款额作为销售额，余额作为借款。第五，采用赊销方式，分期收款结算，收多少款，开多少发票。

3）结算方式筹划应该注意的问题。

①购买方的情况。购买方的情况主要包括购买方所在的行业、购买方企业的产品去向、购买方对以往合同的履行情况和付款情况、购买方今后的发展态势及现金流转情况、购买方所购买的产品数量及金额在企业产品销售中所占的地位等。企业可以根据在生产经营过程中所签订合同的履行情况以及财务中应收账款的情况，构建客户关系数据库。通过建立数据库，企业可以根据不同客户的情况采取不同的收款方式。如果购买方的资信、现金流转、以往合同的履行情况等比较好，企业就可以采用现款方式或银行托收的方式销售货物；如果购买方的资信、以往合同的履行情况等比较好，只是近期现金流转有一定的问题，企业可以采用分期收款方式销售货物；如果购买方以往合同的履行情况比较差，则企业在销售过程中可以考虑采用降低销售价格、预收货款或及时结清的方式销售货物。

②考虑产品市场的整体走势。产品市场的整体走势不同，企业所面临的销售压力不同，结算方式就不同。当市场行情火爆时，可以采用预收货款的结算方式，这样不仅可以完全避免其他结算方式下潜在的税收损失，而且可以确保企业货款的回收，同时可以达到占用购买方货款、获得货币时间价值的目的。

③做好合同管理工作。企业在签订合同时要做好签约前的准备工作，明确合同条款，特别是明确结算方式以及准确的收款时间。需要注意的是，企业销售结算方式的税收筹划在一定程度上会影响企业的会计账面利润。很多企业在进行绩效考核时，往往以利润额作为主要的考核指标，这就会在一定程度上影响销售结算方式的税收筹划。

［案例 8－1］

结算方式的税收筹划

甲企业销售一台机床，价值为 2 000 万元，产品成本为 1 500 万元，适用 13%的增值税税率。因为购货企业的资金周转困难，所以货款无法一次收回。如何签订收款协议才能节税？

［解析］ 如果按照直接收款方式销售产品，甲企业实现的该机床的销项税额为 260 万元；如果甲企业与购货企业达成分期收款协议，协议中注明 10 个月收回货款，每月 30 日前购货企业支付货款 200 万元，则每个月的销项税额为 26 万元。显然，采用分期收款的方式能使企业实现分期纳税，减轻企业的税收压力，使增值税税负趋于均衡。

8.1.2.2 进项税额的筹划

（1）进货渠道的筹划。

1）筹划原理。由于税法规定以增值税专用发票为抵扣凭证，所以一般纳税人的进货渠道不同，可抵扣的比例就不同，从而影响其实际税收负担。一般纳税人采购物品的渠道主要有以下两种选择：一是选择一般纳税人为供货单位，其可以开具应税项目适用税率的增值税专用发票；二是选择小规模纳税人为供货单位，再按照其能否开具增值税专用发票，可将小规模纳税人进一步划分为能开具增值税专用发票的小规模纳税人和只能开具普通发票的小规模纳税人。

由于一般纳税人从小规模纳税人处采购货物、服务、无形资产、不动产不能进行抵扣或者只能抵扣3%或5%，因此作为供货商的小规模纳税人有时为了留住客户，愿意在价格上给予一定程度的优惠。此时，作为采购方，究竟多大的折扣幅度才能弥补无增值税专用发票抵扣带来的损失呢？这里存在一个价格折扣临界点。

假设从一般纳税人处购进货物、服务、无形资产、不动产的价格（含税）为A，从小规模纳税人处购进货物、服务、无形资产、不动产的价格（含税）为B。为使两者扣除货物劳务税后的销售利润相等，可列出下列等式：

$$\begin{aligned}&\frac{\text{销售额}}{\text{（不含税）}}-\frac{A}{1+\text{增值税税率}}-\left[\frac{\text{销售额}}{\text{（不含税）}}-\frac{A}{1+\text{增值税税率}}\right]\times\frac{\text{增值税}}{\text{税率}}\times\left(\frac{\text{城市维护}}{\text{建设税税率}}+\frac{\text{教育费附加}}{\text{征收率}}\right)\\&=\frac{\text{销售额}}{\text{（不含税）}}-\frac{B}{1+\text{征收率}}-\left[\frac{\text{销售额}}{\text{（不含税）}}\times\frac{\text{增值税}}{\text{税率}}-\frac{B}{1+\text{征收率}}\times\text{征收率}\right]\times\left(\frac{\text{城市维护}}{\text{建设税税率}}+\frac{\text{教育费附加}}{\text{征收率}}\right)\end{aligned}$$

故

$$\begin{aligned}&\frac{A}{1+\text{增值税税率}}-\frac{A}{1+\text{增值税税率}}\times\frac{\text{增值税}}{\text{税率}}\times\left(\frac{\text{城市维护}}{\text{建设税税率}}+\frac{\text{教育费附加}}{\text{征收率}}\right)\\&=\frac{B}{1+\text{征收率}}-\frac{B}{1+\text{征收率}}\times\text{征收率}\times\left(\frac{\text{城市维护}}{\text{建设税税率}}+\frac{\text{教育费附加}}{\text{征收率}}\right)\end{aligned}$$

当城市维护建设税税率为7%、教育费附加征收率为3%时，有

$$\begin{aligned}&\frac{A}{1+\text{增值税税率}}-\frac{A}{1+\text{增值税税率}}\times\frac{\text{增值税}}{\text{税率}}\times(7\%+3\%)\\&=\frac{B}{1+\text{征收率}}-\frac{B}{1+\text{征收率}}\times\text{征收率}\times(7\%+3\%)\end{aligned}$$

或

$$\frac{A}{1+\text{增值税税率}}\times\left(1-\frac{\text{增值税}}{\text{税率}}\times10\%\right)=\frac{B}{1+\text{征收率}}\times(1-\text{征收率}\times10\%)$$

$$B=\frac{(1+\text{征收率})\times(1-\text{增值税税率}\times10\%)}{(1+\text{增值税税率})\times(1-\text{征收率}\times10\%)}\times A$$

当增值税税率为13%、征收率为3%时，有

$$B=\frac{(1+3\%)\times(1-13\%\times10\%)}{(1+13\%)\times(1-3\%\times10\%)}\times A=A\times90.24\%$$

也就是说，当小规模纳税人的价格为一般纳税人价格的90.24%时，或者价格优惠幅度为90.24%时，无论是从小规模纳税人处采购还是从一般纳税人处采购，企业取得的收

益是相等的。当小规模纳税人报价的折扣率低于该比率时，向一般纳税人采购获得的增值税专用发票可抵扣的税额将大于小规模纳税人的价格折扣；只有当小规模纳税人报价的折扣率高于该比率时，向小规模纳税人采购才可获得比向一般纳税人采购更大的税后利益。如果从小规模纳税人处不能取得增值税专用发票，则有

$$B = A \times \frac{1 - \text{增值税税率} \times 10\%}{1 + \text{增值税税率}}$$

价格优惠临界点见表 8-3。

表 8-3　价格优惠临界点（%）

一般纳税人的抵扣率	小规模纳税人的抵扣率	价格优惠临界点（含税）
13	3	90.24
13	0	87.35
9	3	93.93
9	0	90.92
6	3	96.88
6	0	93.77

对于小规模纳税人来说，由于其进项税额不能进行抵扣，只要比较含税采购价格就可以决定采购对象。

2）筹划要点。

第一，对于购货方为一般纳税人的，在含税采购价格相同的情况下，应选择从一般纳税人处采购，这样可抵扣进项税额高，不含税采购成本低；如果小规模纳税人的含税采购价格低于一般纳税人的含税采购价格，就要比较小规模纳税人的价格折扣程度能否弥补其进项税额较低而产生的差额，进而决定供货方。

第二，对于购货方为小规模纳税人的，选择含税价格较低的一方为供货方。

（2）购进固定资产、无形资产与不动产用途的筹划。

1）筹划原理。根据税法规定，用于简易计税方法计税项目、免征增值税项目、集体福利或者个人消费的购进货物，加工、修理修配劳务，服务，无形资产和不动产，所产生的进项税额不得从销项税额中抵扣。其中，涉及的固定资产、无形资产、不动产仅指专用于上述项目的固定资产、无形资产（不包括其他权益性无形资产）、不动产。也就是说，对于固定资产、无形资产（不包括其他权益性无形资产）与不动产，如果是兼用于允许抵扣项目和上述不允许抵扣项目情况的，其进项税额准予全部抵扣。与此同时，纳税人购进其他权益性无形资产，无论是专用于简易计税方法计税项目、免征增值税项目、集体福利或者个人消费，还是兼用于上述不允许抵扣项目，均可以抵扣进项税额。

2）筹划要点。一般纳税人在购入固定资产、无形资产、不动产后，只要不是专用于简易计税方法计税项目、免征增值税项目、集体福利或者个人消费的，就可以得到全部增值税的抵扣。比如企业购进一栋楼房全部用于职工食堂，则其进项税额不能抵扣，但如果企业在职工食堂中设立一定的场所用于存放库存商品或者设立会议室，就可以抵扣全部进

项税额。

（3）兼营简易计税方法计税项目、免征增值税项目进项税额核算方式的筹划。

1）是否准确划分简易计税方法计税项目或免征增值税项目进项税额的选择。

①筹划原理。一般纳税人兼营简易计税方法计税项目或免征增值税项目，应当正确划分其不得抵扣的进项税额。应税项目与简易计税方法计税项目或免征增值税项目的进项税额可以划分清楚的，用于生产应税项目产品的进项税额可按规定进行抵扣；用于生产简易计税方法计税项目或免征增值税项目产品的进项税额不得抵扣。

对不能准确划分进项税额的，按下列公式计算不得抵扣的进项税额：

$$\text{不得抵扣的进项税额}=\text{当期无法划分的全部进项税额}\times\frac{\text{当期简易计税方法计税项目销售额}+\text{免征增值税项目销售额}}{\text{当期全部销售额}}$$

纳税人可将按照上述公式计算出的不得抵扣的进项税额与实际的简易计税方法计税项目或免征增值税项目不得抵扣的进项税额进行对比。如果前者大于后者，则应准确划分两类不同的进项税额，并按规定转出进项税额；如果前者小于后者，则无须准确划分，而是按公式计算结果确定不得抵扣的进项税额。

②筹划要点。纳税人应根据简易计税方法计税项目与免征增值税项目的销售额占全部销售额的比重来判定会计核算的方式。需要注意的是，如果纳税人选择分开核算，还应保存好相关的财务资料，以备税务机关审查。

［案例 8－2］

是否准确划分简易计税方法计税项目或免征增值税项目进项税额核算方式的筹划

某网球馆（一般纳税人）既销售网球相关器械，又提供网球场地及器械以供网球爱好者活动。某月，该球馆从体育器械公司购进网球相关器械，取得的增值税专用发票上注明的价款为 100 万元，增值税税款为 13 万元。当月，该批器械的 50％用于销售，取得不含税收入 200 万元；另外 50％用于网球爱好者的活动，取得含税收入 900 万元。如何核算才能减轻税负？（假设纳税人适用加计抵扣政策。）

［解析］ 一般纳税人销售文化体育服务，可以选择简易计税方法计税，适用 3％的征收率。

如果对于该项文化体育服务选择一般计税方法计税，进项税额可以全部抵扣，并适用加计抵扣，即

$$\text{应纳增值税}=900\div(1+6\%)\times6\%+200\times13\%-13-13\times10\%=62.64(\text{万元})$$

如果对于该项文化体育服务选择简易计税方法计税，可以根据进项税额能否准确划分来确定不得抵扣的进项税额。

第一，不能准确划分不得抵扣进项税额的，不得抵扣的进项税额为：

$$\text{不得抵扣的进项税额}=13\times[900\div1.03\div(200+900\div1.03)]=10.58(\text{万元})$$

$$\text{应纳增值税}=900\div(1+3\%)\times3\%+200\times13\%-(13-10.58)=49.79(\text{万元})$$

第二，能够准确划分不得抵扣进项税额的，不得抵扣的进项税额为：

不得抵扣的进项税额 = 13 × 50% = 6.5(万元)

应纳增值税 = 900 ÷ (1 + 3%) × 3% + 200 × 13% − (13 − 6.5) = 45.71(万元)

由此可见，若准确划分两类不同项目的进项税额可以节省 4.08 万元（= 10.58 − 6.5）。之所以会出现这种结果，是因为用于出售的器械占购进器械的 50%，而这部分收入只占 18.63%。如果能占到 50%以上，则结果相反。另外，无论进项税额是否分开核算，选择简易计税方法均比选择一般计税方法节税。

2）兼营简易计税方法计税项目、免征增值税项目进项税额核算方式的筹划。根据增值税法的相关规定，一般纳税人对用于简易计税方法计税项目、免征增值税项目的进项税额可以在其用于该类用途时，从原来在购进时已做抵扣的进项税额中通过“应交税费——应交增值税（进项税额转出）”三级科目转出，即转入相关资产或产品的成本。在实践中，有不少企业为避免进项税额的核算出现差错，便通过设立“工程物资”“其他材料”等科目单独核算用于简易计税方法计税项目、免征增值税项目的进项税额，并将其直接计入材料成本。

在一般情况下，材料从购进到生产领用都存在一个时间差，对简易计税方法计税项目、免征增值税项目进项税额的不同核算方法决定了企业能否充分利用这个时间差。如果单独设立相关科目直接核算该类进项税额，并直接计入材料成本，说明在原材料购入时未做进项税额抵扣，该期缴纳了增值税；反之，如果在材料购进时并不做区分，与应税项目的进项税额一并做抵扣，直到领用原材料用于简易计税方法计税项目、免征增值税项目时再做进项税额转出，就会产生递延缴纳增值税的效果。

[案例 8 - 3]

兼营简易计税方法计税项目、免征增值税项目进项税额核算方式的筹划①

某大型煤炭生产企业设有医院、食堂、宾馆、浴池、学校、工会、物业管理等常设非独立核算的单位和部门，还有一些在建工程项目和日常维修项目。这些单位、部门及项目耗用的外购材料金额较大，为了保证正常的生产经营，企业必须不间断地购进材料以补充被领用的部分，保持一个相对平衡的余额。假设企业购买这部分材料的平均金额为 1 130 万元，如果单独设立“其他材料”科目记账，将取得的进项税额直接计入材料成本，就不存在进项税额转出的问题，从而简化了财务核算。但是，如果所有材料都不单独记账，而是准备用于增值税应税项目，那么在取得进项税额专用发票时就可以申报从销项税额中抵扣，而在用于简易计税方法计税项目、免征增值税项目时再做进项税额转出。虽然这样做的会计核算复杂了一些，但企业在生产经营的过程中却能有一部分税款可以向后递延。该企业应如何进行会计核算才能实现递延纳税?

[解析] 假设上述单位、部门及项目耗用的材料不间断地被购进、领用，形成一条滚动链，始终保持 1 130 万元的余额，这样就可以申报抵扣进项税额 130 万元，少缴增值税 130 万元、城市维护建设税 9.1 万元、教育费附加 3.9 万元。显然，当这部分资金作为税款缴纳时，若企业需要流动资金，就需要向金融机构贷款，以贷款年利率 9%计算，要增加财务费用 12.87 万元［= (130 + 9.1 + 3.9) × 9%］。

① 蔡昌. 最优纳税方案设计. 北京：中国财政经济出版社，2007.

由此可见，对简易计税方法计税项目、免征增值税项目进项税额采用不同的核算方式就会产生递延税款缴纳的效应，可使企业获得递延缴纳税款的货币时间价值。

(4) 抵扣时间的筹划。

1) 筹划原理。增值税进项税额实行凭合法的抵扣凭证进行抵扣制度。纳税人购进货物或者服务，未按照规定取得并保存增值税扣税凭证，或者增值税扣税凭证上未按照规定注明增值税税额及其他有关事项的，其进项税额不得从销项税额中抵扣。纳税人应尽早取得合法抵扣凭证，实现进项税额抵扣的极早化和极大化。

2) 筹划要点。首先，企业在采购时尽量做到分期付款、分期取得发票。一般企业在采购过程中采用款项付清后取得发票的方式，如果材料已实际验收入库，但货款尚未全部付清，销货方企业不予开具增值税专用发票。在这种情况下，企业无法及时抵扣进项税额，将造成增值税税负增大。因此，在原材料购买环节中，企业应采用分期付款取得增值税专用发票的方式，以便及时抵扣进项税额，缓解税收压力，提高企业的资金利用率。

其次，企业在采购时应尽早取得增值税专用发票。采购结算方式可分为赊购和现金采购。一般来说，销售结算方式由销售方自主决定，采购结算方式的选择权取决于采购方与销售方两者之间的谈判。如果产品供应量充足甚至过剩，再加上采购方信用度高、实力强，在结算方式的谈判中，采购方往往可以占据主动地位，可在付款前先取得对方开具的发票，以实现进项税额的提前抵扣。

(5) 发票的筹划。

1) 筹划原理。从财务角度分析，增值税专用发票是进行增值税进项税额抵扣的重要凭证。若采购方没有取得增值税专用发票，采购方就无法进行抵扣。因此，采购方及时取得增值税专用发票就能及早得到抵扣，减少前期应纳税额。

2) 筹划要点。在采购商品或者接受服务时，采购方必须向供应商索取合规发票，不符合规定的发票坚决不得入账。与此同时，采购方在风险可控的情况下应该及时取得发票，以便进行进项税额的抵扣，获取抵扣款的货币时间价值。

8.1.3 计税方法的筹划

(1) 筹划原理。增值税的计税方法，包括一般计税方法和简易计税方法。对于一般纳税人来说，销售货物，提供应税劳务、服务，以及销售不动产和转让无形资产适用一般计税方法计税，但一般纳税人销售特定货物或提供财政部和国家税务总局规定的特定应税服务等，可以选择适用简易计税方法计税，但一经选择，36 个月内不得变更。例如，《国家税务总局关于药品经营企业销售生物制品有关增值税问题的公告》（国家税务总局公告 2012 年第 20 号）规定，属于一般纳税人的药品经营企业销售生物制品，可以选择简易计税方法按照生物制品销售额和 3%的征收率计算缴纳增值税。再如，“营改增”税收政策规定，一般纳税人销售服务、无形资产或者不动产，可以选择简易计税方法计税的有：公共交通运输服务；经认定的动漫企业为开发动漫产品提供的动漫脚本编撰、形象设计、背景设计、分镜、动画制作、摄制、描线、上色、画面合成、配音、配乐、音效合成、剪辑、字幕制作、压缩转码（面向网络动漫、手机动漫格式适配）服务，以及在境内转让动漫版权（包括动漫品牌、形象或者内容的授权及再授权）；电影放映服务、仓储服务、装卸搬运服务、收派服务和文化体育服务；以纳入“营改增”试点之日前取得的有形动产为标的物提供的经营租赁服务；在纳入“营改增”试点之日前签订的尚未执行完毕的有形动产租赁合同；以清包工方式提供的建筑服务；为甲供工程提供的建筑服务；销售 2016 年 4 月 30 日前取得的不动产；房地产开发企业销售自行开发的房地产老项目；出租 2016 年 4 月 30 日前取得的不动产等。其中，按照简易计税方法计税的销售不动产、不动产经营租赁服务（除“营改增”试点前开工的高速公路的车辆通行费），征收率为 5%，其他情况的征收率为 3%。根据国家最新的增值税优惠政策，自 2018 年 5 月 1 日起，一般纳税人生产销售和批发、零售抗癌药品，可选择按照简易计税办法依照 3%的征收率计算缴纳增值税。自 2019 年 3 月 1 日起，一般纳税人生产销售和批发、零售罕见病药品，可选择按照简易计税办法依照 3%的征收率计算缴纳增值税。

一般纳税人采用一般计税方法，按照销项税额减去进项税额后的余额作为增值税应纳税额。选择简易计税方法的，按照征收率计算缴纳增值税。不同的计税方法会给企业带来不同的纳税义务，所以存在税收筹划的空间。纳税人可以充分利用税法赋予的计税方法自主选择权，事先测算并比较两种计税方法下的税负，选择税负较轻的计税方法，以实现节税的目的。

（2）筹划要点。纳税人可以通过比较自身的增值率与无差别平衡点增值率（具体可参见本章的相关内容）的大小来选择有利的计税方法。具体说来，如果自身的增值率高于无差别平衡点增值率，选择简易计税方法较为有利；如果自身的增值率低于无差别平衡点增值率，选择一般计税方法更有利。

[案例 8-4]

计税方法选择的筹划

甲公司（一般纳税人）以清包工方式为乙公司提供建筑服务，取得价款 1 000 万元（含税），采购辅助材料取得进项税额 20 万元。甲公司应该如何选择计税方法以降低增值税税负？

【解析】 根据税法的规定，“营改增”试点一般纳税人以清包工方式提供的建筑服务可以选择适用简易计税方法，按照 3%的征收率缴纳增值税。

如果甲公司采用一般计税方法，则

$$应缴纳的增值税税额 = 1\,000 \div (1+9\%) \times 9\% - 20 = 62.57(万元)$$

如果甲企业采用简易计税方法，则

$$应缴纳的增值税税额 = 1\,000 \div (1+3\%) \times 3\% = 29.13(万元)$$

显然，甲公司采用简易计税方法比采用一般计税方法节税 33.44 万元（= 62.57 − 29.13），因此甲公司应选择简易计税方法以降低税负。

需要注意的是，一般纳税人发生财政部和国家税务总局规定的特定应税行为，可以选择适用简易计税方法计税，但一经选择，36 个月内不得变更。因此，纳税人应当权衡利弊、综合考虑，慎重选择更为有利的计税方法。

8.1.4 纳税义务发生时间的筹划

(1) 筹划原理。增值税的纳税义务发生时间是指增值税纳税人(扣缴义务人)发生应税(扣缴税款)行为应承担纳税义务(扣缴义务)的起始时间,这一规定在增值税的纳税筹划中非常重要,说明纳税义务一经确定,必须按此时间计算应纳税额。企业可以利用不同的结算方式来适当推迟纳税义务发生时间,以此达到递延缴纳税款的目的,获得税款的货币时间价值。

(2) 筹划要点。销售结算方式有直接收款、委托收款、托收承付、赊销或者分期收款、预收货款等方式。根据《增值税暂行条例》的规定,不同的商品销售结算方式,其增值税纳税义务发生时间是不同的。由于货币具有时间价值,在实际经济活动中,企业可以在税法允许的范围内,尽量采取有利于企业的结算方式,以推迟纳税时间,获得递延纳税的税收利益。

8.1.5 增值税税率的筹划

(1) 筹划原理。我国现行增值税中设置有多档税率,包括13%、9%、6%、3%和零。其中,3%的税率实际上是指征收率。

纳税人发生两项以上应税交易涉及不同税率、征收率的,应当分别核算适用不同税率、征收率的销售额;未分别核算的,从高适用税率。

纳税人发生一项应税交易涉及两个以上税率、征收率的,按照应税交易的主要业务适用税率、征收率。对于纳税人涉及不同税率(征收率)的货物、服务、无形资产或者不动产从高适用税率的问题,纳税人应通过业务分拆、分开核算等方式,避免从高适用税率。

(2) 筹划要点。

1) 业务分拆。对于一项交易既涉及货物销售又涉及服务,并按照销售货物缴纳增值税的企业,销售服务的税率会被提高,可以考虑将销售服务的业务分拆出去单独成立公司并独立核算。例如,甲公司每年销售货物5 000万元,在销售货物的同时提供货物运输服务300万元,该行为属于混合销售行为,应一并按13%的税率计算缴纳增值税。甲公司应当将货物运输服务业务分拆出去单独成立公司并独立核算,从而适用9%的运输服务税率,以此达到降低增值税税负的目的。

[案例 8-5]

对增值税税率的筹划

某交通运输企业(一般纳税人)采用水路运输方式为某钢铁厂运送一批钢材,并以自己的名义办理船舶进港手续,共收取价款1 200万元(含税)。该企业如何进行方案设计才能节税?

【解析】 该项业务属于水路运输服务,适用9%的税率,故

$$销项税额=1\ 200\div(1+9\%)\times9\%=99.08(万元)$$

如果该企业单独成立货物运输代理公司A公司，并与钢铁厂协商，由A公司以钢铁厂名义办理船舶进港手续，钢铁厂向A公司支付200万元（含税），向该交通运输企业支付1 000万元（含税），则销项税额为93.89万元［$=200\div(1+6\%)\times6\%+1\ 000\div(1+9\%)\times9\%$］，节税5.19万元（$=99.08-93.89$）。

2）分开核算。为了避免从高适用税率或征收率而加重税收负担的情况，兼有不同税率或征收率的销售货物、服务、无形资产或者不动产的企业，一定要将各种销售额分别核算。

例如，某处于城乡接合部的商店，既销售各类日用百货，又销售农药、农具、农膜等农业生产用品。如果该商店将这两类商品的销售额分别核算，则日用百货的销售额按13%的税率计税，农药、农具、农膜等农业生产用品的销售额按9%的税率计税。如果不能分别核算，后者也会一并按13%的高税率计税。显然，分别核算这两类商品的销售额可以降低税负。

8.1.6 增值税税收优惠政策的筹划

增值税的税收优惠政策包括针对起征点、税率、税收减免等的规定，纳税人应充分利用税收优惠政策的规定，以实现节税目标。

（1）农产品免税优惠政策的税收筹划。农业生产者销售自产农产品免缴增值税，一般纳税人向农业生产者购买的免税农产品或向小规模纳税人购买的农产品，准予按扣除率计算进项税额，从当期销项税额中扣除。根据《财政部、国家税务总局关于简并增值税税率有关政策的通知》（财税〔2017〕37号）、《财政部、税务总局、海关总署关于深化增值税改革有关政策的公告》（财政部、税务总局、海关总署公告2019年第39号），自2019年4月1日起，纳税人购进用于生产或者委托加工13%税率货物的农产品，按照10%的扣除率计算进项税额。当一个企业的产品生产流程既包括农业生产活动，又包括工业生产活动，也就是所有流程都由一个企业完成，那么它很难划分哪一部分价值是由农业生产活动创造、哪一部分价值是由工业生产活动创造，因而在计征增值税时，其所有价值都会作为工业生产产品价值一并计征增值税。如果企业将加工后仍是农产品的那部分独立出来设立一个农产品生产单位，由这个新设单位进行直接收购或初级加工，而后加工企业再从该企业购入所需原料，那么原来不能享受免税的价值就可以享受免税，原来不能进行抵扣的进项税额也可以抵扣了。如果纳税人有属于自己的农业生产基地，可以将该农业生产基地独立出来成立一个企业，这样不仅该农业生产基地可以享受“农业生产者销售自产农产品免征增值税”的优惠，加工企业也可根据农业生产基地开具的普通发票（或者收购凭证）计算、抵扣进项税额，实现降低税负的目的。

在实际操作过程中，要特别注意农产品生产单位与加工企业存在的关联关系。首先，农产品生产单位必须按照独立企业之间的正常售价销售产品给加工企业，而不能一味地为增加企业的进项税额擅自抬高售价；其次，设立单位所增加的费用必须小于或远小于所带来的收益。总之，企业在考虑成本效益的前提下，通过新设立独立核算单位进行原料收购及初加工活动，有利于增加进项税额、降低增值税税负。

[案例 8-6]

农产品免税优惠政策的税收筹划

B 市茶叶生产公司的主要生产流程如下：通过种植茶树来生产茶叶，将生产出来的初制茶叶经过风选、拣剔、碎块、干燥和匀堆等工序进一步加工精制成精制茶，再将精制茶销售给各大商业公司，或直接通过销售网络转销给 B 市及其他地区的居民。按照现行增值税法的相关规定，精制茶适用的增值税税率为 13%。该公司的进项税额主要有两部分：一是购进农业生产资料的进项税额；二是公司水费、电费和修理用配件等按规定可以进行抵扣的进项税额。与销项税额相比，这两部分进项税额的比例很小。经过一段时间的运营，公司的增值税税负高达 9%。该公司应如何进行税收筹划以减轻增值税税收负担？（暂不考虑地方教育附加。）

【解析】 从该公司的客观情况来看，其税负高的原因在于可抵扣的进项税额比例太低。因此，该公司进行税收筹划的关键在于如何增加进项税额的抵扣。围绕进项税额，该公司可以采取以下筹划方案：将整个生产流程分成茶叶种植园种植茶树并生产初制茶叶和精制茶加工厂对初制茶叶进行精加工后再销售两部分，茶叶种植园和精制茶加工厂均实行独立核算。在公司分设后，茶叶种植园属于农产品生产单位，其生产销售的初制茶叶按规定可以免征增值税，精制茶加工厂从茶叶种植园购入的初制茶叶可以抵扣 10% 的进项税额。

在税收筹划方案实施前，假定每年该公司购进农业生产资料允许抵扣的进项税额为 12 万元，其他水费、电费和修理用配件等的进项税额为 8 万元，全年精制茶不含税销售收入为 500 万元，则

$$应纳增值税税额=销项税额-进项税额=500\times13\%-(12+8)=45(万元)$$

$$税负率=\frac{45}{500}\times100\%=9\%$$

在税收筹划方案实施后，独立出来的茶叶种植园销售自产的初制茶叶免征增值税，假定茶叶种植园销售给精制茶加工厂的初制茶叶售价为 350 万元，其他资料不变，则

$$应纳增值税=销项税额-进项税额=500\times13\%-(350\times10\%+8)=22(万元)$$

$$税负率=\frac{22}{500}\times100\%=4.4\%$$

由此可见，该税收筹划方案的实施取得了良好的收益，方案实施后比实施前节省增值税税额 23 万元（=45－22），节省城市维护建设税和教育费附加合计 2.3 万元 [=23×(7%+3%)]，税收负担下降了 4.6%（=9%－4.4%）。

需要注意的是，由于茶叶种植园与精制茶加工厂存在关联关系，农产品生产单位（即茶叶种植园）必须按照独立企业之间的正常售价销售产品给精制茶加工厂，不能一味地为增加精制茶加工厂的进项税额而擅自抬高售价，否则税务机关将依法调整精制茶加工厂的原材料购进价和进项税额。

(2) 增值税起征点的税收筹划。根据我国税法的相关规定，个人发生应税行为的销售额未达到增值税起征点的，免征增值税；达到起征点的，全额计算缴纳增值税（增值税起

征点不适用于登记为一般纳税人的个体工商户）。自 2023 年 1 月 1 日起，将增值税起征点调整到月销售额 10 万元。

因此，小规模纳税人可以考虑适用月不含税销售额低于 10 万元不征收增值税的政策。

［案例 8－7］

增值税起征点的税收筹划（1）

佳和机械维修店从事维修业务，每月销售额在 90 000～110 000 元。佳和机械维修店应如何进行税收筹划?

【解析】 根据增值税的最新相关规定，小规模纳税人月销售额不超过 100 000 元（含 100 000 元）的，免征增值税；超过 100 000 元的，应全额计算征税。

上述规定中所指的销售额为不含税销售额。如果销售额是含税的销售额，在确定销售额临界点时，应将不含税销售额换算为含税销售额与之对应，即

$$100\ 000\times(1+3\%)=103\ 000(\text{元})$$

所以，对月含税销售额不超过 103 000 元的小规模纳税人免于征收增值税。

如果佳和机械维修店的月销售额在 103 000～110 000 元，那么是不是说在这个区间内，销售额越多，可以获得的税后收入越高？对上述增值税税收优惠政策的分析如下:

第一，若月含税销售额在 103 000 元（含）以下，由于不超过免征增值税的销售额临界点，不用缴纳增值税，因此收入越多越好。

第二，若月含税销售额超过 103 000 元，则要考虑应负担的税收情况。由于超过 103 000 元要全额征税（与此同时，还要依增值税征收率征收 7%的城市维护建设税及 3%的教育费附加，暂不考虑地方教育附加，故综合税率为 3.3%），这里就存在一个节税点问题。

第三，下面计算含税销售额为多大时的税后收益与取得 103 000 元销售额时相等。设税后收益相等时的销售额为 X，即

$$X-\frac{X}{1+3\%}\times 3.3\%=103\ 000$$

$$X=106\ 409.23(\text{元})$$

也就是说，当纳税人的月含税销售额为 106 409.23 元时，其税后收益为 103 000 元。当月含税销售额在 103 000～106 409.23 元时，其税后收益小于 103 000 元；在这种情况下，纳税人应选择月含税销售额 103 000 元。当月含税销售额大于 106 409.23 元时，其税后收益大于 103 000 元。在这种情况下，含税销售额越大，其税后收益越多。

［案例 8－8］

增值税起征点的税收筹划（2）

从事交通运输业的某个体工商户提供交通运输服务，每月含税销售额约为 106 000 元。假设当地财政厅和国家税务总局规定的增值税起征点为 100 000 元。请计算该个体工商户年应纳增值税税额，并提出税收筹划方案。

【解析】 该个体工商户每年的应纳增值税税额为：

106 000÷(1+3%)×3%×12=37 048.54(元)

不考虑其他税费，该个体工商户每年的收入为：

106 000×12−37 048.54=1 234 951.46(元)

如果该个体工商户进行税收筹划，将每月含税销售额降低为103 000元，则每月不含税销售额为：

103 000÷(1+3%)=100 000(元)

该销售额没有达到增值税的起征点，不需要缴纳增值税。不考虑其他税费，该个体工商户每年的收入为：

103 000×12=1 236 000(元)

由此可见，虽然该个体工商户每月的销售收入降低了，但全年收入反而增加了1 048.54元。

(3) 放弃免税、减税的税收筹划。纳税人发生的应税行为适用免税、减税规定的，可以放弃免税、减税，依照相关规定缴纳增值税，纳税人放弃免税、减税后，36个月内不得再申请免税、减税。

税法规定，纳税人购进专用于免税项目的货物、应税服务、无形资产或者不动产取得的增值税扣税凭证，一律不得抵扣。因此，若该免税项目的销项税额小于专用于该免税项目的物资等的进项税额，显然纳税人放弃减免税优惠可以节税，更有利于利润最大化。

也就是说，如果纳税人预计未来3年的进项税额过大时，可以选择放弃免税优惠政策。这种情况多发生于企业刚成立时或企业计划购置大量资产设备开拓新业务时，此时会产生大量的进项税额可以抵扣而收入相对很少。此外，属于“高抵低征”行业的纳税人最好也选择放弃免税。

[案例8-9]

放弃减免税的税收筹划(1)

某小型航空运输企业将在未来3年内加大航空器材的投入，用于开拓货物运输业务，其每年增加的进项税额比较大，而货物运输收入不大。经统计，该企业购买航空器材花费了1亿元，取得增值税进项税额1 300万元，消耗航空油料以及后勤的进项税额为700万元，取得航空货物运输收入1 000万元（不含税），从事国际货物运输代理服务收入555万元。该企业对国际货物运输代理服务收入是否选择免税？

【解析】 (1) 如果该企业对从事国际货物运输代理服务收入选择免税[①]：

① 根据《营业税改征增值税试点过渡政策的规定》，纳税人提供的直接或者间接国际货物运输代理服务免征增值税。

国际货物运输代理服务收入应分摊的进项税额 $=(1\,300+700)\times 555\div(1\,000+555)=713.83$（万元）

企业应纳增值税税额 $=1\,000\times 9\%-(1\,300+700-713.83)=-1\,196.17$（万元）

（2）如果该企业对从事国际货物运输代理服务收入选择放弃免税：

销项税额 $=555\div(1+6\%)\times 6\%=31.42$（万元）

企业应纳增值税税额 $=1\,000\times 9\%+31.42-1\,300-700=-1\,878.58$（万元）

由此可见，该企业选择放弃免税，可以节税 682.41 万元（=1 878.58－1 196.17 或 713.83－31.42）。由于该企业在未来 3 年还要进行硬件投入，也就是进项税额比较大，而国际货物运输收入不会增加很多，所以在 3 年内放弃免税比较合理。

【知识链接】

纳税人销售自己使用过的固定资产，适用简易计税办法依照 3%的征收率减按 2%征收增值税政策的，可以放弃减税，按照简易计税办法依照 3%的征收率缴纳增值税，并可以开具增值税专用发票。

一般纳税人销售自己使用过的固定资产，适用简易计税办法依 3%的征收率减按 2%征收增值税政策的，应开具普通发票，不得开具增值税专用发票。

一般纳税人销售自己使用过的固定资产，属于以下两种情形的，可以按简易计税办法依 3%的征收率减按 2%征收增值税，同时不得开具增值税专用发票：

（1）纳税人购进或者自制固定资产时为小规模纳税人，认定为一般纳税人后销售该固定资产。

（2）一般纳税人发生按简易计税办法征收增值税应税行为，销售其按照规定不得抵扣且未抵扣进项税额的固定资产。

筹划思路：若购买方为一般纳税人，销售方在放弃减免税优惠后，购买方可以凭增值税专用发票抵扣进项税额，从购销双方合计税收负担来看，放弃减税（即按 3%征收增值税）是最优方案。若购买方为小规模纳税人或其他个人，选择减税方案（即按 2%征收增值税）是最优方案。

[案例 8－10]

放弃减免税的税收筹划（2）

某大米加工厂收购稻谷 100 万公斤，收购单价为每公斤 2.6 元，支付收购金额 260 万元，计提进项税额 23.4 万元。该厂生产并销售大米 52 万公斤、细米 14 万公斤、细糠 10 万公斤、粗壳 22 万公斤；加工消耗电力 3.39 万元，进项税额为 0.39 万元；大米的销售单价为 5 元/公斤，细米及细糠的销售单价均为 4.5 元/公斤，粗壳的销售单价为 2 元/公斤。该大米加工厂对细糠收入是否选择免税？

【解析】 根据相关规定，糠麸属单一大宗饲料，为免税产品，大米加工厂可以选择免税。

(1) 如果该大米加工厂选择免税①:

细糠应转出进项税额 = 45 ÷ (45 + 260 + 63 + 44) × (23.4 + 0.39) = 2.60(万元)

(2) 如果该大米加工厂放弃免税:

细糠收入应纳增值税 = 4.5 × 10 ÷ (1 + 9%) × 9% = 3.72(万元)

由此可见,企业选择免税,可以节税 1.12 万元(= 3.72 − 2.60)。

需要注意的是,企业选择放弃免税,就可以开具增值税专用发票,其下游企业可以凭发票进行抵扣,从而在销售中处于有利地位。因此,企业在决定是否选择免税时,要综合加以考虑。

(4) 免税或零税率选择的筹划。境内的单位或个人销售适用增值税零税率的服务或无形资产的,可以放弃适用增值税零税率,选择免税或按规定缴纳增值税。放弃适用增值税零税率后,36 个月内不得再申请适用增值税零税率。

【知识链接】

境内的单位或个人销售的下列服务和无形资产,适用增值税零税率:①国际运输服务;②航天运输服务;③向境外单位提供的完全在境外使用的服务,如研发服务、合同能源服务、设计服务、广播影视节目(作品)的制作和发行服务、软件服务、电路设计及测试服务、信息系统服务、业务流程服务、离岸服务外包业务、转让技术;④财政部和国家税务总局规定的其他服务。

对于上述应税行为,纳税人是应该适用零税率,还是选择免税?实际上,零税率比免税更为优惠。免税只是在销售环节不征收增值税,其相应的进项税额既不能抵扣,又不能退还;而零税率不仅在销售环节不征收增值税,其相应的进项税额还可以抵扣,使得应税行为完全不含增值税。

[案例 8-11]

免税或零税率选择的筹划

某航空运输企业(一般纳税人)购买航空器材花费 1 000 万元,取得增值税进项税额 130 万元,消耗航空油料以及后勤的进项税额为 13 万元。国际运输服务取得不含税收入

① 根据《财政部、国家税务总局关于饲料产品免征增值税问题的通知》(财税〔2001〕121 号)的规定,五类饲料产品可免缴增值税:一是单一大宗饲料,是指以一种动物、植物、微生物或矿物质为来源的产品或其副产品,其范围仅限于糠麸、酒糟、鱼粉、草饲料、饲料级磷酸氢钙及除豆粕以外的菜籽粕、棉籽粕、向日葵粕、花生粕等粕类产品;二是混合饲料,是指由两种以上单一大宗饲料、粮食、粮食副产品及饲料添加剂按照一定比例配置,其中单一大宗饲料、粮食及粮食副产品的掺兑比例不低于 95%的饲料;三是配合饲料,是指根据不同的饲养对象、饲养对象的不同生长发育阶段的营养需要,将多种饲料原料按饲料配方经工业生产后,形成的能满足饲养动物全部营养需要(除水分外)的饲料;四是复合预混料,是指能够按照国家有关饲料产品的标准要求量,全面提供动物饲养相应阶段所需微量元素(4 种或以上)、维生素(8 种或以上),由微量元素、维生素、氨基酸和非营养性添加剂中任何两类或两类以上的组分与载体或稀释剂按一定比例配置的均匀混合物;五是浓缩饲料,是指由蛋白质、复合预混料及矿物质等按一定比例配制的均匀混合物。

6 000 万元，国内运输服务取得不含税收入 4 000 万元。如何选择才能使税收负担最小？

【解析】 如果该企业选择国际运输服务收入适用零税率，可抵扣进项税额为 143 万元（=130+13）。

如果该企业选择国际运输服务收入适用免税政策，则可抵扣的进项税额为 57.2 万元［=143×4 000÷(4 000+6 000)］。

这两种情况下的销项税额均相同，都为 240 万元（=4 000×6%），适用零税率可以节税 85.8 万元（=143−57.2）。

8.1.7 企业设立业务中的增值税筹划

税法对不同身份或类型的纳税人在税负上的差别待遇，为企业通过纳税人身份或类型的选择进行税收筹划提供了可能。对增值税纳税人身份的选择，可以通过比较相同情况下企业选择一般纳税人和小规模纳税人身份时的增值税税负或其净利润的高低来判断。在销售价格、货物成本、期间费用保持不变的情况下，可以利用增值税的无差别平衡点增值率和无差别平衡点抵扣率来判断税负高低。

【知识要点提醒】

一般纳税人和小规模纳税人的划分标准。

（1）销售额标准，见表 8-4。

表 8-4 一般纳税人和小规模纳税人销售额标准划分

类别	一般纳税人	小规模纳税人
年应征增值税销售额标准	年应征增值税销售额>500 万元（不含税销售额）	年应征增值税销售额≤500 万元（不含税销售额）

（2）其他规定。

1）年应税销售额超过小规模纳税人标准的其他个人（自然人）按小规模纳税人纳税；非企业性单位和不经常发生应税行为的企业可自行选择是否按小规模纳税人纳税。

2）年应税销售额未超过标准以及新开业的纳税人，有固定的经营场所，会计核算健全，能准确提供销项税额、进项税额的，可认定为一般纳税人。

［案例 8-12］

增值税纳税人身份的选择（1）

某食品零售企业的年零售含税销售额为 900 万元，其会计核算制度比较健全，符合一般纳税人的条件，适用 13%的税率。该企业的年购货金额为 480 万元（不含税），可取得增值税专用发票。该企业如何进行增值税纳税人身份的选择？

【解析】

该企业购进食品价税合计=480×(1+13%)=542.4(万元)

销售食品价税合计＝900(万元)

$$应缴纳增值税=\frac{900}{1+13\%}\times13\%-480\times13\%=41.14(万元)$$

$$税后利润=\frac{900}{1+13\%}-480=316.46(万元)$$

$$增值率(含税)=\frac{900-542.4}{900}\times100\%=39.73\%$$

该企业的增值率较高，超过无差别平衡点增值率25.32%（含税增值率），所以成为小规模纳税人可比成为一般纳税人减少增值税税款缴纳。因此，该企业可以注册成立为两个零售企业，均设为独立核算单位。假定这两个企业的年销售额均为450万元（含税销售额），都符合小规模纳税人条件，适用3%的征收率。

此时，有

两个企业购入食品价税合计＝480×(1＋13%)＝542.4(万元)

两个企业销售食品价税合计＝900(万元)

$$两个企业共应缴纳增值税=\frac{900}{1+3\%}\times3\%=26.21(万元)$$

$$分设后两个企业的税后净利润合计=\frac{900}{1+3\%}-542.4=331.39(万元)$$

通过纳税人身份的转变，该企业的净利润增加了14.93万元（＝331.39－316.46）。

[案例8-13]

增值税纳税人身份的选择（2）

甲、乙两个企业均为工业企业小规模纳税人，它们都加工生产机械配件。甲企业的年销售额为400万元，年可抵扣购进货物金额350万元；乙企业的年销售额为430万元，年可抵扣购进货物金额375万元（以上金额均为不含税金额，可取得增值税专用发票）。由于两个企业的年销售额均达不到一般纳税人标准，税务机关对两个企业均按小规模纳税人征税，征收率为3%。甲企业年应纳增值税12万元（＝400×3%），乙企业年应纳增值税12.9万元（＝430×3%），两个企业每年共应缴纳增值税24.9万元（＝12＋12.9）。请问如何选择才能降低税负？

【解析】 根据无差别平衡点增值率的原理，甲企业的增值率（不含税增值率，下同）为12.5%［＝(400－350)÷400×100%］，小于无差别平衡点增值率23.08%（不含税增值率，下同），所以选择作为一般纳税人的税负较轻。乙企业的增值率为12.79%［＝(430－375)÷430×100%］，同样小于无差别平衡点增值率23.08%，所以选择作为一般纳税人的税负较轻。因此，若甲、乙两个企业通过合并方式组成一个独立核算的纳税人，它们合并后的年应税销售额为830万元，符合一般纳税人的认定标准。在两个企业合并后，年应纳增值税为13.65万元［＝(400＋430)×13%－(350＋375)×13%］，可减轻税负11.25万元（＝24.9－13.65）。

如果不通过合并成为一般纳税人，甲企业和乙企业也可以通过申请成为一般纳税人来减少缴纳税款。

［案例 8－14］

增值税纳税人身份的选择（3）

某汽车配件生产企业的年销售额为 600 万元（含税），会计核算制度健全，符合一般纳税人的条件。该企业的年购货金额为 240 万元（含税），可取得增值税专用发票。该企业如何进行纳税人身份的筹划？

【解析】

该企业应纳增值税＝(600－240)÷(1＋13％)×13％＝41.42(万元)

销售利润＝600－240－41.42＝318.58(万元)

抵扣率＝240÷600×100％＝40％

查表 8－2 可知，该企业的抵扣率较低，低于无差别平衡点抵扣率 74.68％（含税抵扣率），所以成为小规模纳税人更有利。该企业可以注册成立为两个独立核算的企业。假定这两个企业的年销售额均为 300 万元（含税），符合小规模纳税人的条件，适用 3％的征收率。

此时，有

两企业共缴纳增值税＝600÷(1＋3％)×3％＝17.48(万元)

两企业销售利润合计＝600－240－17.48＝342.52(万元)

经过纳税人身份的转变，销售利润增加了 23.94 万元（＝342.52－318.58）。

［案例 8－15］

增值税纳税人身份的选择（4）

甲和乙两个企业均为自行车零售企业。甲企业的年销售额为 420 万元（不含税），不含税购进额为 357 万元；乙企业的年销售额为 450 万元（不含税），不含税购进额为 405 万元；两者均可取得增值税专用发票。由于两个企业的年销售额均达不到一般纳税人标准，税务机关对两个企业按小规模纳税人征税，征收率为 3％。甲企业应纳增值税 12.6 万元（＝420×3％），乙企业应纳增值税 13.5 万元（＝450×3％），两者合计应纳增值税 26.1 万元（＝12.6＋13.5）。甲企业和乙企业如何选择才能使税负较低？

【解析】 甲企业的抵扣率为 85％(＝357÷420×100％)，乙企业的抵扣率为 90％(＝405÷450×100％)，均大于无差别平衡点抵扣率 76.92％，所以选择作为一般纳税人的税负较轻。因此，甲企业和乙企业可以通过合并方式，组成一个独立核算的纳税人，年应税销售额为 870 万元（不含税），符合一般纳税人的认定标准。在甲企业和乙企业合并后，年应纳增值税 14.04 万元［＝(420＋450－357－405)×13％］，可减轻税负 12.06 万元(＝26.1－14.04)。

［案例 8－16］

增值税纳税人身份的选择（5）

A 企业为某市的生产型企业，预计年不含税销售额为 50 万元，其会计核算制度不健全。若 A 企业健全会计制度，需要每年多花费 3 万元用于会计制度建设，才能符合一般纳税人的申请条件。A 企业的原材料是从一般纳税人处购进的，原材料不含税进货价格为 32 万元，其他费用为 6 万元。（A 企业的城市维护建设税税率为 7%、教育费附加率为 3%，暂不考虑地方教育附加。）

A 企业如何选择才能使净利最大化？

【解析】 如果企业通过选择一般纳税人或小规模纳税人身份而带来销售价格、销售成本或其他费用的变化，比如通过选择一般纳税人身份而增加财务核算成本等，那么在进行税收筹划时就不能简单以无差别平衡点增值率或无差别平衡点抵扣率进行判断了，而是要综合考虑所有因素，从利润角度进行比较和选择。

A 企业预计应纳税额、利润的计算见表 8-5。

表 8-5 A 企业预计应纳税额、净利润计算表

一般纳税人	小规模纳税人
应纳增值税税额 $=50\times13\%-32\times13\%=2.34$（万元）	应纳增值税税额 $=50\times3\%=1.5$（万元）
城市维护建设税及教育费附加 $=2.34\times(7\%+3\%)=0.234$（万元）	城市维护建设税及教育费附加 $=1.5\times(7\%+3\%)=0.15$（万元）
利润 =增值税不含税销售额－增值税不含税购进金额－其他支出－健全会计制度支出额－城市维护建设税及教育费附加 $=50-32-6-3-0.234=8.766$（万元）	利润 =增值税不含税销售额－增值税含税购进金额－其他支出－城市维护建设税及教育费附加 $=50-32\times(1+13\%)-6-0.15=7.69$（万元）

因此，A 企业应当申请成为一般纳税人。

8.1.8 企业销售业务中的增值税筹划

8.1.8.1 涉及不同税率的交易行为

（1）一项行为涉及不同税率。企业应当明确区分其提供的不同货物和服务的适用税率。若应税交易的主要业务适用税率高于其他经营项目，则可建立子公司进行税收筹划；若应税交易的主要业务适用税率低于其他经营项目，则按照主业的低税率纳税。

[案例 8-17]

涉及不同税率的纳税人身份的选择

某有限责任公司（甲公司）下设两个非独立核算的业务经营部门：供电器材销售部和工程安装施工队。供电器材销售部主要负责销售输电设备等货物，工程安装施工队主要负责输电设备的调试等工程。甲公司取得不含税销售收入 2 800 万元，提供调试服务取得的不含税收入为 2 200 万元，购买生产用原材料 2 000 万元，可抵扣的进项税额为 260 万元。甲公司为一般纳税人，税务机关对其发生的混合交易行为一并征收增值税。甲公司如何选择才能降低税负？

【解析】 在现方案下，甲公司应纳税额的计算如下所示：

$$增值税销项税额=(2\,800+2\,200)\times 13\%=650(万元)$$
$$增值税进项税额=260(万元)$$
$$增值税应纳税额=650-260=390(万元)$$
$$税收负担率=\frac{390}{5\,000}\times 100\%=7.8\%$$

经过分析，甲公司的实际增值率为 28.57%$\left(=\frac{2\,800-2\,000}{2\,800}\times 100\%\right)$，即增值税负担较高。进一步分析发现，甲公司的调试收入比例较高，但没有相应的进项税额可以抵扣。进行税收筹划后，甲公司将工程安装施工队单独组建成一个乙公司，并独立核算，自行缴纳税款。工程调试收入适用的税率为 9%。在税收筹划后，甲公司的纳税情况如下：

$$甲公司应缴纳增值税=2\,800\times 13\%-260=104(万元)$$
$$乙公司应缴纳增值税=2\,200\times 9\%=198(万元)$$
$$合计应纳税额=198+104=302(万元)$$
$$税收负担率=\frac{302}{2\,800+2\,200}\times 100\%=6.04\%$$

与原方案相比，甲公司的税收负担率降低了 1.76 个百分点（=7.8%−6.04%）。

（2）多项交易涉及不同税率。为了避免从高适用税率或征收率而加重税收负担的情况，兼有不同税率或征收率的销售货物、服务、无形资产或者不动产的企业，一定要将各自的销售额分别核算。例如，某商店既销售各类日用百货，又销售农药、农具、农膜等农业生产用品。如果该商店将这两类商品的销售额分别核算，则日用百货的销售额按 13%的税率计税，农药、农具、农膜等农业生产用品的销售额按 9%的税率计税。如果不能分别核算，后者也会一并按 13%的高税率计税。显然，分别核算这两类商品的销售额对该商店来说是至关重要的税收筹划思路。

[案例 8-18]

多项交易涉及不同税率的纳税人的核算选择（1）

某物流有限公司（一般纳税人）在提供装卸搬运服务的同时，还为一家体育器械公司提供一部分交通运输服务。某月，该公司取得交通运输收入 100 万元（含税），装卸搬运服务收入 50 万元（含税）。该公司应如何进行会计核算？

【解析】 其应纳税额的计算如下：

未分别核算：交通运输业适用的增值税税率为 9%，装卸搬运服务适用的税率为 6%。如果未分别核算，则从高适用税率。

$$应纳增值税=(100+50)\div(1+9\%)\times 9\%=12.39(万元)$$

分别核算：

$$应纳增值税=100\div(1+9\%)\times 9\%+50\div(1+6\%)\times 6\%=11.09(万元)$$

因此，分别核算可以节税 1.30 万元（=12.39−11.09）。

［案例 8-19］

多项交易涉及不同税率的纳税人的核算选择（2）

甲公司（一般纳税人）是一家化肥生产企业，该企业除了生产销售化肥之外，还将空置的仓库用于提供仓储服务。甲公司取得化肥销售收入 1 000 万元，仓储服务收入 400 万元。当年可抵扣的增值税进项税额为 50 万元。根据相关规定，销售化肥适用的税率为 9%，仓储服务适用的税率为 6%。假设上述收入均不含税。甲公司如何核算才能减轻税负？

【解析】 如果甲公司在会计核算时未对这两类收入分别核算，则

$$应纳增值税税额=(1\ 000+400)\times 9\%-50=76(万元)$$

如果甲公司在会计核算时对这两类收入分别核算，则

$$应纳增值税税额=1\ 000\times 9\%+400\times 6\%-50=64(万元)$$

由此可见，甲公司分别核算这两类收入要比未分别核算这两类收入少交增值税 12 万元（=76-64）。因此，当纳税人兼有不同税率或者征收率的销售货物、服务或者应税行为时，要完善自己的财务核算，对不同收入分类核算，避免从高适用税率或征收率，进而增加不必要的税收负担。

8.1.8.2 销售折扣

对于不同的折扣方案，企业应该根据不同的促销方案进行税后净利的测算，并依据测算结果进行税收筹划安排。

［案例 8-20］

销售折扣的税收筹划

企业与客户签订的合同约定，不含税销售额为 200 000 元，合同约定的付款期为 50 天。如果对方可以在 25 天内付款，给予对方 3%的销售折扣，即 6 000 元。由于企业采取的是销售折扣方式，因而折扣额不能从销售额中扣除，该企业应该按照 200 000 元的销售额计算增值税销项税额。这样，增值税销项税额为 26 000 元（=200 000×13%）。请提出该企业的税收筹划方案。

【解析】 方案一：企业在承诺给予对方 3%折扣的同时，将合同约定的付款期限缩短为 25 天，这样就可以在给对方开具增值税专用发票时，将以上折扣额与销售额开在同一张发票上，使企业按照折扣后的销售额计算销项税额，故增值税销项税额为：

$$200\ 000\times(1-3\%)\times 13\%=25\ 220(元)$$

这样，该企业的收入没有降低，同时节省了 780 元的增值税。当然，这种方法也有缺点：如果对方企业没有在 25 天内付款，企业就会遭受损失。

方案二：企业主动压低该批服务的价格，将合同金额降为 194 000 元，相当于给予对方 3%折扣后的金额。与此同时，在合同中约定，若对方企业超过 25 天付款，加收 6 780 元延期付款滞纳金（相当于 6 000 元的销售额和 780 元的增值税）。这样，企业的收入并没

有受到实质影响，而且节省了 780 元的增值税。如果对方在 25 天之内付款，可以按照 194 000 元的价款给对方开具增值税专用发票，并计算 25 220 元的增值税销项税额。如果对方没有在 25 天内付款，企业可向对方收取 6 780 元滞纳金，并以“全部价款和价外费用”200 000 元计算销项税额。

【知识链接】

房地产企业在批量销售房屋时，有时会给予买方一定的优惠政策，比如买房赠送家用电器等礼品或者直接在价格上给予一定折扣。由于赠送礼品要按视同应税交易来计算缴纳增值税，这样就会加大企业缴纳增值税的负担，所以企业不如直接采用折扣销售方式，用以减少销项税额的计税依据。

8.1.8.3 买一赠一

增值税法规定，企业将自产、委托加工或购买的货物无偿赠送他人，视同应税交易计算增值税。企业应将总的销售金额按各项商品公允价值的比例来分摊确认各项商品的销售收入。根据《国家税务总局关于确认企业所得税收入若干问题的通知》（国税函〔2008〕875 号）第三条的规定，企业以买一赠一等方式组合销售本企业商品的，不属于捐赠，应将总的销售金额按各项商品公允价值的比例来分摊确认各项商品的销售收入。根据国税函〔2008〕875 号文的规定，实质就是将企业的销售金额分解成商品销售的收入和赠送商品销售的收入两部分，各自针对相应的成本来计算应缴纳的企业所得税。

对于不同的买一赠一方案，企业应该根据不同的方案进行总税负或者净利的测算，并依据测算结果进行税收筹划安排。

［案例 8-21］

买一赠一的税收筹划（1）

某服装经销公司为庆祝建厂 10 周年，决定在春节期间开展一次促销活动，现有两种方案可供选择：方案一，打 8 折，即按现价折扣 20%销售，原 100 元商品以 80 元售出；方案二，赠送购货价值 20%的礼品，即购买 100 元商品，可获得 20 元礼品（暂不考虑城市维护建设税及教育费附加，商品的毛利率为 30%，以上价格均为含税价格）。该公司应选择哪种税收筹划方案？

【解析】 在不同的促销方案下，公司的利润为：

方案一：

$$应纳增值税=\frac{80}{1+13\%}\times13\%-\frac{70}{1+13\%}\times13\%=1.15(元)$$

$$企业利润额=\frac{80}{1+13\%}-\frac{70}{1+13\%}=8.85(元)$$

方案二：

销售 100 元时应纳增值税①：

$$应纳增值税=\frac{100}{1+13\%}\times13\%-\frac{70}{1+13\%}\times13\%-\frac{14}{1+13\%}\times13\%=1.84(元)$$

企业的利润额为②：

$$企业利润额=\frac{100}{1+13\%}-\frac{70}{1+13\%}-\frac{14}{1+13\%}=14.16(元)$$

这两个方案的相关数据见表 8-6。

表 8-6　两个方案的相关数据　　单位：元

	8 折销售	赠送礼品
应纳增值税	1.15	1.84
利润	8.85	14.16

由上表计算的税后净利润可知，应选择方案二。

【知识链接】

企业向个人赠送礼品，属于下列情形之一的，取得该项所得的个人应依法缴纳个人所得税，税款由赠送礼品的企业代扣代缴：

(1) 企业在业务宣传、广告等活动中，随机向本单位以外的个人赠送礼品，对个人取得的礼品所得，按照“其他所得”项目，全额适用 20%的税率缴纳个人所得税。

(2) 企业在年会、座谈会、庆典以及其他活动中向本单位以外的个人赠送礼品，对个人取得的礼品所得，按照“其他所得”项目，全额适用 20%的税率缴纳个人所得税。

(3) 企业对累积消费达到一定额度的顾客，给予额外抽奖机会，个人的获奖所得按照“偶然所得”项目，全额适用 20%的税率缴纳个人所得税。

① 根据《四川省国家税务局关于买赠行为增值税处理问题的公告》(四川省国家税务局公告 2011 年第 6 号) 第一条的规定，“买物赠物”方式是指在销售货物的同时赠送同类或其他货物，并且在同一项销售货物行为中完成赠送货物的价格不高于销售货物收取的金额，对纳税人的该种销售行为，按其实际收到的货款申报缴纳增值税，但应按照《国家税务总局关于确认企业所得税收入若干问题的通知》(国税函〔2008〕875 号) 第三条的规定，在账务上将实际收到的销售金额，按销售货物和随同销售赠送货物的公允价值的比例来分摊确认其销售收入。同时应将销售货物和随同销售赠送的货物品名、数量以及按各项商品公允价值的比例分摊确认的价格和金额在同一张发票上注明。

需要注意的是，在目前的实际征管中，各地税务机关对买一赠一的具体规定都不一样，也有的地区将买一赠一视同销售。

② 根据《国家税务总局关于确认企业所得税收入若干问题的通知》(国税函〔2008〕875 号) 第三条的规定，企业以买一赠一等方式组合销售本企业商品的，不属于捐赠，应将总的销售金额按各项商品公允价值的比例来分摊确认各项商品的销售收入。

[案例 8-22]

买一赠一的税收筹划（2）

某洗衣粉厂在进行洗衣粉促销时有两种方案：一是买 5 000 克的洗衣粉再送 1 000 克；二是“加量不加价”，6 000 克洗衣粉卖 5 000 克的价钱。试问哪种方案更有利于洗衣粉厂？

【解析】 该洗衣粉厂采取“买 5 000 克的洗衣粉再送 1 000 克”的促销政策，就要为免费赠送的 1 000 克洗衣粉缴纳增值税。而采取“加量不加价”的促销模式，相当于 6 000 克洗衣粉卖 5 000 克的价钱，数量增加，价格不变，相当于洗衣粉的折扣销售，则该洗衣粉厂只需按照销售价格计算缴纳增值税，允许税前扣除 6 000 克洗衣粉的成本，从而降低了企业所得税负担。从税收筹划角度分析，“加量不加价”是一种很好的促销方式，其实质是折扣销售，也可以看成“商业赠送”的替代方式。

【知识要点提醒】

企业采取买一赠一方式促销时，应避免被视为无偿转让并缴纳增值税。

第一，企业可以在增值税专用发票上同时体现主货物、赠品两种商品，并将赠品的价值作为主商品的折扣反映在增值税专用发票上。需要注意的是，销售额与折扣额必须同时反映在增值税专用发票上的“金额”栏。

第二，将总的销售金额按各项商品公允价值的比例来分摊确认各项商品的销售收入，对主货物和赠品分别开具增值税专用发票。

第三，将主货物和赠品重新包装成一个新的商品，按主货物的价格确定。

第四，商品的价格需要控制在合理的范围内。如果税务机关认为企业的销售价格明显偏低且无正当理由的，按照《增值税暂行条例》第七条“纳税人销售货物或者应税劳务的价格明显偏低并无正当理由的，由主管税务机关核定其销售额”的规定，税务机关可以进行核定调整。

8.1.8.4 销售价格

由于不同行业和不同纳税人身份适用不同的税率，企业可利用集团企业内部定价的方式进行税收筹划。

[案例 8-23]

销售价格的税收筹划

某集团公司下设三个独立核算的企业甲、乙、丙，彼此存在购销关系：甲企业为乙企业提供原材料，乙企业生产的产品是丙企业的半成品，丙企业进一步加工后向市场销售。请比较不同结算价格下的增值税税负。甲、乙、丙三企业的销售情况见表 8-7。

表 8-7　甲、乙、丙三企业的销售情况

企业名称	增值税税率（%）	销售数量（件）	正常市场价（元）	转移价格（元）	企业所得税税率（%）
甲	13	1 000	500	400	25
乙	13	1 000	600	500	25
丙	13	1 000	700	700	25

注：以上价格均为含税价格。

【解析】　假设甲企业的进项税额为 40 000 元，如果三个企业均按正常市场价结算货款，应纳增值税税额为：

$$\begin{aligned}\text{甲企业应纳增值税}&=\frac{500}{1+13\%}\times 13\%\times 1\ 000-40\ 000\\&=57\ 522.12-40\ 000\\&=17\ 522.12(\text{元})\end{aligned}$$

$$\begin{aligned}\text{乙企业应纳增值税}&=\frac{600}{1+13\%}\times 13\%\times 1\ 000-57\ 522.12\\&=69\ 026.55-57\ 522.12\\&=11\ 504.43(\text{元})\end{aligned}$$

$$\begin{aligned}\text{丙企业应纳增值税}&=\frac{700}{1+13\%}\times 13\%\times 1\ 000-69\ 026.55\\&=80\ 530.97-69\ 026.55\\&=11\ 504.42(\text{元})\end{aligned}$$

$$\begin{aligned}\text{集团公司合计应纳增值税}&=17\ 522.12+11\ 504.43+11\ 504.42\\&=40\ 530.97(\text{元})\end{aligned}$$

如果三个企业采用转移价格销售，应纳增值税情况如下：

$$\begin{aligned}\text{甲企业应纳增值税}&=\frac{400}{1+13\%}\times 13\%\times 1\ 000-40\ 000\\&=46\ 017.70-40\ 000\\&=6\ 017.70(\text{元})\end{aligned}$$

$$\begin{aligned}\text{乙企业应纳增值税}&=\frac{500}{1+13\%}\times 13\%\times 1\ 000-46\ 017.70\\&=57\ 522.12-46\ 017.70\\&=11\ 504.42(\text{元})\end{aligned}$$

$$\begin{aligned}\text{丙企业应纳增值税}&=\frac{700}{1+13\%}\times 13\%\times 1\ 000-57\ 522.12\\&=80\ 530.97-57\ 522.12\\&=23\ 008.85(\text{元})\end{aligned}$$

$$\begin{aligned}\text{集团公司合计应纳增值税}&=6\ 017.70+11\ 504.42+23\ 008.85\\&=40\ 530.97(\text{元})\end{aligned}$$

如果从静态总额看，前后应纳的增值税是完全一样的，但考虑到税款的支付时间，两者的税额便存在差异。由于三个企业的生产有连续性，这使得甲企业当期应缴的增值税款相对减少 11 504.42 元（=17 522.12－6 017.70），即递延至第二期缴纳（通过乙企业）；乙企业原应缴纳的税款又通过转移价格递延至第三期并由丙企业缴纳。如果考虑到折现因素，则集团公司的整体税负相对下降。

8.1.8.5 委托代销方式的筹划

委托代销有两种不同的方式，在这两种方式中，委托方、受托方应缴的税款也不相同：一是收取代理手续费方式，即受托方以代理销售商品的全价与委托方结算，然后收取一定金额的手续费。这对于受托方来讲是一种代理服务收入，应按 6%的税率计算缴纳增值税税款。二是视同买断方式，即委托方以较低价格将货物交由受托方代销，受托方在加价后向市场销售。这对于受托方来讲是商品销售的一个环节，应按其获得的增值额计算缴纳增值税。在这两种不同的代销方式下，委托方、受托方的税务处理不同，两者的税负也不相同。

［案例 8－24］

委托代销方式的税收筹划

利群商贸公司按照视同买断的方式为中华制衣厂代销品牌服装，中华制衣厂以 800 元/件出售服装给利群商贸公司，利群商贸公司再按 1 000 元/件对外销售。利群商贸公司共销售服装 100 件，假设本月中华制衣厂购进货物的进项税额为 7 000 元。

请设计节税方案。（以上均为不含税收入，暂不考虑地方教育附加。）

【解析】 在现方案下，利群商贸公司的涉税处理如下：

利群商贸公司应缴增值税＝1 000×100×13%－800×100×13%＝2 600(元)
利群商贸公司应缴城市维护建设税及教育费附加＝2 600×(7%＋3%)＝260(元)
利群商贸公司共缴纳增值税以及附加税费＝2 600＋260＝2 860(元)
中华制衣厂应缴增值税＝800×100×13%－7 000＝3 400(元)
中华制衣厂应缴城市维护建设税及教育费附加＝3 400×(7%＋3%)＝340(元)
两公司共缴纳货物劳务税以及附加税费＝2 600＋260＋3 400＋340＝6 600(元)

假设利群商贸公司用收取手续费的方式为中华制衣厂代销品牌服装，销售单价为 1 000 元/件，每销售一件收取手续费 200 元。利群商贸公司共销售服装 100 件，收取手续费 20 000 元（其他资料不变），则双方的涉税处理应为：

利群商贸公司应缴增值税＝20 000×6%＝1 200(元)
利群商贸公司应缴城市维护建设税及教育费附加＝1 200×(7%＋3%)＝120(元)
利群商贸公司共缴纳增值税以及附加税费＝1 200＋120＝1 320(元)
中华制衣厂应缴增值税＝1 000×100×13%－7 000－1 200＝4 800(元)
中华制衣厂应缴城市维护建设税及教育费附加＝4 800×(7%＋3%)＝480(元)
两公司共缴纳货物劳务税以及附加税费＝1 200＋120＋4 800＋480＝6 600(元)

比较上述两种方式，在视同买断方式下，利群商贸公司多缴增值税 1 400 元，多缴城市维护建设税及教育费附加 140 元。但从两公司合计税负角度来看，两种方式下的应纳税额是相等的。

因此，在委托代销业务中，受托方应选择收取手续费方式。如果采用视同买断方式代销，受托方需要多缴纳一部分增值税，委托方则少缴纳一部分增值税，因此双方可以在协议价格上做一些调整，比如委托方适当降低价格，以使受托方多缴的增值税在制定协议价格时得到补偿，最终使双方的税负水平趋于合理。

8.1.8.6 结算方式的选择

对于结算方式选择的税收筹划，最关键的一点就是尽量推迟纳税义务发生时间。

在有关销售结算方式的税收筹划中，要遵循以下基本原则：

（1）未收到货款不开发票，这样可以达到递延纳税的目的。例如，对发货后一时难以回笼的货款或委托代销商品等情况，等收到货款时，再出具发票纳税。

（2）尽量避免采用托收承付与委托收款的结算方式，防止垫付税款。

（3）在不能及时收到货款的情况下，采用赊销或分期收款的结算方式，防止垫付税款。

（4）尽可能采用本票、银行本票和汇兑结算方式销售产品。

［案例 8－25］

销售结算方式的税收筹划（1）

某企业属于一般纳税人，当月发生销售业务5笔，共计应收货款1 800万元（含税价）。其中，有3笔销售业务共计1 000万元，货款两清；一笔销售业务300万元，两年后一次付清；另一笔销售业务500万元，一年后付250万元，一年半后付150万元，余款100万元两年后结清。试问该企业应采用直接收款方式还是应采取赊销和分期收款方式？

【解析】 企业若采取直接收款方式，则应在当月全部计算销售，计提的销项税额为：

$$1\,800\div(1+13\%)\times13\%=207.08(\text{万元})$$

若对未收到款项的销售业务不记账，则违反了税法规定，少计的销项税额为：

$$800\div(1+13\%)\times13\%=92.04(\text{万元})$$

这属于逃税行为。

若该企业对未收到的300万元和500万元应收账款分别在货款结算中采取赊销和分期收款结算方式，就可以延缓纳税，因为这两种结算方式都是以合同约定日期为纳税义务发生时间。

第一笔两年后结清货款的销项税额为：

$$(300+100)\div(1+13\%)\times13\%=46.02(\text{万元})$$

第二笔一年后付清货款的销项税额为：

$$250\div(1+13\%)\times13\%=28.76(\text{万元})$$

第三笔一年半后付清货款的销项税额为：

$$150\div(1+13\%)\times13\%=17.26(\text{万元})$$

由此可见，采用赊销和分期收款方式，可以为企业获得资金的时间价值，实现递延纳税。

［案例 8－26］

销售结算方式的税收筹划（2）

5 月，某企业向外地供应站销售价值 113 万元的货物，其货款结算采用销售后付款的方式。10 月，外地供应站汇来货款 30 万元。该企业应如何对结算方式进行税收筹划？

【解析】 购货单位为商业企业，并且货款结算采用了销售后付款的结算方式，因此可以选择委托代销的方式，避免垫付资金纳税。

如果采取委托代销方式，5 月可不计销项税额，10 月按规定向代销单位索取代销清单并计算销售，计提的销项税额为：

$$30\div(1+13\%)\times13\%=3.45(\text{万元})$$

对于尚未收到代销清单的货款，可暂缓申报计算销项税额。否则，应于 5 月计提销项税额：

$$113\div(1+13\%)\times13\%=13(\text{万元})$$

由此可见，此类销售业务选择委托代销结算方式对企业最有利。如果企业的产品销售对象是商业企业，并且属于销售后付款的销售业务，就可以采用委托代销结算方式。此时，受托方根据合同要求，在将商品出售后开具代销清单，并交付给委托方，委托方根据其实际收到的货款分期计算销项税额，从而达到延缓纳税的目的。

8.1.9 企业租赁业务中的增值税筹划

8.1.9.1 租赁业务的类型

租赁是指在一定期间，出租人将资产的使用权转让给承租人以获取对价的业务。租赁业务分为融资租赁和经营租赁。

1. 融资租赁

融资租赁是指具有融资性质和所有权转移特点的租赁活动。也就是说，出租人根据承租人所要求的规格、型号、性能等条件购入有形动产或者不动产租赁给承租人，合同期内的租赁物所有权属于出租人，承租人只拥有使用权，在合同期满付清租金后，承租人有权按照残值购入租赁物，以拥有其所有权。不论出租人是否将租赁物销售给承租人，均属于融资租赁。

根据《企业会计准则第 21 号——租赁》的规定，融资租赁是指实质上转移了与租赁资产所有权有关的几乎全部风险和报酬的租赁。其所有权最终可能转移，也可能不转移。

一项租赁存在下列一种或多种情形的，通常分类为融资租赁：

（1）在租赁期届满时，租赁资产的所有权转移给承租人。

（2）承租人有购买租赁资产的选择权，所订立的购买价款与预计行使选择权时租赁资产的公允价值相比足够低，因而在租赁开始日就可以合理确定承租人将行使该选择权。

(3) 资产的所有权虽然不转移，但租赁期占租赁资产使用寿命的大部分。

(4) 在租赁开始日，租赁收款额的现值几乎相当于租赁资产的公允价值。

(5) 租赁资产性质特殊，如果不做较大改造，只有承租人才能使用。

一项租赁存在下列一种或多种迹象的，也可能分类为融资租赁：

(1) 若承租人撤销租赁，撤销租赁对出租人造成的损失由承租人承担。

(2) 资产余值的公允价值波动所产生的利得或损失归属于承租人。

(3) 承租人有能力以远低于市场水平的租金继续租赁至下一期间。

按照标的物的不同，融资租赁服务可分为有形动产融资租赁服务和不动产融资租赁服务。

按照租赁程序的不同，融资租赁可分为融资性直租和融资性售后回租。融资性直租是指出租人根据承租人所要求的规格、型号、性能等条件购入有形动产或者不动产直接租赁给承租人。融资性售后回租是指承租方以融资为目的，将资产出售给从事融资性售后回租业务的企业后，从事融资性售后回租业务的企业将该资产出租给承租方的业务活动。

2. 经营租赁

经营租赁是指在约定时间内将有形动产或者不动产转让他人使用且租赁物所有权不变更的业务活动。

按照标的物的不同，经营租赁服务可分为有形动产经营租赁服务和不动产经营租赁服务。

租赁业务类型见图 8-1。

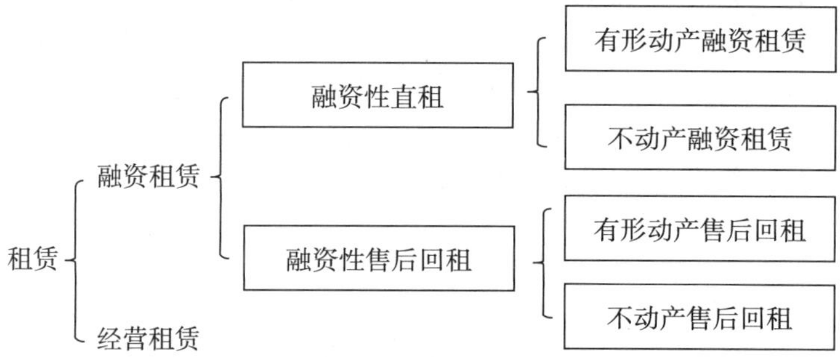

图 8-1 租赁业务类型

8.1.9.2 租赁业务的涉税处理

1. 计税依据及税率

(1) 经营租赁。从事经营租赁服务的，其销售额为取得的全部价款和价外费用。

纳税人提供经营租赁服务，按租赁服务税目计算缴纳增值税，适用的增值税税率为 13%（有形动产租赁）或 9%（不动产租赁）。

将建筑物、构筑物等不动产或者飞机、车辆等有形动产的广告位出租给其他单位或者个人用于发布广告，按照经营租赁服务缴纳增值税。

车辆停放服务、道路通行服务（包括过路费、过桥费、过闸费等）等按照不动产经营租赁服务缴纳增值税。

水路运输的光租业务、航空运输的干租业务，属于经营租赁。

光租业务是指运输企业将船舶在约定的时间内出租给他人使用，不配备操作人员，不承担运输过程中发生的各项费用，只收取固定租赁费的业务活动。

干租业务是指航空运输企业将飞机在约定的时间内出租给他人使用，不配备机组人员，不承担运输过程中发生的各项费用，只收取固定租赁费的业务活动。

（2）融资租赁。

1）融资性直租。销售额以取得的全部价款和价外费用，扣除支付的借款利息（包括外汇借款和人民币借款利息）、发行债券利息和车辆购置税后的余额为销售额。

纳税人提供融资性直租服务，按租赁服务税目计算缴纳增值税，适用的增值税税率为13%（有形动产租赁）或9%（不动产租赁）。

2）融资性售后回租。出租方以取得的全部价款和价外费用（不含本金），扣除对外支付的借款利息（包括外汇借款和人民币借款利息）、发行债券利息后的余额作为销售额。

承租方出售资产的行为，不属于增值税的征收范围，不征收增值税。

融资性售后回租是指承租方以融资为目的，将资产出售给从事融资性售后回租业务的企业后，从事融资性售后回租业务的企业将该资产出租给承租方的业务活动。融资性售后回租业务按照贷款服务缴纳增值税，适用的增值税税率为6%。

【知识要点提醒】

纳税人出租不动产，租赁合同中约定免租期的，不属于《营业税改征增值税试点实施办法》（财税〔2016〕36号文附件1）第十四条规定的视同销售服务。

经营租赁与融资租赁的增值税规定见表8-8。

表8-8　经营租赁与融资租赁的增值税规定

	业务		现行税法规定			
			税目	应税销售额	税率	承租方进项抵扣
经营租赁	有形动产经营租赁服务		租赁服务	全部价款+价外费用	13%	可抵扣
	不动产经营租赁服务		租赁服务	全部价款+价外费用	9%	可抵扣
融资租赁	融资性直租	有形动产	租赁服务	全部价款+价外费用，扣除利息、车辆购置税	13%	可抵扣
		不动产			9%	
	融资性售后回租	有形动产	贷款服务	全部价款+价外费用（不含本金），扣除利息	6%	可抵扣
		不动产				

2. 计税方法

一般纳税人出租2016年4月30日前取得的不动产，可以选择适用简易计税方法，按照5%的征收率计算应纳税额。

3. 纳税义务发生时间

纳税人提供租赁服务采取预收款方式的，其纳税义务发生时间为收到预收款的当天。

8.1.9.3 租赁业务的税收筹划

1. 不动产租赁计税方法的选择

纳税人提供不动产租赁服务采用一般计税方法的，适用的增值税税率为9%，进项税额可以抵扣；采用简易计税方法的，适用增值税征收率，其进项税额不可以抵扣。

一般纳税人出租2016年4月30日前取得的不动产，可以选择适用简易计税方法，按照5%的征收率计算应纳税额。在计税方法可以选择的情况下，纳税人可以根据企业不动产租赁服务的增值率或抵扣率的情况，选择应纳税额较小的计税方法。

经计算可知，含税销售额无差别平衡点增值率为57.67%；经计算可知，含税销售额无差别平衡点抵扣率为42.33%。当不动产租赁服务的增值率高于无差别平衡点增值率或低于无差别平衡点抵扣率时，应选择简易计税方法；反之，应选择一般计税方法。

［案例8-27］

不动产租赁服务计税方法的选择

某企业为一般纳税人，现有一栋2010年购置的办公楼闲置，目前准备出租。预计年租金收入（不含税收入）为1 000万元，维修等支出预计会产生进项税额10万元。请问该企业选择何种计税方法的增值税税负较低？

【解析】

该企业的抵扣率较低，应选择简易计税方法。具体计算如下：

一般计税方法应纳税额＝1 000×9%－10＝80(万元)

简易计税方法应纳税额＝1 000×5%＝50(万元)

因此，该企业选择简易计税方法比选择一般计税方法节税30万元。

需要注意的是，在简易计税方法下，由于10万元的进项税额不能进行抵扣而增加成本10万元，这样会减少利润10万元，进而抵减企业所得税2.5万元。因此，企业在选择税收筹划方案时应综合考虑税收筹划方案对企业总体税负及净利润、现金流量的影响。

【知识链接】

(1) 一般纳税人出租2016年4月30日前取得的不动产，可以选择适用简易计税方法，按照5%的征收率计算应纳税额。纳税人出租2016年4月30日前取得的与机构所在地不在同一县（市）的不动产，应按照上述计税方法在不动产所在地预缴税款后，向机构所在地主管税务机关进行纳税申报。

(2) 一般纳税人出租2016年5月1日后取得的、与机构所在地不在同一县（市）的不动产，应按照3%的预征率在不动产所在地预缴税款后，向机构所在地主管税务机关进行纳税申报。

(3) 小规模纳税人出租其取得的不动产（不含个人出租住房），应按照5%的征收率计算应纳税额。纳税人出租与机构所在地不在同一县（市）的不动产，应按照上述计税方法在不动产所在地预缴税款后，向机构所在地主管税务机关进行纳税申报。

(4) 其他个人出租取得的不动产（不含住房），应按照5%的征收率计算应纳税额。

（5）个人出租住房，应按照5%的征收率减按1.5%计算应纳税额。

2. 有形动产租赁方式的选择

（1）利用程租、期租、湿租业务的筹划。交通运输企业出租运输工具可以分为两种模式：一种是只出租运输工具，实质上是让渡资产的使用权，比如水路运输服务的光租业务和航空运输服务的干租业务；另一种是将配备操作人员的运输工具出租，实质上是提供运输服务，比如水路运输服务的程租业务、期租业务和航空运输服务的湿租业务。

光租业务是指运输企业将船舶在约定的时间内出租给他人使用，不配备操作人员，不承担运输过程中发生的各项费用，只收取固定租赁费的业务活动。

干租业务是指航空运输企业将飞机在约定的时间内出租给他人使用，不配备机组人员，不承担运输过程中发生的各项费用，只收取固定租赁费的业务活动。

水路运输的光租业务、航空运输的干租业务属于经营租赁。

程租业务是指运输企业为租船人完成某一特定航次的运输任务并收取租赁费的业务。

期租业务是指运输企业将配备有操作人员的船舶出租给他人使用一定期限，承租期内听候承租方调遣，不论是否经营，均按天向承租方收取租赁费，发生的固定费用均由船东负担的业务。

水路运输的程租业务、期租业务属于水路运输服务。

湿租业务是指航空运输企业将配备有机组人员的飞机承租给他人使用一定期限，承租期内听候承租方调遣，不论是否经营，均按一定标准向承租方收取租赁费，发生的固定费用均由承租方承担的业务。

航空运输的湿租业务属于航空运输服务。

程租业务、期租业务和湿租业务属于交通运输服务，适用9%的增值税税率；而干租业务和光租业务属于有形动产租赁，适用13%的增值税税率。

［案例8-28］

利用程租、期租业务的筹划（1）

某水路运输企业（一般纳税人）将一艘船以光租形式租给另一家企业，租期为一个月，取得含税销售额50万元。该企业应如何进行增值税税收筹划？

【解析】

$$\text{该企业应缴增值税}=50\times\frac{13\%}{1+13\%}=5.75(\text{万元})$$

若一艘船配备的操作人员的工资等固定成本为10万元，相应的不含税销售收入增加10万元，则

$$\text{采用期租的应纳增值税}=50\times\frac{9\%}{1+9\%}+10\times9\%=4.13+0.9=5.03(\text{万元})$$

因此，采用期租的方式能够节税0.72万元（=5.75－5.03）。

由于两种方式下不含税收入不等，成本不同，所以最终应比较毛利润指标。

光租方案下的毛利润为：

$$\frac{50}{1+13\%}-\frac{50}{1+13\%}\times13\%\times(7\%+3\%)=43.67(万元)$$

期租方案下的毛利润为：

$$\left(\frac{50}{1+9\%}+10\right)-10-\left(\frac{50}{1+9\%}+10\right)\times9\%\times(7\%+3\%)=45.37(万元)$$

从毛利润角度来看，选择期租方式更有利。

［案例 8－29］

利用程租、期租业务的筹划（2）

位于市区的乙公司（一般纳税人）主要从事货物运输服务，同时将公司闲置的车辆用于对外经营租赁。假设可抵扣的进项税额为 500 万元，其他税费仅考虑城市维护建设税及教育费附加。如果以下两种经营模式发生的费用都相等，乙公司应如何进行税收筹划？

经营模式一，每月取得不含税经营租赁业务收入 8 000 万元。

经营模式二，配备司机出租，收取 8 020 万元，其中 20 万元为司机的工资支出。

【解析】 （1）如果每月取得的不含税经营租赁业务收入为 8 000 万元，则

租赁业务应纳增值税税额＝8 000×13%－500＝540(万元)

应缴纳的城市维护建设税及教育费附加＝540×(7%＋3%)＝54(万元)

合计应纳税额＝540＋54＝594(万元)

（2）如果乙公司在对外出租车辆的同时，还为出租的车辆配备司机，并收取不含税收入 8 020 万元（含司机的工资支出 20 万元），则此项收入由原来的有形动产租赁服务转变为交通运输业服务缴纳增值税，适用的增值税税率由原来的 13%降为 9%，即

应纳增值税税额＝8 020×9%－500＝221.8(万元)

应缴纳的城市维护建设税及教育费附加＝221.8×(7%＋3%)＝22.18(万元)

合计应纳税额＝221.8＋22.18＝243.98(万元)

由此可见，经营模式二比经营模式一少缴税款 350.02 万元（＝594－243.98）。

3. 融资租赁方式的筹划

当企业遇到资金困难时，它们不仅可以向银行等传统金融企业融资，而且可以与融资租赁企业合作进行融资。融资方式有融资性直租和融资性售后回租。

我国税法规定，经中国人民银行、银保监会或者商务部批准从事融资租赁业务的试点纳税人中的一般纳税人，提供有形动产融资租赁服务和有形动产融资性售后回租服务，对其增值税实际税负超过 3%的部分实行增值税即征即退政策。商务部授权的省级商务主管部门及国家经济技术开发区批准的从事融资租赁业务和融资性售后回租业务的试点纳税人中的一般纳税人，2016 年 5 月 1 日后实收资本达到 1.7 亿元的，从达到标准的当月起按照上述规定执行；2016 年 5 月 1 日后实收资本未达到 1.7 亿元但注册资本达到 1.7 亿元的，在 2016 年 7 月 31 日前仍可按照上述规定执行，2016 年 8 月 1 日后开展的有形动产融资租

赁业务和有形动产融资性售后回租业务不得按照上述规定执行。

融资租赁属于有 形动产租赁，适用13%的增值税税率；融资性售后回租属于贷款服务，适用6%的增值税税率。另外，两者都是以差额确定销售额，但融资性售后回租服务的销售额中不含本金，融资租赁服务的销售额中含本金，这是两者的又一个区别（究其原因，是因为融资租赁服务中购买设备有进项税额可以抵扣，而融资性售后回租没有相应的进项税额）。由于两种租赁方式适用的税率不同，这就为税收筹划提供了空间。当融资租赁企业的实收资本达到1.7亿元时，按照前文所述的增值税即征即退政策，两种服务的税负相等；但企业实收资本未达到1.7亿元时，或企业的实收资本达到1.7亿元但实际税负未超过3%以及2016年8月1日后开展的租赁业务，融资性售后回租方式的税负较轻。

［案例8－30］

融资租赁方式的筹划

融资租赁公司A（一般纳税人）的实收资本、注册资本均不足1.7亿元。B公司为制造业一般纳税人，并与A公司签订了为期三年的融资租赁合同，由A公司向C公司购买不含税销售额为3 600万元的机床（取得增值税专用发票），再租给B公司，B公司三年后一次性付给A公司4 000万元。在合同到期后，B公司收购该机床。请提出融资方式方案。

【解析】 如果采用融资性直租模式，则

应纳增值税＝4 000×13%－3 600×13%＝52(万元)

如果采用融资性售后回租模式，由B公司向C公司以延期付款方式购买不含税销售额为3 600万元的机床，然后与A公司签订售后回租合同，向A公司融资3 600万元并将款项归还C公司，三年后一次性向A公司支付4 000万元。在合同到期后，B公司收购该机床。该方式的应纳增值税为24万元［＝(4 000－3 600)×6%］，节税28万元(＝52－24)。

需要注意的是，采用售后回租模式，出租方只能开具普通发票，承租方不得抵扣进项税额。如果承租方是一般纳税人，则需要考虑售后回租模式对承租方增值税的影响。

8.1.10 企业采购业务中的增值税筹划

8.1.10.1 供应商的选择

由于税法规定以增值税专用发票为抵扣凭证，所以一般纳税人的进货渠道不同，可抵扣的比例就不同，进而影响其实际税收负担。

由于一般纳税人从小规模纳税人处采购货物、接受应税劳务或购进应税服务、无形资产、不动产不能进行抵扣或只能抵扣3%，所以作为供货商的小规模纳税人有时为了留住客户，愿意在价格上给予一定程度的优惠。因此，我们可以从税负、净现金流和税后净利的角度对不同进货方案进行计算及分析，最终选择最有利于企业的税收筹划方案。

[案例 8 - 31]

供应商选择的税收筹划（1）

10 月 25 日，假设某商贸公司（一般纳税人）采购一批商品，进价为 2 000 万元（含增值税），销售价格为 2 400 万元（含增值税）。该公司应如何选择采购对象？

【解析】 在选择采购对象时，该公司有三种选择：

第一，选择一般纳税人为供货商：

$$应纳增值税=\frac{2\ 400}{1+13\%}\times 13\%-\frac{2\ 000}{1+13\%}\times 13\%=46.02(万元)$$

第二，选择可以开具增值税专用发票的工业企业小规模纳税人为供货商：

$$应纳增值税=\frac{2\ 400}{1+13\%}\times 13\%-\frac{2\ 000}{1+3\%}\times 3\%=217.85(万元)$$

第三，选择不能开具增值税专用发票的小规模纳税人为供货商：

$$应纳增值税=\frac{2\ 400}{1+13\%}\times 13\%=276.11(万元)$$

通过案例分析不难看出，选择一般纳税人作为供货商的税负最轻，选择不能开具增值税专用发票的小规模纳税人作为供货商的税负最重。

【即学即用】 某建筑企业的上游供应商中有很多都是零散的个体户、个人，他们提供的水泥、砂石、木料及劳务等大多无法开具增值税专用发票，在“营改增”之后，该建筑企业感到增值税税负骤然增加，请问有何解决方案？

【解析】 建筑业企业中的一般纳税人可以选择适用一般计税方法计税，在特殊情形下可以选择适用简易计税方法计税。在不符合适用简易计税方法的情况下，建筑业企业将面对高达 9%的增值税销项税率，能否取得足够的可以抵扣的进项税额发票决定着建筑业企业实际税负的高低。建筑业企业的上游供应商中有很多都是零散的个体户、个人，他们提供的水泥、砂石、木料及劳务等大多无法开具增值税专用发票，建筑业企业也就无从抵扣销项税额，从而直接面临 9%的实际税负率。根据《财政部、国家税务总局关于全面推开营业税改征增值税试点的通知》（财税〔2016〕36 号）的规定，建筑业企业将工程及劳务分包的，可以以分包后的余额作为营业额申报缴纳增值税。因此，建筑业企业可以考虑将部分无法取得可抵扣进项税额发票的工程及劳务，分包给相关方并由其开具合法凭证。

[案例 8 - 32]

供应商选择的税收筹划（2）

宏伟家具生产厂（一般纳税人）外购木材作为加工产品的原材料。现有两个供应商甲与乙，甲（一般纳税人）可以开具税率为 13%的增值税专用发票，该批木材报价 50 万元（含税价款）；乙（小规模纳税人）可以开具由其主管税务机关代开的征收率为 3%的增值税专用发票，木材报价 46.5 万元（已知城市维护建设税的税率为 7%，教育费附加的征收率为 3%，不考虑地方教育附加）。请为宏伟家具生产厂的材料采购业务做出税收筹划建议。

【解析】 从价格优惠临界点原理可知，当增值税税率为13%、小规模纳税人的抵扣率为3%时，价格优惠临界点为90.24%，或者说价格优惠临界点的销售价格为451 200元（=500 000×90.24%）。从题中供应商乙的报价看，465 000元>价格优惠临界点451 200元，因此应从供应商甲（一般纳税人）处采购。

从企业利润核算的角度看，从供应商甲处购进该批木材的净成本为：

$$\frac{500\ 000}{1+13\%}-\frac{500\ 000}{1+13\%}\times 13\%\times(7\%+3\%)=436\ 725.66(\text{元})$$

从供应商乙处购进该批木材的净成本为：

$$\frac{465\ 000}{1+3\%}-\frac{465\ 000}{1+3\%}\times 3\%\times(7\%+3\%)=450\ 101.94(\text{元})$$

由此可见，从供应商乙处购入该批木材的成本大于从供应商甲处购入的成本，因此应选择从供应商甲处购买。

[案例8-33]

供应商选择的税收筹划（3）

某电视机厂（一般纳税人）适用的增值税税率为13%，预计每年可实现含税销售收入800万元，同时需要外购电子元件200件。现有甲、乙两个企业提供货源。其中，甲为生产电子元件的一般纳税人，能够开具增值税专用发票，适用税率为13%；乙为生产电子元件的小规模纳税人，能够委托主管税务机关代开增值税征收率为3%的增值税专用发票。甲、乙两个企业提供的电子元件质量相同，但含税价格不同，分别为每件3万元和2.5万元。作为财务人员，为降低应纳增值税税额应当如何选择？

【解析】 从甲企业购进：

$$\begin{aligned}\text{应纳增值税税额}&=800\div(1+13\%)\times 13\%-200\times 3\div(1+13\%)\times 13\%\\&=23.01(\text{万元})\end{aligned}$$

$$\text{现金流净增}=800-200\times 3-23.01=176.99(\text{万元})$$

$$\text{利润}=800\div(1+13\%)-200\times 3\div(1+13\%)=176.99(\text{万元})$$

从乙企业购进：

$$\begin{aligned}\text{应纳增值税额}&=800\div(1+13\%)\times 13\%-200\times 2.5\div(1+3\%)\times 3\%\\&=77.47(\text{万元})\end{aligned}$$

$$\text{现金流净增}=800-200\times 2.5-77.47=222.53(\text{万元})$$

$$\text{利润}=800\div(1+13\%)-200\times 2.5\div(1+3\%)=222.53(\text{万元})$$

由此可知，如果从乙企业购买，其应纳的增值税税额较多，但其现金流净增加额及利润都增加了，所以从现金流及利润角度考虑，应选择从乙企业进货。

【即学即用】 湖北某机电设备公司是专业生产机电设备的企业（甲方），属于一般纳税人。该公司准备从上海某钢管公司（乙方）购进一批不锈钢管件，并与乙方签订了购销合同。但是，由于乙方属于小规模纳税人，只能由主管税务机关代开3%的增值税专用发票，故甲方不愿与乙方签约。甲方又四处打听是否有一般纳税人生产乙公司的产品。虽经多方询问，但没有结果，所以甲方不得不回来找乙方协商。

乙方不能开具增值税发票，会给甲方增加税收负担。迫于这种压力，乙方与甲方商定，由乙方的供应商——四川某钢材公司（丙方）给甲方开具增值税专用发票。具体的操作流程是：甲方与乙方签订采购合同，甲方向乙方付货款，乙方向甲方发货。由丙方开具增值税专用发票给甲方。

显然，甲方向乙方购买的是不锈钢管件，而丙方向甲方开具的增值税专用发票是不锈钢材料，增值税专用发票开具的产品名称与实际产品名称不符。以这种方式取得增值税专用发票将导致的结果是甲方恶意取得虚开的增值税专用发票，丙方虚开（替别人开）增值税专用发票。

如何操作才能避免税务风险？

【解析】 根据《国家税务总局关于〈国家税务总局关于纳税人取得虚开的增值税专用发票处理问题的通知〉的补充通知》（国税发〔2000〕182号）的规定：

有下列情形之一的，无论购货方（受票方）与销售方是否进行了实际的交易，增值税专用发票所注明的数量、金额与实际交易是否相符，购货方向税务机关申请抵扣进项税款或者出口退税的，对其均应按偷税或者骗取出口退税处理。

（1）购货方取得的增值税专用发票所注明的销售方名称、印章与其进行交易的销售方不符的。

（2）购货方取得的增值税专用发票为销售方所在省（自治区、直辖市和计划单列市）以外地区的。

（3）其他有证据表明购货方明知取得的增值税专用发票系销售方以非法手段获得的。

假设甲方需要购进200万元不锈钢管件，根据加工方乙方的实际情况，生产200万元的产品需要购进140万元原材料。

那么，可以由甲方直接与丙方签订购销合同，并支付140万元给丙方，再将丙方的货物直接移送给乙方，然后与乙方签订60万元的加工合同，由乙方给甲方加工成所需要的产品。这样，甲方就能从丙方取得140万元的增值税专用发票，从乙方取得抵扣率为3%的增值税专用发票。

这种委托加工的业务方式不仅合法，而且取得的140万元增值税专用发票可以抵扣13%，60万元的加工费增值税专用发票可以抵扣3%。这样，虽然在加工费发票上要损失一部分，但在140万元的材料费上并没有损失，更重要的是避免了取得虚开增值税专用发票的风险。

8.1.10.2 加工方式的选择

企业的加工方式有自行加工和委托加工两种，在委托加工方式下加工完毕后的提货环节，委托方要支付加工环节的增值税。由于两种加工方式下的增值税进项税额不同，其应纳的增值税税额也不相同。

[案例 8－34]

加工方式选择的税收筹划（1）

假设 A 企业收购原木，收购凭证上注明的价款是 20 万元。B 企业为加工企业。A 企业和 B 企业适用的增值税税率都为 13%。现在 A 企业要将买来的木材加工成高级实木地板，有以下两种方案。

方案一：委托 B 企业加工成实木地板，支付加工费 8 万元，收回后发票上注明的增值税税额为 1.04 万元，企业继续加工花费人工等总计 2 万元。在生产完成后出售，价款为 50 万元（不含税）。

方案二：企业买回木材后自己加工成高级实木地板，花费成本共计 10 万元，售价为 50 万元（不含税）。

从增值税筹划的角度来看，企业应选择哪种方案？（实木地板按照 5%的税率征收消费税，不考虑其他税种。）

【解析】

方案一：

原木成本＝20×(1－10%)＝18(万元)

收购木材的增值税进项税额＝20×10%＝2(万元)

B 企业代收代缴的消费税＝(18＋8)÷(1－5%)×5%＝1.368(万元)

加工费的增值税进项税额＝8×13%＝1.04(万元)

总共需要缴纳的消费税＝50×5%＝2.5(万元)

木板出售需要补缴的消费税＝2.5－1.368＝1.132(万元)

增值税销项税额＝50×13%＝6.5(万元)

应纳增值税税额＝6.5－1.04－2＝3.46(万元)

应纳增值税合计＝3.46＋1.04＝4.5(万元)

毛利润＝50－18－8－2.5－2＝19.5(万元)

方案二：

原木成本＝20×(1－10%)＝18(万元)

收购木材的增值税进项税额＝20×10%＝2(万元)

总共需要缴纳的消费税＝50×5%＝2.5(万元)

增值税销项税额＝50×13%＝6.5(万元)

应纳增值税税额＝6.5－2＝4.5(万元)

毛利润＝50－18－2.5－10＝19.5(万元)

比较这两种方案，增值税的应纳税额相同，毛利润相同。

[案例 8－35]

加工方式选择的税收筹划（2）

在某乡镇农村，一些农户在田头、地角栽种了大量速生材，目前已进入砍伐期。农户准备出售上述木材，农户和收购企业（家具厂）有三种方案可供选择。方案一：农户直接出售原木，每立方米价格为500元；家具厂收购这些原木之后进行加工。假设加工1立方米原木需要耗用电力10元（含税）、人力成本10元。方案二：农户对原木进行深加工，加工成板材再出售，家具厂的收购价为每立方米520元。假设收购农户加工成本与企业加工成本相同。方案三：农户将原木直接出售给收购企业，收购企业收购原木后雇用农户加工，支付农户10元加工费，电费由收购企业承担。请问企业与农户应分别选择哪种方案？

【解析】

方案一：

农户收入＝500(元)

企业成本＝500×(1－10%)＋10＋10÷(1＋13%)＝468.85(元)

方案二：

农户收入＝500＋10＝510(元)

企业成本＝520(元)

需要注意的是，农户将经过深加工的板材出售给家具厂，家具厂不能计提进项税额。与此同时，深加工后的板材已不属于免税农产品，农户还要缴纳增值税（如果达不到增值税起征点，可以免征增值税）。

方案三：

农户收入＝500＋10＝510(元)

企业成本＝500×(1－10%)＋10＋10÷(1＋13%)＝468.85(元)

比较以上三种方案，方案三对农户以及收购企业都有利，是一个双赢的选择，所以选择方案三最合适。

8.2 消费税的税收筹划

消费税的税收筹划可以从纳税人、计税依据、纳税义务发生时间、税率等方面入手。

我国现行消费税与其他税种不同，其征税范围具有选择性，征税环节具有单一性，这为消费税的税收筹划提供了客观条件。由于消费税是针对特定纳税人征收的，在税收筹划中可以通过企业合并以递延税款缴纳时间；通过调整会计核算方法，能够使消费税的计税依据发生变化，企业可以设立独立核算的经销部门将计税环节向前推移，达到节税的作用；通过选择合理的销售方式，能够递延税款缴纳，以获得相对节税的好处；通过税目中子目之间的转化以及合理安排应税消费品的价格和兼营、成套销售方式的权衡，达到降低消费税税负的作用。

8.2.1 纳税人的筹划

(1) 筹划原理。《消费税暂行条例》规定，在中华人民共和国境内生产、委托加工和进口应税消费品的单位和个人，以及国务院确定的销售应税消费品的其他单位和个人，是消费税的纳税人。

消费税是针对特定纳税人征收的，且其征税环节具有单一性，并非在每个环节多次征收。因此，在消费税的税收筹划中可以通过企业合并以达到递延税款缴纳时间的目的。与此同时，不同环节涉及的消费税税率还可能存在差异，这就会给纳税人的消费税税负带来影响。

（2）筹划要点。合并会使原来企业间的销售环节转变为企业内部的原材料转让环节，从而递延部分消费税税款的缴纳。如果两个合并企业之间存在原材料供求关系，则在合并前，这笔原材料的转让关系为购销关系，应该按照正常的购销价格缴纳消费税；而在合并后，企业之间的原材料供应关系转变为企业内部的原材料转让关系。因此，这一环节不用缴纳消费税，而是递延到以后的销售环节再缴纳。

此外，如果后一个环节的消费税税率较前一个环节低，则可直接减轻企业的消费税税负。因为前一环节应征的消费税税款延迟到后面环节征收时，由于后面环节的税率较低，那么合并前企业间的销售额因为在合并后适用了较低税率而减轻了税负，缓解了资金占用比例高的情况。

8.2.2 计税依据的筹划

（1）筹划原理。按照现行消费税法的基本规定，消费税应纳税额的计算分为从价计税、从量计税以及从价和从量复合计税（以下简称“复合计税”）三种方法。实行从价计税方法计征消费税的计税依据是应税销售额。销售额为纳税人销售应税消费品取得的与之相关的对价，包括全部货币形式或者非货币形式的经济利益。实行从量计税方法计征消费税的计税依据是应税消费品的数量。对于消费税来说，确定应税消费品的销售额或应税消费品的销售数量是关键。销售总额和包括在应税销售额内的价外费用都影响着消费税的计税依据。与此同时，消费税的征税环节具有单一性，仅在生产（进口）、流通或消费的某一环节征收（卷烟和超豪华小汽车除外），而非在各个环节多次征收。这在客观上也为消费税的税收筹划提供了契机。

（2）筹划要点。

1）设置独立核算的经销部门。由于消费税的征税环节具有单一性，因此从税收筹划的角度看，可以在单一环节通过税收筹划减少计税依据的方式来降低税负。在我国，大部分应税消费品只在生产出厂环节缴纳消费税，此后的环节不需要再缴纳，为降低计税价格，应尽可能将计税环节向前推移，把一部分价值剔除在计税依据之外。

按《国家税务总局关于印发〈消费税若干具体问题的规定〉的通知》（国税发〔1993〕156号）的规定，纳税人通过自设非独立核算门市部销售自产应税消费品，应当按门市部对外销售额或者销售量缴纳消费税。设立独立核算的门市部，单独核算其销售额，此时门市部就可以按照内部转让价格（非对外售价）计算缴纳消费税。因此，从调整会计核算方法的角度出发，企业所设立的经销部或门市部能否进行独立会计核算就成为税收筹划的关键。

2）巧用包装物押金。销售方向购买方收取的手续费、补贴、基金、集资费、返还利润、奖励费、违约金、滞纳金、延期付款利息、赔偿金、代收款项、代垫款项、包装费、包装物租金、储备费、优质费、运输装卸费以及其他各种性质的价外收费都应并入销售额中一并计算销项税额。由于税法对于包装物租金、包装物押金有特殊规定，因此消费税计税依据方面的税收筹划也可以从包装物押金入手。

随着市场经济的发展，包装的重要性越来越突出，无论是对于销售者还是购买者来说都是如此。应税消费品在计征消费税时，包装物的价值是否随所包装的应税消费品一并计税？税法规定：第一，包装物销售。包装物连同应税消费品销售的，无论包装物是否单独作价，也不论在会计上如何核算，均应并入应税消费品的销售额中征收消费税。第二，包装物租金。包装物租金属于价外费用，凡销售应税消费品向购买方收取的价外费用，无论其会计制度如何核算，均应并入销售额计算应纳税额。第三，包装物押金。如果在销售应税消费品时包装物不作价随同产品销售，而是收取押金，那么此项押金不应并入应税消费品的销售额中征税。然而，对于逾期未收回包装物不再退还的包装物押金或者收取时间超过12个月的押金，应并入应税消费品的销售额，按所包装的应税消费品适用的税率计算消费税应纳税额。对既作价随同应税消费品销售，又另外收取的包装物押金，凡纳税人在规定的期限内没有退还的，均应并入应税消费品的销售额，按照应税消费品的适用税率缴纳消费税。

根据税法的规定可以看出，只有符合条件的押金可以不并入销售额计算缴纳消费税，因此采用收取押金的方式比其他两种方式更有利于节税：一是企业先以押金的形式签订合同，待逾期不退还时再计算消费税，实现递延纳税；二是企业收取押金时应注意合同签订的退还时间要尽量控制在12个月之内。

[案例8-36]

巧用包装物押金的税收筹划

火星制造厂从事高尔夫球杆的生产和销售业务。5月，火星制造厂向A公司销售1 000根高尔夫球杆，每根球杆价值2 000元（不含增值税价）；每根球杆包装后出售，包装物价值为200元/根（不含增值税价，高尔夫球杆适用的消费税税率为10%）。

火星制造厂采用哪种方式收取包装物价款的税负较轻？

【解析】 如果采用包装物随同高尔夫球杆一并销售的方式：

销售额$=0.22\times1\,000=220$（万元）

应缴消费税$=220\times10\%=22$（万元）

如果采用收取包装物押金并约定A公司在12个月内退还包装物的形式进行销售，同时将收取的包装物押金单独入账：

销售额$=0.2\times1\,000=200$（万元）

收取包装物押金$=0.02\times1\,000=20$（万元）

应缴消费税$=200\times10\%=20$（万元）

包装物押金是否缴纳消费税应视以后情况而定。如果A公司在合同约定的期限内（即12个月内）将包装物退回，则不需要再缴纳消费税、增值税；如果A公司逾期仍未退还包装物，则在12个月后火星制造厂需要再缴纳2万元消费税以及包装物做销售处理后应缴的增值税，虽然这种方式的应纳税额没有发生变化，但推迟了包装物销售额应缴纳税款的时间。

【知识要点提醒】

酒类包装物收取的押金（黄酒、啤酒除外）无论是否退还，均应并入销售额计算消费税。

8.2.3 税率的筹划

（1）筹划原理。根据消费税法律制度的规定，每种应税消费品适用的税率都有明确的界定，而且是固定的。消费税税率的基本形式包括定额税率、比例税率。目前，我国消费税比例税率中的最高税率为56%，最低税率为1%；定额税率中的最高税额为每征税单位250元。消费税按不同的消费品划分税目，税率在税目的基础上采用“一目一率”的方法，每种应税消费品的消费税税率各不相同，这种差别为税收筹划提供了客观条件。

（2）筹划要点。

1）利用子目转换的方法。消费税在一些税目下设置了多个子目，不同的子目适用不同的税率，而同一税目不同子目的项目具有很多共性，纳税人可以创造条件将某项子目转换为另一项子目，在不同的税率之间进行选择，择取较低的税率纳税。

消费税同一税目下不同子目的区别有应税消费品品质的原因，如小汽车，按汽缸容量划分子目，适用不同的消费税税率；还有按应税消费品不同的成分划分不同税率，如消费税中酒税目下白酒子目的从价税率为20%，其他酒类子目的税率为10%。

另外，有些子目之间由于价格的变化而导致税率跳档，应在税率的相邻等级合理定价。应税消费品的等级不同，消费税的税率不同。税法以单位定价为标准确定等级，即单位定价越高，等级就越高，税率也越高。例如，我国现行税法规定，对卷烟的生产销售环节首先征收一道从量税，在此基础上再按不同价格征收不同的比例税率。对于每条卷烟调拨价格在70元以上（含70元）的，比例税率为56%；对于每条卷烟调拨价格在70元以下（不含70元）的，比例税率为36%。这两类卷烟的税率差别很大，而适用哪一档税率取决于卷烟的价格。也就是说，卷烟价格的分界点成为税率变化的临界点，如果卷烟价格在临界点附近，纳税人可以主动降低价格，使卷烟类别发生变化，从而适用较低的税率。

当然，如果企业生产的是高档卷烟，其价格远高于临界点70元/条，则为减轻应纳税额而调低卷烟价格到70元/条以下，往往得不偿失。例如，企业生产的卷烟价格为150元/条，则采取降低卷烟价格减轻税负的方式就不够理想。

【知识链接】

卷烟和啤酒无差异价格临界点

根据税法的规定，设临界点的价格为 X，令卷烟价格高于70元/条的税后利润与卷烟价格等于69.99元/条的税后利润相等，可得：

$$\begin{aligned}&X-\text{成本}-X\times56\%-\text{从量税}-[X\times56\%+\text{从量税}+(X\times13\%-\text{进项税额})]\\&\quad\times(7\%+3\%)\\&=69.99-\text{成本}-69.99\times36\%-\text{从量税}-[69.99\times36\%+\text{从量税}+(69.99\times13\%\\&\quad-\text{进项税额})]\times(7\%+3\%)\end{aligned}$$

解得：

$$X=111.49(\text{元/条})$$

也就是说，当卷烟调拨价格在 70 元/条～111.49 元/条时，若企业将销售价格降至 69.99 元/条以下，那么消费税税率降低给企业带来的利润增加将会弥补价格降低造成的损失。

同理，我们可计算出啤酒的无差异价格临界点（即使啤酒价格高于 3 000 元/吨时的利润与啤酒价格等于 2 999.99 元/吨时的利润相等的价格）：

设临界点的价格为 X（由于其高于 3 000 元/吨，故适用 250 元的税率），销售数量为 Y，即

$$\text{应纳消费税}=250\times Y$$
$$\text{应纳增值税}=XY\times13\%-\text{进项税额}$$
$$\text{应纳城市维护建设税及教育费附加}=[250\times Y+(XY\times13\%-\text{进项税额})]\times(7\%+3\%)$$
$$\text{利润}=XY-\text{成本}-250\times Y-[250\times Y+(XY\times13\%-\text{进项税额})]\times(7\%+3\%) \quad (8-1)$$

啤酒价格等于 2 999.99 元/吨时的利润为：

$$2\,999.99\times Y-\text{成本}-220\times Y-(220\times Y+2\,999.99Y\times13\%-\text{进项税额})\times(7\%+3\%) \quad (8-2)$$

令式（8-1）和式（8-2）相等，有

$$X=3\,033.42(\text{元/吨})$$

也就是说，当临界点的价格为 3 033.42 元/吨时，两者的利润相同。当销售价格大于 3 033.42 元/吨时，纳税人才能获得节税利益。当销售价格超过 3 000 元/吨但小于 3 033.42 元/吨时，纳税人取得的利润反而低于销售价格为 2 999.99 元/吨时的利润。

2）兼营和成套销售的问题。消费税的兼营行为是指消费税纳税人同时经营两种以上不同税率应税消费品的行为。现行消费税政策规定，纳税人兼营不同税率的应税消费品，应当分别核算不同税率应税消费品的销售额和销售数量；未分别核算不同税率应税消费品的，从高适用税率。这一规定要求企业在兼营不同税率应税消费品的情况下，一方面，要健全财务核算制度，做到账目清楚并分别核算各种应税消费品的销售情况；另一方面，要选择合适的销售方式和核算方式，达到适用较低消费税税率的目的，从而降低税负。纳税人应针对消费税税率多档次的特点，根据税法的规定，正确进行必要的合并核算和分开核算，以达到节税的目的。

【小思考】 消费税的兼营行为和增值税的兼营行为有什么区别？

为促进产品销售、提高产品档次、增加产品的美观性，很多企业选择将产品搭配成礼品套装成套销售。现行消费税政策规定，纳税人将应税消费品和非应税消费品以及适用税率不同的应税消费品组成成套消费品销售的，从高适用税率。企业对

于成套销售的收益与税负应全面权衡，看有无必要搭配成成套商品，以免造成不必要的税收负担。如果成套销售的收益大于由此增加的税负，则可以选择成套销售。

8.2.4 纳税义务发生时间的筹划

（1）筹划原理。企业在销售中采用不同的销售方式，其纳税义务发生时间是不同的。从税收筹划的角度看，选择恰当的销售方式可以使企业合理地推迟纳税义务发生时间，递延税款缴纳。需要注意的是，企业通过选择销售方式以推迟纳税义务发生时间并没有降低企业的绝对税额，而是通过递延税款缴纳以获得相对节税的好处。

（2）筹划要点。企业可以通过确定不同的销售方式来达到递延税款缴纳的目的。例如，对于一笔销售业务，企业面临赊销和直接销售两个选择。若企业选择直接销售，则应在当期确定销售额并按时缴纳消费税；若企业选择赊销，并在书面合同中约定收款日期，则其纳税义务发生时间为合同约定的收款日当天。这样不仅能够递延税款缴纳，而且能够节约大量流动资金。

【知识要点提醒】

企业通过选择销售方式以推迟纳税义务发生时间并没有降低企业的绝对税额，而是通过递延税款缴纳以获得相对节税的好处。

8.2.5 企业设立环节的消费税筹划

8.2.5.1 企业组织架构的筹划

消费税是针对特定纳税人征收，同时消费税的征收环节具有单一性，仅在生产（进口）、流通或消费的某一环节征收（卷烟和超豪华小汽车除外），如果企业间的经营业务为应税消费品的上下游关系，可以采用上下游企业整合为内部机构的方式，达到递延缴纳税款或节税的作用，从而降低消费税税负。

【知识要点提醒】

对于购入已税酒类继续生产白酒的企业，消费税不能抵扣。

[案例 8－37]

消费税纳税人的税收筹划

丙企业是一家药酒生产企业，过去一直从丁酒厂购进粮食白酒作为原料用于生产药酒。5月，丙企业从丁酒厂购进白酒200吨，不含税售价为4元/斤；销售药酒150吨，取得不含税销售收入200万元（白酒适用的消费税比例税率为20%，定额税率为0.5元/斤；假定丙企业以白酒为原料生产的药酒适用10%的消费税税率）。

如何筹划才能减轻丙企业的消费税税负？

【解析】 丙企业可以通过合并丁酒厂并将其作为白酒生产车间来实现降低消费税税负的目的。

现行消费税法规定，纳税人生产的应税消费品，于纳税人销售时纳税；纳税人将生产的应税消费品用于连续生产应税消费品的，不纳税。因此，丙企业在合并丁酒厂后，原来丙企业从丁酒厂购入白酒的行为将转变为企业内部原材料的转移行为，将生产的应税消费品用于连续生产应税消费品不需要缴纳消费税，可以实现递延缴纳消费税税款。

丙企业在合并丁酒厂前：

丙企业应缴纳的消费税 $=200\times10\%=20$（万元）

丁酒厂应缴纳的消费税 $=(200\times2\,000\times0.5+200\times2\,000\times4\times20\%)\div10\,000$

$=52$（万元）

应纳消费税合计 $=20+52=72$（万元）

丙企业在合并丁酒厂后，丁酒厂作为丙企业的白酒生产车间：

丙企业应缴纳的消费税 $=200\times10\%=20$（万元）

丁酒厂作为丙企业的白酒生产车间，其生产的应税消费品白酒对于丙企业来说实际上是用于连续生产另一种应税消费品药酒的原料，因此不需要缴纳消费税。

由此可见，通过合并丁酒厂可以节约消费税税款 52 万元（$=72-20$）。

8.2.5.2 设立独立核算的销售机构的筹划

应税消费品的生产销售环节是征收消费税的主要环节，因为消费税实行单一环节征收，所以在生产销售环节征收以后，在流通环节无须再缴纳消费税。因此，税收筹划的关键在于降低出厂环节的计税价格。纳税人通过自设独立核算门市部销售自产应税消费品，以企业与该部门之间应税消费品的合理转让价格作为销售额计算消费税。

［案例 8－38］

调整会计核算方法的筹划

金元酿酒公司是一家大型酿酒企业，主要生产粮食白酒，其产品销售给全国各地的批发商。考虑到本市的零售商和部分消费者也到厂内直接购货，公司单独成立一个经销部负责面对本市客户销售。为加强对经销部的管理，总公司对经销部实行“物流分类管理，财务统一核算”的管理方法。

8 月，经销部共向本市销售粮食白酒 20 000 斤（1 000 箱），公司按批发给其他批发商的价格 400 元/箱与经销部结算，经销部再按 500 元/箱的价格对外销售。财务人员按 400 元/箱的价格计算缴纳了消费税：

$$20\,000\times0.50+400\times1\,000\times20\%=10\,000+80\,000=90\,000\text{（元）}$$

10 月，税务机关对金元酿酒公司的消费税计缴情况进行检查时，提出其计税方法不妥，应做必要调整，并补缴税款。其经销部应缴消费税为：

20 000×0.50+500×1 000×20%=10 000+100 000=110 000(元)

对此，金元酿酒公司的管理层表示不理解，税务稽查人员解释：该公司的问题是经销部的会计核算方式采取了非独立核算，所以应按经销部的对外销售价格计算消费税。

【解析】 按《国家税务总局关于印发〈消费税若干具体问题的规定〉的通知》（国税发〔1993〕156号）的规定，纳税人通过自设非独立核算门市部销售自产应税消费品，应当按门市部对外销售额或者销售量缴纳消费税。设立独立核算的门市部，单独核算其销售额，门市部就可以按照原计税方法计算缴纳消费税。在此案例中，如果该公司将经销部独立出来成立销售子公司，财务核算改为经销部独立核算，就可以避免补缴税款的情况出现。

【知识要点提醒】

根据《国家税务总局关于加强白酒消费税征收管理的通知》（国税函〔2009〕380号）的规定，白酒生产企业销售给销售单位的白酒，生产企业消费税计税价格低于销售单位对外销售价格（不含增值税）70%的，税务机关应核定消费税的最低计税价格。因此，企业也不能一味地降低转让定价，应将其控制在合理合法的范围内。

8.2.6 企业销售业务的消费税筹划

8.2.6.1 非成套销售的筹划

我国现行税法规定，纳税人将应税消费品和非应税消费品以及适用税率不同的应税消费品组成成套消费品销售的，从高适用税率。因此，企业对于成套销售的收益和税负需要进行全面衡量，以免造成不必要的损失。

从税收筹划的角度，如果成套销售中的产品皆为应税消费品且适用税率相同，可以选择成套销售，在应纳税额不变的情况下提高销量、增加利润；如果成套销售的产品中含有非应税消费品或适用税率不同的应税消费品，则企业需要分析成套销售所带来的额外收益与应纳税额之间的关系——若成套销售的收益大于由此增加的税负，可以选择成套销售。

[案例8-39]

成套销售应税消费品的税收筹划（1）

某日化厂（一般纳税人）既生产高档化妆品又生产护发品。该日化厂现有两种销售方案：一是分别销售高档化妆品和护发品，并分别核算；二是将高档化妆品和护发品组成礼品盒销售。若分别销售，该日化厂可取得高档化妆品销售收入15万元，护发品销售收入5万元；假设以礼品盒销售，同样数量的高档化妆品和护肤品销售价格不变，为20万元。上述收入均为不含税收入。试问这两种销售方案所缴纳的消费税一样吗？（高档化妆品的消费税税率为15%。）

【解析】 对于第一种方案，若分别销售、核算，则销售高档化妆品的应纳消费税为2.25万元（=15×15%），销售护发品不纳消费税，所以一共缴纳消费税2.25万元。

对于第二种方案，若将应税消费品和非应税消费品组成礼品盒销售，应根据组成礼品

盒的销售金额，按应税消费品中适用最高税率的消费品的税率征税，故

应纳消费税＝20×15%＝3(万元)

因此，这两种销售方案缴纳的消费税不一样，组成礼品盒销售需要多缴消费税 0.75 万元（＝3－2.25）。

[案例 8－40]

成套销售应税消费品的税收筹划（2）

某酒厂生产税率为 20%的粮食白酒，同时生产税率为 10%的药酒。为了增加销售量，该厂将一瓶白酒（500 克）、一瓶药酒（500 克）和一把酒瓶开启器包装成一套礼品销售。其中，白酒的价格为 60 元/瓶，药酒的价格为 90 元/瓶，酒瓶开启器的价格为 50 元/把，礼品套装的价格为 200 元/套。当月，该厂对外销售粮食白酒 10 000 瓶，总金额为 600 000 元；销售药酒 6 000 瓶，总金额为 540 000 元；销售套装 1 000 套，总金额为 200 000 元。请分析不同核算方式及成套销售模式下的消费税税负。

【解析】 该酒厂在不同情况下的税收负担如下所示。

（1）若三类产品单独核算，应纳消费税税额为：

白酒应纳消费税税额＝10 000×0.50＋600 000×20%＝125 000(元)
药酒应纳消费税税额＝540 000×10%＝54 000(元)
套装酒应纳消费税税额＝2 000×0.50＋200 000×20%＝41 000(元)

酒瓶开启器不用缴纳消费税。

合计应纳消费税税额＝125 000＋54 000＋41 000＝220 000(元)

（2）若三类产品未单独核算，则应采用税率从高的原则，按白酒的税率计算，应纳消费税税额为：

18 000×0.50＋(600 000＋540 000＋200 000)×20%＝277 000(元)

由此可见，将税率不同的产品分开核算后，可减少税款：

277 000－220 000＝57 000(元)

（3）如果不将两类酒组成套装酒销售，也就是套装酒中的各类酒单独计算税额，则应纳消费税税额为：

套装酒中白酒的应纳消费税税额＝(0.50＋60×20%)×1 000＝12 500(元)
套装酒中药酒的应纳消费税税额＝90×1 000×10%＝9 000(元)
套装酒合计应纳消费税税额＝12 500＋9 000＝21 500(元)
套装外的白酒应纳消费税税额＝10 000×0.50＋600 000×20%＝125 000(元)
套装外的药酒应纳消费税税额＝540 000×10%＝54 000(元)
合计应纳消费税税额＝12 500＋9 000＋125 000＋54 000＝200 500(元)

所以，套装酒分开销售比组成套装销售可减少税金：

41 000－21 500＝19 500(元)

8.2.6.2 结算方式的筹划

我国现行消费税政策规定，消费税的纳税义务发生时间根据应税行为的性质和结算方式有不同的规定，即纳税人的不同应税行为和结算方式直接影响着消费税的缴纳时间。通过合理选择结算方式，纳税人可以实现递延纳税的效果。

［即学即用］

选择合理销售方式的筹划①

丽华化妆品有限公司有以下几笔大宗业务：

（1）1月18日，与南京甲商场签订了一笔高档化妆品销售合同，销售金额为300万元（不含税，下同），货物于4月18日、7月18日、10月18日分三批发给商场（每批100万元），货款于每批货物发出后两个月支付。公司会计在1月底将300万元销售额计算缴纳了消费税。

（2）1月20日，与上海乙商场签订一笔高档化妆品销售合同，货物价值180万元，货物于3月26日发出，货款于11月30日支付。公司会计在3月底将180万元销售额计算缴纳了消费税。

（3）2月8日，与北京丙商场签订一笔高档化妆品销售合同，合同价款为100万元，货物于7月30日前发出。为了支持丽华化妆品有限公司的生产，丙商场将货款在2月8日签订合同时支付。公司会计在2月底将100万元销售额计算缴纳了消费税。

请从税收筹划的角度对公司的上述行为进行分析。

【解析】 经分析可知，由于公司销售人员不熟悉经济合同书立对税收的影响，财务人员对税收问题又比较谨慎，因而在业务并没有完全结束时就已经缴纳了消费税，使企业资金占压比较严重。从税收筹划的角度考虑，具体分析如下：

对于第一笔业务，由于合同没有明确销售方式，公司会计人员依法对其按直接销售处理，于业务发生当月月底计算缴纳消费税45万元（＝300×15%②）。如果公司的销售人员在与甲商场签订合同时，将这笔业务明确为分期收款结算方式销售业务，那么该笔业务一部分销售收入的纳税义务发生时间就可以向后推迟，即在6月底、9月底和12月底分别收取三笔货款时计算缴纳消费税。

对于第二笔业务，如果公司的销售人员在与乙商场签订合同时，将这笔业务明确为赊销业务，那么该笔业务的纳税义务27万元（＝180×15%）可以向后递延8个月。

对于第三笔业务，从销售合同的性质来看，显然属于预收货款结算方式销售业务，如果公司财务人员认识到这一点，那么该笔业务的纳税义务15万元（＝100×15%）可以向后推延5个月。

8.2.6.3 销售价格的筹划

企业关于应税消费品销售价格的规定能够直接影响消费税的计税依据，从而对消费税税额造成影响。在我国现行消费税的相关规定中，对于某种特定应税消费品价格的变化，

① 改编自庄粉荣. 税收筹划实战——精选百例. 北京：机械工业出版社，2007.

② 《国家税务总局关于高档化妆品消费税征收管理事项的公告》（国家税务总局公告2016年第66号）。

消费税的相应税目会有不同税率的区分，或者以不同子目来划分。对消费品的不同定价，我国税法有不同的规定。卷烟、白酒等不同的定价会有不同的税率与之对应，不同定价的小汽车适用不同的消费税政策。《财政部、国家税务总局关于对超豪华小汽车加征消费税有关事项的通知》（财税〔2016〕129 号）规定，“小汽车”税目下增设“超豪华小汽车”子税目，征收范围为每辆零售价格 130 万元（不含增值税）及以上的乘用车和中轻型商用客车，即乘用车和中轻型商用客车子税目中的超豪华小汽车。对超豪华小汽车，在生产（进口）环节按现行税率征收消费税的基础上，在零售环节加征消费税，税率为 10%。此外，生产（进口）环节销售（完税）价格（不含增值税）在 10 元/毫升（克）或 15 元/片（张）及以上的美容、修饰类化妆品和护肤类化妆品被认定为高档化妆品，列入应税消费品范畴，而普通化妆品免征消费税。纳税人可以通过制定合理的销售价格，实现适用较低的消费税税率或免于征税的目标。

［案例 8－41］

消费税销售价格的筹划

某卷烟厂生产的卷烟调拨价格为 75 元/条，当月销售 2 000 条。企业如何定价才能实现节税效果（暂不考虑城市维护建设税、教育费附加及地方教育附加）？

【解析】 如果不进行税收筹划，企业应按 56%的税率缴纳消费税。企业当月的纳税和盈利情况分别为：

$$应纳消费税=8\times150+75\times2\ 000\times56\%=85\ 200(元)$$

卷烟价格为 75 元/条，与临界点 70 元/条相差不大，但适用税率相差 20%。如果企业主动将价格调低至 70 元/条以下，有可能大大减轻税负，并能弥补价格下降带来的损失。假设企业将价格调低至 68 元/条，那么企业当月的纳税和盈利情况分别为：

$$应纳消费税=8\times150+68\times2\ 000\times36\%=50\ 160(元)$$

通过比较可以发现，企业降低销售价格后，销售收入减少了 14 000 元（$=75\times2\ 000-68\times2\ 000$），但应纳税款减少了 35 040 元（$=85\ 200-50\ 160$）。

当然，如果企业生产的是高档卷烟，其价格远高于临界点 70 元/条的价格，则为减轻应纳税额而调低价格到 70 元/条以下，往往得不偿失。例如，企业生产卷烟的价格为 150 元/条，采取降低价格减轻税负的方式就不够理想。假设其他条件不变，企业税收筹划前后的纳税情况分别为：

$$税收筹划前应纳消费税=8\times150+150\times2\ 000\times56\%=169\ 200(元)$$
$$税收筹划后应纳消费税=8\times150+68\times2\ 000\times36\%=50\ 160(元)$$

经过比较可知，虽然降低价格后，企业应纳消费税降低了 119 040 元（$=169\ 200-50\ 160$），但销售收入减少了 164 000 元（$=150\times2\ 000-68\times2\ 000$），最终净收益锐减。

8.2.6.4 以应税消费品实物抵债的筹划

《消费税暂行条例》及其实施细则和相关法规对于纳税人的某些特定行为规定了

特殊条款，纳税人用于换取生产资料和消费资料、投资入股和抵偿债务等方面的应税消费品，应当以纳税人同类应税消费品的最高销售价格为依据计算消费税。其他纳税人自用未对外销售应税消费品（馈赠、赞助、广告等）在计税时，应按纳税人生产的同类消费品的销售价格计算纳税；没有同类消费品销售价格的，按照组成计税价格计算纳税。

组成计税价格的计算公式为：

$$组成计税价格=\frac{成本+利润}{1-消费税税率}$$

或

$$组成计税价格=\frac{成本+利润+自用数量\times定额税率}{1-消费税税率}$$

“同类消费品的销售价格”是指纳税人或代收代缴义务人当月销售的同类消费品的销售价格。如果当月同类消费品各期销售价格高低不同，应按销售数量加权平均计算。销售的应税消费品销售价格明显偏低又无正当理由的或者无销售价格的，不得列入加权平均计算。如果当月无销售或者当月未完结，应按照同类消费品上月或者最近月份的销售价格计算纳税。

当纳税人以应税消费品用于偿还债务时，要尽量采用“先销售、后抵债”的方式，防止按较高价格计税，进而增加自身税负。

［案例 8-42］

以应税消费品实物抵债的筹划

长江酿造厂以 500 公斤 A 牌白酒抵偿原企业经营中欠黄河粮食加工有限公司的债务。该酿造厂当月销售 A 牌白酒的情况为：以 80 元/公斤的价格销售了 600 公斤，以 100 元/公斤的价格销售了 1 500 公斤；以 120 元/公斤的价格销售了 600 公斤。该厂对这笔抵债白酒计算缴纳的消费税为：

$$0.50\times500\times2+80\times500\times20\%=500+8\ 000=8\ 500(元)$$

税务机关在稽查时提出：用以抵债的白酒应补缴消费税。请问税务机关的结论是否正确？应该如何筹划？

【解析】 税法规定，纳税人用于换取生产资料和消费资料、投资入股和抵偿债务等方面的应税消费品，应当以纳税人同类应税消费品的最高销售价格为依据计算消费税。税务机关的结论是符合法律规定的。当月，该厂销售此类白酒的最高销售价格为 120 元/公斤，则该笔偿债白酒应缴纳的消费税为：

$$0.50\times500\times2+120\times500\times20\%=500+12\ 000=12\ 500(元)$$

长江酿造厂应补缴消费税税款 4 000 元（=12 500－8 500）。

如果长江酿造厂以 80 元/公斤的价格和正常的手续将 500 公斤 A 牌白酒销售给黄河粮食加工有限公司，再通过有关账户调整抵减“应付账款”，那么该笔抵债白酒就可按协议中的价格计算缴纳消费税。这样既符合税法规定，又收到了节税的效果。

8.2.6.5 以应税消费品投资入股的筹划

在纳税人以应税消费品投资入股时，一般是按照协议价格或者评估价格确定价值的，只要这种协议价格或者评估价格低于其当月销售该类应税消费品的最高价格，直接以应税消费品投资入股就会比销售后再投资的方式缴纳更多的消费税。在这种情况下，可以考虑转换为先销售后投资的方法。

[案例 8－43]

以应税消费品投资入股的筹划

某摩托车制造厂甲准备以参股的方式向乙企业投资。双方商定，甲企业以摩托车 200 辆实物入股（评估价格为 8 100 元/辆），取得乙企业 100 万股股权。甲企业当月对外销售同型号的摩托车共有三种价格：以 8 000 元/辆销售 60 辆，以 8 600 元/辆销售 80 辆，以 9 000 元/辆销售 20 辆（假设该制造厂所生产的摩托车气缸容量大于 250 毫升，适用的消费税税率为 10%）。

【解析】 甲企业的投资方案有两个：

第一，直接以摩托车进行实物投资入股。

$$应缴消费税=9\,000\times200\times10\%=180\,000(元)$$

第二，先销售、后投资（销售价格为 8 100 元/辆）。

$$应缴消费税=8\,100\times200\times10\%=162\,000(元)$$

显然，第二种方案比第一种方案减少消费税 18 000 元（＝180 000－162 000）。

8.2.7 企业加工业务的消费税筹划

8.2.7.1 委托加工与自行加工的筹划

生产应税消费品有两种形式：一种为自行加工应税消费品，另一种为委托加工应税消费品。我国现行消费税法规对于委托加工应税消费品有特殊的规定。

我国税法规定，委托加工的应税消费品是指由委托方提供原材料和主要材料，受托方只收取加工费和代垫部分辅助材料加工的应税消费品。由受托方提供原材料或其他情形的，一律不能视同委托加工应税消费品。委托加工的应税消费品收回后，继续用于生产应税消费品销售的，其加工环节缴纳的消费税税款可以扣除。

为了避免税款流失，对于委托加工的应税消费品的应纳消费税，我国采取了源泉控制的管理办法，即由受托方（受托方为个人的除外）向委托方交货时代收代缴消费税。纳税人委托个人（含个体工商户）加工应税消费品的，一律由委托方收回后在委托方所在地缴纳消费税。

委托方将收回的应税消费品以不高于受托方的计税价格出售的，为直接出售，不再缴纳消费税；委托方以高于受托方的计税价格出售的，不属于直接出售，需要按照规定申报缴纳消费税，在计税时准予扣除受托方已代收代缴的消费税。委托方收回应税消费品后，若用于连续生产应税消费品的，已缴纳的消费税税款准予按规定抵扣。

需要注意的是，由受托方提供原材料，或受托方先将原材料卖给委托方然后再接受加工，以及由受托方以委托方名义购进原材料生产的应税消费品，不论纳税人在财务上是否做销售处理，都不得作为委托加工应税消费品，而应看作受托方销售自制消费品，此时消费税的纳税人为受托方。

对于委托加工的应税消费品，应按照受托方同类消费品的销售价格计算纳税；没有同类消费品销售价格的，应按照组成计税价格计算纳税。

实行从价计税方法计算纳税的组成计税价格计算公式为：

$$组成计税价格=(材料成本+加工费)\div(1-比例税率)$$

实行复合计税方法计算纳税的组成计税价格计算公式为：

$$组成计税价格=(材料成本+加工费+委托加工数量\times定额税率)\div(1-比例税率)$$

【知识要点提醒】

委托加工应税消费品的消费税纳税人是委托方，不是受托方，受托方承担的只是代收代缴义务。

自行加工应税消费品的消费税计税依据为应税消费品的销售价格，而委托加工应税消费品的消费税计税依据为同类消费品的销售价格或者组成计税价格。企业在收回委托加工应税消费品后，如果直接出售且销售价格低于受托方计税价格，则无须再缴纳消费税；如果继续生产应税消费品再出售，则需要缴纳消费税，但在计税时准予扣除受托方已代收代缴的消费税。

若企业收回委托加工应税消费品后以高于或等于受托方组成计税价格出售的，不同加工方式下的应纳消费税总额相同，但缴纳消费税的时间不同，企业可以选择自行加工方式，实现递延纳税效果。

[案例 8-44]

应税消费品加工方式的筹划

A 公司生产化妆品，欲将一批价值 100 万元的原材料加工成高档化妆品，现有三种方式可供选择。

方式一：委托 B 公司加工成化妆品，加工费为 70 万元，收回后直接销售，对外售价为 300 万元。

方式二：委托 B 公司加工成初级化妆品，支付加工费 36 万元，收回后再进一步加工，支付加工费用 34 万元。在加工完成后，对外售价为 300 万元。

方式三：自行加工，发生加工费用 70 万元。对外售价为 300 万元。

B 公司无同类应税消费品销售。该批高档化妆品的最终售价预计为 300 万元。企业适用的高档化妆品消费税税率为 15%，企业所得税税率为 25%。

请问企业采用何种加工方式的利润最高（不考虑城市维护建设税及教育费附加）？

【解析】 方式一：

A公司完全委托加工，收回应税消费品后直接销售。

B公司在移交委托加工化妆品时，需要代收代缴消费税。

B公司应代收代缴消费税＝(100＋70)÷(1－15%)×15%＝30(万元)

A公司收回委托加工化妆品后直接销售，则

需要再缴纳消费税＝300×15%－30＝15(万元)

合计应纳消费税＝30＋15＝45(万元)

A公司的税后利润＝(300－100－70－30－15)×(1－25%)＝63.75(万元)

方式二：

A公司部分委托加工，收回后继续加工成应税消费品再销售。

B公司在移交委托加工化妆品时，应代收代缴消费税。

B公司应代收代缴消费税＝(100＋36)÷(1－15%)×15%＝24(万元)

A公司对外销售应缴纳消费税＝300×15%－24＝21(万元)

合计应纳消费税＝24＋21＝45(万元)

A公司的税后利润＝(300－100－36－34－24－21)×(1－25%)＝63.75(万元)

方式三：

A公司自行加工成应税消费品直接销售。

A公司应纳消费税税额＝300×15%＝45(万元)

A公司的税后利润＝(300－100－70－45)×(1－25%)＝63.75(万元)

比较这三种方式，在各种因素相同的情况下，企业选择不同的加工方式对其销售业务的税后利润没有影响，这三种加工方式的应纳消费税税额相同，税后利润一致。但是，这三种加工方式下消费税的纳税时间不同，在委托加工方式下的提货环节就发生了消费税的纳税义务。

需要注意的是，在现实中，一般企业选择委托加工方式是因为受托方的加工成本小于自行加工成本，因此完全或部分委托加工相较于自行加工来说更有优势。

8.2.7.2 委托加工方的选择

对于委托加工的应税消费品，应按照受托方同类消费品的销售价格计算纳税；没有同类消费品销售价格的，应按照组成计税价格计算纳税。企业在选择委托加工工厂时，需要考虑受托方有无同类消费品销售。若受托方有同类消费品销售，且同类消费品的销售价格高于委托加工消费品的最终销售价格，就会带来消费税应纳税额的增加。若受托方有同类消费品销售但其销售价格低于应税消费品最终的销售价格，或受托方无同类消费品销售，需要用组成计税价格代收代缴消费税，则不会加重委托方的消费税负担。

【知识要点提醒】

纳税人对于接受委托加工的受托方所在地的选择，对最终税负也有影响。我国税法规定，凡缴纳增值税、消费税的单位及个人，都是城市维护建设税的纳税人。在受托方计算代收代缴消费税时，应同时计算应缴纳的城市维护建设税和教育费附加。在其他条件相同的情况下，选择委托加工方时，应选择农村地区的委托加工方，其城市维护建设税税率最低。

8.3 企业所得税的税收筹划

8.3.1 企业所得税的筹划原理

从原则上说，企业所得税的税负水平主要取决于税基、税前扣除、税率和税收优惠。税基越宽，税率越高，税负就越重；或者说，税前扣除越大，税收优惠越多，税负就越轻。企业所得税无论税基的宽窄、税率的高低还是税收优惠的多少都有较大的弹性，因而税收筹划空间较大。在企业所得税的筹划中，应该结合税收筹划的基本方法和企业的经营规模，合理安排企业设立、投资、融资、销售、采购、经营、研发、并购重组等环节的相关活动，通过合理安排所得，使收入最小化、扣除项目最大化，或是合法地选择取得所得的时点等，借以实现免除纳税义务、减少纳税义务、降低税收风险或是递延纳税义务等目标。

8.3.1.1 收入项目的筹划

1. 不征税收入筹划

（1）筹划原理。不征税收入是税法从根本上不予纳入征税范围的一种收入，在计算应纳税所得额时从收入总额中减除。《企业所得税法实施条例》规定企业收入总额中的下列收入为不征税收入：财政拨款；依法收取并纳入财政管理的行政事业收费、政府性基金；国务院规定的其他不征税收入。不征税收入用于支出所形成的费用，不得在计算应纳税所得额时扣除；不征税收入用于支出所形成的资产，其计算的折旧、摊销不得在计算应纳税所得额时扣除。符合不征税收入条件的，可选择作为征税或者不征税收入。

（2）筹划要点。不征税收入的筹划要点是对不征税收入的用途进行考虑，不征税收入会减少应纳税额，但不征税收入形成的支出不得在税前扣除又会导致应纳税额的增加，因此要在两者之间进行比较。例如，企业收到了政府补助性收入，当收到的政府补助性收入用于补偿企业以后年度的相关费用或损失的，若将其作为不征税收入，则会导致本年应纳税所得额不变，以后年度应纳税所得额增加；若将其作为征税收入，则会导致本年应纳税所得额增加。考虑到货币时间价值，应该将其作为不征税收入。与此同时，企业对其取得的不征税收入以及不征税收入所形成的支出和资产要单独核算，以免由于核算不清而被划入征税范围。

2. 免税收入筹划

(1) 筹划原理。免税收入是指属于企业的应税所得但按照税法规定免予征收企业所得税的收入，其实质是一种税收优惠。企业的下列收入为免税收入：国债利息收入；符合条件的居民企业之间的股息、红利等权益性投资收益；在中国境内设立机构、场所的非居民企业从居民企业取得的与该机构、场所有实际联系的股息、红利等权益性投资收益；符合条件的非营利性组织的收入。

(2) 筹划要点。企业取得的各项免税收入所对应的各项成本、费用，除另有规定者外，可以在计算企业应纳税所得额时扣除。企业应该合理安排相关活动，使得收入符合免税收入的相关规定，以享受该税收优惠。当企业有闲置资金时，可以与其他投资项目进行比较，准确估计项目的收益率，在取得同等收益率的情况下优先购买国债和权益性投资。需要注意的是，在进行税收筹划时，要分清非营利性组织的非营利性收入和营利性收入；如果不能分清的，不能视为免税收入。

【即学即用】

股利分配政策的筹划

甲公司于3月15日以银行存款1 000万元投资于乙公司，占乙公司（非上市公司）股本总额的70%，乙公司当年获得净利润500万元。乙公司保留盈余不分配。次年6月，甲公司将其拥有的乙公司70%的股权全部转让给丙公司，转让价为1 210万元。转让过程中发生的税费为0.7万元。甲公司应当如何进行税收筹划？

如果甲公司直接转让该股权，可以获得转让所得：

$$1\ 210-1\ 000-0.7=209.3(\text{万元})$$

应当缴纳的企业所得税为：

$$209.3\times 25\%=52.325(\text{万元})$$

净利润为：

$$209.3-52.325=156.975(\text{万元})$$

如果甲公司先获得分配的利润，然后再转让股权，则可以减轻税收负担。相应的税收筹划方案如下：次年4月，董事会决定将税后利润的30%用于分配，甲公司分得利润105万元。6月，甲公司将其拥有的70%的乙公司股权全部转让给丙公司，转让价为人民币1 100万元。转让过程中发生的税费为0.6万元。在这种方案下，甲公司获得的105万元股息属于免税收入，不需要缴纳企业所得税。甲公司获得的股权转让所得为：

$$1\ 100-1\ 000-0.6=99.4(\text{万元})$$

应当缴纳的企业所得税为：

$$99.4\times 25\%=24.85(\text{万元})$$

净利润为：

$$105+99.4-24.85=179.55(\text{万元})$$

通过税收筹划，甲公司多获得净利润：

179.55 - 156.975 = 22.575(万元)

丙公司未来将少取得股息105万元，但转让价款降低了110万元，丙公司获益5万元。

8.3.1.2 扣除项目的筹划

1. 成本的筹划

【小思考】 不征税收入与免税收入所对应的成本、费用能否税前扣除？

(1) 筹划原理。成本是企业所得税的税前扣除项目之一，在税率一定的情况下，应纳税额的大小与成本的大小成反比，即成本越大，纳税人的税收负担越轻。因此，如果能够控制成本，也就控制了应纳税额，即对应纳税额的控制可以通过对成本的控制来实现。

(2) 筹划要点。在企业所得税中，成本项目的税收筹划可以从以下几个方面进行：

第一，合理处理成本的归属对象及归属期间。纳税人必须将经营活动中发生的成本合理划分为直接成本和间接成本。特别是对于既生产应税产品又生产免税产品的企业，合理确定直接成本和间接成本的归属对象及归属期间显得尤为重要。

第二，成本结转处理方法的筹划。成本结转处理方法主要包括约当产量法、在产品按完工产品计算法、在产品按定额成本计价法等。税法并没有限制使用哪一种方法，采用不同的成本结转处理方法对完工产品成本结转的影响很大，企业应根据实际情况选择适当的方法。

第三，成本核算方法的筹划。成本核算方法主要包括品种法、分批法、分步法三种基本方法。每一种方法对产成品的成本都会产生很大的影响。所以，合理选择成本核算方法能够影响企业的产成品价值。

第四，成本、费用在存货、资本化对象或期间费用之间的选择。如果企业的某项成本、费用能在存货与资本化对象之间进行选择，对于纳税人而言，应该尽可能选择计入存货成本，这样可以加快其税前扣除速度。如果企业发生的某项成本、费用可以在存货与期间费用之间选择，从企业所得税的角度来说，应该计入期间费用，因为期间费用在当期就可以得到扣除。

【知识链接】

对于存货中的包装物和低值易耗品，《企业会计准则》规定了两种可选择的摊销方法，即采用一次转销法或五五摊销法。税法对未做固定资产管理的工具、器具等规定作为低值易耗品，可以一次或分期扣除。《企业会计准则》与税法规定基本一致。

企业对于低值易耗品和包装物在领用时可以进行一次摊销，直接计入当期费用以减少当期的应纳税所得额，获得延期纳税的益处。对于已摊销的包装物和低值易耗品，应加强监管，以防企业资产流失。

【即学即用】

成本项目之间的转换

北京某企业采购一台设备，价值1 000万元；随同该设备购入的，还有与该设备有关的零部件、附属件，价值30万元。

方案一，零部件、附属件随同设备计入固定资产。

方案二，零部件、附属件作为低值易耗品入账。

两者在企业所得税前扣除的金额总和没有差异，但方案二的扣除速度快于方案一，企业可以获得货币时间价值。

2. 费用的筹划

【小思考】 企业对存货成本的计算可以采取移动加权平均法、加权平均法、先进先出法。企业在分别适用累进税率、比例税率的情况下，采用何种方法最能实现税收筹划的目的？

（1）筹划原理。企业生产经营中的期间费用包括销售费用、管理费用、财务费用，这些费用的大小直接影响企业的应纳税所得额。因此，如果能够控制费用，也就控制了应纳税额，即对应纳税额的控制可以通过对费用的控制来实现。与此同时，在企业盈利的情况下，如果费用能得到提前扣除，则可以为企业赢得一笔资金的时间价值。

（2）筹划要点。《企业所得税法实施条例》对允许扣除的项目做了规定，结合会计核算的费用项目划分需要，将费用项目分为三类：税法有扣除标准的费用项目、税法没有扣除标准的费用项目、税法给予优惠的费用项目。

1）按标准扣除的费用项目筹划。税法有扣除标准的费用项目包括职工福利费、职工教育经费、工会经费、业务招待费、广告费和业务宣传费、公益性捐赠支出等。这类费用一般采用以下筹划方法：

第一，原则上遵照税法的规定进行抵扣，避免因纳税调整而增加企业税负。

第二，区分不同费用项目的核算范围，使税法允许扣除的费用得以充分抵扣。

2）按实际发生额扣除的费用项目筹划。税法没有扣除标准的费用项目包括劳动保护支出、财产保险费、办公费、差旅费、董事会费、咨询费、诉讼费、租赁及物业费、车辆使用费、长期待摊费用摊销、房产税、车船税、土地使用税和印花税等。这类费用一般采用以下筹划方法：

第一，正确设置费用项目，合理加大费用开支。例如，在亏损年度可以尽量缩小支出，减少亏损金额。

第二，选择合理的费用分摊方法。例如，在对低值易耗品、无形资产、长期待摊费用等进行摊销时，要视纳税人不同时期的盈亏情况而定：在盈利年度，应选择使费用尽快得到分摊的方法，使其抵税作用尽早发挥，推迟企业所得税的纳税时间；在亏损年度，应选择使费用尽可能地摊入亏损并能全部得到税前弥补的方法，不要浪费费用分摊的抵税效应；在享受税收优惠的年度，应选择能使减免税年度摊销额最小、正常年度摊销额增大的摊销方法。

3）给予税收优惠扣除的费用项目筹划。税法给予优惠的费用项目包括研发费用等，企业应充分利用税收优惠政策。例如，企业在一个纳税年度中开展研发活动实际发生的研发费用，允许按当年实际发生额的一定额度进行加计扣除。

［案例 8－45］

广告费用的税收筹划

某集团的总资产约为12亿元，正处于不断开发产品和市场的阶段。其中，一个主力公司的年销售额为25 000万元，广告费却发生了6 500万元。该集团应如何进行税收筹划？

【解析】 如果不进行税收筹划，那么该集团广告费的扣除限额为3 750万元（＝25 000×15%），剩下的2 750万元（＝6 500－3 750）无法扣除，将产生一笔不菲的利益损失。因此，该集团需要进行税收筹划，尽可能实现广告费扣除限额的最大化。

方案一：成立独立的销售公司。

该集团可以将主力公司的销售部拉出去，专门成立一个独立核算的销售公司。主力公司的产品以20 000万元卖给销售公司，销售公司再以25 000万元对外销售。6 500万元的广告费在两个公司分配：主力公司承担2 800万元，销售公司承担3 700万元。在总体利益不变的情况下，广告费就以两家企业的销售收入为依据计算扣除限额，其计算结果如下：

主力公司：

广告费发生额为2 800万元，而扣除限额为3 000万元（＝20 000×15%），2 800万元可全部在税前列支。

销售公司：

广告费发生额为3 700万元，而扣除限额为3 750万元（＝25 000×15%），3 700万元可全部在税前列支。

该方案也会影响企业的增值税筹划。如果该筹划发生在一般纳税人且是同等税率的企业之间，一方获得进项税额，另一方获得销项税额，那么企业之间的货物流动不会对增值税总体税负产生影响。但如果该筹划发生在不同增值税税率水平的一般纳税人之间，则要考虑增值税总体上的得失。如果有的企业不允许增值税抵扣，则不适用该方案。

此外，在实际生活中，一些地区会根据收入的1‰征收防洪基金等费用，应确保该方案增加的收入所带来的基金费用小于该方案节约的税费。

方案二：分散广告费用。

该集团中很多公司的广告都是让集团整体受益，但其中的一些公司很少发生广告费。因此，税收筹划的核心就在于如何分散这6 500万元的广告费。

具体操作思路是：依据销售额分摊广告费，即依据销售额的15%来确定各个公司“应该承担的广告费额度”，让各个公司依据承担的“额度”，分别与媒体或广告公司签订广告合同。

例如，主力公司的年销售额为25 000万元，那么其与媒体或广告公司签订的广告合同额度就应该控制在3 750万元（＝25 000×15%）以下。余下的2 750万元（＝6 500－3 750）广告费，尚需18 333.33万元（＝2 750÷15%）的销售额指标消化，这些广告费可在其他几个尚有扣除额度的公司中进行分配。

需要注意的是，在企业所得税税率相同的前提下，一方是收入，另一方是等额成本，因此交易价格不会影响整体的企业所得税，但会影响两个公司各自的税收水平。生产企业以什么价格把产品卖给销售公司，才能保证两个企业都不亏损，需要进行核算。如果导致一方亏损、另一方盈利，那么亏损的一方就无法充分发挥抵税作用。所以，在进行交易时一定要仔细核算，以免发生不必要的损失。

与此同时，如果生产公司和销售公司是关联企业，则在确定交易价格时，也要注意关联交易的限制规定，以免带来税务风险。在实务中，产品大多有批发价和零售价，而且可以根据批量的大小来确定不同的价格。所以，生产公司和销售公司在确定交易价格时有很大的税收筹划空间。

【即学即用】

业务招待费的税收筹划

甲公司成立一年，市场处于开发阶段，公关也处于关键时期。该年销售收入为 20 000 万元，当年发生业务招待费 330 万元，远超税法限定的 5‰的比例。

请问该公司应如何进行税收筹划？

8.3.2 纳税义务发生时间的筹划

（1）筹划原理。针对纳税义务发生时间的筹划是指纳税人通过合理安排应税所得和税前可扣除项目的实现时间进行的税收筹划。在合法的情况下，企业应尽量延期纳税。纳税人延期缴纳本期税款就等于得到了一笔无息贷款，可以使纳税人在本期有更多的资金用于获取收益，也相当于节减了税款。

（2）筹划要点。企业所得税的本期应纳税所得额为收入总额减去准予扣除项目金额。要推迟企业所得税的纳税期，一方面要设法推迟收入的实现，另一方面要尽量提前税前扣除项目的列支。具体要点包括：

1）推迟收入的确认时间。

①推迟销售收入的实现。销售收入的实现是以发出商品并取得索取货款的凭据为依据的。如果销售发生在月末或年末，企业可以试图延缓销售至次月或次年。需要注意的是，企业不能为了自己推迟纳税而让客户推迟购买时间，这有可能失去一大批客户；与此同时，企业也不能为推迟纳税而推迟收款，这不利于企业的资金周转。企业应综合考虑各种因素，实现财务利益最大化。

②采取分期收款结算方式。分期收款销售商品以合同约定的收款日期确定收入的实现。若企业一时收不到货款，应采取分期收款方式，推迟销售收入的确认时间。

③推迟长期工程收入的实现。长期工程（如建筑、安装、装配工程，加工、制造大型机械设备、船舶等）的持续时间超过一年的，按完工进度或完成的工作量确定收入的实现。在此，完工进度与完成的工作量是由企业自身经营情况决定的，因而在收入的实现时间上，企业具有较大的主动性，可以尽量推迟收入的实现。

2）提前支出的扣除时间。

①提前摊销开办费用。税法规定，企业在筹建期间发生的开办费，应当从开始生产经营月份的次月起，在不短于 5 年的期限内分期摊销。尽管税法规定了摊销期限，但并未限定摊销方法是否必须为平均摊销法。因此，企业应在前期提高开办费的摊销比例，从而获得资金的时间价值。

②提前计提折旧费用。在税法允许的条件下，采用加速折旧或者降低折旧年限的方式提前计提折旧，从而达到提前扣除费用的效果，使得税款递延至以后期间，也就是获得了资金的时间价值。

③提前计提成本。比如存货结转成本等，在物价持续上升的时候，可以采用加权平均法，使其当期扣除的金额大于采用先进先出法扣除的金额，从而递延税款。

需要注意的是，提前支出的扣除时间并不适用于任何情况。例如，对于处于“两免三减半”优惠期间的企业而言，减免期扣除项目的增加会导致企业享受的税收优惠减少，因而应将扣除项目推迟至正常纳税年度。

8.3.2.1 税率的筹划

（1）筹划原理。由于企业所得税的税率有多个不同的档次，因此可以创造条件，使得企业尽可能按较低税率缴纳税款，具体可以分为横向税率筹划与纵向税率筹划两个维度。横向税率筹划是指企业通过设立子公司来降低税负。纵向税率筹划是指企业在不同的发展阶段，尽可能合理地利用税法提供的多种税收优惠条件。

（2）筹划要点。

1）企业横向税率筹划。企业在低税率地区设立分支机构，应采用子公司的形式，子公司是独立的法人机构，可直接在所在地缴纳企业所得税，享受低税率的优惠。企业在高税率地区设立分支机构，应采用分公司的形式，分公司不是独立的法人机构，其所得需要汇总到总机构所在地纳税，借以降低分支机构的税负。除此之外，当企业整体难以满足高新技术企业的条件时，企业可以将其研发部门独立成子公司，享受15%的优惠税率。

2）企业纵向税率筹划。在成立初期，企业应该注册到国家重点扶持发展的地区，并从事鼓励类产业，从而适用低税率计算企业所得税，享受相应的税收优惠。企业可以通过不在中国境内设立机构、场所，或者虽在中国境内设立机构、场所，但其所得与机构、场所无实际联系的方式，从而适用其所得减按50%计入应纳税所得额并按20%的低税率征收企业所得税的优惠政策。除此之外，企业在成立之初应尽量满足小微企业的条件，以享受较低的优惠税率。在企业发展壮大后，其组织结构和业务形式日益多样化，企业可采取分立子公司的方式，使得企业的部分业务部门可以享受优惠税率。当企业发展成为跨国公司后，可以采用在广泛签订税收协定的国家设立中介公司的形式，享受协定国之间优惠的预提所得税税率。

8.3.2.2 税收优惠的筹划

现行税法中规定的享受减免税优惠政策的地区主要包括西部地区、民族地区、经济特区、经济技术开发区等。

对于已成立的企业来说，如果具备了其他享受优惠政策的条件，只是由于注册地点不在特定税收优惠地区而不能享受相应的税收优惠政策，那么就应该考虑企业是否需要搬迁的问题。此时，企业需要充分考虑生产经营的寿命周期，为了享受税收优惠政策而产生的企业利润的改变，以及因为搬迁带来的成本、费用及新注册地与老注册地在信息、技术来源、客户开拓等方面的差异，进行全面分析，对有关的经济技术数据进行测算，然后做出相应决策。

8.3.2.3 亏损弥补的筹划

亏损弥补政策是我国企业所得税中的一项重要优惠措施，是国家为了扶持纳税人发展，从政策上帮助纳税人渡过难关的一项优惠措施，企业要充分利用亏损弥补政策，以取得最大的节税效益。

(1) 重视亏损年度后的运营。企业在出现亏损后，必须重点抓生产经营及投资业务，比如企业可以减小以后5年内投资的风险性，以相对安全的投资为主，确保亏损能在规定的5年期限内得到全额弥补。需要注意的是，自2018年1月1日起，高新技术企业和科技型中小企业的亏损结转年限由5年延长至10年。

(2) 利用企业合并、分立、汇总纳税等优惠条款消化亏损。按照税法的规定，汇总纳税、合并纳税的成员企业发生的亏损，可直接冲抵其他成员企业的所得额或并入母公司的亏损额，不需要用本企业以后年度所得进行弥补。对于符合特殊性税务处理条件的企业合并，被合并企业的亏损可以在税法规定的年限和限额内由合并企业弥补。所以，对于一些长期处于高盈利状态的企业，可以通过合并一些亏损企业，以减少其应纳税所得额，达到节税的目的。特别是一些大型集团公司，应尽量采取汇总纳税、合并纳税的方式，用盈利企业的所得额冲抵亏损企业的亏损额，从而减少应纳税额。

8.3.3 纳税人身份的筹划

8.3.3.1 居民纳税人与非居民纳税人之间的选择

按照《企业所得税法》的规定，无论是外商投资企业还是外国企业，其纳税人身份面临两种选择：一是作为居民纳税人；二是作为非居民纳税人。作为居民纳税人，就应当承担无限纳税义务，既要对来源于中国境内的所得申报纳税，又要对来源于国外的收入和所得申报纳税。这样有可能导致纳税人出现税负很重或双重征税的问题。因此，企业应尽可能选择非居民纳税人身份，负有限的纳税义务，从而减轻税收负担。

[案例 8-46]

企业所得税纳税人身份的筹划

某外国企业到中国开展劳务服务，预计每年获得1 000万元人民币收入（这里暂不考虑相关的成本、费用、增值税及附加税费支出）。该企业面临以下三种选择：

第一，在中国境内设立实际管理机构。

第二，在中国境内不设立实际管理机构，但设立营业机构，营业机构适用25%的企业所得税税率。劳务收入通过该营业机构取得。

第三，在中国境内既不设立实际管理机构，又不设立营业机构。

对于上述三种不同的选择，该外国企业的收入面临不同的税率和纳税状况，应如何筹划?

【解析】 具体分析如下：

如果该外国企业选择在中国境内设立实际管理机构，则一般被认定为居民企业，这种情况下适用的企业所得税税率为25%，其应纳税额为：

企业所得税＝1 000×25％＝250（万元）

如果该外国企业选择在中国境内不设立实际管理机构，只设立营业机构并以此获取收入，这种情况下该营业机构适用的税率为25％，其应纳税额为：

企业所得税＝1 000×25％＝250（万元）

如果该外国企业选择在中国境内既不设立实际管理机构，又不设立经营场所，则其来源于中国境内的所得适用10％的预提所得税税率，其应纳税额为：

企业所得税＝1 000×10％＝100（万元）

因此，该外国企业应该选择在中国境内既不设立实际管理机构，又不设立经营场所。

8.3.3.2 转变为小微企业身份的筹划

【小思考】 某高科技企业的预计应纳税所得额将达到45万元，应如何进行税收筹划？

小微企业实际适用的企业所得税税率较低。因此，小型企业在设立时应认真规划企业的规模和从业人数，以享受小微企业的税收优惠、减轻税收负担。

8.3.3.3 高新技术企业身份的筹划

高新技术企业享受15％的优惠税率水平。《企业所得税法》对高新技术企业的身份认定做出了一系列规定。企业在设立、投资等经营活动中应结合自身情况，充分考虑投资的对象并慎重定位企业的性质，以求最大限度地享受税收优惠，充分运用税收优惠政策。

8.3.4 企业组织形式的筹划

（1）子公司与分公司。企业在投资设立分支机构时，不同的组织形式各有利弊。子公司是以独立法人身份出现的，因而可以享受子公司所在地提供的包括减免税在内的税收优惠。但是，设立子公司的手续繁杂，需要具备一定的条件；子公司必须独立经营、自负盈亏、独立纳税；子公司在经营过程中还要接受当地政府部门的监督管理等。

分公司不具有独立的法人身份，因而不能享受当地的税收优惠。但是，设立分公司的手续简单，有关财务资料不必公开，不需要独立缴纳企业所得税，并且分公司这种组织形式便于总公司进行管理控制。

设立子公司与设立分公司的税收利益孰高孰低并不是绝对的，它受到一国税收制度、企业经营状况及内部利润分配政策等多种因素的影响。通常说来，在投资初期，分支机构发生亏损的可能性比较大，宜采用分公司的组织形式，因而其亏损可以与总公司的损益汇总纳税。公司经营成熟后，宜采用子公司的组织形式，以便充分享受所在地的各项税收优惠。

［案例8－47］

企业组织形式的税收筹划（1）

深圳新营养技术生产公司为扩大生产经营范围，准备在内地兴建一家芦笋种植加工公司。在选择芦笋种植加工公司的组织形式时，该公司进行了税收方面的分析。

芦笋是一种根茎类作物，在新的种植区域播种，达到初次具有商品价值的收获期需要4～5年。这样一来，公司在开办初期将面临很大的亏损，但亏损会逐渐减少。经估计，此芦笋种植加工公司第一年的亏损额为200万元，第二年的亏损额为150万元，第三年的亏损额为100万元，第四年的亏损额为50万元，自第五年开始盈利，盈利额为300万元。

新营养技术生产公司的总部设在深圳，属于国家重点扶持的高新技术公司，适用的企业所得税税率为15%。该公司除在深圳设有总部外，在内地还有一个H子公司，适用的企业所得税税率为25%。经预测，在未来五年内，新营养技术生产公司总部的应纳税所得额均为1 000万元，H子公司的应纳税所得额分别为300万元、200万元、100万元、0万元、－150万元。

【解析】 经分析，现有三种组织形式方案可供选择。

方案一，将芦笋种植加工公司建成具有独立法人资格的M子公司。

因为子公司具有独立法人资格，属于企业所得税的纳税人，需要按其应纳税所得额独立计算缴纳企业所得税。

在这种情况下，新营养技术生产公司包括三个独立纳税主体：新营养技术生产公司总部、H子公司和M子公司。在这种组织形式下，因芦笋种植加工公司——M子公司是独立的法人实体，不能与深圳新营养技术生产公司或H子公司汇总纳税，所以其形成的亏损不能抵销新营养技术公司总部的利润，只能抵扣以后年度实现的利润。

在四年里，新营养技术公司总部及其子公司的纳税总额分别为225万元（=1 000×15%+300×25%）、200万元（=1 000×15%+200×25%）、175万元（=1 000×15%+100×25%）、150万元（=1 000×15%），四年间缴纳的企业所得税总额为750万元。

方案二，将芦笋种植加工公司建成非独立核算的分公司。

分公司不同于子公司，它不具备独立的法人资格，不独立建立账簿，只作为分支机构存在。按照税法的规定，分支机构的利润与总部的利润汇总纳税。在这种情况下，深圳新营养技术生产公司仅有两个独立的纳税主体：新营养技术生产公司总部和H子公司。

在这种组织形式下，因为芦笋种植加工公司作为非独立核算的分公司，其亏损可由新营养技术生产公司总部用其利润弥补，从而降低了新营养技术生产公司总部第一年至第四年的应纳税所得额，并使新营养技术生产公司总部的应纳所得税得以延缓。

在前四年里，新营养技术生产公司总部、子公司及分公司的纳税总额分别为195万元（=1 000×15%－200×15%+300×25%）、177.5万元（=1 000×15%－150×15%+200×25%）、160万元（=1 000×15%－100×15%+100×25%）、142.5万元（=1 000×15%－50×15%），四年间缴纳的所得税总额为675万元。

方案三，将芦笋种植加工公司建成内地H子公司的分公司。

在这种情况下，芦笋种植加工公司和H子公司汇总纳税。此时，新营养技术生产公司有两个独立的纳税主体：新营养技术生产公司总部和H子公司。在这种组织形式下，因为芦笋种植加工公司作为H子公司的分公司，与H子公司汇总纳税，其前四年的亏损可由H子公司当年的利润弥补，从而降低了H子公司第一年至第四年的应纳税所得额，不仅使H子公司的应纳所得税得以延缓，而且使得整体税负下降。

在前四年里，新营养技术生产公司总部、H子公司及分公司的纳税总额分别为175万元（=1 000×15%+300×25%−200×25%）、162.5 万元（=1 000×15%+200×25%−150×25%）、150 万元（=1 000×15%+100×25%−100×25%）、150 万元（=1 000×15%），四年间缴纳的企业所得税总额为 637.5 万元。

通过对上述三种方案的比较，该公司应该选择第三种组织形式，即将芦笋种植加工公司建成内地 H 子公司的分公司，这样可以使整体税负最低。

（2）公司制企业与非公司制企业。企业可以分为公司制企业和非公司制企业。从 2000 年 1 月 1 日起，我国对个人独资企业、合伙企业这类非公司制企业比照个体工商户的生产、经营所得，适用 5 级超额累进税率，征收个人所得税。公司制企业需要缴纳企业所得税。如果向个人投资者分配股息、红利，还要代扣其个人所得税（对于股息、红利，税法规定适用 20%的比例税率）。

一般来说，企业在设立时应合理选择纳税主体的身份，选择时应考虑的问题主要有：

第一，从总体税负的角度考虑，非公司制企业一般要低于公司制企业，因为前者不存在重复征税问题，而后者一般涉及重复征税问题。

第二，在公司制企业与非公司制企业的身份选择决策中，要充分考虑税基、税率和税收优惠政策等多种因素，最终税负的高低是多种因素共同作用的结果，不能只考虑一种因素。

第三，在公司制企业与非公司制企业的身份选择决策中，还要充分考虑可能出现的各种风险。

［案例 8−48］

企业组织形式的税收筹划（2）

王先生自办企业，年应纳税所得额为 300 000 元（假设其不满足小微企业的相关规定），王先生应如何进行税收筹划？

【解析】 如果该企业按个人独资企业或者合伙企业缴纳个人所得税，依据现行税制，王先生的税收负担实际为：

300 000×20%−10 500=49 500(元)

若该企业为公司制企业（未上市），其适用的企业所得税税率为 25%，企业实现的税后利润全部作为股利分配给投资者，则该投资者的税收负担为：

300 000×25%+300 000×(1−25%)×20%=120 000(元)

由此可知，投资于公司制企业比投资于个人独资企业或合伙企业多承担所得税 70 500 元（=120 000−49 500）。在进行公司组织形式选择时，应在综合权衡企业的经营风险、经营规模、管理模式及筹资额等因素的基础上，选择税费较小的组织形式。

8.3.5 开办费的筹划

税法规定，企业在筹建期间发生的开办费，应当从开始生产经营月份的次月起，在不短于 5 年的期限内分期摊销。税收筹划的重点在于确定摊销比例，最大化开办费用。

尽管税法规定了摊销期限，但并未限定摊销方法是否必须为平均摊销法。因此，企业应在前期提高开办费的摊销比例，从而获得货币时间价值；或是在企业预期盈利的年度，在利润较多的年份多摊销一些，弹性地利用摊销比例，合理降低税收负担。

［案例 8-49］

开办费的税收筹划

甲公司在筹建期间发生费用 1 000 万元，自开始生产经营起，五年内的获利均为 400 万元。在折现率为 10%的情况下，该公司应如何进行开办费的税收筹划？

【解析】 公司每年获利 400 万元，在扣除企业所得税后，现金流入为 300 万元［=400×(1-25%)］。

方案一，采用平均摊销法，每年摊销 200 万元。

方案二，前三年分别摊销 300 万元，第四、五年分别摊销 50 万元。

在这两种方案下，自甲公司开始生产经营起，五年内净现金流的现值分别见表 8-9 和表 8-10。

表 8-9 方案一的现金流现值

	第 0 年	第 1 年	第 2 年	第 3 年	第 4 年	第 5 年
现金流入（万元）		300.00	300.00	300.00	300.00	300.00
现金流出（万元）	-1 000					
节约税款（万元）		50	50	50	50	50
净现金流（万元）	-1 000	350	350	350	350	350
折现率（10%）		0.909	0.826	0.751	0.683	0.621
净现值（万元）	-1 000	318.15	289.10	262.85	239.05	217.35
合计（万元）						326.50

表 8-10 方案二的现金流现值

	第 0 年	第 1 年	第 2 年	第 3 年	第 4 年	第 5 年
现金流入（万元）		300.00	300.00	300.00	300.00	300.00
现金流出（万元）	-1 000					
节约税款（万元）		75	75	75	12.5	12.5
净现金流（万元）	-1 000	375	375	375	312.5	312.5
折现率（10%）		0.909	0.826	0.751	0.683	0.621
净现值（万元）	-1 000	340.88	309.75	281.63	213.44	194.06
合计（万元）						339.76

由于方案二的净现值较高，故应该选择方案二。

8.3.6 企业投资业务中的企业所得税筹划

8.3.6.1 投资地点的筹划

国家为了适应各地区不同的情况，针对一些地区制定了不同的税收政策。例如，现行税法规定的享受减免税优惠政策的地区主要包括国务院批准的西部地区、民族地区、经济特区、经济技术开发区等。这些优惠的税收政策为企业进行注册地点选择的税收筹划提供了空间。企业在设立之初或为扩大经营进行投资时，可以选择低税负的地区进行投资，以享受税收优惠的好处。

［案例 8-50］

企业投资地点的税收筹划

某投资者欲在西部地区投资创办一个新公司，兼营公路旅客运输业务和其他业务，预计全年公路旅客运输业务收入为 500 万元，其他业务收入为 400 万元，利润率均为 25%。请做出相应的税收筹划方案。

【解析】 现有三种方案可供选择：

方案一，投资创办一个公路旅客运输企业并兼营其他业务，因公路旅客运输业务收入占全部业务收入的比例为 55.56% $\left(=\frac{500}{900}\times 100\%\right)$，小于 60%①，因此不能享受减按 15% 的税率征收企业所得税的优惠政策。

$$应纳所得税=(500+400)\times 25\%\times 25\%=56.25(万元)$$

方案二，分别投资两个企业，一个从事公路旅客运输业务，一个从事其他业务。从事公路旅客运输业务的收入为企业的总收入，占比为 100%，超过了 60%的比例，可享受减按 15%的税率征收企业所得税的优惠政策。

$$应纳所得税=500\times 25\%\times 15\%+400\times 25\%\times 25\%=43.75(万元)$$

比较上述两种方案，由于方案二中该公路旅客运输企业取得的收入可享受减按 15%的税率征收企业所得税的优惠政策，比方案一少缴企业所得税 12.5 万元（=56.25－43.75），因此方案二更优。

方案三，投资创办一个公路旅客运输企业并兼营其他业务，该企业扩大投资规模，扩展公路旅客运输业务，预计年公路旅客运输业务收入为 750 万元，其他条件不变，则此时的公路旅客运输业务占企业全部业务收入的比例为 65.22% $\left(=\frac{750}{750+400}\times 100\%\right)$，超过了 60%。经企业申请，税务机关在审核后认为该企业符合西部大开发的减免税政策，其取得的全部业务收入都可享受减按 15%的税率征收企业所得税的优惠政策。

$$年应纳所得税=(750+400)\times 25\%\times 15\%=43.125(万元)$$

虽然方案三的收入大幅提高，但由于取得的全部业务收入都可享受减按 15%的税率征收企业所得税的优惠政策，因此应缴纳的企业所得税略有下降，从而获得了更多的税收利益，与前两种方案相比更具税收优势。

---

① 自 2021 年 1 月 1 日至 2030 年 12 月 31 日，对在西部地区的鼓励类产业企业减按 15%的税率征收企业所得税。鼓励类产业企业是指以《西部地区鼓励类产业目录》中规定的产业项目为主营业务，且其主营业务收入占企业收入总额 60%以上的企业。

8.3.6.2 投资方式的筹划

按投资者能否直接控制其投资资金的运用进行划分，可将企业投资分为直接投资和间接投资。直接投资是指投资者用于开办企业、购置设备、收购和兼并其他企业等的投资行为，其主要特征是投资者能够有效地控制各类投资资金的使用，并能实施全过程的管理。间接投资主要是指投资者购买金融资产的行为，可以分为股票投资、债券投资等。不同的投资所得会面临不同的税收待遇，比如国债利息收入属于免税收入。企业应综合考虑不同收益类型所适用的企业所得税政策对税后收益率的影响，选择税后收益率最大的投资方案。

[案例 8-51]

企业投资方式的税收筹划

甲公司有500万元的闲置资金，打算近期进行投资。其面临两种选择：一种是选择年利率为5%的国债投资；另一种是选择年收益率为8%的其他债券投资，企业所得税税率为25%。请从财务角度分析，哪种方式更合适？

【解析】 若选择投资国债，则

投资收益＝500×5%＝25(万元)

由于税法规定国债利息收入免征企业所得税，所以税后收益为25万元。

若选择投资其他债券，则

投资收益＝500×8%＝40(万元)

税后收益＝40－40×25%＝30(万元)

因此，选择投资其他债券更有利。

8.3.6.3 投资方向的筹划

《企业所得税法》是以“产业优惠为主、区域优惠为辅”作为税收优惠导向的。无论是初次投资还是追加投资，都可以根据税收优惠政策加以选择，充分享受税收的产业优惠政策。

(1) 选择减免税项目进行投资。

第一，投资于农、林、牧、渔业项目的所得，可以免征、减征企业所得税。投资于基础农业，如蔬菜、谷物、薯类、油料、豆类、棉花、麻类、糖料、水果、坚果的种植，牲畜、家禽的饲养，农作物新品种的选育等可以享受免征企业所得税的待遇。投资于高收益的农、林、牧、渔业项目，如花卉、茶以及其他饮料作物和香料作物的种植，可以减半征收企业所得税。

第二，投资于公共基础设施项目及环境保护、节能节水项目，从项目取得第一笔生产经营收入所属纳税年度起实行“三免三减半”的税收优惠政策。

(2) 创业投资企业对外投资的筹划。创业投资企业从事国家重点扶持和鼓励的创业投资项目，可以按投资额的一定比例抵扣应纳税所得额。抵扣应纳税所得额是指创业投资企业采取股权投资方式投资于未上市的中小高新技术企业两年以上的，可以按照其投资额的70%在股权持有满两年的当年抵扣该创业投资企业的应纳税所得额；当年不足抵扣的，可以在以后纳税年度结转抵扣。

在全国范围内，从2018年1月1日起，对创业投资企业投资种子期、初创期科技型企业的，可享受按投资额70%抵扣应纳税所得额的优惠政策；自2018年7月1日起，将享受这一优惠政策的投资主体由公司制和合伙制创业投资企业的法人合伙人扩大到个人投资者。政策生效前两年内发生的投资也可享受前述优惠。

［案例8-52］

企业投资方向的税收筹划

甲公司属于创业投资有限责任公司，于2017年采取股权投资方式投入资本2 000万元，在某高新技术开发区设立A高新技术企业（小型），职工人数120人。A企业主要从事软件开发，已取得软件企业资质并通过高新技术企业认定。当年，A企业实现利润200万元，2018年实现利润300万元。2019年1月，甲公司把A企业的股权转让出去，转让价格为3 500万元。

【解析】（1）甲公司工商登记为“创业投资有限责任公司”，其经营范围符合《创业投资企业管理暂行办法》的规定，投资设立的A企业已通过高新技术企业认定，可以享受按投资额的一定比例抵扣应纳税所得额的优惠。

（2）甲公司是A企业的投资方，享有100%的股权。根据《财政部、国家税务总局关于进一步鼓励软件产业和集成电路产业发展企业所得税政策的通知》（财税〔2012〕27号）的规定，我国境内新办的符合条件的软件企业，经认定后，在2017年12月31日前自获利年度起计算优惠期，第一年至第二年免征企业所得税，第三年至第五年按照25%的法定税率减半征收企业所得税，并享受至期满为止。因此，A企业在前两年免征企业所得税，两年共获利500万元，全部分配给甲公司，而甲公司从A企业分得的利润属于免税收入，不必缴纳企业所得税。

（3）2019年1月，甲公司转让了A企业的股权，转让价格为3 500万元，则

股权转让所得=3 500-2 000=1 500(万元)

甲公司抵扣应纳税所得额的限额=2 000×70%=1 400(万元)

应缴企业所得税=(1 500-1 400)×25%=25(万元)

8.4 个人所得税的税收筹划

对个人所得税的筹划可以以税基、税率、税额为切入点。当税率一定的时候，个人所得税的纳税人可以通过缩小税基来减轻税负，比如通过纳税人筹划，借助转换居民身份来

缩小应纳税所得额。此外，个人所得税的纳税人还可以通过降低适用税率进行筹划，比如将高税率应税项目转换为低税率应税项目等。

8.4.1 纳税人的筹划

1. 居民个人和非居民个人的身份转换

(1) 筹划原理。根据纳税人的住所和其在中国境内居住的时间，个人所得税的纳税人分为居民个人和非居民个人。由于对这两种纳税人的税收政策不同，因此纳税人可以通过对住所和居住时间的筹划，改变纳税人的居民或非居民身份，实现节税目的。

(2) 筹划要点。

1) 控制居住时间，改变居民身份。根据税法的规定，在中国境内有住所，或者无住所而一个纳税年度内在中国境内居住累计满183天的个人，为居民个人，其对从中国境内和境外取得的所得均负有纳税义务。在中国境内居住满183天是指在一个纳税年度（自公历1月1日起至12月31日止）中在中国境内居住183天。因此，通过控制居住时间，使停留在我国境内的时间不满183天，就可以避免成为我国的居民个人，从而规避了居民个人的无限纳税义务。

[案例8-53]

居民个人和非居民个人身份转换的筹划

一位德国高管戴维受雇于一家位于德国的公司。他受德国公司指派，需要在2019—2020年于中国某企业担任为期7个月的财务总监，戴维应当如何选择工作的时间来避免成为中国的居民个人？

【解析】 如果戴维在2019年1月1日入境，2019年7月31日离境，其2019年度在中国境内居住的时间超过183天，成为中国的居民个人，通过向主管税务机关申请备案，则其来源于中国境外且由境外单位或者个人支付的所得，免予缴纳个人所得税，只需就来源于中国境内的所得在我国缴纳个税。

2) 避免成为中国的居民个人，可以采取跨年度停留的方式。比如2019年10月1日入境，2020年4月30日离境，则该外籍公民2019年度在中国境内居住92天，为非居民个人；2020年度在中国境内居住121天，亦为非居民个人。在2019年度和2020年度，戴维只需就来源于中国境内的所得在我国缴纳个人所得税。

2. 公司制企业与个体工商户、个人独资企业、合伙企业的选择

(1) 筹划原理。目前，个人可以选择的企业组织形式主要有：作为个体工商户从事生产经营和对企事业单位实行承包、承租经营业务；成立个人独资企业；组建合伙企业；设立公司制企业（企业所得税纳税人）。在对这些投资方式进行比较时，如果其他因素相同，投资者应承担的税收，特别是企业所得税便成为决定投资决策的关键。

在上述几种投资方式中，通常在收入相同的情况下，个体工商户、个人独资企业、合伙企业、公司制企业的税负是不一样的。但是，个人独资企业、合伙企业、公司制企业三种形式的企业是法人单位，在发票的申购、纳税人的资格等方面占有优势，比较容易开展业务，它们的经营范围也比较广，并且可以享受国家的一些税收优惠政策。在这三种企业形式中，公司制企业以公司的形式出现，只承担有限责任，风险相对较小；个人独资企业和合伙企业由于要承担无限责任，风险相对较大。

与此同时，我们还要注意，自2023年1月1日至2024年12月31日，对小型微利企业年应纳税所得额不超过300万元的部分，减按25%计入应纳税所得额，按20%的税率缴纳企业所得税。因此，企业在选择组织形式时，还应根据自身的业务规模来判断。

（2）筹划要点。

1）公司制企业与个体工商户身份的选择。个人对企事业单位实行承包、承租经营的形式较多，分配方式也不尽相同。《国家税务总局关于个人对企事业单位实行承包经营、承租经营取得所得征税问题的通知》（国税发〔1994〕179号）对此做了适当分类并规定了相应的税务处理方法：

个人对企事业单位实行承包、承租经营后，工商登记改为个体工商户的，应依照“经营所得”项目计征个人所得税，不再征收企业所得税。

个人对企事业单位实行承包、承租经营后，工商登记仍为企业的，不论其分配方式如何，均应先按照企业所得税的有关规定缴纳企业所得税，然后将承包经营、承租经营者按合同（协议）规定取得的所得，依照《个人所得税法》的有关规定缴纳个人所得税。具体内容为：

①承包、承租人对企业经营成果不拥有所有权，仅按合同（协议）规定取得一定所得的，应按“工资、薪金所得”项目征收个人所得税，适用3%～45%的七级超额累进税率。

②承包方、承租人按合同（协议）的规定只向发包方、出租人缴纳一定费用，缴纳承包、承租费后的企业经营成果归承包方、承租人所有，其取得的所得，按“经营所得”项目征收个人所得税，适用5%～35%的五级超额累进税率。

也就是说，个人对企事业单位实行承包、承租经营，工商登记仍为企业的，就需要承担企业所得税与个人所得税两种税负。

［案例8－54］

公司制企业与个体工商户选择的筹划

王某承包经营了一家公司制企业。合同规定，王某平时不领取工资，从企业净利润中上缴承包费1 000 000元，其余经营成果全部归王某个人所有。当年，王某的生产、经营所得为4 000 000元（已扣除相关费用）。假设王某没有其他的劳务收入。王某应该如何利用不同的企业性质进行税收筹划？

【解析】 在企业性质上，王某面临两种选择：一是仍使用原企业的营业执照；二是将原企业的工商登记改变为个体工商户。

方案一，如果王某仍使用原企业的营业执照，则按税法的规定，其经营所得应缴纳企业所得税，而且王某的税后所得还要再按经营所得缴纳个人所得税。在不考虑其他调整因素的情况下，该企业的纳税情况如下：

企业所得税＝4 000 000×25%＝1 000 000(元)

王某承包经营所得＝4 000 000－1 000 000－1 000 000＝2 000 000(元)

王某应缴纳的个人所得税＝(2 000 000－60 000)×35%－65 500＝613 500(元)

王某实际获得的税后利润＝2 000 000－613 500＝1 386 500(元)

方案二，如果王某将原企业的工商登记改为个体工商户，则其承包经营所得应缴纳个人所得税。在不考虑其他调整因素的情况下，王某的纳税情况如下：

应纳个人所得税＝(4 000 000－1 000 000－60 000)×35％－65 500＝963 500(元)

王某获得的税后利润＝4 000 000－1 000 000－963 500＝2 036 500(元)

通过比较，王某采用方案二可以多获利 650 000 元（＝2 036 500－1 386 500)。

2) 公司制企业与合伙企业的选择。如果企业采用公司制形式，需要先就公司所得缴纳企业所得税，其自然人股东取得的股息、红利所得还要缴纳个人所得税；如果采用合伙制经营，则对自然人合伙人只征收个人所得税。

[案例 8－55]

公司制企业与合伙企业选择的筹划

假设有五个人成立一家公司（未上市），每个人占公司 20％的股权。在 2022 年底，该公司的年度利润总额为 125 万元。在无纳税调整事项的情况下，该公司将税后利润全部分配给这五位股东。每位股东的实际税后收入是多少（不考虑专项扣除等）？有无更为节税的税收筹划方案？

【解析】 由于是公司制模式，在小型微利企业的税收优惠政策下，需要先缴纳企业所得税 3.75 万元（＝100×2.5％＋25×5％)，税后利润为 121.25 万元，平均分配给五位股东，每个人可获得 24.25 万元的股息、红利所得。按照《个人所得税法》的规定，每位股东需要缴纳 20％的个人所得税 4.85 万元（＝24.25×20％)。

最终，每位股东实际的税后净收入为 19.4 万元。

假设采用了合伙企业的形式（其他条件不变），由于其不具备法人资格，按照税法的规定，这个合伙企业不需要缴纳企业所得税，仅需要就每个自然人合伙人的所得缴纳个人所得税。

每位股东实际分得的收入为 25 万元，适用的税率为 20％，速算扣除数为 1.05 万元，每位股东缴纳的个人所得税为 3.95 万元（＝25×20％－1.05)，税后净收入为 21.05 万元（暂不考虑其他扣除项目）。

经比较可知，在合伙制情况下，每位股东获得的年税后净收入比公司制情况下多 1.65 万元（＝21.05－19.4)。

【知识要点提醒】

在纳税人组织形式的选择上，不能仅考虑各组织形式的税负大小，还应考虑到不同组织形式下其他非税因素的不同。

8.4.2 个人所得税计税依据的筹划

(1) 筹划原理。由于个人所得税的应税税目不同，并且取得某项所得所需的费用也不相同，因此在计算个人应纳税所得额时，需要按不同应税项目分项计算，以某应税项目的收入额减去税法规定的相应费用减除标准后的余额为该项目的应纳税所得额。根据我国个人所得税法关于计税依据的规定，可以通过加大费用扣除来降低个人所得税税基，进而降低个人所得税的税收负担。

（2）筹划要点。

1）应税收入的筹划。应税收入的大小直接影响个人所得税的应纳税额。在纳税人实际收入水平不变的情况下，通过不同收入项目之间的转换，尽可能降低名义收入，以达到减少应纳税额、实现税后净收入最大化。例如，纳税人可以通过由企业提供职工福利娱乐设施、交通工具等，降低个人的名义收入，进而减少应纳个人所得税税额。

［案例8－56］

计税依据的筹划（1）

某企业职工的月平均工资为10 000元，其中用于上下班的交通费支出为1 000元。若企业能为职工提供免费交通班车，把职工工资降低1 000元，即职工的名义工资水平下降1 000元，其实际收入水平保持不变。请问这种方式能否降低税负？

【解析】 由于职工的名义工资收入下降，使工资、薪金所得的应纳税所得额降低，从而减少了应纳的个人所得税税额，并使税后净收入增加。与此同时，交通费还可以在企业缴纳企业所得税前扣除。

2）个人所得税费用扣除项目的筹划。个人所得税费用扣除项目的筹划要点是尽量增加可以税前扣除的费用支出。一方面，为他人承担劳务以取得报酬的个人，可以考虑由对方提供一定的福利，将本应由自己承担的费用改由对方承担，以达到规避个人所得税的目的。比如餐饮服务、报销交通费、提供住宿、提供办公用具、安排实验设备等日常开支，如果由个人负担，就不能在应纳税所得额中扣除。如果将这些自己承担的费用开支转由对方承担，就可以相应降低自己的劳务报酬总额。另一方面，利用优惠性税收政策，提高税前可扣除项目金额，比如购买商业健康保险产品等。

［案例8－57］

计税依据的筹划（2）

小王到甲公司开办讲座，并签订合同约定3万元报酬。在办讲座期间，小王发生的交通、住宿、用餐等费用共计5 000元。假设小王每月另有10 000元工资、薪金所得，不考虑其他扣除，请问是否存在税收筹划空间？

【解析】 在一般情况下，小王应缴纳的个人所得税为5 880元｛$=[10\ 000\times12+30\ 000\times(1-20\%)-60\ 000]\times10\%-2\ 520$｝。

小王可与甲公司协商，将合同中约定的报酬改为2.5万元，而交通、住宿、用餐等费用由甲公司承担。此时，小王应缴纳的个人所得税为5 480元｛$=[10\ 000\times12+25\ 000\times(1-20\%)-60\ 000]\times10\%-2\ 520$｝。两种方案比较，王某表面上的劳务所得减少了5 000元，但个人所得税少支付了400元。

【知识要点提醒】

根据《财政部、国家税务总局、保监会关于将商业健康保险个人所得税试点政策推广到全国范围实施的通知》（财税〔2017〕39号）的规定，对个人购买符合规定的商业健康保险产品的支出，允许在当年（月）计算应纳税所得额时予以税前扣除，扣除限额为2 400元/年（200元/月）。单位统一为员工购买符合规定的商业健康保险产品的支出，应分别计入员工的工资、薪金，视同个人购买，按上述限额予以扣除。适用商业健康保险税收优惠政策的纳税人，是指取得工资、薪金所得，连续性劳务报酬所得的个人，以及取得个体工商户生产、经营所得，对企事业单位的承包、承租经营所得的个体工商户业主，个人独资企业投资者，合伙企业合伙人和承包、承租经营者。

8.4.3 个人所得税税率的筹划

【小思考】 专项附加扣除是否会导致税负不公？

（1）筹划原理。我国的个人所得税除具有国家筹集财政收入的目的外，还承担着调节个人收入差距的功能。因此，根据量能纳税原则，我国的个人所得税制度采取了综合与分类相结合的征收模式，但由于其特定的收入调节功能，又对其中两个应税税目（即综合所得与经营所得）采取超额累进税率（劳务报酬采取加成征收，相当于超额累进税率）。其他的应税税目基本上都采取比例税率的形式。对税率的筹划是基于累进税率的特点，收入高时应税项目适用的税率水平也高。税率筹划的基本原理就是通过对收入的合理安排，避免适用高税率。

（2）筹划要点。

1）避免边际税率提高。个人所得税通常采用超额累进税率，纳税人的应税所得越多，其适用的最高边际税率就越高，从而纳税人收入的平均税率和实际有效税率都可能提高。所以，在纳税人一定时期内收入总额既定的情况下，其分摊到各个纳税期内的收入应尽量均衡，不能大起大落，以免增加纳税人的税收负担。

2）高边际税率向低边际税率转换。对于适用累进税率制度的综合所得与经营所得，应在税法允许的范围内降低名义应税收入及适用的税率，从而达到节税的目的。例如，在税法允许的范围内把工资、薪金收入福利化，尽可能地降低名义货币工资所得，这样既能保证原生活福利水平不降低，又能通过降低适用的累进税率，减少应缴纳的个人所得税。

［案例8-58］

高边际税率向低边际税率转换的筹划

国内某知名IT公司的一位副总裁，预计他的年薪为108万元（假设每月平均发放），而他没有属于自己的汽车，每月需要花费租车支出1万元。该副总裁应如何进行税收筹划？（不考虑专项扣除项目等。）

【解析】 该副总裁应缴纳的个人所得税为277 080元，具体计算如下所示：

$$年应纳税额=(1\ 080\ 000-60\ 000)\times 45\%-181\ 920=277\ 080(元)$$

尽管从表面上看，其名义货币收入非常高，但扣除个人所得税后，他的税后净收入降到了802 920元。

税收专家针对该副总裁的年薪设计的税收筹划方案为：只要他在公司担任副总裁的年

限不低于10年，公司专门为其配备一辆轿车，市场价值为48万元，以公司固定资产的形式加以管理，并由公司提取相应的折旧。在其离任时，将该车销售给他本人，并在车管所进行车辆过户。由于他在这家公司已就任6年，在以后的4个年度中，其年薪每年将下调12万元（共计48万元）。经过这样的筹划后，其个人年名义货币收入降至96万元。此后，每年应缴纳的个人所得税总额为229 080元［=(960 000－60 000)×35%－85 920］。

经过上面福利机制的重新设计，这位副总裁的年个人所得税的边际税率由45%下降到35%，年应纳税额总共下降了48 000元（=277 080－229 080）。与此同时，该副总裁实际上还获得了汽车的使用权，他的生活福利水平并没有降低，从而达到了税收筹划的目的。

3）个人所得税收入项目的转换。不同应税项目所得适用的税率不同，导致相同收入规模下不同应税项目所缴纳的个人所得税会存在较大的差异，因此利用不同应税项目之间税率的差异是进行税收筹划的一个重要思路。综合所得的最高边际税率是45%，经营所得的最高边际税率是35%，其他收入的税率一般为20%。一般来说，个人收入越高，比例税率会带来相对税负下降，而累进税率则不同。如果所得规模较大，则可以考虑将高税率的工薪所得、劳务报酬所得等综合所得，转换为较低税率的股息、红利所得或者股权转让所得等。

［案例8-59］

个人所得税收入项目的筹划

已退休职工李某与某杂志社签订雇佣合同，约定李某每月在该杂志上发表10篇文章，主要涉及新闻或者财经评论方面的内容，每篇文章的报酬是800元且每月末结算当月收入。李某如何进行个人所得税的税收筹划？（不考虑专项扣除等。）

【解析】 在现阶段，李某取得的文章报酬属于工资、薪金所得，其纳税情况如下：

全年个人所得税纳税总额=［800×10×12－60 000］×3%=1 080(元)

如果李某没有与杂志社签订合同，则李某取得的所得属于稿酬所得，其纳税情况如下：

李某年应纳税所得额=800×(1－20%)×(1－30%)×10×12
=53 760(元)<60 000(元)

因此，李某无须纳税。

与原方案所得相比，一年少缴税1 080元。

在此案例中，李某属于中低收入阶层，为了减少应纳税额，应尽可能创造条件使其收入适用于稿酬所得项目，这样可以利用稿酬所得的减计优惠。

8.4.4 个人所得税税收优惠政策的筹划

1. 境外所得已纳税额扣除的筹划

（1）筹划原理。税法规定，纳税人在中国境外一个国家或者地区实际已经缴纳的个人所得税税额，超过该国或者地区抵免限额的，其超过部分不得在本纳税年度的应纳税额中扣除，但可以在以后纳税年度的该国或者地区抵免限额的余额中补扣，补扣期限最长不得超过5年。

【知识要点提醒】

为了使超过抵免限额的部分在未来5年内获得扣除，纳税人应注意以下几点：第一，纳税人在以后年度必须继续从该国取得应税收入，而且来自该国的所有应税收入的已纳税额之和小于税法规定的抵免限额，这样才可以获得抵扣。第二，如果纳税人在某国只有一项收入来源，而且该项收入来源在该国的已纳税额超过了按照我国税法计算的应纳税额，这种情况只会使"超过抵免限额的部分"越来越多，除非该国税制变化（降低税率），或者我国税制变化（提高税率），否则永远不能得到扣除。

（2）筹划要点。境外所得已纳税额扣除的筹划原理就是通过对境外所得地、所得时间以及所得项目等进行税收筹划，使境外所得的已纳税额能够得到充分抵免。

［案例 8－60］

境外所得已纳税额扣除的筹划

假定居民个人张先生从甲国取得两项应税收入。其中，在甲国因任职取得的工资、薪金所得以美元支付，折合人民币60 000元/年，平均每月5 000元，在甲国已纳个人所得税折合人民币700元。因向某公司投资，取得该公司股息所得3 871美元，折合人民币24 000元，已纳个人所得税折合人民币5 740元。张先生应如何进行税收筹划？

【解析】 张先生的税额抵扣计算如下：

（1）工资、薪金所得：

$$全年应纳税额=60\ 000-60\ 000=0(元)$$

（2）股息所得：

$$应纳税额=24\ 000\times20\%=4\ 800(元)$$

因此，其抵免限额为4 800元。

由于张先生在该国实际已纳税款6 440元（=700+5 740），超过了抵免限额，因此不再补税，但超过限额的部分1 640元（=6 440－4 800）可以在今后5年的期限内，从甲国抵免限额的余额中补扣。

对张先生境外所得已纳税额扣除的筹划思路为：

如果在第二年，张先生在甲国取得的应税所得按照我国《个人所得税法》的规定计算出来的年应纳税额为9 000元人民币，在甲国已纳税7 480元人民币，在我国应补个人所得税税额1 520元人民币，此时可用上年度"超过抵免限额的部分1 640元"进行补扣，因而第二年无须补缴税款。此时，张先生还有120元（=1 640－1 520）未抵扣，该余额可以在未来的4年内继续扣除。但是，如果第二年张先生在甲国取得的应税所得按照我国《个人所得税法》的规定计算出来的年应纳税额为7 000元人民币，低于甲国的已纳税额7 480元，或张先生不再从甲国取得收入，就无法运用这一优惠政策。

由此可见，张先生的工资、薪金所得和股息所得在甲国的已纳税额都超过了按我国税法计算的应纳税额，在两国税率没有变化的情况下，“超过抵免限额的部分”只会越来越多。

2. 捐赠的税收筹划

（1）筹划原理。根据有关税法的规定，个人将其所得通过中国境内的社会组织、国家机关向教育和其他社会公益事业以及遭受严重自然灾害地区的捐赠，金额未超过纳税人申报的应纳税所得额30%的部分，可以从其应纳税所得额中扣除。也就是说，个人在捐赠时，必须在捐赠方式、捐赠款投向、捐赠额度上符合税法的规定，才能使这部分捐赠款免缴个人所得税。

这里所说的社会组织是指获得公益性捐赠税前扣除资格的公益性社会组织，由财政部、国家税务总局和民政部以及省、自治区、直辖市、计划单列市财政、税务和民政部门每年分别联合公布名单。该名单应当包括当年继续获得公益性捐赠税前扣除资格和新获得公益性捐赠税前扣除资格的公益性社会组织。

（2）筹划要点。

1）选择捐赠对象。个人在进行捐赠时，应注意捐赠对象，除税法规定对其捐赠允许扣除的对象外，其他捐赠支出是不允许税前列支的。

2）规划捐赠途径。个人在进行捐赠时，应通过中国境内的县级以上人民政府及其组成部门和直属机构或具有公益性捐赠税前扣除资格的社会组织、国家机关捐赠，直接捐赠的捐赠支出不允许税前列支。

3）取得合法的凭证。取得合法的凭证是进行税收筹划最基本的条件。

4）调整捐赠金额。如果捐赠金额已经超过了可扣除限额，则可考虑分次或分项捐赠，尽量使捐赠金额不超过扣除限额。

［案例8-61］

捐赠的税收筹划

电影导演刘某与华龙电影制片厂签订协议，由导演刘某负责编排导演一部历史电影。合同上写明：影片制作完毕后交片时一次性支付劳务报酬62.5万元。刘某在交片后，为了改善家乡的教育条件，刘某将其获得的一次性劳务报酬62.5万元中的20万元劳务费直接捐赠给家乡的两所高中。刘某应如何进行捐赠的税收筹划？（假设刘某没有其他综合所得，不考虑专项扣除项目等。）

【解析】 由于不符合税法规定的捐赠允许扣除的程序，因而刘某获得的劳务报酬需要全额缴纳个人所得税：

$$[625\ 000\times(1-20\%)-60\ 000]\times30\%-52\ 920=79\ 080(\text{元})$$

对于捐赠的税收筹划，刘某可以做如下考虑。

（1）若刘某通过中国境内的社会组织、国家机关向这两所高中捐赠，并且捐赠额未超过纳税人申报的应纳税所得额30%的部分，则可以从其应纳税所得额中扣除，可扣除的捐赠额为：

$$[625\ 000\times(1-20\%)-60\ 000]\times30\%=132\ 000(\text{元})$$

获得的劳务报酬需要缴纳的个人所得税为：

$$[625\,000\times(1-20\%)-60\,000-132\,000]\times25\%-31\,920=45\,080(元)$$

因此，共节约个人所得税 34 000 元（=79 080－45 080）。

（2）若刘某通过中国境内的社会组织、国家机关向这两所高中捐赠，且当年捐赠 12 万元，其余 8 万元留到次年捐赠（假设次年刘某申报的应纳税所得额为 40 万元），由于每年的捐赠额都没有超过纳税人申报的应纳税所得额的 30%，可以从其应纳税所得额中扣除，因此刘某两年的捐赠款均可以在当年应纳税所得额中全部扣除。

（3）若刘某不是通过中国境内的社会组织、国家机关捐赠给家乡的两所高中，而是两所初中（属于农村义务教育），则捐赠额准予在缴纳个人所得税前的应纳税所得额中全额扣除，刘某当年需要缴纳的个人所得税为：

$$[625\,000\times(1-20\%)-60\,000-200\,000]\times20\%-16\,920=31\,080(元)$$

这样比直接捐赠节约个人所得税 48 000 元（=79 080－31 080）。

8.4.5 工资、薪金所得的个人所得税筹划

工资、薪金所得适用最低边际税率为 3%、最高边际税率为 45%的七级超额累进税率，随着工资、薪金所得的提高，个人所适用的税率也会提高。工资、薪金所得税是根据月实际收入水平累进课征的，这就为个人所得税提供了筹划空间。

1. 工资、薪金所得的福利化

取得高薪是提高一个人消费水平的主要手段，但因为工资、薪金所得实行的个人所得税税率是累进的，当累进到一定程度时，新增薪资带给纳税人的可支配现金将会逐步减少，而把提供给纳税人的现金性工资转为提供福利，在带来相同消费满足程度的同时，还可降低应纳税所得额，少缴个人所得税。

[案例 8－62]

工资、薪金所得的福利化筹划

A 会计师事务所员工小黄想参加某培训班组织的注册会计师培训班，学费为 5 000 元/月，为期一年。小王的每月工资为 12 000 元，请问小王应如何与任职事务所进行沟通来进行个人所得税筹划?

【解析】 小王每月仍从事务所领取 12 000 元工资，同时学费自行承担，则在不考虑其他扣除以及各类保险的情况下，小王年度需要缴纳的个人所得税为：

$$(12\,000\times12-60\,000)\times10\%-2\,520=5\,880(元)$$

小王与事务所协商，由事务所承担培训学费，同时小王每月工资降至 7 000 元。

对于事务所而言，每月 5 000 元的支出可以作为职工教育经费在企业所得税税前扣除，对于小王而言，实际收入不变，同时年度需要缴纳的个人所得税为：

$$(7\,000\times12-60\,000)\times3\%=720(元)$$

小王减少的个人所得税税额为 5 160 元（=5 880－720）。

由企业向职工提供的各种福利设施，若不作为现金发放，则不被视为工资、薪金所

得，从而无须计算个人所得税。这样，由企业提供员工福利，既可以提高员工的生活水平，又可以使员工少纳个人所得税。

（1）为职工提供与公司经营业务有关的培训。需要注意的是，并非所有的培训都可以通过这种方式免交个人所得税。举例说明，如果一家生产木材的企业为员工支付瑜伽班培训费用，显然，该企业的主营业务与瑜伽并没有太大关联。在这一情况下，培训费用需要计入工资、薪金所得进行纳税。相反，如果是会计师事务所的员工接受与注册会计师培训有关的继续教育支出，不仅可以由企业代为支付，并作为企业的职工教育经费进行税前扣除，而且可以免除员工的个人所得税。

（2）用餐补贴。员工因公务不能在工作单位就餐或返回就餐的可以按标准领取的误餐费，不扣缴个人所得税；类似地，员工出差时发生的餐费，在标准内领取的差旅费补贴，不扣缴个人所得税。但是，企业为员工设立食堂提供的免费用餐和直接给员工发放伙食补贴是需要计入工资、薪金所得缴纳个人所得税的。

（3）为员工提供劳保用品。企业为员工提供的实际属于工作条件的劳保用品，不属于个人所得，但企业以“劳动保护”名义向职工发放的实物以及货币性资金需要缴纳个人所得税。

（4）为员工提供便利交通。企业可以配备车辆接送员工上下班，这部分支出可以从员工的工资中扣除，降低名义收入，员工也不需要为此缴纳个人所得税；企业还可以选择给员工发放交通补贴，在标准内的不需扣缴个人所得税（各省的标准不一，企业在发放时需要注意不可超过标准发放，否则可能会增加员工的税负）。总之，对于缴纳工资、薪金所得税的个人，在前述法律允许的条件下，能福利化的尽量福利化。其节税的主要方法是在保证消费水平提高的前提下，降低个人所得额，规避高边际税率，最终达到减轻税负的目的。对于企业来说，要在遵守税法的前提下，合理选择职工收入的支付方式，以帮助职工提高消费水平并降低税负。

2. 扣除项目的税收筹划

纳税人享受子女教育、继续教育、大病医疗、住房贷款利息或者住房租金、赡养老人、婴幼儿照护专项附加扣除，以上几项限定为对纳税人的综合所得进行扣除，但在扣除方法上给了纳税人一定的选择空间，纳税人应该充分利用现有政策，采取最合适的方式让自己享受最大限度的减税。

在房贷利息的扣除上，税法规定，在实际发生贷款利息的年度，按照每月1 000元的标准定额扣除。经夫妻双方约定，可以选择由其中一方扣除，具体扣除方式在一个纳税年度内不能变更。房贷利息的扣除也需要在夫妻双方中统筹决定。

［案例8-63］

扣除项目的税收筹划

甲和乙为夫妻，甲每月工资为9 000元，乙每月工资为4 000元，两人的工资、薪金为唯一收入且工资收入均已减除了专项扣除。此外，甲、乙在婚后首次购买了一套住宅且享受首套房贷款利率，贷款期限为20年。那么，甲、乙应如何选择房贷利息的扣除？

【解析】 如果每月1 000元的专项扣除全部由甲申报，此时甲当月需要缴纳的个人所得税为：

$(9\ 000-5\ 000-1\ 000)\times 3\%=90$（元）

乙无须扣税，两者合计缴纳个人所得税 90 元。

如果每月 1 000 元的专项扣除全部由乙申报，则甲当月需要缴纳的个人所得税为：

$(9\ 000-5\ 000)\times 10\%-210=190$（元）

乙仍无须扣税，两者合计缴纳的个人所得税为 190 元。

显然，房贷利息扣除应由甲进行申报。由此可见，当夫妻双方有一方工资低于 5 000 元、另一方工资高于 5 000 元时，或者当双方工资均高于 5 000 元时，在减除 5 000 元基本费用后，若一人适用的税率高，另一人适用的税率低，则房贷利息扣除均应由工资收入高的一方申报，这样能够最大限度地降低个人所得税的缴纳。

8.5 土地增值税的税收筹划

8.5.1 利用房地产转移方式进行筹划

土地增值税是对有偿转让国有土地使用权及地上建筑物和其他附着物产权，取得增值收入的单位和个人征收的一种税。从这个定义可以看出，征收土地增值税必须满足三个判定标准：仅对转让国有土地使用权及地上建筑物和附着物的行为征税；仅对产权发生转让的行为征税；仅对转移房地产并取得收入的行为征税。

【知识要点提醒】

国有土地使用权的出让不属于土地增值税的征税范围。

房地产所有人可以通过避免符合以上三个判定标准来规避缴纳土地增值税。例如，房地产所有人通过境内非营利的社会组织、国家机关将房屋产权、土地使用权赠予教育、民政和其他社会福利、公益事业，虽然发生了房地产权属的变更，但房地产所有人并没有因为权属发生变更而取得任何收入，因而不属于土地增值税的征税范围。再如，房地产所有人将房产、土地使用权租赁给承租人使用，由承租人向出租人支付租金等，由于产权没有发生转让，因而不属于土地增值税的征税范围，无须缴纳土地增值税。

8.5.2 通过控制增值额进行筹划

由于土地增值税是以增值额为基础的超率累进税率，因此土地增值税筹划最关键的一点就是合理合法地控制、降低增值额。增值额是纳税人转移房地产所取得的收入减去规定扣除项目金额后的余额，所以控制增值额的税收筹划包括收入筹划法和成本费用筹划法。

收入筹划法主要是指收入分散筹划，即将可以分开单独处理的部分从整个房地产中分离（比如房屋里面的各种设施），从而使得转让收入变少，降低纳税人的土地增值额。成本费用筹划法就是最大限度地扩大成本费用列支比例，比如房地产开发企业如能提供金融机构证明并能按转移房地产项目计算分摊的，可以将在房地产开发过程中发生的借款利息支出据实扣除。当然，这种筹划应有一定的限度，无节制任意扩大的后果是导致税务机关的纳税调整，最终得不偿失。

[案例 8-64]

通过控制增值额进行筹划（1）

某企业准备出售其拥有的一间房屋以及土地使用权。因为房屋已经使用过一段时间，里面的各种设备均已安装齐全，估计市场价值为 800 万元，其中各种设备的价格约为 100 万元。

【解析】 如果该企业在与购买者签订合同时不注意区分这些，而是将全部金额以房地产转让价格的形式在合同中体现，则增值额无疑会增加 100 万元。而土地增值税适用的是四级超率累进税率，增值额越大，其适用的税率越高；相应地，应纳税额也会增大。

如果该企业在与购买者签订房地产转让合同时采取变通方法，将收入分散，便可节省不少税款。具体做法是，在合同中仅注明 700 万元的房地产转让价格，同时签订一份附属办公设备买卖合同，问题便迎刃而解。这样一来，将收入分散，不仅可以使增值额变小，从而节省应缴纳的土地增值税税额，而且由于买卖合同适用 0.03%的印花税税率，比产权转移书据适用的 0.05%的印花税税率要低，还可以节省不少印花税，一举两得。

[案例 8-65]

通过控制增值额进行筹划（2）

甲房地产开发公司开发的金山小区已于 2016 年 10 月完工，但尚未对房屋进行装修，可扣除项目总金额为 6 200 万元（包括加计扣除的 20%）。该公司不能按转移房地产项目计算分摊利息支出，也不能提供金融机构证明，当地政府规定的房地产开发费用的计算扣除比例为 10%。暂不考虑其他相关税费，销售方案有如下两种：

方案一：直接销售未装修的房屋，每平方米售价为 3 200 元，不含税销售收入总额为 9 600 万元，则

增值额 = 9 600 − 6 200 = 3 400（万元）

增值率 = 3 400 ÷ 6 200 = 54.84%

应纳土地增值税 = 3 400 × 40% − 6 200 × 5% = 1 050（万元）

方案二：对房屋进行装修后再销售，预计装修费用为 1 200 万元，装修后每平方米售价为 3 600 元，销售收入总额为 10 800 万元，其他条件不变。

【解析】 根据《国家税务总局关于房地产开发企业土地增值税清算管理有关问题的通知》（国税发〔2006〕187 号）的规定，房地产开发企业销售已装修的房屋，其装修费

用可以计入房地产开发成本，因此有

$$增值额=10\ 800-6\ 200-1\ 200\times(1+10\%+20\%)=10\ 800-7\ 760=3\ 040(万元)$$

$$增值率=3\ 040\div 7\ 760=39.18\%$$

$$应纳土地增值税=3\ 040\times 30\%-0=912(万元)$$

方案二与方案一相比，可以少缴土地增值税138万元（=1 050－912）。

8.5.3 利用税收优惠进行筹划

现行税法规定，纳税人建造普通标准住宅（不包括高级公寓、别墅、度假村等）出售，增值额未超过扣除项目金额20%的，免征土地增值税。如果纳税人既建造普通标准住宅，又进行其他房地产开发，应当分别核算增值额；未分别核算增值额或者不能准确核算增值额的，其建造的普通标准住宅不能享受免税优惠。纳税人可以充分利用这一税收优惠政策进行筹划，在确保能够分开核算的情况下，将普通标准住宅的增值额控制在扣除项目金额的20%以内，从而免缴土地增值税，获得税收利益。

[案例8-66]

利用税收优惠进行筹划

某房地产开发企业的商品房销售收入为15 000万元。其中，普通住宅的销售额为10 000万元，豪华住宅的销售额为5 000万元。税法规定的可扣除项目金额为11 500万元。其中，普通住宅的可扣除项目金额为8 500万元，豪华住宅的可扣除项目金额为3 000万元（以上销售收入均为不含增值税收入）。该企业应如何进行税收筹划？

【解析】 （1）不分开核算（当地允许不分开核算）。

增值额与扣除项目金额的比例为：

$$\frac{15\ 000-11\ 500}{11\ 500}\times 100\%=30.43\%$$

因此，适用30%的税率，该企业应缴纳的土地增值税为：

$$(15\ 000-11\ 500)\times 30\%-0=1\ 050(万元)$$

（2）分开核算。

1）普通住宅。增值额与扣除项目金额的比例为：

$$\frac{10\ 000-8\ 500}{8\ 500}\times 100\%=17.65\%<20\%$$

因此，根据税法的规定可以免缴土地增值税。

2）豪华住宅。增值额与扣除项目金额的比例为：

$$\frac{5\ 000-3\ 000}{3\ 000}\times 100\%=66.67\%$$

因此，适用40%的税率，应缴纳的土地增值税为：

$$(5\ 000-3\ 000)\times 40\%-3\ 000\times 5\%=650(\text{万元})$$

在分开核算的情况下，两者缴纳的土地增值税合计650万元，因此分开核算比不分开核算少支出税金400万元（=1 050－650）。

本章小结

本章按照税种的划分，分别阐述了增值税税收筹划、消费税税收筹划、企业所得税税收筹划、个人所得税税收筹划和土地增值税税收筹划等内容。根据税制的不同要素，本章从纳税人身份选择、计税依据确定、税率适用、优惠政策利用等方面分析了各税种的筹划原理和方法。

关键术语

无差别平衡点增值率	组成计税价格	融资租赁
居民企业	非居民企业	子公司
分公司	境外所得抵免	土地增值税超率累进税率

思考题

1. 简述一般纳税人与小规模纳税人身份选择税收筹划的基本原理。
2. 简述消费税纳税人的筹划方法。
3. 子公司和分公司在税收筹划方面有何区别？
4. 工资、薪金所得是个人所得税的最主要征税项目，其税收筹划方法有哪些？
5. 土地增值税可以从哪几个方面进行税收筹划？

教学支持说明

1. 教辅资源获取方式

为秉承中国人民大学出版社对教材类产品一贯的教学支持，我们将向采纳本书作为教材的教师免费提供丰富的教辅资源。您可直接到中国人民大学出版社官网的教师服务中心注册下载——http://www.crup.com.cn/Teacher。

如遇到注册、搜索等技术问题，可咨询网页右下角在线 QQ 客服，周一到周五工作时间有专人负责处理。

注册成为我社教师会员后，您可长期根据您所属的课程类别申请纸质样书、电子样书和教辅资源，自行完成免费下载。您也可登录我社官网的“教师服务中心”，我们经常举办赠送纸质样书、赠送电子样书、线上直播、资源下载、全国各专业培训及会议信息共享等网上教材进校园活动，期待您的积极参与！

2. 高校教师可加入下述学科教师 QQ 交流群，获取更多教学服务

经济类教师交流群：809471792

财政金融教师交流群：766895628

国际贸易教师交流群：162921240

税收教师交流群：119667851

3. 购书联系方式

网上书店咨询电话：010－82501766

邮购咨询电话：010－62515351

团购咨询电话：010－62513136

中国人民大学出版社经济分社

地址：北京市海淀区中关村大街甲 59 号文化大厦 1506 室　100872

电话：010－62515803　010－62516948

传真：010－62514775

E-mail：jjfs@crup.com.cn